新疆政协文史资料

政协新疆维吾尔自治区委员会文史资料和学习委员会　编

XinJiang 1912

新疆一九一二

崔保新 著

松林题

社会科学文献出版社
SOCIAL SCIENCES ACADEMIC PRESS (CHINA)

出版前言

震惊世界的辛亥革命（1911年），开启了中国前所未有的社会变革，极大推动了中华民族的思想解放，结束了中国两千年以来的皇权专制，建立了中国历史上第一个"民国"，在古老的中国大地上，播撒了民主、共和、自由、平等一系列全新理念。

在辛亥革命风云鼓荡下，占国土六分之一的新疆景况如何呢？

在新疆，1911年12月28日，刘先俊等率先在迪化发动起义，1912年1月7日，声势浩大的伊犁革命继起并取得了胜利，东大门哈密、南大门喀什先后响应，其势遍及全疆……

1912年，是新疆近代史的一个枢纽，是一个值得关注的特殊年份。新疆政协特聘文史专员崔保新抓住1912年这一时点，以辛亥革命事件为主题，以相关风云人物为对象，将百年前纷繁散乱的文史资料细细地梳理，洒脱地展开，形象地还原了新疆辛亥革命的场景与语境，鲜活地展示了时代风云人物的精神和风貌。

《新疆1912》是作者全面灵活地使用全国、省区、县区各个层次的文史资料，并以区志、县志为补充，让历史的亲历者诉说历史，大大提高了本书的真实性、生动性、可信性。作者并不以有限的文献为满足，又深入实地考证调研，与亲历者、亲闻者的后人、专家学者共同寻查，咬住线索穷追不舍，获得了新的实证、物证及口述史料。以此为基础，作者以纪实的手法，夹叙夹议，使史料与评述并行。

鉴于上述，新疆维吾尔自治区政协文史资料和学习委员会将崔保新所著的《新疆1912》纳入新疆政协文史资料，公开出版发行，与此前出版的第57辑内部特刊相得益彰，互为补充。

编委会名单

编委会主任　阿尤甫·铁衣甫

编委会副主任　李维青　阿布德海·玛坚

编委会委员　瓦哈甫·阿扎买提　艾景顺　吐尔洪·吾买尔　郭晓林

　　　　　　　尚　莉　兰加明　贾孜拉·木哈买提都拉　李云露

序 一

2012年3月4日崔保新同志登门寒舍，畅谈他写作新疆的计划之余，面递近作《新疆1912》稿本，恳嘱我为之作序。我与保新相识在2011年，是先读其文，后识其人。2011年上半年我读到了保新著作：《沉默的胡杨——邓缵先戍边纪事（1915～1933）》和《掀起你的盖头来——发现新疆》（与唐立久合著），深为其严谨的考实、飞扬的文思和洒脱的文笔所吸引，尤其是前书，通过对邓缵先戍边的记述，为我们提供了一幅民国初期新疆治世与乱世的历史画卷。2011年7月下旬我赴喀什参加一次学术活动，活动中不仅拜读了保新以《新西部》特约评论员的名义撰写的《新西部论》，而且有幸与保新面晤恳谈，为其才思所折服。在半年多时间里，我与保新的相识实现了从文缘到人缘的结合，这大概可以称之为缘分吧！基于此，对保新索序之愿我实无理由推辞。

3月中下旬，我忙里偷闲，对《新疆1912》书稿完成了先通读、后精读、再重点读。我的读书三部曲是一气呵成且意犹未尽。今略陈所感、所思如次：

一是，史料利用颇具特色。辛亥时期新疆历史的史料分散，缺乏系统整理，加之如作者言："政亡人息、否定前朝成了社会的惯性思维，有关历史人物的细节由于疏于记录、保存、整理，加之边疆文化长期落后的特殊原因，使以人为主写史的方法充满着不确定性，难度极大"（见本书自序），但作者仍"力图以文献为基础，以信史为证据，让史料说话"（见本书自序）。本书依托史料最大特点是更多地关注口述史料的发掘与利用，既有广泛利用当事人、当时人或他们的后代所写的回忆和所存的照片、遗物，同时作者也深入实地调研，足迹遍及乌鲁木齐、喀什、和田、哈密、北京、广州、武汉、南京、西安、长沙，从而使一批因史料不足，最易被史学家忽视的新疆辛亥革命时的小人物，诸如参与辛亥革命起义的烈士、哥老会领袖、参将、农民起义领袖等等生动再现。尽管他们生卒年月不详，坟茔不彰，但他们长存民间的口碑得以发掘，使大小人物不同的经历和背景，呈现在本书篇章之中，站立在阅读者面前，如同色彩斑斓的马赛克，共同拼成了1912年新疆辛亥革命的社会画卷。

二是，对历史人物和事件评议的精当，"人物和事件始终是历史的一体两面"（见本书自序），是历史记述、历史研究的重点，当然在人物和事件中，人永远是历史的主角。作者本着实事求是的原则，力忌"主观地定论善恶，简单地评判是非。因为善与恶，是与非，因不同时代、不同阶级而演变，后人不要因单一视角、现代标准而错怪和扭曲了他们"（见本书自序）。

作者对民国初年主政新疆17年的杨增新评价颇高，认为"杨增新可以说是新疆历史上的传奇人物，侥幸主政，力挽狂澜，偏安一隅，悲壮身亡，百姓恸哭，余此难有二人"（见本书第六章）。

作者对杨增新的评议是基于"我们不能超越时代要求杨增新，也不能忽视民族危亡，而奢谈民权与民生。……我们评价一个历史人物的功过，主要衡量标准是看他爱国还是卖国，是损害民族利益还是维护民族利益，是收回并保住了国土还是丧失了国土，以及有没有在不公的偏袒下发生种族仇杀。另一个衡量标准，就是看当时新疆的政权是否稳定，是否给经济、文化、教育创造了发展机会，并用数字说话"（见本书第六章）。

对杨增新治疆业绩的总结可谓警言迭出，如：

"张弛有度地处理好宗教与民族关系，是稳定新疆必不可少的条件"。"从历史经验看，新疆一旦陷入无政府主义，极端宗教势力势必抬头，必然伴随着一场民族仇杀，将新疆拉回政教合一的中世纪"。（见本书第六章）。

杨增新认为："欲求新疆长安久治，利用新疆各民族之人以合力治新疆，实为万全之策"，"增新不能利用回疆，便不能立足于新疆"（见本书第六章）。

"治疆重在治民，治民必先治吏。吏治清廉，社会自安；吏治朽坏，社会自乱"。"治新疆政务在得人，安民必先察吏，吏不治民，不仅不能治国，反为民之害"（见本书第七章）。

百年后的今天读之，仍有其现实的借鉴价值。少一些四平八稳的说教，多一些发人深省的评议，这是读者共同的心愿，保新做到了。

三是，以人为主线的结构布局与纪实文学的写作风格给史学著作注入了新的气息。

本书采用以人为主线的叙事方式，以新疆辛亥革命这一事件为坐标，选择了10多个相关人物，其中既有显赫一时的末代巡抚、伊犁将军、民国都督、省府主席，以及封建郡王、民族头领等；也有名不见经传的小人物。"历史上，小人物与大人物斗法，与旧体制对抗，虽力不从心，但他们因此创造了历史，衬托了大人物，也凸显了自己的价值"（见本书自序）。这种布局结构，使本书能以小见大，见微知著，博大精深，加之纪实文学的写作风格，使得人物栩栩如生，事件鲜活生动，极富可读性。

如果要归纳本书优点，我以为上述三端即是其主要者，但我还有期望一端想述。新疆和谐社会的建设，要有现代文化的引领，现代文化重要内核之一应是历史的记忆。"历史记忆是人类特有的记忆功能之一。历史记忆分三个层次，即个体记忆、群体记忆和公共记忆。由个体记忆向公共记忆过渡，其间的催化剂就是理论研究和媒体传播"（见本书附录）。正确的新疆历史的记忆，是今天强化文化认同、国家认同的重要原动力。我们有很多工作可以做，也应该做。《新疆1912》的写作和出版是一次成功的尝试，"新疆辛亥革命的场域极大，不仅涵盖了中华民族的方向和目标，也凝聚着五族共和、振兴中华的全民共识。这种共识是一种软实力，是新疆经济社会可持续发展的基石"。（见本书附录）。

由此，我期望保新继续"以一个特殊的年份和一群特殊的人为对象，追溯历史并展现一个大时代的写法"（见本书后记）的尝试，能将《新疆1762》、《新疆1884》、《新疆1950》，乃至《新疆公元前60年》等诸题的写作提上议事日程，保持特色，形成系列。

果能如此，学界之大幸矣，读者之大喜矣！

盼吾之此期望能得保新同志共鸣与响应!

权充为序!

马大正[1]

2012年4月8日

北京·自乐斋

---

[1] 马大正，1938年生于上海，在山东大学完成本科与研究生学业，1964年进入中国科学院哲学社会科学部。中国社会科学院中国边疆史地研究中心原主任、博士生导师，中国社会科学院新疆发展研究中心主任，国家清史编纂委员会副主任，《新疆通史》编委会学术顾问。

序 二

学历史，敬重历史，从纷繁的历史事件中寻找社会发展规律，从历史中总结经验智慧，可使我们少走弯路，少犯错误。若用功利主义或虚无主义对待历史，蔑视或背叛历史，历史会让你吃尽苦头。敬畏历史，历史会善待我们。50多年前就读北大历史系时翦伯赞主任的教诲，我迄今记忆犹新。

我是上海人，1954年考入北京大学历史系，学制5年。1958年，我以学生身份参加新疆社会历史调查组，参与编修新疆12个民族的史志，由此留在新疆工作至今。

去年，适逢辛亥革命100周年，北京、上海、广州都很隆重纪念这一中国近现代划时代的革命事件。唯独新疆，政界、政协、学界没有动静，报纸只转载一二篇"炒冷饭"的文章。我曾写过一些纪念和反思新疆辛亥革命的文章，如《新疆辛亥革命的史实及其历史意义简述》、《辛亥100年祭》等，并没有引起主流媒体的关注。我在上述文章中表达了一下观点：

（1）新疆的伊犁辛亥革命之所以发生，是由于杨缵绪等一批新军，他们又大都是同盟会会员，他们在伊犁宣扬爱国主义精神，痛斥清政府的腐败，帝国主义欺凌我们，是中华民族的耻辱。激起伊犁各族军民，包括各民族的上层的爱国义愤，在爱国主义的旗帜下团结一致，形成一股向心力、认同感。

（2）伊犁辛亥革命的导火索是官逼兵反，并把伊犁将军志锐送上断头台，新的临时政府起名五族共进会，挂五色旗，象征着民族平等，得到各民族的支持和拥护。

（3）伊犁革命军和省军在精河正面交战，最后打败省军，说明革命士气高涨，也说明伊犁后方巩固，并能从人力物力得到支援，也是民族团结的象征。

（4）1912年在南疆和田策勒村发生反对沙俄商人的一场斗争，得到喀什参将熊高升支持，再次掀起反帝的大旗，仍然是民族团结，同仇敌忾。

（5）辛亥革命后影响新疆政治稳定的是哥老会聚众滋事，杨增新只有起用马福兴、童明才的回族军队镇压哥老会。

（6）在辛亥革命前，新疆行政区划上分三块，南疆、东疆由新疆巡抚管辖，伊犁和塔城设伊犁将军，阿勒泰设参赞大臣，隶属外蒙古科布多。辛亥革命后，三个区划统一起来，不再分而治之。

（7）杨增新统治新疆时期，中央150万两银子的协饷没有了，他能励精图治，予民休养生息，也能精兵简政，不给人民以负担。在我征集史料中，各族老人对杨有好感，言必"老将军如何如何"。杨增新不拉帮结派，从严治吏，在他统治的17年中，新疆社会安定，生产力虽然不高，但大家能安居乐业，是新疆之福、中国之幸。

（8）辛亥革命后，中国内地是军阀割据，兵连祸结，民不聊生，而新疆是世外桃源，不参与争斗。所谓杨增新的"认庙不认人"的做法，要从当时的历史大环境中去理解。

1931年全疆爆发农民大起义，究其原因是金树仁借改土归流，在民族中制造不平等，政治上拉帮结派，重用甘肃人，吏治腐败，鱼肉乡民。在新疆，要坚持民族平等，不要拉帮结派，要严惩贪官、庸官和懒官，要兢兢业业，"为官一任，造福一方"，新疆才不会乱。

人在世上走，要有居安思危意识。历史上我们中国遭列强欺侮，民穷国弱。现在中国强大了，不要迷信武力，还是要靠我们的传统，"仁"字统天下，这是我们中华民族的传统，是历史之魂。

与崔保新结缘，是巧合，也是必然。我们在文史资料上神交已久。一见面，我似乎见到了久违的知音，对他能在异地系统地研究新疆辛亥革命，我深感欣慰。崔保新先生经历丰富，又在辛亥革命策源地广东生活多年，他占有资料和交流范围不同，加之独立的理性思考，能就新疆辛亥革命提出新的见解，也在情理之中。《新疆1912》的出版，这是新疆史学界之幸事。

崔保新著述的一个特点，就是善用、活用、善论文史资料。所谓善用，在崔保新眼里，没有"正面"或"反面"，有的只是历史的真实。对于"正面人物"，他重视反面史料的应用，对于"反面人物"，他不忽略正面史料的选择，其结果便使历史人物丰满起来，可信度大大增强。所谓活用，崔保新立足让历史的当事人述说历史，不仅使得历史鲜活生动起来，也避免了后人对历史的主观臆断和抽象概括。善论即作者对史料的粗细筛选、真伪研判和适当评论。适当既要注意史料与评论的比例，好评论不在冗长，而在精当；又要能够回到历史的语境中去，设身处地为当事者想。以上均是做历史研究者必备的素质。

文史资料是抢救"活史料"的工作，是周恩来总理倡导的。文史资料工作的性质是动员老人把当年所见所闻和亲身经历记叙下来，文史工作者就是一个旧闻记者。我当年就是骑一辆旧自行车走街串巷走访老人。当年，凡是历史老人，有人提供线索我都去找，与他们促膝谈史，方法是因人出题，因题找人。政协做这项非常合适，各族历史老人，都是上层人士，是统战对象，通过文史资料工作，广交朋友。而征集到的史料，都是极有价值的珍贵史料，用"功在当代，利在千秋"来评价是不过誉的。我在政协从事文史资料工作的30余年中，征到史料近千万字，编辑出版了《新疆文史资料选辑》30本，约300万字。对这套书，社会上是认可的，把它当珍藏本。在《新疆1912》中，读到大量我们前辈撰写的史料，感到我们一生为边疆史付出的心血是有价值的。

新疆之乱，在历史上是客观存在的，而且具有规律的周期性。自清朝平定准格尔，收复南疆后，200多年来，基本上是10年一小乱，20至30年一中乱，50年一大乱。辛亥革命的历史经验要研究，国民党执政新疆的得失也值得探讨。抗日战争中新疆是大后方，又是盟国军援大通道，新疆人民还捐献飞机支援抗战，吴忠信、张治中拨乱反正，摈弃盛世才的暴政，以仁以礼稳疆治疆，为新疆和平解放创造了条件。这些光荣的历史在文史资料上都详细记叙了，但一谈到纪念和缅怀我们前人作出的贡献，从我所接触到的，不是历史的功利主义，就是历史的虚无主义，好像那时国民党统治的年代，不必宣扬。我希望不要阉割历史，我们是炎黄子孙，我们祖先都有功有过，历史无法选择。凡对新疆稳定发展作出贡献的人物，无论属于哪个党派，应该肯定，不要人为淡化和抹杀。希望国民党治疆史能成为作者下一个研究方向。

2008年新疆的"七五事件"是新疆解放后60年的一个花甲子，一次大乱。在解放后的60年中，新疆的大小乱事不少，也具有规律的周期性。历史上的新疆之乱的原因主要是二个，内部是吏治腐败，外部是新疆西部的一些国家的挑动。《新疆1912》中，作者并没有回避这一敏感的话题，而且力图梳理和总结这一历史规律。作者提出一个鲜明观点：就中国而言，落后就要挨打；就新疆而言，落后必生动乱。可为今天当政者提供历史借鉴。

对待新疆的历史事件，目前感到新疆是当事者迷，而曾在新疆待过，后离开新疆的倒是旁观者清！新疆留不住人才，是因为新疆不能为他们提供自由发展的舞台。许多人在新疆看似是条虫，出了新疆就是一条龙。我久居新疆，体会太深。新疆的历史著作为什么由走出新疆的人来写？曾问吾写《中国经营西域史》、张大军写《新疆风暴七十年》、蔡锦松写《盛世才在新疆》，崔保新离开新疆22年，也算一个。这一现象，值得我们深思。

最后，赋诗一首，以表一介老文史之衷肠：

辛亥百年话沧桑，东苑枪声已微茫。
功过是非今犹在，祖国后方变前方。
喜看后辈春秋论，纷繁史事道短长。
天山作证青史垂，风云人物尽贬扬。

汤永才[1]
2012年8月8日
于乌鲁木齐

---

[1] 汤永才，1933年生于上海浦东。1954年考入北京大学历史系，师从翦伯赞先生。1959年毕业分配至北京近代史研究所，1961年调入新疆历史研究所，1962年调入新疆政协负责文史资料征编工作30年，曾任政协文史资料委员会主任。

序 三

唐立久[①]：2009年5月，我们合著的《掀起你的盖头来——发现新疆》（以下简称《发现新疆》）由新疆人民出版社出版，迄今已再版4次，成为畅销书之一。这本书对新疆百年以来的风云人物和发展轨迹作了初步研究。

崔保新[②]：这本书的特色之一就是对话。对话是一种互动，是一种互相尊重，一种互相包容，对话双方是平等的，可以各说各话，君子和而不同。对话打破了话语权垄断，摈弃了居高临下的灌输，让读者参与讨论，感到轻松、亲切、新颖。

唐立久：该书出版以后，你开始关注于新疆近代史，2010年末又有《沉默的胡杨：邓缵先戍边纪事（1915~1933）》（以下简称《沉默的胡杨》）问世和即将出版的《新疆1912》。它们与《发现新疆》有何不同？

崔保新：《发现新疆》是宏大叙事，视野阔大，注重理论研究，《沉默的胡杨》是剖析典型，一个人的故事放在时代大背景下，知微见著，揭开了新疆县治的面纱，接到了政治的地气。与《发现新疆》、《沉默的胡杨》两书相比，《新疆1912》是一种散文+论文的写作手法。它在历史长河中截取一个转折时点，以该时点的风云人物为研究对象，以小见大，以点带面，以人叙事，深度挖掘，窥视大时代的面貌。

唐立久：去年是辛亥革命百年纪念，各地出版的书籍汗牛充栋，有许多质

---

① 唐立久：管理咨询专家，新疆东西部经济研究院院长兼现代新疆研究中心主任，著有《发现新疆》（合著）、《不发达经济实证研究》、《解构德隆》（合著）等。

② 崔保新：新疆财经大学客座教授、新疆东西经济研究院副院长兼现代新疆研究中心副主任，著有《藏区三记》、《发现新疆》（合著）、《沉默的胡杨：邓缵先戍边纪事（1915~1933）》。

量上乘之书，唯独新疆偃旗息鼓，所出的几本书也是炒剩饭，了无新意。说明新疆辛亥革命研究没有新思维。可以这样说，《新疆1912》是新疆辛亥革命的再发现。

崔保新： 国内外公认的辛亥革命研究学者章开沅教授主张：不能就辛亥革命讲辛亥革命，要盘点三百年，三个一百年。应该了解孙中山辛亥革命之前的一百年，特别是辛亥革命怎么来的，孙中山的纲领怎么来的，它都是有依据的。同时还要盘点辛亥革命后的一百年。还要研究从现在开始，往后的一百年。由于历史局限性，新疆关于辛亥革命的研究，视野不够开阔，有些就事论事。

唐立久： 新疆辛亥革命的再发现，至少要回答如下几个问题：一是新疆辛亥革命与辛亥革命的关系；二是新疆辛亥革命对辛亥革命的贡献；三是新疆辛亥革命对新疆近代史进程的影响；四是新疆辛亥革命的公共失忆与学术界失语的关系；五是新疆辛亥革命将在新疆跨越式发展和长治久安中起什么作用。

崔保新： 先说新疆辛亥革命与辛亥革命的关系。1911辛亥年，革命党人率先发动"三二九"广州起义，革命烈士血洒黄花岗。同年十月十日，武昌军人发动武昌起义，18行省纷起响应。1911年12月28日，新疆响应辛亥武昌首义，爆发了迪化起义。迪化起义失败，伊犁革命继起，哈密、喀什遥相呼应，终使新疆迈入拥护共和建立民国之途。广州是策源地，武昌是首义地，新疆是响应地。

唐立久： 新疆响应辛亥革命不是偶然的，迪化起义领导人刘先俊即是受孙中山先生委派，伊犁新军中更有众多同盟会会员潜伏其中。哥老会组织遍布新疆各地，闻风而动。自新疆建省以来，新疆与内地的联系并没有因为路途遥远而疏远，而是更加紧密了。新疆辛亥革命是辛亥革命的组成部分，不仅事实如此，而且过程互动。

崔保新： 宣统初年，随着慈禧、光绪相继离世，大清贵族集团已感大厦将倾，派出能臣袁大化、志锐、长庚等人分任甘肃新疆巡抚、伊犁将军、陕甘总督，他们与蒙古王合谋策划，一旦北京不保，即拥宣统皇帝西迁，在西北休养生息，以图东山再起。这条西迁之路，早在1900年八国联军打破紫禁城时，慈禧、光绪即经山西、河南逃到西安。迪化起义，特别是伊犁起义的成功，志锐被革命军所杀，袁大化仓皇逃出新疆，宣统皇帝西迁的美梦被粉碎了。

唐立久： 新疆辛亥革命的另一重大贡献，就是新疆在边疆省中，成为唯一拥护共和的省份，化解了大清帝国退出历史舞台之际，中国被列强瓜分的风险。新疆东南地接青藏，东北扼蒙古咽喉，新疆战略要地不失，收复西藏、蒙古是早晚之事。

崔保新：1912年是新疆近代史的一个枢纽。向前看，可上溯1762年清朝收复新疆、1884年新疆建省时期，向后观，可延伸至杨增新、金树仁、盛世才乃至国民党统治新疆时期。它们构成了一个因果相连的历史整体。假如没有乾隆时期西域故土重归，没有左宗棠力主收复新疆，没有刘锦棠等力推新疆建省，就没有新疆辛亥革命的爆发与选择。假如100年前新疆与辛亥革命无关，那么，不但使清朝与民国历史出现脱节，也使今天新疆的共和、自治、现代化少了一个起点，少了一个巨大的精神动力之源，少了一种历史的继承与联结。

唐立久：辛亥革命究竟给新疆带来什么？一言蔽之，辛亥革命为新疆带来了三民主义。1912年之后的新疆，从表面上看乱象纷纷，但从实质上分析，新疆依然沿着孙中山先生提出的三民主义的方向艰难前行。所谓的新疆风暴与动荡，那是社会进步所必须付出的代价。由乱到治正是历史演变的逻辑。

崔保新：如今的乌鲁木齐（旧称迪化），业已发生了沧桑巨变。单就人口而言，那时仅有5万人的边陲小城，时下人口已接近320万，比1912年新疆的总人口还要多出几十万，已跻身中亚特大城市之列。而百年前的那场辛亥革命，正是它巨变的契机。

唐立久：100年前的辛亥革命，是中国历史上最彻底的体制大变革，封建王朝寿终正寝，民主共和首次登上中国的历史舞台。这是百年历史上一次影响深远的思想解放运动，孙中山先生提倡的三民主义普世价值从海外传至沿海、中原，最终波及边疆。如今，这种由南至北、由东到西的传播方式依然没有改变，2010年的援疆大政即是实证。研究新疆辛亥革命的意义亦就在此。

崔保新：研究民国初期史，不可不涉及袁大化、志锐时期，杨增新时期，金树仁时期，以及盛世才统治新疆前期，对这些人，我们过去否定得多，肯定得少。譬如，末代巡抚袁大化未了的建设新疆蓝图；末代伊犁将军志锐的浓烈的爱国情操和出众的才艺；首任新疆都督袁鸿祐在喀什辛辛苦苦戍边长达20年；杨增新主政新疆17年不依赖中央支持，实现了地方财政平衡，在军阀混战之中，让新疆偏安一隅。再譬如，金树仁废除了哈密回王制度，开启了新疆现代教育和留学的先河；盛世才依靠苏联的援助，与共产党人合作，使新疆成为抗日战争中的国际大通道，有力地支援了全国的抗战。平心而论，这些封疆大吏们，无论忠于哪个朝代，选择什么党派，走了什么路线，做错了还是做对了，他们都为后人留下了宝贵的治疆经验，构成了"新疆学"的内容，我们应该很好研究借鉴才好。

唐立久：从辛亥革命始，国家要独立，民族要解放，逐渐成为世界潮流。在外交上，新疆主要针对沙俄吞并新疆的野心，各民族同心合力，共同抗争；在内政上，各民族反抗封建回王制度，掀起了一次次农民起义。在失败与成功的交替之中，到了20世纪30年代，沙俄强加于新疆的不平等条约被废除了，封建回王制度被废除了，各民族都有了参政议政的权利。

崔保新：清政府实行的是民族歧视与压迫政策，满族作为统治阶级享有特权。清政府在南疆实行军政、民族隔离政策，为民国以后的政治治理留下隐患。民国建立后，民族间的藩篱开始打破，各民族都有参军、受教育的权利，老百姓也有了投诉贪官污吏的权利。到1934年，沿用几百年带有歧视的民族称谓"畏兀儿"改为"维吾尔"，其中含有民族平等、民族团结之义。

唐立久：各民族均有使用自己语言、文字，用母语接受教育的权利，各民族都可以留学，各民族都有权利从政，组成具有各民族成分的省县政府，一批本土政治家开始登上新疆的政治舞台。譬如像李溶、包尔汉、赛福鼎等，他们先后担任过新疆省主席，这是历史的巨大进步，前所未有。

崔保新：今日之中国脱胎于百年前之中国。辛亥革命是新疆现代化的起点。新疆对辛亥革命的响应不能被湮没，新疆对辛亥革命的贡献不能被忽视，新疆辛亥革命烈士的鲜血不能白流，新疆的长治久安不能偏离辛亥革命开辟的轨道。以史为鉴，可以知更替。我们今天重新评价辛亥革命以来的历史人物，其中的一个重要标准就是爱疆还是卖疆，有没有尽责守土，有没有促进新疆经济社会文化的发展，而不论他们生于哪个时代，为哪个朝代、哪个阶级服务。我们后人只有敬畏历史，才能从历史中受益。一切历史都是当代史，一切历史都是思想史，对当代的解读离不开历史。

唐立久：研究百年新疆史，旨在总结新疆特有的政治治理经验，发现新疆治理的密码，建构一套理论与实践相结合的学术体系。从历史上看，历朝治疆策略刚柔相济，以仁政为主。凡治疆有方者，刚柔中都包含的一种大爱。对三股势力而言，若对他们不刚，新疆就会大乱，所以历史上有铁腕治疆之封疆大吏。

崔保新：杨增新还有一句名言：新疆治世是桃园，乱世是绝地。杨增新治疆以仁爱为战略主线，防乱、治乱、戡乱为策略，在中原大战、俄国革命的复杂环境中，保证了新疆的稳定。而他的继任者金树仁，最大的罪过就是把治世桃园演变成乱世绝地。盛世才统治时期，新疆由乱到治，为新疆的经济和教育发展创造了条件。但盛世才治疆靠暴力和恐怖手段，尽管他表面上维持了新疆政局，但他不断制造的仇恨如岩浆在人民心中翻滚。他为新疆各族人民心中带来的创伤，直到新中国建立才渐渐治愈。

唐立久：最近张春贤书记的一个讲话使我感触很深。他说在新疆工作一定要忘记浮名，古代文人刘墉"忍把浮名，换了浅斟低唱"，我们不能在成绩面前喝酒、陶醉、颓废，在新疆这个复杂的国际环境、历史环境基础之上，只能不计名利，把名利放在一边，忘记它。治疆之复杂，更要忘记疲惫，要有在艰苦中作战的决心与意志。他特别强调，在新疆工作一定要忘记风险，由于国际国内、历史及周边的危险因素仍然存在，且国际环境越来越不宽松。

崔保新：在新疆建立民国的志士，大多死在新疆，魂萦天山。民国初年民国政府派往新疆的知事，广东的邓缵先死于1933年南疆暴乱；浙江的陶明樾发动了"四一二"政变，推翻了金树仁政权，被盛世才杀死于大庭广众之下；湖北的张馨推动了新疆的外交、政法、教育发展，也死于盛世才的监狱之中。这些虽是内政风险，但背后有着复杂的国际因素。

唐立久：一个问题常常困扰我，我是哪里人？我的根在哪里？1982年我大学毕业，由于主修经济统计学，当时我想对新疆经济做一个发展模式研究。在以后几年里，在遍阅新疆各类图书馆和乌鲁木齐为数不多的几家书店的图书和期刊后，发现对新疆经济研究其方法基本是照搬国外的"舶来品"，充斥着模仿的、空泛的外来经验，依照这些理论和方法研究新疆问题，对于新疆当地发展来说基本无效。从1986年开始，我开始在新疆广袤的土地上探访和实地调研，足迹遍及每一个县。我认为，新疆和内地省区差异明显，应该依据新疆实情，进行针对性实证研究，形成自己的主张和理论，我称之为"新疆学"。

崔保新："新疆学"是一个大题目，也是一个大体系，它包括政治、军事、外交、经济、文化、教育、史学等，需要很多人齐心合力才能完成。而今天新疆实施的跨越式发展目标与其息息相关。今天"新疆学"的研究，应以新疆长治久安为重点。

唐立久：我一直在媒体上反问：新疆经济跨越式发展能带来长治久安吗？我以为不能画等号。新疆社会的平衡发展，需要现代文化引领，需要以史为鉴，从历史中解构长治久安的因素。

崔保新：一切经济活动的最终目的都是为了解放和提升人的物质与精神品质。发展新疆的核心在于人，在于转变新疆人的观念，树立大爱强疆的理念，提升新疆人的综合素质。

唐立久：前不久，我率"新商联盟"部分企业家赴曲阜学习。新疆是四大文明（希腊文明、印度文明、中国文明、阿拉伯文明）的交汇之地，儒教思想也是其中一部分，儒家文化对治疆起何种作用？孔丘重要门徒孟子曰：仁者无敌。得道者多助，失道者寡助。爱人者，人恒爱之；敬人者，人恒敬之。人皆可以为尧舜。天时不如地利，地利不如人和。我以为，世界四大文明的思想是一致的，世界三大宗教（基督教、伊斯兰教、佛教）的思想也是一致的，这就是真善美、平等、仁爱。

崔保新：新疆发展，生态、地缘、民族、宗教、民生与能源等问题复杂交织，加之"三股势力"的因素，在后发赶超、跨越式发展的过程中，由于现代化、商业化、市场化的急剧展开和社会结构的深刻转型，激活了许多原本被遮蔽的深层次问题。

唐立久：在新疆，强化国家认同需要重视防范大汉族主义和两泛主义，破除狭隘的中原中心史观及泛伊斯兰、泛突厥意识，逐步改变心态上倨傲、智识上无知的危险局面。特别需要消解以汉民族（族群）取代"中华民族"的不当做法，充分发掘新疆其他54个民族对于中华民族共有精神家园的既有和将有的贡献。充分认识公平、公正机制在国家认同中发挥的作用，应当在坚持基本公共服务普及化、共享化原则的前提下，依照地域、阶层、行业而不是族别予以适度倾斜，努力实现各地域、阶层、行业的相对均衡发展。

崔保新：新疆的问题本来复杂，市场经济下的新疆问题更加错综复杂。治大国如烹小鲜，治疆者要慎之又慎。

唐立久：你在《新疆1912》中，提出了许多发人深省的问题，既有法治因素，也有文化因素。希望这本书的出版，能引起新疆人的历史文化反思，恢复和唤起国人对新疆辛亥革命志士的公共记忆，进而促进新疆人的历史、文化、民族、国家认同。

自　序

　　1911年12月28日，新疆响应辛亥武昌首义，爆发了迪化起义。迪化起义失败，伊犁革命继起，哈密、喀什遥相呼应，终使新疆迈入拥护共和建立民国之途。

　　以辛亥革命为起点，百年间中华民族复兴大业方兴未艾。改革开放为国人提供了国际大视野，确立了人类公认的普世价值的坐标系，以此来剖视百年中国变迁的轨迹，使中华民国曲折动荡的路径重获反思，中国大陆与台湾的社会探索重获检视，三民主义路线重获认知，影响中国近代历史进程的孙中山、蒋介石、毛泽东等风云人物重获定位。在这一时点上，新疆对于辛亥革命的贡献应重新评价，辛亥革命对于新疆巨变的因果也应深入探讨。新疆应该发出自己理性的声音。

　　1912年是新疆近代史的一个枢纽。向前看，可上溯1762年清朝收复新疆、1884年新疆建省时期，向后观，可延伸至杨增新、金树仁、盛世才乃至国民党统治新疆时期。它们构成了一个因果相连的历史整体。

　　假如没有乾隆时期西域故土重归，没有左宗棠力主收复新疆，没有刘锦棠等力推新疆建省，就没有新疆辛亥革命的爆发与选择。

　　假如100年前新疆与辛亥革命无关，那么，不但使清朝与民国历史出现脱节，也使今天新疆的共和、自治、现代化少了一个起点，少了一个巨大的精神动力之源，少了一种历史的继承与连接。

　　1912年之后的新疆，从表面上看乱象纷纷，但从实质上分析，新疆依然沿着孙中山先生提出的三民主义的方向艰难前行。所谓的新疆风暴与动荡，那是社会进步所必须付出的代价。由乱到治正是历史演变的逻辑。

　　如今的乌鲁木齐（旧称迪化），业已发生了沧桑巨变。单就人口而言，那时仅有5万人的边陲小城，时下人口已接近320万，比1912年新疆的总人口还要多出几十万。而百年前的那场辛亥革命，正是它巨变的契机。

历史不容篡改，亦不容忘记。假如我们时下对乌鲁木齐庞大的人群，作一项关于新疆辛亥革命公共记忆调查，结果可能令人失望，更令人震惊！长期以来，新疆辛亥革命地位的边缘化，新疆辛亥革命研究的碎片化，结下了一个苦果——辛亥革命在新疆没有形成公共记忆。

公共记忆是一个民族的良知，在新疆则是各民族的良知。公共记忆是多样性的，史书记载仅仅是一部分，一切与辛亥革命有关的建筑、人物、文物、档案、遗物等，都是公共记忆的要素。新疆辛亥革命遗迹相继毁灭，即是公共失忆的发端。

公共记忆又是复合型的。历史不能只有一种官方记忆，还要有多样化的民间记忆。对于新疆辛亥革命武断粗暴的定性，对于辛亥革命人物肤浅粗糙的评价，是无助于形成公共记忆的。个体记忆是民间记忆的特征，其形态是鲜活的、质感的、可触摸的，而群体的公共记忆正是通过个体记忆来实现的。《新疆1912》的创作，就是通过个体记忆恢复公共记忆的一次尝试。

历史是人的历史，是人类的文明史。人们在创造了历史的同时，又不得不走进历史。通常走进历史要寻两道门：一是由事件到人；一是由人到事件。在事件和人中，人永远是历史的主角，或者说杰出人物永远是历史的主角。由此产生历史的两种写法：一是以事件为主，人物为辅；一是以人为主，事件为辅。人物与事件始终是历史的一体两面，缺一便无历史。

本书采用以人为主线的叙事方式，大事件只有一个，那就是新疆响应武昌起义而有了辛亥革命史，而选择的人物则有十多个。本书既记录显赫一时的大人物的生死，也关注不见经传的小人物的命运。大者有末代巡抚、伊犁将军、民国都督、主席，以及封建郡王等。历史上，小人物与大人物斗法，与旧体制对抗，虽然力不从心，但他们因此创造了历史，衬托了大人物，也凸显了自己的价值。新疆辛亥革命小人物最容易被史学家忽视，譬如，参与辛亥起义的烈士、哥老会领袖、参将、农民起义领袖，尽管他们生卒年月不详，坟茔不彰，但他们的口碑长存民间。大小人物不同的经历和背景，如同色彩斑斓的马赛克，共同拼成了1912年新疆辛亥革命的社会画卷。

社会画卷是要通过角色各异的人物来绘制。在以往新疆辛亥革命的研究中，忽视了除汉族之外的其他民族在辛亥革命中的作用和贡献，这不合常识，更不合逻辑。因为，如果没有占当时新疆人口近90%的各民族群众的响应和支持，就不会有新疆辛亥革命起义的成功，也不会有新疆拥护共和承认民国的进程。这一历史真相，以往因语言、视野、资料等诸多原因，没有很好地揭示出来，改变不同民族各说各话的历史观便成为本书的一次尝试。有了迪化的肉孜阿吉、阿图什和伊犁的玉山巴依、策勒的苏普尔格、哈密的铁木耳、吐鲁番的穆依登、艾买提等革命者，有了沙亲王、鲁克沁郡王等革命对象，有了包尔汉、赛福鼎·艾则孜、司马义·艾买提等对辛亥革命的深入研究，即使内容尚显不足，已使《新疆1912》像一本新疆的史书了。

要想写活历史人物，就离不开生动的细节，而100年的岁月磨蚀最多的恰恰就是细节。寻找细节、故事、典故、回忆等元素，获取遗物、著作、诗词、照片诸信物，是写史前的艰巨而细致的工作，唯此才能触摸到人物的真实感情，读懂人物的思想和文字。本书特别重视风云人物情感精神的寻找，特别重视历史语境的复原，特别重视历史上被忽视的"小人物"们的发掘，特别重视历史事件细节的再现。

人亡政息、否定前朝成了社会的惯性思维，有关历史人物的细节由于疏于记录、保存、整理，加之边疆文化长期落后的特殊原因，使以人为主写史的方法充满着不确定性，难度极大。

本书力图以文献为基础，以信史为证据，让史料说话，而非主观地定论善恶，简单地评判是非。因为善与恶，是与非，因不同时代、不同阶级而演变，后人不要因单一视角、现代标准而错怪和扭曲了他们。

历史就像一座大房子，可以近看，远看，内看，外看，远近内外各有不同。人类今天拥有的技术条件可以将不同国籍、不同族群、不同语言、不同经验、不同时代、不同视角的各种观察综合起来，放在一本书中供人们观察和思考，恐怕只有多元观察，兼容并蓄，才可能更接近历史真相。

作　者

2012年6月8日

广州·石书斋

目　录

引 子

1911年10月10日，武昌首义引爆了辛亥革命的"原子弹"。这场旨在推翻千年帝制走向共和的革命冲击波，以华南中心城市为策源地，以九省通衢的武汉为爆发点，向四周漫溢。

武昌距新疆东大门哈密3000公里，距首府迪化（乌鲁木齐）3600公里，距伊犁4300公里，距喀什5100公里，如此显著的空间差，决定了冲击波由东到西的时间差。因此原因，新疆推翻帝制响应共和的革命，除迪化起义、伊犁起义发生在辛亥年内外，新疆承认共和、新伊和谈、哈密农民暴动、喀什烽火，均发生在壬子年。好在革命以性质划分，并不以时间分类，我们不能说没有发生在辛亥年的壬子革命，不是辛亥革命的组成部分。正如原子冲击波到达一地，早一秒或晚一秒，都是原子冲击波一样。

就历史事件而言，时间之窗固然重要，但更重要的是事件之间的因果关系。新疆、西藏、蒙古、东三省同为大清帝国边疆，为什么单单新疆响应了共和并发动了起义？原因何在？内在逻辑关系是什么？

新疆是一个多民族聚集的区域，在这场划时代的革命中，孙中山五族共和的主张对新疆有何影响？新疆各民族间的政治态度如何？他们是如何发动革命并相互策应彼此声援的？新疆如何躲过英俄企图吞并疆土一劫的？

帝国主义诸列强要瓜分中国，必借五族失和而达目的。汉满蒙回藏五族一旦失和，中国势必先四分五裂，继而在列强蚕食下亡国灭种。五族共和实为中华民国立国之基。

新疆更是控制藏蒙的战略制高点，是中原安全之屏障，是中国命脉所在。新疆爆发革命拥护共和的举措，不但击碎了抚疆大吏们拥戴宣统皇帝西迁以图东山再起的美梦，也没有给英俄分裂中国以可乘之机。新疆革命与辛亥革命不仅关系密切，而且互动互援，不仅释放了辛亥革命面临的风险，更放大了辛亥革命的意义。

　　毕竟地处边塞，远离政治和文化中心，百年前那场波及新疆全境的革命运动，其作用和意义都被大大低估了。只知广州黄花岗起义和武昌首义，不知新疆辛亥、壬子革命，这种延续百年的社会公共失忆，依然影响着今人对新疆辛亥革命的评价。

　　迄今，新疆辛亥革命的人物大都被历史遗忘，新疆辛亥革命的细节也尘封于历史之中。历史不应忘记，公共记忆理应找回。

　　单就新疆辛亥、壬子年间的主角而言——

　　沙亲王，像还魂的僵尸，大奸似忠总会引来愤怒的天火，天理不容！

　　袁大化，像桀骜的独狼，任不逢时，咬不死对手，跑了不敢回！

　　志锐，像刚猛的狮子，诗书狂舞，宁死不屈，但死了没机会！

　　袁鸿祐，像流星划过天空，壮志未酬身先死！

　　杨缵绪，具有猎豹与狐狸双重性格，遇险则避，走了回不来！

　　杨增新，像大象慢舞，似笨实巧，杀伐怀柔并用，化纷争于无形。

　　李溶，像缩头的乌龟，外圆内方，似睡实醒，留下升上去！

　　边永福、熊高升、苏普尔格等风云人物，勇抗沙俄，受到民间拥戴。

　　樊耀南、陶明樾、张馨奋起革命，再举义旗，血染督办公署。

　　刘文龙、邓缵先这些民国的建设者，客死他乡，与天山同在。

　　……

　　一场两千年未遇之大变局，由专制走向共和的革命目标不会一蹴而就，又有后继者发出政治宣言。

　　新疆各民族为平等、民主自由而战的志士们，死有价值，光彩各异。

　　从1912年至1941年，民国新疆辛亥风云人物（除杨缵绪、刘文龙外）先后陨落谢幕了。历史如镜。他们的命运、善恶，连同那段波澜壮阔的历史曲直，留待后人细细评说。

第一章
沙亲王——哈密背影

哈密是新疆的东大门，地跨南北疆，战略位置十分独特。自古以来，哈密即为中央政权控制西域的前哨战，掌控哈密，北可钳制巴里坤、奇台、乌鲁木齐，西进可达伊犁；南可挟吐鲁番、焉耆、库尔勒，控制南疆。

公元1907年，光绪三十三年，中国农历丁未年，亦称羊年。在《新疆简史》的大事年表上，这一年只记载了两件大事："迪化设简易师范班，成立省立中学。哈密吐尔巴克兄弟率领农民包围王府，要求摆脱徭役制度。"

羊性本平和顺从，但却在哈密发起虎威，看似平静的新疆似乎并不太平。

1907年的哈密农民暴动，为1912年的新疆投下了一个巨大的历史背影，成为了解新疆辛亥革命动因的一个窗口。

沙亲王的身世

西域乃中国安全之屏障，立国之命脉，古今皆然。翻开汉代史籍，无论是凿空西域的张骞①，还是挥舞霸鞭的武帝，对西域的认识可谓高瞻远瞩，惠及万代。而具有国际视野并开创大唐气象的杰出政治家唐太宗说过：欲固中原，乃取西域，以玉门关为内险，以葱岭为外险，海内始可安枕。由河西走廊出玉门关，即是哈密，位于内险与外险之间的哈密，历来是兵家必争之地。

明朝以降，中央政权虽然锁闭嘉峪关，放弃西域，但一直不放松对哈密的控制。明朝赐封哈密回王，哈密回王亦效忠朝廷。

清代延续了明代的政策，哈密王的地位有增无减。哈密王自18世纪中叶起设置于新疆哈密。清政府出于对天山南北行使统治权的需要，自1760年开始在天山北麓游牧地区，以及在天山以南的哈密和吐鲁番维吾尔族中，实行札萨

▲ 晚清时哈密城门 　（周轩提供）

克郡王制；在乌鲁木齐周围的农业区实行州县制；在塔里木河流域实行阿克木伯克制。哈密虽是农业区，却地处塔里木河流域，故仍实行札萨克郡王制。②清政府给该地区统治者以极多的封建特权，明显地表现出清政府对哈密王的格外关照。平定大小和卓③暴乱之后，清政府给那些与清廷患难与共的维吾尔封建主加封了"郡王"封号。受封的有哈密的额贝都拉④、吐鲁番的额敏和卓⑤、库车的米尔扎⑥、乌什的色提卜阿勒氏⑦等。其中哈密的额贝都拉是第一个受封的。

　　清代，蒙古爵位分亲王、郡王、贝勒、贝子、镇国公、辅国公（之下为四等台吉）。从清政府对哈密王的赐封上，亦可看出对哈密地区的重视。封号之下意味着特权。回部王公占领土地，治理人民，俨如封建诸侯。

　　哈密亲王这一封号自额贝都拉始代代相袭，一直传到沙木胡索特亲王时，起了争执。

　　在多种史料记载中，哈密回王沙木胡索特卒年为1930年6月，但生年不详。为什么一个显赫的王爷的出生年月会被人们忽视呢？

　　这要从沙亲王的身世说起。沙木胡索特原是伯锡尔王府塔尔台吉的儿子，因战乱出生在天山板房沟，由一名牧羊的老妇人抚养长大。伯锡尔王爷死后，其子迈哈默特先天瘫痪，迈里巴纽福晋执掌实权。由于无法传宗接代，遂由迈里巴纽福晋出面，寻来沙木胡索特与王爷小女儿成亲。沙木胡索特由此攀上高枝，起初被安置在王府担任掌印伯克，帮助迈里巴纽福晋料理王府日常事务。第八世回王迈哈默特死后，光绪八年（1882年）七月十四日，清政府批准由沙木胡索特承袭札萨克和硕亲王爵位。因沙木胡索特出生不正，在哈密民间早有闲言碎语。

2000年出版的《民国人物传》中，载明沙木胡索特"生于1836年（清道光十六年）。出生贵族，为哈密回部第七代回王伯锡尔之侄。在1866年的哈密暴乱中，哈密第七代回王伯锡尔被杀，家族四散逃往。沙木胡索特在天山一带为人牧羊。1871年，满如里（迈里巴纽）招沙木胡索特为女婿。"[8]此龄一出，疑窦顿生。第一，出生地混乱。沙木胡索特究竟出生于王府还是出生于天山板房沟？他是牧童还是避难的成年牧羊人？第二，出生颠倒。沙木胡索特究竟是贵族还是平民？第三，按1836年推算，1871年沙木胡索特被招女婿时，已经35岁了，是否合乎维吾尔族习俗？第四，沙木胡索特若是伯锡尔之侄，与其小女结婚便是近亲（堂兄妹）结婚，是否合乎伊斯兰教法？第五，沙木胡索特死于1930年，若生于1836年，享年94岁，似不可信。问题可能出在哪里？笔者怀疑是沙木胡索特的继承人《尧乐博士回忆录》捣的鬼，他在刻意美化提携自己的恩人第九代哈密回王沙木胡索特。

马达汉作为俄属芬兰来使，1907年路过哈密，拜访了沙亲王。"当我在内廊前面下马时，身穿中国官服的亲王从寝宫出来，快步地拾级而下。他比中等身材还矮一些，躬背偻腰，尽管他的年龄看来不会超过45岁，他与中国人的交往和住北京的经历造就了他纯粹一派中国官员的风度。除了微笑和分外客气外，在他显示懦弱和诌媚的本质中，流露出一种明哲保身的含义。与他鲁克沁的女婿兼同事相比，不同的是，他在哈密是位有职有权的君主。他可以收税，可以分权；而且平乱后他现在有40名带毛瑟枪的中国卫兵。"[9]

1911年末，也就是马达汉见过哈密沙亲王后的第4年，日本西域探险家橘瑞超来到了哈密，受到亲王的热情接待，此时，辛亥革命已经爆发，新伊之间正在交战。橘瑞超写道："在哈密，我访问了回部王钦干霍加木（即哈密回王）。回城内的王宫非常宏大，是新疆各地少见的优秀建筑物。穿过森严的城门来到王宫前的广场上，卫兵三三五五站立各处警戒。我在一个卫兵的导引下走到接见场所，年近六十的钦干霍加木，身穿华美的汉族服装走出来，高兴地坐在椅子上，听我谈旅行经过。他告诉我斯坦因博士访问这里时的事情，对我今天的来访表示热情欢迎。"⑩在橘瑞超眼里，此时的哈密沙亲王已年近花甲，垂垂老矣，至少看上去像这个年龄。

尽管哈密农民起义发生在几年前，但橘瑞超还是听到了有关议论："他是回王中最通达世情而且理解力丰富的人，但对部族的统治过于严酷，同族中反对的人也有不少，企图脱离其管辖移往他处，有时甚至密谋废立，几年前就发生过一次大的骚乱。"⑪

在橘瑞超眼里，哈密沙亲王是很特别的："钦干霍加木作为部族的宗教头目，迎娶了一个异教徒汉人妻子，并且自身穿汉族服装，破坏了宗族古来的惯例，这是时常发生骚乱的重要原因。他为清朝政府平定回部之乱提供经费，捕获一个维吾尔叛匪首领，很受北京政府厚待，对于本宗臣民享有生杀予夺的权力，享有领地内租税的征收权，过着非常富裕的生活。我和他商量，在他的臣民中选拔两三个优秀青年带到日本。不知为什么，他顽固地不肯答应此事。"⑫

其实，这几件事是相关联的。沙亲王的汉化与亲中央政府互为佐证，中国经营西域史中，异族和亲常常作为一项国策。同样，亲中央政府，必然痛恨日本，对日本人侵略中国保持警惕。而哈密沙亲王旗帜鲜明地爱国，正是中央政府力挺他的原因。

马达汉在日记中，夹叙夹议地记述了沙亲王的来龙去脉："现今的回王是出于命运的造化，从一名牧童平步青云，登上了回王的宝座并取得了原本并不属于他的财富。地区的最后一个统治者将他抚养成人，并把自己的女儿许配给他。这位统治者去世之后，他通过金钱并在北京施展计谋，成功地使自己成为小王国继承人的地位得到了承认。"⑬

沙木胡索特亲王是历史上哈密王中嗜杀成性的暴君，也是最忠于清王朝的封建王爷。"沙亲王给人的感觉，思想上是亲中国的。他以赞许的口气谈论中国人，并且看来很仰慕那些新的'陆军'部队。前一阵子，陆军从直隶到乌鲁木齐时曾经过哈密城。他深信不疑地表示，中国人在这里不久就会有完全可以与洋人的任何作战部队相媲美的军队使用。"⑭

新疆建省以后，吐鲁番回王所辖之地改土归流，回王仅领支廉俸，而土地人民概归地方官管辖。但距吐鲁番以东300余公里的哈密地区，依然延续着回王制度，这与吐鲁番的地方官治理体制形成鲜明对比。由此为哈密农民起义埋下伏笔。

中世纪的豪华婚礼

1907年的哈密，除农民起义震惊全疆外，一场奢华的王公婚礼亦轰动了新疆。这两件事表面上看似乎毫不相干，其实只要细细琢磨两大事件间的因果关系，就会发现它们不是一次无缘无故的巧合。

由于这两件事在平淡的羊年中显得十分耀眼，故引起后世史学家们的关注。

既然哈密回王制度自成体系，回王及下属对人民专横跋扈，生活极度奢华糜烂，省政府亦无力直接干涉。正是在这种体制下，清光绪三十三年（1907年），哈密上演了一场空前奢侈的王室婚礼。

婚姻男方为鄯善鲁克沁回王额敏王之子，女方为哈密回王沙木胡索特的大女儿。媒人是主管新疆司法警察的提法使杨增新。婚礼分订婚、迎亲、婚礼三个阶段，分别在哈密和鄯善鲁克沁进行。

订婚那天，额敏王及其母、其弟及王府伯克100多人，分乘30多辆大车、马篷车和大鼓车，装载250石粮食、400头牲畜、200匹布料、360斤白酒，100包方块糖、3000两白银作为聘礼，从鲁克沁浩浩荡荡前往哈密。而沙木胡索特亲王则派40名伯克、阿訇、艾来木专程前往瞭墩迎接。额敏王一行进入哈密回城时，王府乐队奏乐欢迎。订婚宴席在王府举行，一连闹了5天5夜。

婚期临近时，额敏王领着伯克、阿訇、依西仁哈等60多人再赴哈密。婚礼在王府绣房（俱乐部大厅）举行，先鸣礼炮9响，继由色旦夏大阿訇等4人证婚。洞房设在回城东南角距王府1.5公里处的别墅里，沿途灯柱林立，灯火宛如白昼，并有卫士布守，不准平民观看新娘。新婚之夜，额敏王派伴娘、侍女先后9次到王府迎接新娘。王府台吉及女眷陪送新娘进洞房。[⑮]

额敏王在哈密王府住了30天才领着新郎新娘返回鲁克沁。临行前，额敏王举行了盛大的告别宴会。沙木胡索特亲王派50名阿訇、伯克护送，鲁克沁王府派人到100多里外的鄯善迎接。从哈密到鄯善按马站行走，需走10天才能到达目的地。当哈密王府的送亲队伍进入鄯善后，鲁克沁王府早就在沿途搭棚建房，准备了十多个招待站，食宿阔绰气派。

额敏王娶亲，哈密王嫁女，轰动了整个吐哈地区和南北疆。所请客人，除吐鲁番各界名人、绅士外，还有伊犁、喀什的阿奇木伯克（鲁克沁王的亲戚）、焉耆的蒙古王爷、伊犁的哈萨克首领、库车王等，简直是一次封建王侯大聚会。为了盛情招待哈密王府送亲的客人和大批远方来宾，王府为宾客准备了足够的油、肉、粮草；为供给宾客归途的牲畜备草料，还多种了几百亩苜蓿和1000多亩小麦、高粱等。对活动场所——王爷府及王府花园，也提前几十天就开始维修装饰。婚礼活动期间分期分批宴请来宾，每批祝贺10天左右。婚礼活动延续了40个昼夜。白天叼羊、摔跤、打猎、游览，夜晚在王爷府和王府花园由请来的麦西莱甫舞蹈名艺人和当地群众跳麦西莱甫舞。为了打猎，还准备了几十匹好马和几十支猎枪。猎场在拜什唐、迪坎尔和巴哥山区等地。婚礼活动期间，额敏王如要离开王府，行前放一次炮。告诉全城百姓，王爷要出府了；起程时放一次炮，告诉人们，王爷动身了；到达目的地后，再放一次炮，告诉人们，王爷到了。[16]

　　新疆东疆地区两个王公儿女的婚礼，其规模之大，排场之盛，前后耗时竟长达40余天，可谓是上世纪空前绝后的婚礼。

　　一个社会是否公平，社会各阶层的婚丧嫁娶都可以作为观察点。1907年的那场豪华婚礼，可以说是时下贫富悬殊的阶级关系的真实写照。高大势压低矮，豪华反衬残破，宫殿比照寒窑，哈密地区的社会不公已达巅峰。

　　要维持和保障王府奢华的生活，必以盘剥属下百姓的劳动为前提。回王沙

▲ 吐鲁番的鲁克沁亲王　（作者翻拍）

木胡索特上台后，强行改变旧制，将每月无偿徭役由3天增至5天。因花费无度，贪婪残暴的沙木胡索特再将徭役由5天增加到7天。春耕秋收，农民均须服侍王田，然后始治私田。其他差事，名目繁多，加之还要为回王部下头领额外当差，差徭奇酷，变本加厉，苦不堪言。维吾尔农民忍受不了这种残酷的剥削，一场声势浩大的农民起义于清光绪三十三年（1907年）爆发。

维吾尔族和加尼牙孜（1884~1941年），哈密西山七道沟人，他从1907年开始，先后三次发动哈密农民起义，其目标是不推倒回王制度决不罢休！1907年2月，尚是天寒地冻的季节，王府安排和加尼牙孜家运送柴草到星星峡卡子。5头毛驴驮着柴草走了7昼夜，方达目的地。归途中，风雪弥漫，人畜失去方向，15名由甘肃来哈密的士兵及送柴草的车夫几十人被冻死，只有和加尼牙孜等3人死里逃生。他们回到哈密后，星星峡卡子来函通知王府：冻死的士兵身上带有50银元和烟土2斤，将这些东西找回。王府士兵从和加尼牙孜身上搜出一元银币，这是其父给他的备用钱，士兵们不问青红皂白将和加尼牙孜扣留。年轻气盛的和加尼牙孜一怒之下参加了农民起义。这次起义从1907年2月开始，一直持续到5月，愤怒的农民们用土块封堵了王府大门，公开要求王爷减轻无偿徭役。⑰

面对哈密的两件大事，新疆官府的态度是什么呢？对待农民起义，哈密回王通过欺骗和军队镇压方式，将农民暴动镇压下去。和加尼牙孜外逃，王府逮捕了和加尼牙孜的父亲，并发出通缉令。官府派兵残酷镇压，极力维护哈密回王制度及其利益，使农民对回王的愤怒，转化为对官府的怨恨，因官府多为汉族官员执政，继而转化为维吾尔、哈萨克与汉民族的冲突。

而对待王公婚礼，新疆各级军政官员无不到场祝贺，赠送彩礼，接受贿赂。王公与官府形成一个共同的利益集团，公然站在人民的对立面上，互为依托，相互支持。这个利益集团犹如白蚁蛀空的大树，貌似强大，内部已千疮百孔，只待外部强力一击了。

政教合一的回王制度

如果将哈密回王制度比作金字塔，塔尖是哈密回王沙木胡索特和其统治集团核心成员。沙木胡索特是历代哈密王中权力最大和统治规模最大的一个，他直接掌握对哈密维吾尔农民的统治权，下设大台吉一人，小台吉一人，掌教大阿訇一人，汉族师爷一人，亲随参谋二人，构成了王府上层集团统治核心。大台吉负责内政、交涉、仓库、军队、生产、水利等。小台吉负责宗教、民事纠纷、摊派、审判、婚姻、王府内部事务等。此外，城郊五个村堡（头堡、二堡、三堡、四堡、五堡）、伊吾、天山几个行政区各设吾其伯克或哈孜一人管辖。

金字塔的塔基便是统治集团所占有的人口、领地和财产。哈密王府的塔基规模十分庞大，直接奴役的维吾尔农民33700人，占有耕地34200亩。城郊的1万多亩地，年收粮达7000多石。此外，王府在乌鲁木齐南梁、吐鲁番鲁克沁等地还出租土地3000多亩。坎儿井是哈密、吐鲁番地区维吾尔农民独特的农田水利灌溉工程，工程相当大。沙木胡索特占有坎儿井25道，控制了哈密地区农业生产的命脉。王府把持了哈密地区的大部分园林、手工业、加工场和商业，其中占有大小果园16处，占地近600亩；羊15万只，马5500多匹，牛7200多头；磨房18座，包括水磨、马拉磨；煤矿1处，年产煤值银6700两。沙木胡索特几乎把持了哈密地区的商业，商业投资约656万两银票，7000多峰骆驼将内地、外蒙、俄罗斯、印度的商业网联结起来，王府在南京、北京等地均有商业代理人，经营畜产品、面粉、清油、手工业品等。

沙木胡索特对辖地人户实行长期封建农奴式的统治。王府拥有以下特权：其一，对领地、人户有使用权、支配权，不付任何报酬；其二，对人户有权逮捕、审讯，判刑，放逐、驱逐甚至处死刑；其三，有权制定各种捐税，强迫人户缴纳。由此，哈密下层民众的财产所有权、人权、产品分配权全部被王府剥夺和控制了。

实行政教合一的统治是王府金字塔最奇特的结构。回王沙木胡索特是最大的教主，处于精神领域的最上层，有权任免阿訇和左右宗教事务。为了扩大宗教影响，他先后在辖地建起66座大小礼拜寺，连同旧寺达303座。哈密回城的新、老麦德尔斯两寺规模最大。此外，王府内专设二座礼拜寺，专供沙木胡索特及家属、随员礼拜。礼拜寺中的阿訇、伊玛目要经常给教民宣讲安拉的伟大和沙亲王的恩德。有这样一条训词："亲王和加是我们穆斯林的皇王，他无日无夜不在关怀我们。我们要服从皇王的命令和旨意，不然在安拉和皇王面前我们就要成为罪人。面对这样的皇王，我们必须依从，必要时我们要把自己的生命献给皇王。"[18]宗教裁判是沙木胡索特贯彻王府利益和法规的主要手段，其范围很广，包括教徒的遗产分配、婚姻、丧葬、诉讼、违犯宗教戒律等，几乎渗

▲ 哈密农民在耕作 （莫里循摄于1910年）

透到人们社会生活的方方面面。

通过对教育的垄断，沙木胡索特掌握了人户的发展权。在哈密实行的文化教育基本上是宗教教育，大礼拜寺设有高等经文学校，小礼拜寺设有初等经文学校。6岁儿童就开始入经文小学，18岁以上者若成绩优异，可选送到大礼拜寺经文学校深造。大礼拜寺一般有学生300人左右，每天授课2小时，都是阿拉伯文，主要学习《古兰经》经文及宗教礼节和王府各项规章制度。说到底，经文教育演变成了沙木胡索特的统治工具。

要使回王制度永固，必须得到清政府的大力扶持，为其金字塔统治筑起高高的院墙。天下没有免费的午餐，哈密回王用恭顺忠诚和上贡，换来清政府为其筑墙护院。1875年，清政府准奏沙木胡索特袭哈密回王之职，同时又特准其在京建"哈密馆"。"哈密馆"建于1879年，地址在北京宣武门内太平桥右驸马胡同。该馆建成后，新疆各地王公贵族轮流赴京在馆内主持政事，值期一年。

沙木胡索特极其忠于中央政权，自清光绪十二年至宣统元年（1886~1909年），基本上每3年到北京朝觐一次。"光绪十一年（1885年），沙木胡索特因'捐输银两'，赏赐'头品顶戴'、'三眼花翎'、'紫禁城骑马'、'赏穿黄马褂'、'赐紫缰'，加封'管理哈密回部一等札萨克亲王'，慈禧太后亲自书赐大'福'字。"[19]

这一御笔的"福"字是沙亲王花重金买来的。1911年4月初，同盟会成员天津乡绅温世霖被遣戍新疆时路过哈密，逗留八日。前任哈密厅同知刘华甫为天津人，已经卸任，尚未离署，与现任同知李荫南给温以礼遇，陪同温拜访了当地维吾尔首领哈密王。"哈王出见，身材壮伟，颜色和蔼，发辫下垂，粗通汉语。自云字西屏，现年五十二岁，四岁时祖父因不附各回王叛乱，致遭残害。国家矜悯忠诚，故有世袭王位之命。言时忠义之气，见于言表。"[20]他们谈到进贡话题，以前西太后最爱食哈密瓜，"贡瓜办法，于七月间选瓜之最佳者，在未摘之前，即用大竹筒装好，俟十月间成熟，即连同竹筒摘下固封，派马拨兼程驰送，日夜不停，务于腊月祀灶前赶到，以备元旦日帝后之进用"。[21]每三年大贡一次，还有贡马，"精选奇特之骏马十二匹，每匹价值均在千金以上"。[22]正贡之外，更有副贡，即孝敬各亲王各军机大臣的，宫内外种种花费，自是不少。温世霖为之感叹："京中大臣取于外省之大吏，各省大吏取给于地方官，地方官乃竭民脂民膏以奉之。官如是，政如是，欲国不亡得乎？"[23]

赛福鼎·艾则孜在1944年做调查时听说："据说沙木胡索特曾亲自押送三十几车贵重物品前往京城给慈禧太后进贡，受到慈禧太后召见并赐封'尊贵王爷'称号。"[24]并特准建"亲王祠"于哈密老城。"亲王祠"为一门两进的房院，大门高悬金字蓝匾，上写"哈密回部札萨克伯克亲王祠"。大殿神龛中供放着历代回王的牌位。祠堂院内竖一石碑，碑文大意为：哈密回王历代对清朝有功，钦令地方官每年春秋两季对已故王祭祀。同时，清政府还拨专款12万两银使沙木胡索特在址北建"回王坟"和礼拜寺。[25]

花钱可买得老佛爷慈禧的欢心，亦可买得名誉和权力。"清光绪三十年（1904年），清政府改朝觐为回部王公轮流进京值班，五年一次，沙木胡索特又排在首位，当年进京，又受到赏赐。当时全国有几个地方性王权，沙亲王排在第四位。清廷用金、银和铜共刻46个印并用木头刻2个印，令全国各地方王到北京取印。沙亲王得知谁选木印就要晋级，于是就选了木印，结果连晋数级。"[26]

民国初期，依靠回王统治哈密地区的体制依然没有丝毫改变。"1915年袁世凯蓄意称帝，三次电召沙木胡索特进京。他曾欲假道沙俄，杨增新获悉后急忙电袁世凯称：沙俄'夙怀远略，若出其笼络手段饴以甘言，诱以小利，难保其不携贰生心。'使沙木胡索特改从内地赴京。他携大批礼品进京，受到袁世凯的欢迎，并授予他'一等嘉禾章诩卫使，头等札萨克双亲王'称号，使他承袭原有领地和人口，不改王府体制。"㉗袁世凯倒行逆施，复辟称帝，自然要极力维护肢体相连的回王制度，拉拢回王为其垫背撑腰。

杨增新则另有盘算。新疆孤悬塞外，与多国接壤，自古以来就是大国角逐之地。新疆地方的农奴主们如墙头草，左摇右摆，总是投向势力大、利益厚的一方。杨增新所以治疆有方，在于他熟知历史，故能洞察先机，防患未然，如中医之道，治未病，预防在先。他的继任者只会西医之术，头痛治头，脚痛医脚，结果首尾皆失。

"袁世凯称帝失败，国民政府允许沙木胡索特保留传统特权，但要受新设哈密县知事的监督。为了拉拢上层，沙木胡索特把所属人员进贡的名贵土特产、鹿茸、羚羊角、羔羊皮及金银财宝送给杨增新及哈密县长，并和杨结拜为'兄弟'。"㉘

沙木胡索特就是托制度之福，由出生卑微的牧羊人一跃而成为金字塔尖的人上人。但他也自知底气不足，塔基不稳，因此他才格外懂得维护制度的重要，而要巩固制度，必须取得清政府的认可与支持，才能靠制度压制住

▲ 忠诚清政府的哈密回王伯锡尔画像 （作者翻拍）

百姓。

就国家而言，制度可决定其兴亡。就个人来说，制度可左右其善恶。制度是在历史中承袭积淀而成，久而久之约定俗成，似乎天经地义，不可越轨，因此要打破旧制度，建立新制度，非要浴血奋战不可。

历代哈密回王无不以对朝廷的忠诚和小恩小惠换取自己利益的永固。清朝如此，民国也如此。但这种靠奴役和剥夺大多数人身自由权、财产权的封建制度，正是清末民初以来农民暴动迭起的肇因。官府为维护没落回王制度的一次次欺骗和血腥镇压，只能激起一次次更为激烈的反抗。

哈密社会状况调查

受雇于沙俄帝国总参谋部的芬兰军人马达汉，新疆维吾尔族政治家赛福鼎·艾则孜，先后于1907年、1944年对辛亥革命前夜的哈密社会状况做过田野调查。尽管他们的田野调查相差近40年，但从不同的侧面反映了当时哈密尖锐的阶级矛盾，真实地记录了哈密农民起义的起因与经过。

马达汉的芬兰原名叫Carl Gustav Mannerheim，为使中国人方便起见，音译为马达汉，顾名思义为：马姓者来到大汉国度。更有高人望文生义道："天马行空，直达霄汉"。的确，以俄属芬兰国男爵和探险家身份为掩护，马达汉在新疆秘密从事的间谍活动，确如天马行空，如入无人之境。

在《马达汉西域考察日记》的汉译本中，记录了当年哈密农民起义的有关细节。

1907年夏季，马达汉从镇西（今巴里坤县）翻越东天山，顶着烈日炎炎，由北向南一路往哈密王城走来。哈密王城在天山南麓盆地，因盆底地势平坦，高大的建筑从很远就能望到："从这里往西半俄里，在河谷的另一边，有一座回城——亲王的寝宫。四周的老城墙已经坍塌，城墙上有许多外凸的四方形敌楼。亲王寝宫地段的城墙高9度、其他各段的城墙只有3～4度高。从前，这城墙无疑是防御手无寸铁或武装极差的人群的强有力的屏障。沙亲王住在回城东北区靠近城墙的一座建造拙劣的破旧王宫（欧洲人的观点）。回城城墙高九度，厚度适当。回城城区看上去很穷，很颓废。亲王的寝宫被挤在东南角。在长方形回城的其他地区，密密麻麻地建了一些悲惨的小破屋。"[29]建筑是历史的凝固体，也是现实社会的写照。在欧洲贵族马达汉眼里，哈密王宫建造拙劣，颓废

▲ 哈密公主墓　（莫里循摄于1910年）

破旧，代表着新疆经济社会的发展水平，而那些惨不忍睹的平民房屋，更是社会畸形的表征。

　　"一条蜿蜒曲折的小巷从北门过来，另一条较大的巷道从东门过来，然后都不知不觉地消失在屋群之中，谁也不知道消失在哪里和怎么消失的。就在这个被称为回城的城市西边有一座四周都是集市广场的清真寺。这里有许多王公贵族的陵墓和雕梁画栋的亭子，就当地条件来说，装饰十分豪华。其中有一座墓亭是由哈密现今的回王沙·默罕穆德（Shah Makhmut）叫人修建的，墓亭的风格跟喀什噶尔的赫兹瑞特·阿帕克（Hezet Apaag）陵墓相同，只不过规模较小而已。墓壁内外贴着蓝色和绿色等不同颜色的瓷砖。科穆尔（哈密）回王家族的最后一名直系成员及其配偶和子女，安息在拱顶下面。"⑳

　　哈密回王的与众不同，不仅仅表现在华丽的王宫上，还体现在巨大的陵墓上。辛亥革命前夜的哈密地区，回王府、回王陵均是当地标志性建筑。回王不但生来富贵，承袭无数高贵的头衔和财富，更拥有无限的权力；回王死后亦显赫无比，高大华丽的陵墓彰显着生前的权势。

　　应哈密沙亲王邀请，马达汉"骑马沿着一条狭窄的石板路，通过大鹅卵石砌成的院子，绕入王宫建筑群内部。再经过数道大木门，才进入宫中。王宫内院后边有一条宽阔的像教堂台阶式的内廊通向亲王的寝宫。一条石板走廊通向对面的一座殿堂，这座殿堂通常是用来会客的；正面是一座中国衙门式的大门——中间两扇大门，旁边两扇供低级客人进出的侧门。两边墙上有许多窗户，故客厅显得明亮，空气流通，令人欢愉。客厅后方对着大门有两把火红色的大沙发椅。一只低矮的茶几夹在沙发椅中间。从门口开始，两边面对面放了两排套了红色椅套的直背靠椅。客厅的两头都有一张长桌子，上面放了一些不同的物品。在几只美丽的花瓶旁边，有几个没有品位的相片框和灯笼。在两排靠椅上面的天花板上，挂着两盏普通的吊灯，吊灯上方安了一个用镜片组成的灯罩，两边还挂上两只站在金属圈上的铜鸟作为装饰。几幅卷轴字面和两扇侧门前挂的淡红色和绿色门帘给客厅增色不少"[31]。

在马达汉到达两个月前，哈密发生了农民暴动，由此而震动全疆。哈密是新疆东进入关的门户，如果暴动持续下去，很可能阻断马达汉到北京的交通。不管是何种原因，马达汉似乎对农民暴动有浓厚的兴趣。

"维吾尔人关于刚刚平息的事件的说法是值得记下来的，因为这种说法听起来比较接近事实。有一份说明民众不堪忍受税收和各种劳役重负的请愿书，据说是被神秘地交到了亲王的手里。审讯中谁也不承认自己起草了这封信，其中受很大嫌疑的三个人被罚流放到深山里。后来，出现了第二封信，对此提出了批评意见，并解释说，百姓今后愿意把税缴给中国官府或者缴给亲王，一次赋税，而不是向两边缴双重税。官府对这封信采取了反措施，抓了五个维吾尔人，并鞭打了一顿。在这期间巴里坤的镇台到了。鞭打之后，几百名维吾尔人聚集在城外的一座桥边离亲王寝宫较近的地方。当镇台让民众申诉不满的理由时，他们回答说，他们再也不能满足亲王的要求了：老百姓除了缴纳折合粮食的税之外，还必须在一个月内给亲王无偿劳动约一周时间；老百姓缴纳的数量完全由亲王的亲信们任意决定；如果叫去放羊，那么他就要对羊群可能发生的事故负责，他每年都要以自己的羊羔来补足放羊时所缺损的羊只；种田的，春天播下多少种子，秋收时就得缴纳十倍的稻谷。申诉的最后，表示老百姓已经决定，从今之后，要么作为中国的臣民，要么作为亲王的子民来承担赋税，但不缴双重税。镇台试图劝说民众疏散，但没有成功。他提出调解办法，即只要求大家一个月内服劳役不多于三天，而这也不解决问题。维吾尔群众还是坐在烙大饼的锅子旁边，安营在桥头，焦急地在那里等着。这样静坐示威持续了几天时间之后，亲王派人将一个最不听话的人抓起来，高高地绑在一根木桩上，用鞭子抽打，让城墙外面的人都能够看见。这一下惹起了群众对王宫的袭击，不过也就是把王宫从外面团团包围起来而已。接着，中国军队奉命出动加以干预。按照协台的说法，有20名士兵朝天开了枪，还有40名只配备了军棍。结果是6死5伤。示威群众吓得都逃散了，又一批维吾尔人逃离了哈密。事情发生了关键性的转折。15个维吾尔人被抓，镇台、协台、代理办事大臣和沙亲王共同审讯，严刑拷打，逼迫他们招认向办事大臣（因发生事件被召去乌鲁木齐）缴了1500两银子，办事大臣则答允，让他们只需简单地认同自己是中国臣民，就可摆脱对亲王的赋税劳役负担。在严厉的刑罚下，只有一人承认有罪，于是他被免于遭受

▲ 旅途中的马达汉　（摄于1910年）

更多的折磨。老百姓说，那个1500两银子的案子完全是沙亲王自己与军事长官一起编造出来的。军事长官在得了大量贿银后也急于使事件有个了结。"[32]

显然，马达汉获得的关于不利于沙亲王的信息，不可能来自回王本人，只能来自宫廷内部或民间，沙亲王的声名狼藉由此可见一斑。

1907年的农民起义是闹得沸沸扬扬的事件，成为街谈巷议的话题。当然，马达汉并不知道四年后中国将发生一场翻天覆地的革命，因此他也不可能探讨辛亥革命与哈密农民暴动的关系。马达汉的日记，弄清楚了哈密农民暴动原因——贫富悬殊的阶级关系——沙亲王的剥削、徭役与残暴——忍无可忍的农民起来暴动——军队参与镇压手无寸铁的农民——沙亲王与军事长官暗中勾结并坐地分赃。

赛福鼎·艾则孜是20世纪40年代成长起来的维吾尔族政治家。他1935年到苏联留学，系统地学习了马克思列宁主义，学会了用阶级分析和辩证法解剖社

会问题。作为三区革命的领袖，他一直想搞清楚哈密农民暴动的缘由与性质。
"我一直想了解哈密农民暴动的详细经过。可直到1944年作为三区革命代表出任新疆联合政府教育厅厅长时，我才实现了这一愿望。"㉝

历史事件绕不过历史人物，"三个人物与当时发生在新疆的一些重大事件有关，这三个人物就是袁大化、杨增新和杨缵绪。袁大化当过新疆都督，杨增新任过督军、杨缵绪则发动了伊犁革命。从历史资料看，三个人无论从官职和当时人们的看法上，排列顺序似乎都应当是：第一袁大化，第二杨增新，第三杨缵绪。而在我的记忆中，从知名度上看，排列顺序却与史料完全相反，即第一杨缵绪，第二杨增新，第三才是袁大化。为什么袁大化排在最后？经过大量的调查研究我才明白，这是因为当时流传的传奇性的故事中袁大化这个名字极少出现之故。"㉞

袁大化在维吾尔族民间知名度低，可能一是袁大化任职时间很短，二是时过境迁20年了。"袁大化的名字只是在哈密农民暴动的传说中才出现。讲故事的人总以这句话开头：'那是袁大化当都督的时候……'。"㉟

"沙木胡索特亲王是哈密地区最大的剥削者。占哈密地区人口不到百分之十的沙木胡索特王家族霸占了该地区耕地的百分之八十一。仅沙木胡索特个人的田产就达三万四千余亩。他榨取土地税、水税及其他苛捐杂税，令农民为他无偿服役，极尽敲诈勒索之能事。以前的王爷规定农民每月为王府服役三天，到沙木胡索特王执政，竟增至五至七天。除此而外，王府开荒、种地、伐木、挖渠，采煤等等私事也无一不从民间抽夫。"㊱

"辛亥革命前夕，内地各省区相继爆发反清起义。受此影响，1907年夏，哈密农民也举行了反对哈密王的武装暴动，提出取消无偿服役的口号。他们搜集大量砖石瓦块投向王府大门，表示斗争的决心。新疆近代史上称这次事件为'吐尔巴克起义'。……沙木胡索特亲王被起义者的人多势众所震惊。不得不做些让步。在清朝官员的调停下，他将农民为王宫无偿服役时间由每月七天减至三天，为表示诚意，他特地宣誓并立下一块石碑为证。然而，农民起义军一经解散，沙木胡索特亲王立即背信弃义，自食其言，下令逮捕'闹事'者首领。农民们无奈，只能再次高举义旗，举行暴动。沙木胡索特亲王派人给巴里坤镇台易盛富送厚礼行贿，请求派兵镇压。易盛富一伙穷凶极恶地镇压了农民起义军，残酷杀害了起义军首领吐尔巴克、杜戈买提等人。"㊲

这是沙亲王与统治者勾结嗜杀成性的开端，风起云涌的农民起义皆由此而来。

"吐尔巴克起义"后，哈密农民受到更为沉重的剥削压迫。"乌鲁木齐的袁大化政府与哈密王串通一气，在哈密推行'无论如何，绝不放松。只许老老实实，俯首帖耳听命'的镇压措施。他们进一步增加徭役赋税，增加为哈密王无偿服役的时间，王府官差任意摊派给农民。无限延长的无偿徭役加速了广大农民的倾家荡产。王爷及其官员肆无忌惮地抽派农妇为他们干家务，更有甚者，他们竟随意蹂躏少妇少女，连幼女也不放过，致使不少人致残，不少人丧生，令农民们忍无可忍。"⑧

赛福鼎·艾则孜来自伊塔地区，新疆东大门哈密距西大门伊犁约1300公里。辛亥革命前夜，与伊犁轰轰烈烈、充满活力的新政相比，哈密地区墨守成规，抱残守缺，封建回王统治下的社会死气沉沉，社会阶层之间存在着悬殊的贫富差距。破产或即将破产的农民，申诉无门，只能奋起反抗，20世纪初以来，一波接着一波的农民起义，矛头无不指向朽坏的封建回王制度。

火焰山的怒吼

　　离离原上草，一岁一枯荣。野火烧不尽，春风吹又生。

用唐代大诗人白居易的诗来形容哈密、吐鲁番地区清末民初迭起的农民起义再恰当不过了。虽然哈密的铁木耳、吐鲁番的穆依登被杨增新诱杀，解散归农的余众不久亦惨遭杀戮，但"铁木耳弟夏克尔往吐鲁番与穆党艾买提杀官滋事。然其势已微，夏艾先后被杀。哈密民变告一段落。然祸根仍在，为二十年新疆大乱之源。"⑨

民国出版的史书鲜有记载铁木耳之弟夏克尔前往吐鲁番与穆党艾买提联合，不屈不挠地继续开展农民起义，原因之一，是其声势如强弩之末，局部的火种未能燎原成冲天大火；原因之二，是史学界对农民起义的定性分歧，即是社会倒退还是社会进步？原因之三，可能是因汉族史学者不熟悉此段史实，故在史书中遗漏或轻视了这一事件。

历史总不乏有心人。维吾尔族政治家包尔汉没有忘记他们。"我主要从事革命政治活动和民族历史的研究，主要历史论文有《论阿古柏政权》等，还曾

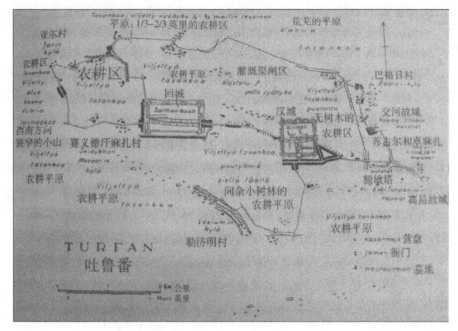

▲ 马达汉手绘吐鲁番平面地图　　（作者翻拍）

写过一本回忆录《新疆五十年》。文学创作除零散写过一点诗歌和散文外，主要是写了剧本《火焰山的怒吼》（原名《战斗中血的友谊》）。"④

　　1962年，上海文艺出版社出版了包尔汉的剧本《火焰山的怒吼》。"这个剧本的初稿是1942年在狱中写成的。初稿完成后，几经周折，逃过了反动派的多次查抄，终于保存下来，并于1961年重新修改定稿。《火》剧取材于1913年到1914年在新疆吐鲁番克孜里塔克山（即火焰山）的阿斯塔那、哈拉和卓一带发生的维吾尔族农民领袖艾买提领导的农民起义的史实。这次起义是继1911年在哈密爆发的铁木耳起义失败后又掀起的一次有影响的农民起义。艾买提率领义军在吉木萨尔等地的山中转战，机动灵活地同敌人斗争。在斗争中，维、汉族人民结下了战斗的友谊。起义最后由于叛徒的出卖而失败。剧中的很多情节，就是根据这次起义的真人真事写成的，一些人物如艾买提、赵正奎、夏克尔、阿依木汗、依明、夏依提等。都是真实姓名。"④

　　火焰山为什么会怒吼？熟悉新疆区情的包尔汉写道："吐鲁番是世界最低的盆地之一，长年不雨，夏季天气炎热，热风扑来，俨若熏烤，因此又被名为'火洲'。由于特殊的地理环境，造成了严重的缺水现象，而唯一的水源'坎儿井'则全被控制在地主老财手中。土地和水是农民的命根子，但是都不由自己掌握。广大农民租种（有的是合伙租种）地主的土地，需要高价买水浇地，水价之高则达到惊人的严重程度。这里不妨举一个例子：鲁克沁王爷在1912年用72个元宝（折合3600两银子）修了一道坎儿井，在当年就收回了60个元宝（折合3000两银子）的水费，也就是说，他在当年就收回了投资的85%左右，加上第二年几乎获利一倍。农民为了活下去，不得不求助于高利贷或'卖青'。高利贷的利率最低是月息5分，'卖青'则是更为残酷的变相的高利贷。租种土地，除了缴纳很重的地租外，往往把种的棉花在收获前被迫低价预售给财主们，价格一般低于市价五分之一到四分之一左右。此外，还要向反动政府缴纳种种苛捐杂税，就是在缴清这些苛捐杂税时，还要受到百般敲诈和勒索。农民世世代代成了封建统治阶级的奴隶，已经到了忍无可忍的地步。这意味着随时都有引起农民暴动的可能。"[42]

"以铁木耳·海力帕为首的农民起义首先在哈密爆发了。它不仅得到了吐鲁番木衣登（即穆依登）领导的农民起义的响应，并且在斗争中还得到了汉族人民很大的支持。……结果他们上了当，终于于1913年9月6日一起被反动政府杀害。他们的两百多个起义弟兄也先后全部遇难。1913年到1914年在吐鲁番又爆发了以艾买提为首的农民起义。……但农民毕竟是农民，作为农民领袖的艾买提尽管在斗争中是一头永不屈服的雄狮，可是对自己队伍内部缺乏必要的警惕，终于被敌人收买的叛徒所杀害，起义又失败了。这又是一次血的教训。艾买提虽然牺牲了，农民起义虽然又一次失败了，但革命之火是永远扑不灭的。特别是在这次起义中维、汉人民用鲜血结成的战斗友谊，和以艾买提为代表所体现出的'贫贱不能移，威武不能屈，富贵不能淫'的高尚品质，以及坚持斗争的革命意志，都是永远值得纪念的。"[43]

"我所以要写这个剧本，一方面是想要歌颂在新疆近代历史上起过重大作用的农民斗争，另一方面是想要歌颂在新疆人民反压迫、反剥削的斗争中，维、汉族人民结成的战斗友谊。当然，由于剧本初稿是在狱中写成的，在写作的当时，还有一种对盛世才反动统治的仇恨和希望人民起来推翻这个反动统治的愿望。"[44]由此可见，中华人民共和国第一任新疆人民政府主席包尔汉与第二任新疆人民政府主席赛福鼎的史学观是一致的。

话剧《火焰山的怒吼》的《主题歌》[45]鲜明地表达了作者的史学主题：

世界是人民的世界，
吐鲁番是人民的吐鲁番，

还给我们土地，还给我们田园！

哪怕鲜血染红了草原，

也要把老爷们的世界，

闹得地覆，打得天翻！

可任达希拉尔，库来下以里！（原注：维语，团结起来，奋斗向前）

兄弟们！兄弟们！

团结起来，奋斗向前！

维汉人民心相连，

维汉人民心相连。

战斗中血的友谊像烈火，

照亮了博格达山。

战斗中血的友谊像红花，

开满了戈壁滩。

千年万代，万代千年，

冰雪压不倒！

狂风吹不散！

话剧《火焰山的怒吼》的《主题歌》，鲜明地表达了以下史学观点：第一，人民的观念。世界属于人民，吐鲁番属于人民，因此，土地和田园也属于人民。第二，维汉同属人民，只有团结一家如兄弟心相连，才能把老爷们的世界，闹得地覆天翻。第三，维汉人民在斗争中凝成血的友谊，千秋万代，不畏冰雪狂风，可以历经时间的考验。

剧中没有大汉族主义，也没有地方民族主义，只有人民，不分维汉，团结起来，奋斗向前！维汉人民不但要砸碎一个旧世界，而且要开创一个新纪元。这是包尔汉、赛福鼎那一代革命家崇高的精神境界和奋斗目标！

包尔汉不但看到了新疆各族人民当家做主的那一天，而且参与和领导了这场继承辛亥革命精神的伟大社会变革。"新疆各族人民经过长期前仆后继的斗争，经过了无数次失败，终于在中国共产党和各族人民的伟大领袖毛主席英明正确领导下获得了革命的彻底胜利，永远结束了黑暗的反动统治。"⑯

包尔汉深情地写道："当我在酷热的火焰山旁，看到已经建立起来的人民

▲ 84岁时的包尔汉   （作者翻拍）

公社，看到'火洲'中人民的生命线——坎儿井永远掌握在人民自己的手中，看到农民在庆祝丰收时轻歌曼舞的愉快情景……不禁使我回忆起幼年时代所经历的一切，那仿佛永无尽头的痛苦，恍如隔世一样。"[47]

对于吐鲁番农民起义的性质和意义，包尔汉认为："太平天国的起义，尤其是辛亥革命的浪潮，也影响到远在边陲的新疆，但是新疆农民历次起义的结果，也和全国其他地区情况相同，依然遭到了失败。清末的道台杨增新摇身一变又成了民国时代新疆的都督，这也清楚地说明了新疆各族人民的命运是同全国人民特别是汉族人民的命运紧密联系在一起的。"[48]

"我本来还计划写几部戏，总名为《扑不灭的星火》，准备以铁木耳事件为第一部，把《火焰山的怒吼》作为第二部，把在党领导下取得的革命胜利作为第三部。但由于日常工作繁忙，特别是由于'文化大革命'期间我遭受诬陷和迫害，致使这个计划未能实现。"[49]

铁木耳领导的农民起义发生在民国元年春天，艾买提领导的吐鲁番农民起义继之而起，中国共产党领导的革命最终取得胜利，在政治家、历史学家包尔汉眼中，三者是一脉相承的，是不可分割的。

哈吐农民起义新论

国内权威性的边疆史学著作是如何记述和看待哈吐农民起义的呢？

先看1936年商务印书馆出版的《中国经营西域史》中的记述。该书作者曾问吾开宗明义地说："哈密之回变，民国二十年新疆大乱，星火发自哈密，而欲明哈密之乱，须溯源于清季。"[50]清季即1907年发生在哈密的"吐尔巴克起义"。由于这次起义不仅没有推翻封建的回王制度和沙亲王的残暴统治，更是受到官府无耻的欺骗和残暴的镇压，故残余星火将借机燎原。

"当铁木耳啸聚山中时，吐鲁番有阿訇穆依登，阴谋起事，响应铁木耳。杨增新派人安抚穆依登，准其所部编练成军，调省候用。铁木耳野心勃勃，与穆依登勾结，九月间私运枪械出吐鲁番，拟带队潜逃，企图再举。谋泄，铁穆正法。余众解散归农，但不久亦均遭杀戮。此事在哈密一带，妇孺皆知，引为恨事。铁木耳弟夏克尔往吐鲁番与穆党艾买提杀官滋事。然其势已微，夏艾先后被杀。哈密民变告一段落。然祸根仍在，为二十年后新疆大乱之源。"[51]曾问吾只记述了哈密农民起义的过程，指出了农民起义的原因，但他将哈密农民起义定性为回变，没有将其与辛亥革命联系在一起，看做是辛亥革命的组成部分。

必须指出的一点是，曾问吾撰写《中国经营西域史》，完全凭借资料，没有到新疆作深入的田野调查，难免被资料所左右。1945年曾问吾出任吐鲁番县长，深入吐鲁番人民中间，有条件听到民间的声音。可惜，历史没有给他修订《中国经营西域史》的机会。

次看《新疆风暴七十年》作者张大军的观点。张大军将哈密农民起义定性为哈密变乱。在章节安排上，也将其与辛亥革命切割开来，纳入第一章第四节"杨增新向塞外烽烟挑战"，将哈密农民起义单纯视作是对杨增新权威统治的挑战。

在政治立场上，作者是同情和欣赏杨增新的，因此大量引用杨增新处理和平息"哈密变乱"的电文。"据杨增新称：这是镇西'乱党'勾结所致，远因始于前清光绪三十三年，近因始于民国元年……"[52]"关于此一暴乱事件的扩大，究其原因，初系反对回王，后由于官兵的滥肆捕杀，则积怨专向汉族发泄，反成为民族斗争的一股反动逆流。"[53]"杨增新用极微妙的手法，解决了此足以酿成新疆风暴的维族之乱。"㉞张大军完全站在统治阶级杨增新的立场上。

再看《新疆简史》的论点。该书是新疆社会科学院历史研究所编著的，其将辛亥革命的论述放在第九章，将哈密、吐鲁番农民起义放在第十章"杨增新的反动统治与新疆各族人民的反帝反封建斗争"㉟，在形式上亦将其与辛亥革命割裂开来。在政治观点上，哈密农民起义被定性为反封建的农民起义，视作是与沙亲王、杨增新反动统治之间的矛盾。与辛亥革命浓墨重彩相比，在记述和评价上显得轻描淡写。此书似也有田野调查不足的缺陷。

对于哈密农民起义的定性与评价，《赛福鼎回忆录》发出的是一种新的声音。作者在第二部"辛亥革命与新疆"的第二章"辛亥革命时期新疆的武装暴动"中，将伊犁革命、哥老会运动和铁木耳·海力帕暴动并行排列，观点十分明确：哈密农民起义是新疆辛亥革命的组成部分。作者的政治立场鲜明，学术观点亦颇有新意："辛亥革命的爆发，清王朝的覆灭，伊犁革命的轰轰烈烈以从各地贪官污吏被'哥老会'相继暗杀等事件，动摇了哈密农民头脑中'王爷神圣、至高无上'的传统观念，越来越重的盘剥压榨逼得他们走投无路，终于揭竿而起，举起了反对袁大化政权及哈密王武装暴动的义旗。"㊱

"哈密暴动是哈密农民为反抗哈密亲王沙木胡索特的专制独裁，在铁木耳·海力帕率领下进行的一次武装起义。它是当时全国范围内风起云涌的反清革命斗争的组成部分，是反封建的旧民主主义革命的一部分。"㊲关于哈密事件的来龙去脉或远因近由，曾问吾、张大军、《新疆简史》以及赛福鼎的记述均大同小异，出入不大，但对哈密事件的定性却众说纷纭，分歧颇大。曾问吾定为"回变"，回即维吾尔族简称，定性谨慎且中立。民国初年，哈密地区的原住民绝大部分是维吾尔族，且主要从事农业，因此只能是"回变"。

张大军使用"变乱"二字，立场明显偏袒杨增新一方，观念上亦不失有大汉族主义意识。他似乎侧重于杨增新处理哈密"变乱"的过程，以及杨增新如何定策平息"变乱"。杨增新在处理哈密农民起义时，采用了其一贯善用的欺骗利诱、分化瓦解的手法，将所谓"暴民"斩尽杀绝，继续维持残暴的回王制度，并以此作为其执政和羁縻之策的基础。这种逆历史与民意而动的反动政策，既是新疆近代以来动乱迭起的原因，又埋下了新疆下一次动乱的伏笔。只要奴役民众的罪恶制度不彻底铲除，新疆就永无宁日。

▲ 作者在北京赛福鼎寓所访问赛少华

赛福鼎应用阶级斗争的理论，将哈密事件定性为"农民起义"，指出它是中国辛亥革命的组成部分，而且为辛亥革命作出了重要贡献。这与赛福鼎本身的特质与经历有密切关系：首先，赛福鼎是维吾尔族，他了解维吾尔族农民的疾苦，深知维吾尔农民起义的合理性；其次，赛福鼎曾到苏联留学并接受了马列主义，掌握了阶级斗争的理论与方法；其三，20世纪40年代初他借助在新疆省政府任职的机会，对哈密农民起义作过田野调查，他的族裔身份和语言便利，为他了解历史真相与细节提供了他人不及的条件；其四，赛福鼎后来参加并领导了新疆三区革命，在苏联支持下反对盛世才暴政，解放被压迫和被奴役的大众，其性质与哈密农民起义有相似之处；其五，赛福鼎作为共产党员，后长期成为新疆和国家的领导人之一，他的历史观不可能摆脱党的立场。《赛福鼎回忆录》出版于1993年，因此，他有充分的时间研究和解读哈密农民起义事件。

笔者倾向于赛福鼎的看法。理由如下：第一，哈密农民起义与策勒村事件相互策应，虽然没有建立共和、实现三民主义这样崇高的革命目标和理想，但在平均地权，发动土地革命战争上，与辛亥革命的目标一致。第二，哈密农民起义革命的对象是落伍的封建回王制度，这是清朝之遗产，农民们要求改土归流，在土地和人身上摆脱对回王统治者的依附，要求减轻差徭杂税，是社会进步的要求和表现。第三，由于哈密农民起义与辛亥革命的宗旨并行不悖，都采取暴力革命方式，与维护封建制度的封建势力作针锋相对的斗争，因此得到了新疆辛亥革命的主力哥老会的支持与响应，哈密起义军主动联系哥老会，愿与他们联合起来，反对共同的敌人，理应为新疆辛亥革命的一部分。第四，哈密是新疆的东大门，哈密一乱，新疆通往内地的道路即绝。哈密农民起义惊走了末代巡抚袁大化，客观上有利于新疆承认共和，并展开新伊谈判，尽早结束新疆的动荡局势，不给外寇以可乘之机。第五，哈密农民起义不仅推动了哈密改土归流的改革，又为下一次反暴政积蓄了力量和经验。总之，评判一次大革命，要有大视野，不能简单以胜负论之。

在有关新疆辛亥革命的史书中，对辛亥革命重大事件分别持有二、三、四事件之观点。所谓两大事件即迪化起义、伊犁起义；所谓三大事件即加一个"策勒村事件"；所谓四大事件即再加哈密农民起义。笔者倾向于四大事件论者，理由如下：第一，若按时间排列，迪化起义为先，伊犁起义随后，继而哈密起义响应（1912年5月10日镇西总兵易盛富被杀），不久策勒村事件爆发，新疆辛亥革命浪潮席卷东西南北。东者哈密，西者伊犁，南者喀什，北者迪化。第二，一场波及全国的大革命，必然有其革命对象。在全国，革命对象是清王朝的皇帝；在新疆，当属顽固维持清王朝基业并力剿革命力量的末代新疆巡抚袁大化。无论新疆辛亥革命是两大事件，还是四大事件，袁大化所代表的腐朽的清朝统治，都是革命发动者和参与起义者的共同敌人。梳理新疆辛亥革命四大事件的脉络，无不与袁大化有关联：袁大化镇压迪化起义，调兵围剿伊犁起义，与喀什道尹袁鸿祐串通一气不承认共和，派兵进剿哈密起义军。第三，袁大化1911年5月由哈密至迪化，1912年7月23日离开哈密，其间共计14个月，可以视为新疆辛亥革命酝酿、发动、发展到落幕的全过程。袁大化围剿哈密农民起义军失败，狼狈入关，新疆辛亥革命由此落幕。袁大化离开新疆后，标志着杨增新治疆时代的开启，即后辛亥革命时期的开始。

赛福鼎·艾则孜在评价新疆辛亥革命时说："有关新疆的历史书籍与资料大都把伊犁革命、'哥老会'运动和哈密农民暴动视为二十世纪初新疆历史上的'三大事件'。'三大事件'相比而言，我认为哈密农民暴动最具民主色彩，是一个直接向封建主义发起进攻的运动。我之所以这样认为，是因为我觉得伊犁革命的主要参与者是正规部队，'哥老会'主要斗争方式是搞暗杀，而哈密农民暴动则完全是反对封建压迫，以广大群众为主体，得到最广泛同情和支持的革命运动。"[8]赛福鼎所说的广大群众，不仅仅指维吾尔族，还包括汉族。"谈到哈密农民暴动首次取得的胜利，我们不应当忘记艾西来甫乡约和张则仁（音译）这个名字。后者是'哥老会'成员。曾因暗杀伊吾县镇台而闻名新疆。实际上，汉族中响应和同情哈密农民暴动的绝不仅仅是张则仁一个人。巴里坤镇台易盛富被义军杀死后，由张存仁继任镇台，巴里坤驻军首领胡登科

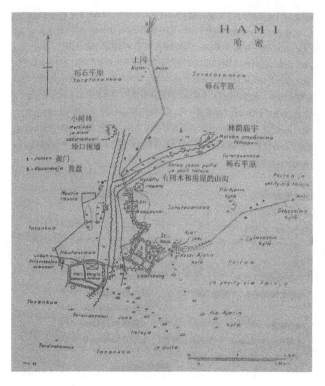

▲ 马达汉手绘哈密地图 （作者翻拍）

杀死张存仁，宣布起义。他与铁木耳·海力帕取得联系，资助铁木耳·海力帕大批武器弹药，双方密切配合，互相帮助。杨增新得知这一情况，大为震惊，在一份发往哈密的电文中指出：'哈缠复叛，原有汉奸为之拨弄。'"[59] "'惟念作俑者不过一二汉奸与三数刁横。'并指示哈密副将姜国胜追查哈密守备有无通'匪'情事。"[60]杨增新所说的汉奸，就是支持与参与哈密农民起义的哥老会成员，所说的"匪"即农民起义军。

笔者认为，赛福鼎对哈密农民起义的研究是深入的，观点是有新意的，他为汉族学者们掀开了辛亥革命时期维吾尔族农民起义者的神秘盖头，讲述了他们所受的压迫，他们反抗的原因，他们的政治诉求，他们所遭受的欺骗和迫害，他们为辛亥革命所作出的贡献和牺牲，以及他们与哥老会的关系，等等。有了赛福鼎对哈密起义的研究成果，我们就能更好地理解在新疆的迪化起义、伊犁起义、哥老会戕官事件、策勒村事件中，为什么维吾尔族人民总会与哥老会站在一起，反对帝国主义和封建主义，拥护共和，争取自由民主；为什么在中国边疆省份中，新疆会成为唯一一个响应辛亥革命的省份。

"我国自古以来就是一个多民族的国家，我国各族人民自古以来就在中国的大地上生息、劳动、繁衍，在这块土地上，各族人民共同缔造了祖国悠久的历史和灿烂的文化，它们至今都是维系我国各族人民关系的坚强纽带。不论是采取中央集权形式，还是地方分权形式，我国各族人民始终共同开拓、管辖和保卫着祖国的疆域。"[61]不仅赛福鼎坚持这一立场，包尔汉也秉持这一立场。这一立场，应不分党派、不分民族，成为中国学者研究新疆问题的基石。

　　关于新疆历史研究，赛福鼎认为："目前，我国不仅需要那些兼通英、俄、日、德、法等外语的从事民族史研究的学者，而且更需要有精通我国少数民族语文的从事民族史研究的学者。同样，对于少数民族学者来讲，熟练地掌握汉文，也是十分必要的。"②赛福鼎在历史研究中看到了问题所在，即只单纯掌握一门语言，便会出现偏听偏信、各民族自说自话的偏向，这既不利于研究历史，也不利于指导现实。

　　1928年7月7日，杨增新被杀，新疆威权时代结束，哈密回王沙木胡索特失去了保护伞。不久，沙亲王因中风瘫倒在床，半身不遂，半边脸严重变形，整日斜着眼躺在床上直哼哼，其状惨不忍睹。肉体的折磨，击垮了沙亲王的精神，往日颐指气使、威风凛凛的做派一扫而空。

　　1930年6月，即1907年哈密的"吐尔巴克起义"23年后，备受争议的沙亲王死了。在强大的社会压力下，哈密实施改土归流，实行数百年之久的回王制度被彻底废除了。从此意义上说，哈密农民起义最终获得了成功，并直接影响了新疆的政治进程。

注　释

① 张骞（前164～前114年），字子文，汉中郡成固（今陕西省城固县）人，中国汉代旅行家，外交家，卓越的探险家，对丝路的开拓有重大的贡献。开拓汉朝通往西域的南北道路，并从西域诸国引进了汗血马、葡萄、苜蓿、石榴、胡桃、胡麻等等。

② 札萨克为一旗之长。由清政府在蒙古王公、台吉中任命。札萨克一般为世袭，由清政府以"世袭罔替"的诏令宣布。札萨克负责旗内行政、司法、课税、差派、属官任命。

③ 伊斯兰对"圣裔"或学者的尊称。波斯语音译，又译"和加"、"霍加"、"火者"、"虎者"、"华哲"等，意为显贵、长者、先生、富有者。在中亚和新疆地区，专指伊斯兰教"圣裔"。

④ 额贝都拉（？～1709年）清初哈密的维吾尔贵族，康熙年间擒献噶尔丹之子于清朝，康熙赐封他为"札萨克一等达尔汗"。

⑤ 额敏和卓（？ ~1777年）新疆吐鲁番维吾尔贵族。其家世代统管和居住在鲁克沁。祖父、父亲为大阿訇。康雍乾时期，支持清政府收复新疆并协助平乱。乾隆皇帝为他亲撰赞词说："吐鲁番族，早年归正。命赞军务，以识回性。知无不言，言无不宜。其心匪石，不可转移。"

⑥ 米尔扎·吾德（？ ~1778年）清史写作"鄂对"，第一代库车王。乾隆二十三年（1758年）受"散秩大臣"。翌年封"辅国公"，晋封贝子，赐贝勒品级，任职阿克苏、叶尔羌阿奇木。

⑦ 色提卜阿勒氏（？ ~1788年）1755年归顺清政府，翌年授四品职，1764年封辅国公，1784年赐贝子品级。

⑧ 楼献阁、朱信泉主编《民国人物传》第十卷，中华书局，2000，第151页。

⑨ 《马达汉西域考察日记·1906~1908》，中国民族摄影艺术出版社，2003，第324~328页。

⑩⑪⑫ 〔日〕橘瑞超著，柳洪亮译《橘瑞超西行记》，新疆人民出版社，2010，第110~111页。

⑬⑭ 《马达汉西域考察日记·1906~1908》，中国民族摄影艺术出版社，2003，第324~328页。

⑮⑯⑰ 《哈密地区志》，新疆大学出版社，1997，第1501~1502页。

⑱⑲ 楼献阁、朱信泉主编《民国人物传》第十卷，中华书局，2000，第151~152页。

⑳㉑㉒㉓ 温世霖著《昆仑旅行日记》，1941，天津印行，转引自周轩《清代新疆流放研究》，新疆大学出版社，2004，第395~411页。

㉔㉕ 《赛福鼎回忆录》，华夏出版社，1993，第50~63页。

㉖ 《哈密地区志》，新疆大学出版社，1997，第1501~1502页。

㉗㉘ 楼献阁、朱信泉主编《民国人物传》第十卷，中华书局，2000，第155页。

㉙㉚㉛ 《马达汉西域考察日记·1906~1908》，中国民族摄影艺术出版社，2003，第324~328页。

㉜ 《马达汉西域考察日记·1906~1908》，中国民族摄影艺术出版社，2003，第325~326页。

㉝㉞㉟㊱㊲㊳ 《赛福鼎回忆录》，华夏出版社，1993，第50~63页。

㊴ 曾问吾著《中国经营西域史》，新疆维吾尔自治区地方志总编室，1986，第562页。

㊵㊶㊷㊸㊹㊺㊻㊼㊽ 包尔汉《火焰山的怒吼》序文，上海文艺出版社，1964，第1~4页。

㊾ 《包尔汉选集》，民族出版社，1989。

㊿(51) 曾问吾著《中国经营西域史》，新疆维吾尔自治区地方志总编室，1986，第559～562页。

(52)(53)(54) 张大军著《新疆风暴七十年》，台湾兰溪出版有限公司，1980，第184～187页。

(55) 《新疆简史》第二册，新疆人民出版社，1981，第340页。

(56)(57) 《赛福鼎回忆录》，华夏出版社，1993，第50页。

(58)(59)(60) 《赛福鼎回忆录》，华夏出版社，1993，第59～60页。

(61)(62) 刘志宵：《维吾尔族历史》（上编），民族出版社，1985，赛福鼎序文，第2～3页。

第二章
袁大化——徽人抚新

徽人抚新之说，是一种文化视角，是对抚疆大吏成长经历的背景分析。在晚清新疆巡抚任上，有两位徽籍大吏，他们分别是吴引荪和袁大化。在他们的地脉底色、性格和治疆方策中，潜移默化地隐有徽文化的因素。

甘肃新疆巡抚

在辛亥1911年的新疆政坛上，哈密回王之辈只是二流角色，真正的风云人物是甘肃新疆巡抚袁大化。袁大化所以显要，不仅是因为甘肃新疆巡抚为清廷一品大员，比一般行省巡抚要高出半格，更在于这一封疆大吏所承担的外交军事内政责任，远非内地省份能比。

外交问题，特别是与沙俄的外交问题，决定了抚疆大臣的特殊地位。17世纪之际，近代国家观念已经形成，世界各国开始以条约的形式固定自己的国界。条约是两国或多国势均力敌时的暂时约定，在两国或多国较量中，条约总是按强者的意志签订。新疆与邻国沙俄的第一个边境条约《尼布楚条约》①，签订于1689年。

1762年，清政府武力平定准格尔政权后，中国西北国界得以确定，并为邻国所承认。清廷在新疆实现军府制度，伊犁将军是新疆最高军政长官，伊犁将军府所在地惠远城（今霍城县境内）是新疆的政治军事中心。

此后的150年中，国运日衰的清廷不得不在列强的威逼利诱下签订了多个不平等条约，即《中俄北京条约》②、《中俄勘分西北界约记》③，沙俄割占了中国西北边疆44万平方公里领土。1881年2月（光绪七年正月），中俄签订了《伊犁条约》④，沙俄又侵占了霍尔果斯河以西等地7万多平方公里的中国领土。这样，在新疆1884年建省时，与乾隆时期西域的地理范围相比，已经少了50多万平方公里的土地。

1882年3月（光绪八年），中国军民合力驱逐了外来侵略者阿古柏，新疆重归清廷辖治。然而，在长达13年的战乱中，新疆各地的军政机构几乎全部瓦解，有边无防，任由外人出入，中心城市的官府、兵房、仓库均荡然无存。长期战乱导致新疆人口大量死亡、逃散，生产力水平严重衰退，良田荒芜，可耕者不及1/5。

新疆地处中国西陲，距北京数千里之遥，但与帝国列强近在咫尺。国内外一有风吹草动，都会波及新疆。沙俄觊觎新疆已久，早已在边境排兵布阵，修筑铁路，通过武装进犯，签订不平等条约，用俄侨驱赶边民，复制亲俄势力，等等。清廷收复新疆后，如何守住新疆，成为朝野共同聚焦的重大问题。以上正是左宗棠率清军收复新疆后面临的历史背景。

1877年夏，左宗棠即提出在新疆建立行省，设置甘肃新疆巡抚的主张。1881年秋，刘锦棠奏《遵旨拟设南路郡县折》，提出了建省的具体方案。该方案1882年末经户部、吏部同意后，由清政府批准执行。

新疆省会设于乌鲁木齐汉城即迪化城。省会设巡抚一员，受陕甘总督节制。各城大臣（塔城参赞大臣，伊犁之领队大臣除外）一律裁撤，代之以兵备

乾隆（1711～1799）

左宗棠（1812～1885）

▲ 收复新疆的千古功臣

道。巡抚之职权为统辖各道，节制标营、满营，督理军务。全疆下设三道：镇迪道、阿克苏道、喀什噶尔道；后增伊塔道，共设四道。

巡抚所属之文官[5]有：

镇迪道，驻迪化府，辖府一、厅四（吐鲁番、镇西、库尔喀喇乌苏、哈密）。设分巡镇迪粮务兵备道一员。

阿克苏道，驻温宿府，辖两府（温宿、焉耆）一厅（乌什）一州（库车）。设分巡阿克苏兵备道一员。

喀什噶尔道，驻疏勒府，辖有疏勒、莎车两个府和英吉沙尔直隶厅、蒲犁分防厅、和阗（田）直隶州。设分巡喀什噶尔兵备道一员。

道以下设府、厅、州、县。伊犁仍设将军，不再总统全疆军务，仅管伊塔边防；塔城增设副都统一职。至此，新疆行政中心由伊犁移至乌鲁木齐。

甘肃新疆巡抚一职自1884年新疆建省时开始设置，第一任刘锦棠，最后一任袁大化。

"1884年末，刘锦棠被授新疆巡抚，调甘肃布政使魏光焘为新疆布政使。1885年，刘锦棠、魏光焘先后到达迪化，建立巡抚及布政使衙门。"[6]

历任甘肃新疆巡抚（1884～1911年）一览表

姓名	生卒年	字	籍贯	出任年	卸任年	备注
刘锦棠	1844～1894年	毅斋	湖南湘乡	光绪十年（1844年）	光绪十五年（1889年）	
魏光焘	1837～1915年	光邴	湖南隆回	光绪十五年（1889年）	光绪十六年（1890年）	护
刘锦棠	1844～1894年	毅斋	湖南湘乡	光绪十六年（1890年）	光绪十七年（1891年）	代
陶模	1835～1902年	方之	浙江秀水	光绪十六年（1890年）	光绪二十一年（1895年）	
饶应祺	1837～1903年	子维	湖北恩施	光绪二十一年（1895年）	光绪二十二年（1896年）	署
饶应祺	1837～1903年	子维	湖北恩施	光绪二十二年（1896年）	光绪二十八年（1902年）	
潘效苏	1838～？年	少泉	湖南湘乡	光绪二十八年（1902年）	光绪三十一年（1905年）	
吴引荪	1848～1917年	福茨	安徽歙县	光绪三十一年（1905年）	光绪三十二年（1906年）	署
联魁	1849～？年	星樵 星乔	镶红旗 满洲	光绪三十一年（1905）	宣统二年（1910年）	
何彦升	1860～1910年	秋辇	江苏江阴	宣统二年（1910年）	宣统二年（1910年） 当年去世	
袁大化	1851～1935年	行南	安徽蒙城	宣统二年（1910年）	民国元年（1912年）	

新疆建省后，经历任巡抚的调整添设，到1902年，全疆共建镇迪道、阿克苏道、喀什噶尔道、伊塔道等四个道，下辖6个府、10个厅、3个州、23个县与分县。⑦

新疆建省设县，在新疆历史上具有重大而深远的意义。尤其是废止了南疆维吾尔地区长期存在的伯克制度、农奴生产方式，排除了影响社会经济发展的障碍，不许国中有国，法外有法。左宗棠⑧认为"为新疆划久安长治之策，纾朝廷西顾之忧，则设行省、政、郡县，事有不容己者"。新疆建省后与内地建制划一，结束了新疆与内地分治的局面，可以依靠国家的力量加快社会经济的发展，取消了内地民众进疆的壁垒。

自此以后，关内汉、回携眷来新疆创业、承垦、佣工、经商者络绎不绝。在统一体制下，增强了新疆的防卫实力，有利于保障国土安全。取消农奴式的伯克制度，铲除了外国列强利用民族和宗教问题破坏新疆安定的土壤。

新疆在边疆诸省率先建省，为清末中国边疆治理制度的改革树立了典范。其后，台湾、辽宁、吉林、黑龙江等地相继改设行省。新疆建省，既是新疆纳入中央统一管理的重要事件，也是恢复和发展经济的一个起点。今天，新疆的治理与建设成果无不与之有关。新疆建省的意义如何高估都不过分。

1884～1908年，在新疆建省后的24年间，新疆经济、文化、教育、基础设施建设均发生了巨大变化。到清朝末年，新疆的人口由建省初的126万，增加到200万，总灌溉面积达1121万亩，耕地总面积和粮食总产量都达到清代新疆的最高水平。

尽管在光绪十年（1884年）新疆省建立以后，先后有刘锦棠⑨—魏光焘⑩（护）—刘锦棠（代）—陶模⑪—饶应祺⑫（署）—饶应祺—潘效苏—吴引荪（署）—联魁⑬—何彦升⑭—袁大化等11人次（实为9人），出任甘肃新疆巡抚实职，但在有关史学著作中，对于甘肃新疆巡抚的评价，大多集中在首任巡抚刘锦棠和末代巡抚袁大化身上，褒奖开疆拓土的刘锦棠，贬抑镇压辛亥革命的袁大化，对其他巡抚似着墨不多。

甘肃新疆巡抚为新疆最高军政长官，负有治疆安边之责。执掌此权需是文武兼备的干才，而不是只懂军事不知政治的武夫，或只会作锦绣文章而不懂军事的孱弱文人。

在新疆巡抚中，高学历的有刘锦棠、陶模，进士出身；吴引荪同治癸酉（1873年）廷试考得一等；饶应祺同治元年（1862年）中举人；联魁贡生；袁大化秀才；魏光焘、潘效苏没有科举功名；魏光焘初为厨工，在左宗棠军中成长；潘效苏在咸丰十一年（1861年）由俊秀投劾军营。

　　清代仕宦讲究出身，仕宦出身一般又有正途[15]与异途[16]之分。清制规定："分出身之途以正仕籍。凡官之出身有八：一曰进士，二曰举人，三曰贡生，四曰荫生，五曰监生，六曰生员，七曰官学生，八曰吏。无出身者，满洲、蒙古、汉军曰闲散，汉曰俊秀。各辨其正杂以分职。"[17]

　　魏光焘、潘效苏能成为一品新疆巡抚，可视作清廷不拘一格降人才之举。潘效苏由异途的俊秀升任新疆最高军政长官，一路艰辛当属不易。光绪九年（1883年），潘效苏被刘锦棠调赴新疆军营，旋调补迪化直隶州知州。光绪十二年（1886年），交卸迪化州事，调署和阗（田）直隶州知州，后升任伊犁府知府。光绪二十三年（1897年），升任镇迪道尹兼按察使。光绪二十四年（1898年），兼任新疆布政使。光绪二十八年（1902年）潘效苏出任新疆巡抚，从进入新疆军营算起，期间走了近20年，足迹遍及南北疆。

清末新政时期地方督抚出身背景统计表

类别项目	进士	举人	贡生	荫生	监生	生员	文童	行伍	新式学生	不明	合计
人　数	54	16	12	7	10	6	3	2	6	2	118
百分比	45.8	13.5	10.2	5.9	8.4	5.1	2.6	1.7	5.1	1.7	100

　　统观此表，新疆巡抚大多由正途擢拔，不过异途破格提拔的比例稍高一些，也是因为新疆治理有其特殊性。

　　刘锦棠是追随左宗棠收复新疆的前线总指挥，他担任首任甘肃新疆巡抚可谓众望所归。刘卸任后，经清廷批准，于1895年在省会迪化建起刘公祠（地址在现解放北路北端路西高土梁上，市一中学家属院院址），以嗣纪念表彰其功绩。刘公祠为清代古建筑。占地面积约1500平方米左右。祠堂分前后院，坐北向南，正门门楣上挂有匾额，竖写着"刘公襄祠"四个大字，进入正门由古戏台下进入前院，有东西厢房各三间，正北是大殿，殿内有刘锦棠画像和牌位。外有楹联云：齐名曾左无前绩，开府疏勒第一人。"与清廷重臣曾国藩、左宗棠齐名，对刘锦棠评价可谓高矣！整个建筑金碧辉煌，飞檐翘角，风吹铃动，悦耳动听。几根大红廊柱，耀眼夺目，显得庄严肃穆。当时一年四季参观者络

▲ 迪化的城墙 （莫里循摄于1910年）

绎不绝。[18]

　　湖南人在中国政坛、军界的崛起始自曾国藩，左宗棠在国力不济的条件下一举收复新疆，使湖南人的声望再登高峰。湖湘弟子满天山，无湘不成军，并非虚言妄语。自刘锦棠起，湘人治疆似乎成为惯例，在新疆8位实任甘肃新疆巡抚中，湖南籍的有4位，占了一半。其他均来自长江流域，其中徽人占了两位，即吴引荪、袁大化。这并非偶然。武将开疆拓土，文官治国安邦，自古使然。长江流域不仅经济发达，文化底蕴亦深厚绵长，每逢乡试、会试，中举人、进士者，长江流域诸省必占其半，尤以江浙为甚。江淮湖广人治疆，既是制度的选择，也是文化的选择。

火烧联魁

　　自1884年新疆建省至1911年清朝覆亡，由满族人担任甘肃新疆巡抚的唯有联魁一人。自新疆军政中心由伊犁惠远东移至迪化以后，伊犁将军与新疆巡抚之间的龃龉时张时弛，从未间断过。新疆巡抚衙门的内斗也十分激烈。新疆布政使吴引荪弹劾新疆巡抚潘效苏，一时闹得沸沸扬扬。清光绪三十一年（1905年），联魁由浙江布政使调任新疆巡抚。调任联魁抚疆，是清算前任新疆巡抚潘效苏贪污腐败的一次拨乱反正，还是缓解满汉官员矛盾，平息新疆巡抚与伊犁将军的权力之争，或是加大推行新疆新政的力度，兴许是一箭三雕。因为时下，兵部尚书长庚正任伊犁将军，这恐怕不是巧合。换句话说，斯时新疆新政

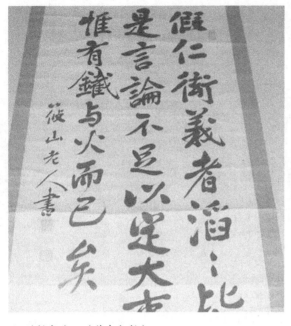

▲ 联魁书法 （作者翻拍）

的两个主推手，是两个满族贵戚。

1910年8月中旬，兴许是甘肃新疆巡抚联魁一生中最为晦气的日子。面对王高升放的一把冲天大火，"闻当时变起仓促，联帅（即巡抚联魁）顿足痛哭，束手无策，而藩臬各大宪皆闭门自守，莫赞一词，官兵亦作壁上观"。[19]

放火者王高升是迪化哥老会的小头目。他也没有想到他赌气放的一把火，竟然改变了历史。哥老会是由内地传入新疆的秘密会党组织。当时，在迪化参加哥老会的陕甘人士有五六千人左右。尽管他们大多靠打工维持生计，被地方政府视为"贱民"，但因人多势众，与高高在上、人数较少的具有北洋背景的河北军政各界人士，形成分庭抗礼之势。

迪化放火案缘于1910年3月的某日，陕甘人和河北人在红山脚下发生了一场大规模械斗，省府即派骑兵营提调田熙年前去弹压。田熙年是河北人，曾从军北洋，于光绪三十三年（1907年）末编练新军奉调至伊犁，被委以管带。平时他就克扣军饷、贪污中饱、欺侮兵士，名声不彰。在弹压中，4名陕甘籍士兵惨遭杀害。

田熙年执法过当，且明显偏袒乡党，引起了陕甘人的极大义愤，他们多次聚众抗议，但官府置之不理。"王高升于八月十五日中午召集了甘肃同乡（其中大都是哥老会人）在甘肃会馆聚会，要向杀人凶手讨还血债。这时，有一千多名军内外陕甘人，拥聚在会馆门前支援。王高升带领浩浩荡荡的群众队伍到巡抚衙署击鼓示威。联魁龟缩在三堂寓所惊慌失措，派王树楠出面周旋。群众要求当众处决田熙年，王树楠答应事后一定严办，群众不允，一直坚持到黄昏时候。当晚半夜时候，王高升带领一批人手，在津帮'八大家'所在的大十字放起火来，这次放火，不但'一夫攘臂，四起响应'，而且秩序井然，一批人往商店的门板上刷石油，一批人在后面点火，另一批人乘机打开监狱门，放出狱中犯人（主要是放出了以'盗匪'罪名关押在狱的哥老会人）。几分钟后，大十字一带成了熊熊火海，火焰照明了全城。王高升在指挥放火时，被元泰堂药店的一个店员用'保险合'（铁砂土手枪）击伤。这时，联魁命令全城军警出动镇压，放火群众四散，王高升被擒，当场砍杀在街头。事后又捉拿了十几名'要犯'，亦被枪决。王高升的尸体当晚就被哥老会人抢走，秘密埋葬在六道湾山后。"[20]

火发次日，迪化军民数千人持商票纷纷兑银，由此引发抢兑金融风潮，社会秩序失控，商民惶恐，纷纷关门停业。在火灾中大伤元气的津商，更是惊恐万状，准备变卖产业速逃东归。

时任新疆布政使王树楠感到问题严重，事态正向不可控的方向发展。他判断，津帮商贾随左宗棠"赶大营"定居新疆，在数十年经营中执商界牛耳。若津商率先抽资东归，必然在新疆商界引起连锁反应，形成抢抛倒闭风潮，市场一乱，人心必乱，势必引发全疆政局动荡，外患可能趁机而至，此为其一。新疆财政困难，往年内地协饷不及时汇至，省府常向津商借支应急。新疆财政商税居重，商民出走，不啻财税严重损失，且开发建设也将中断，可谓雪上加霜，此为其二。迪化纵火案虽针对津帮八大家商人发泄，实则是对清朝统治的公开示威。清朝一向把"有恒产、有文化"的新疆商民作为社会基础和政治支撑，商民不保则地方糜乱，维系商民则能维持地方统治，可谓牵一发而动全局，此为其三。

新疆巡抚联魁眼看事态失控，深恐影响自己的仕途，使用行政手段隐瞒真相，谎报灾情，对外严密封锁消息。虽说迪化远离京城，但由于清政府不时将一些政治要犯遣戍新疆，使得新疆与北京有了千丝万缕的联系。1907年，原《京话日报》主编彭翼仲因竭力主张维新，而被清廷流放迪化。据说，彭翼仲性格暴烈，警官在抓捕他时，他竟拔枪

▲《京话日报》主编彭翼仲（左）
（莫里循摄于1910年）

射击。天津学联领袖温世霖戍抵迪化时，曾与提法使杨增新谈及彭翼仲，"虽是明令临禁，但有家眷，特在衙署内另盖一屋使其居住，现准其自由居住。惟余与彭翼仲二人为政治犯，与一班官僚熏莸不同器，难为伍耳。"[21]

时下，彭翼仲正在一位当地要员家中担任家庭教师，他既有自由之身，又是官场消息的灵通人士。亲历了迪化大火的一夕惊吓，目睹一片焦土，又风闻联魁欲盖弥彰的丑行，激起了这位"戴罪"在身的报界翘楚的极大愤慨，"被害者达四五百家，尤以津商为最，迪化之精华殆尽。事后密不奏报，严查邮电，以防透露消息。"彭翼仲"激于义愤，密恳新疆财政监理官梁君素文以密码电报密呈度支部尚书载泽，政府始得知其概。"[22]

清政府"电新查问，联帅不得已密派心腹疏通津商，赔偿损失十四万两，而以传闻失实四字蒙蔽政府了之。"[23]

大火烧掉的是财产，安抚人心需要银子。王树楠当机立断，当即公示社会：所有商票概由藩库兑还，"人见之，乱立已。"又召各商各铺，开明出票若干，损失若干，由藩库领取现银，连环保给，并令赶紧修筑房舍，亦由藩库补助限期归还。为渡过这次由火灾引发的社会、经济和政治危机，王树楠带头劝捐赈灾，与朝野共渡时艰。为处理善后，新疆巡抚联魁与司道协议，赈济384~684两白银，修复被烧建筑花费9812两白银，共约白银394500两。

商家受损，官府赔付，新疆巡抚联魁心中不爽。他虽表面上认了捐，事后却反悔赖账不出，其他官僚皆效尤，官府高调灾捐化为乌有。王树楠对官场不顾大义的无耻行径极为愤慨，为不失民信，带头独自捐资，并公开指责官吏们沽名钓誉的劣行，遂激化了统治阶级内部的矛盾。在新疆巡抚联魁的指使下，曾跑官不遂的陈璋"广造匿名揭帖"（小字报），诬告诽谤王树楠。[24]

王高升火烧迪化商业街，虽多少有些下层民众仇富仇官的成分，但官方处置不当，贪赃枉法，是酿成火灾的主因。迪化的这把大火，不但烧掉了联魁的顶戴花翎和封疆大吏宝座，也焚毁了迪化百年的繁荣，烧出了社会各阶层间深刻的矛盾，暴露了官吏的贪赃枉法和腐败。哥老会是遍布全国的地下组织，神龙见首不见尾。迪化纵火是哥老会与官府的一次公开较量。白菜先自心烂。迪化是新疆首府，迪化烂了，是新疆大乱的先兆，也是全国大乱的风向标。

张大军在《新疆风暴七十年》一书中说："一班官僚之骄奢淫逸，卖官鬻爵，贪墨之风弥漫于上下，导致政治解纽，国防废弛，清朝政府土崩瓦解之大势已去。仅有很少数新疆官吏，自知危机严重，多数则昏聩无知。"天下乌鸦一般黑。京城尚且如此，边陲自当效仿。在清朝边疆官吏眼里，"仍认为土著是'人格卑下，不可礼遇'，汉族是贤孝子孙，加之官绅结合，鱼肉人民，其腐败现象愈演愈烈，如综合其情况，可谓集暴政之大成，腐败已达于登峰造极地步"。㉕

迪化大火案所以大白于天下，电报技术的使用功不可没。新疆巡抚联魁的行政手段败给了新技术因素。迪化纵火案后，联魁为推卸责任，将王树楠弹劾开缺，最终自己亦黯然下台。一把大火烧掉了两个新疆的最高长官，单就结果论之，似乎两败俱伤，但在史学家笔下，对二人的褒贬在大相径庭。

▲ 晚清新疆布政使王树楠　（莫里循摄于1910年）

王树楠（1851～1936年），字晋卿，祖籍热河，河北新城县人，号陶庐老人，进士出身。王不但有非常完整的科举阶梯，同时也有完整的游宦经历。河北保定是直隶总督衙署所在地，王作为优秀学子受到晚清中兴重臣曾国藩、李鸿章的褒奖确有地利之便。王树楠在工部主事任上，由京城外放四川开始游宦生涯。他历任四川青神、资阳、新津三县知县，在富顺县知事任上因用刑违例被革职。因才华过人，又被晚清另一重臣两江总督张之洞延入幕府。因边事紧张，他又被揽陕甘总督陶模幕府。在甘肃省，王先署中卫县，继而任平庆泾固化道、巩秦阶道、皋兰道。光绪三十二年春（1906年），56岁的王树楠擢升新疆布政使，主管财政、经济和教育，成为权倾一时的戍边大吏。

王树楠在新疆任职时间不到六年，他却为新疆办了许多实事。为遏制不法官吏横征暴敛、浮收粮草、遍地税卡，他创立新章，限制地方官征税，平息民怨。他整顿财政，统一官制度衡，设铸币局，铸造饷银、饷金、印官票（即老龙票），平抑物价。他下令严禁汉族官商强娶强买维吾尔族女子。他重视发展教育事业，从内地聘请一批教师，担任省府高等学堂数学、英语、物理等课程的教师，并在南北疆重要城市分设初等学堂。曾下令地方官学维吾尔文，开创用汉、维两种文字发布官方文书的先例；创设农业试验站，提倡种植蚕桑；在迪化水磨沟举办官水磨，利用水力加工粮食；还办邮政局，禁用沙俄邮票，收回邮政主权。

光绪三十二年（1906年），新疆正式成立编制局编纂《新疆图志》，王树楠担任总纂。《新疆图志》是一部卷帙浩繁的大型通志，需要多人完成，王树楠因此结识了一批名流、戍客。历时三年，编纂成《新疆图志》，亲自撰写了该书的《国界志》、《山脉志》、《兵事志》、《礼俗志》、《道路志》、《土壤志》等。《新疆图志》修成，清朝王朝在辛亥革命的炮火中寿终正寝，但《新疆图志》则成了不朽的著作。

王树楠于辛亥革命前东归，侥幸中生入玉门关。民国3年（1914年），充清史馆总纂。民国15年，应日本文部省邀请，赴日本商订纂修《续四库全书提要》。民国18年，又应张学良之聘为奉天萃升书院山长。

1931年春，适逢王树楠80寿辰。新疆广东籍官员邓缵先作七律诗词八首，恭祝新城王晋卿方伯八旬荣庆：

　　大耊祥征著作身，蓬莱几度看扬尘。幼安偶着辽东帽，靖节长叹粟里巾。经世文章光万丈，公墙桃李润三春。丕承祖业龙香砚，艳说南宫第一人。

　　英年奉檄出皇都，书剑追陪万里途。蜀栈朱轮随一鹤，巴江青鸟认双凫。文翁化俗敦诗礼，廉叔安民足夸襦。才听两川歌颂起，移官关陇咏驰驱。

　　吏隐名山著述多，龙门碛石旧径过。采风试谱伊凉曲，询俗遥怜陇坂歌。晴雪梅开怀紫塞，清秋木落见黄河。耆儒仙尉声华并，图绘须眉近若何。

　　寒沙风力遏刀环，五马骎骎出玉关。屏翰北庭敷治绩，旬宣西域济时艰。旁搜稗史编希腊，补订图经纪悦般。鸿业千秋传不朽，名勋为拟勒天山。

自值红羊换劫年，功成名逐合归田。西山酒送陶弘景，东海车回鲁仲连。文采青箱经乱后，故交白发话灯前。著书乐道膺遐福，翠柏苍松日月延。

古今中外简编储，学术纵横富五车。管墨渊源分注疏，亚欧族类萃图书。纂修青史名应重，厘定官盐事不虚。国界垦荒皆有记，边氓权洽七星渠。

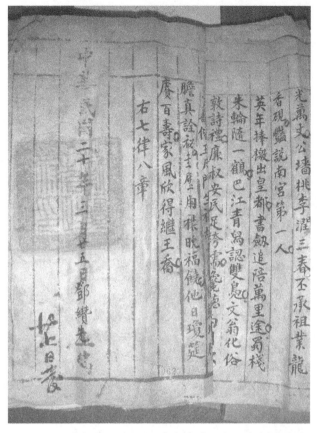

▲ 邓缵先写给王树楠八旬贺寿诗原件 （作者翻拍）

天留元老续斯文，缙绅鸿厘大雅群。四库珊瑚腾紫电，一时冠盖附青云。龟龄实寄均衡略，雁塔长垂翰墨勋。运否仍教存正学，度辽奚异隐河汾。

琼林再宴逢庚午，领袖群英历五朝。喆匠添筹偕玉尺，门生祝嘏尽金貂、乾坤肝胆真诠秘，圭璧胸襟晚富饶。他日琼筵赓百寿，家风欣得继王乔。

中华民国二十年三月二十五日邓缵先[26]

邓缵先的祝词七律八章，从王树楠科举取士说起，娓娓道出他游宦的生涯，高度评价了他修史著说的勋绩和高风亮节的胸襟。邓缵先自称门生，字里行间对这位耆老恭敬有加。

民国25年（1936年）王树楠86岁时病逝于北京。他可能是新疆高官中寿命最长的一位。

诡异的年份

宣统二年七月二十一日（1910年8月25日），来自清廷的一则电谕决定了两个人的命运："甘肃新疆巡抚联魁开缺，何彦升补授。"[27]

大历史具有偶然性，个人命运更是无常。袁大化巡抚新疆，就是一串骨牌效应的结果。假如没有迪化哥老会放火，联魁便不会去职，也就没有何彦升的接任。如果没有何彦升病死在上任途中，就不会有袁大化的临危受命。

1910年到1911年间，似是非常诡异的一年。这一年，对于一些封疆大吏来说，有的命运多舛，有的死于非命。死于非命的，除何彦升外，还有末代伊犁将军志锐，他上任不到54天，即倒在革命党人枪口之下。首任民国都督袁鸿祐的福寿更短，从北京政府发布都督任命到在寓所被戕，仅仅15天！对此，既可解释为阴差阳错，也可以视作命中注定。不管怎么说，乱世将至，大厦将倾，封疆大吏的危险系数陡然升高了。

由于何彦升是一位未到任的新疆巡抚，在新疆的史书中，即将他忽略不计了。笔者认为，有必要对何彦升做一补遗，作为认识晚清政治参照坐标。

何彦升（1860～1910年），乳名恬生，字秋辇，江苏省江阴县人。何彦升出生官宦之家，其父何枨乃扬州盐商巨富，曾任江西吉安府知府。不知是厌恶科举，还是命运不济，何彦升屡试不中，光绪十五年己丑（1889年），仅以副贡生获得正途。虽说何彦生国文诗书欠佳，但他却兼通数国语言文字（有通6国之说），时值洋务运动期间，外语大有用场，他曾作为参赞出使俄国。

回国后，何彦升官运亨通，光绪三十四年（1908年）二月由青莱胶道迁直隶按察使，宣统元年（1909年）十一月由直隶按察使迁甘肃布政使。

何彦升在甘肃布政使任上尚未坐热，清政府即用他填补联魁留下的甘肃新疆巡抚空缺。此项至少有以下考虑：第一，他有出使俄的经历，语言互通，知道如何与俄国人打交道。第二，履历完整，既做过地方官，也做过一省主管司法、行政（财政、人事）的大员。第三，年富力强，刚满50岁。第四，甘肃与新疆首尾相牵，地貌民情相近，由甘肃布政使出任新疆巡抚已成惯例，且上任距离最短。

吴引荪就是由甘肃布政使迁任甘肃新疆巡抚的，那年他已54岁。

吴引荪（1851～1917年），字福茨，祖籍安徽歙县，17岁时补诸生。同治癸酉（1873年）参加廷试考得一等，在刑部做个七品小京官。光绪己卯（1879年），升任军机处章京领班。后离京出任浙江宁绍道台，兼浙江海关监督。戊子（1888年）秋天离京，出任浙江宁绍道台，兼浙江海关监督。

吴引荪到道台任上，创立崇实书院。"崇实"二字既是其办学宗旨，也是其处世之道。他在教学中首倡实学，而以文艺居其次，他培养的学生大都是实干家。浙江宁绍地处东海，为海防要地。中日甲午（1894年）战争，将中国推向生死存亡关头上，吴引荪表现出干练的才能，亲自规划海防，建筑要塞，加固炮台，购买军械，训练新兵，将沿海一带治理得井井有条。因政绩显著，升任广东按察使。有清一代，广东土客纷争不绝，他针对广东民风好斗的弊病，编写通俗歌谣教化民众，收效显著。他在广东创立武备学堂，深得两广总督李鸿章赏识。在新疆推行新政期间，他迁任甘肃新疆布政使，上任伊始，大刀阔斧惩治腐败，以布政使身份弹劾前任巡抚，引起朝野震惊。辛亥革命后，吴引荪弃官归隐，遁迹海上，成为大清遗民。

何彦升与吴引荪均出自经济文化发达的江南地区，游宦地域广泛，历练经验丰富。何彦升小吴引荪9岁，50岁即升任一品封疆大员，正是在政坛上有所作为的年龄。只可惜，何彦升福寿已尽，从1910年8月25日授新疆巡抚，到11月13日宣布病逝于赴任途中，徒有虚名不过73天。

何彦升客死他乡，其子何震彝先喜后悲，这位25岁即中进士的才子撰写挽联，痛悼其父：

> 旧雨十年疏，明月依然，无复梅花笑东阁；
> 停云双泪断，阳关未出，惨闻羯鼓打凉州。

并注：停云，陶潜有《停云》诗四首，自序称："停云，席亲友也。"阳关未出：何受命出任新疆巡抚，行至凉州府（今甘肃武威），死在驿站，距阳关（今敦煌西南）尚有数百里。

父子分别十载，如今明月高悬人弗在，生者泪如雨下，似闻武威城头羯鼓频敲。

何彦升的好友北洋军备学堂教官方地山，亦撰写挽联悼念云：

> 身行万里路，又通六国书，无怪诸公，必使班超戍西域；
> 凄凉玉门关，呜咽陇头水，早知今日，不如何逊在扬州。

　　方地山之联对仗工整，不愧楹联高手。何彦升步班超后尘出使西域，本可建功立业，名垂青史，但出征未捷身先死，亲朋故友泪满襟。

　　这两首挽联为后人提供了何彦升病卒的信息。笔者试作推论，一探究竟。

　　清廷关于甘肃新疆巡抚联魁开缺，来京另行简用，以何彦升补授的谕令，对何彦升而言，事发突然，令其毫无准备。迪化任所距兰州2000公里，时值中秋，即使次日启程，也要在途中度过寒冬腊月，而冬季上路，即使商旅亦视之畏途。

　　从兰州到武威，约300公里，路途虽不长，却是西行的第一道关卡。武威地处黄土、青藏、蒙古三大高原交会地带，尤以祁连山脉之乌鞘岭为险要，主峰海拔3562米，年均气温-2.2℃，即使炎炎夏日，乌鞘岭亦终年积雪，何况冬季大雪封山。乌鞘岭山高路险，其中28公里长的古浪峡，最宽处不过1里，狭窄处仅有几十米，车不双轨，骑不并列。冬季进入乌鞘岭，天气酷寒，空气稀薄，地面结冰，车骑难行，一旦遇到飞雪狂风，生命堪虞。途中若患高原病（常见如肺气肿、心脏病、高血压），令天公亦难呼应！

　　在官场衙门里坐堂，在酒宴中应酬，50之龄当属少壮派，但要在冬季翻越乌鞘岭，即使是30岁的壮实后生也等于拿生命做赌注。行前，不知有多少人劝阻，叮嘱，但统统无效，唯边关事急，君命难违，军中不能一日无帅，何彦升只能冒险西行。呜呼！当官者也有当官的无奈。从兰州到达武威城约有300公里，若按冬季每日平均行走50里计程，何彦升至少12日方能到达武威城。何彦升很可能没有走到武威城，即死在乌鞘岭天寒地冻的客驿之中。

　　何彦升死了，没有留下任何文字，也不见遗言传世，作为后人，惋惜之情，恻隐之心，当不可缺。笔者在吴丰培先生的《川藏游踪汇编》中，读到一首清代仁和等人写的一首诗，即联想到何彦升之死，诗文似乎将其生死关头的细节展现在眼前：

丹达山雪中吊亡者并序

　　山径积雪高数丈，土人穴其中，以通往来，谓之雪城。三月中惠瑶圃军制过此，二从仆压焉，余过而吊之。

　　丹达山，何窈窈。丹达雪，何皎皎。绵延七十里，长空绝飞鸟。盛夏若严寒，滉漾入云表。我友持节来，记是仲春杪，层城皆嵯峨，飞霤复缭绕。马如鹳退飞，人比蚁旋潦。罡风倏助虐，玉山忽推倒。遂使二童子，

▲ 堂堂一品大员也得乘马车进疆赴任　（莫里循摄于1910年）

膏血埋荒草。茫茫大泽中，此时骨应槁，何况担簦人，躯命安可保？夸父迈难逢，愚公今亦少，悲哉万古冤，长夜天杳杳。我思沃雪方，厥事类征讨，火牛百道攻，獠夫万帚扫。要令露巉屼，庶免涂肝脑。残骴聚一邱，饥鹰勿使饱。魂兮愿入关，视我旗与旄，垂鞭立踟蹰，寸心愁如捣。㉘

全诗不过200余字，却写尽雪域苍凉，征途悲怆，历史一次次重演，壮士一回回捐躯。

其实，丹达山并不在西北，而在滇川藏交界处，虽说相隔千里之遥，但所描写的雪域环境大致相同，而其展示的精神更是古今一致。中国要维持一个大国地位，自古以来必须经营好新、藏，因为新、藏既是中原安全之屏障，亦是华夏民族融合繁衍之分支。在驼马时代，要护卫新、藏，一代代中原将士官宦必将抛妻舍子，冒死西行。他们为国戍边，心中既挂记雪域安危，却又不甘愿做在雪域黄沙间的孤魂野鬼，为国捐躯当不足惧，唯盼灵魂入关，回到故土与亲人身旁。何彦升是人不是神，在西行的路上，他一次次"垂鞭立踟蹰，寸心愁如捣"，但还是催马前行，最终倒在冰山雪原之中。也许，以如此情境来理解何彦升，后人就会从心底多生出几分敬意，由衷地发出几声感慨。

如果说，何彦升不畏险阻，因公殉职于途中，应当受到后世赞誉的话，那么他因私贪渎国家珍贵文物的劣迹，必被钉于历史的耻辱柱上。

话要从敦煌的王道士在莫高窟中发现了藏经洞说起。王道士从外国探险家斯坦因、伯希和等人急切购买中知道了敦煌经卷、绢画的价值。一开始，莫高窟藏品是在秘密的状态下被窃取的。

当中国学者发现外国人在盗取中国敦煌文物并运往国外时，即刻通过媒体传得沸沸扬扬。清政府开始介入此事，中国学部传令由刚刚调任的甘肃布政使何彦升专责处理。目标是将莫高窟劫余藏品全部运往北京，交学部验收后，移交给京师图书馆保存。这本是一个好方案，历史给了何彦升青史留名的机会。

1909年8月22日，中国学部发出电令，并拨经费6000两白银，令搜买敦煌遗书，此时已是敦煌藏经洞被发现的第9个年头。敦煌县存档的第47号《移文》中记载："奉学部搜买，敕县会同学厅传及绅民，尽其洞中所存者一律搜买，护解省垣……搜买千佛洞前代写本经卷解省，领价改修文庙。"[29]莫高窟藏品虽然经斯坦因、伯希和几次劫掠，但尚剩余8000多件，数量还颇为可观。

1910年三四月间，敦煌县将第一批敦煌遗书6004卷装车起运。从敦煌，经过酒泉、高台、张掖、永登、兰州，再到定西，一路都有经卷丢失。对敦煌经卷有兴趣且有窃取机会的人，大都是当地的上层人士、地方官宦、名士、乡绅以及武夫等人，他们无不以得到敦煌经卷为快慰。

1911年4月，由天津遣戍新疆的学联领袖温世霖，在肃州（今酒泉），他结识了天津春茂和皮庄的杨济卿。杨向他讲述了莫高窟藏经洞的发现，"赠余唐写经二册，系敦煌县千佛洞中古物，杨君于数年前亲到敦煌所得。余喜不自胜，感谢之至。又赠折解委唐经一幅，计长三尺，尾书大中五年，淘宝物

▲ 丝路上的驼队　（莫里循摄于1910年）

也"。³⁰敦煌文书散落民间由此可见一斑。

敦煌残卷历经劫难解送入京后，载经大车未押进学部大院，而是进了何彦升之子何震彝的私人宅第。何震彝叫来其岳父、藏书大家李盛铎以及李的亲家刘廷琛、方尔谦等人，一同享用这次饕餮家宴。他们不但将选出的精品经卷收入自家书房，为了掩盖盗窃行为，竟将完整经卷撕成二份、三份，以充数量，蒙混过关。

何李两家合谋盗窃国家文物，已形成牟取暴利的共犯集团。这正是国将不国的末世现象。对于这种明火执仗的偷窃行为，学部侍郎宝熙上章参奏。因武昌起义爆发，清政府土崩瓦解，此事也就不了了之。³¹

何李两家虽然躲过一劫，但史学家却没有放过他们。根据李氏及家人以后出售的卷子目录，算出李盛铎当时攫取经卷约四五百卷，何震彝藏掖得更多，因他死得早，又将经卷大都作为礼物馈赠了亲友，所以何氏究竟拿走多少至今是个未知数。现藏东京的一部分卷子，现藏台湾中央图书馆的150余卷经卷，就是何、李当年私下藏掖的。敦煌经卷虽不是何彦升亲手盗窃，但他管理失责，漫不经心，甚至纵容家人监守自盗，最终使他身败名裂，遗臭万年。

如果拿袁大化做一面镜子，更可知何彦升格局之小。袁大化到任新疆巡抚2个月后，他于1911年8月20日奏电外务部："顷据喀什袁道电称：据于阗县报，日本游历橘瑞超，不呈验护照，欲县属普罗山假道出英游历，该县以山径溢塞，人迹罕至，劝阻不听，竟至该处强拉驼马，勒派民夫，购运粮料，前往开通。……查游历以护照为凭，橘瑞超既不呈验，又不听阻，强拉驼马，勒派民夫，擅开久塞通英边界山路，意欲何为？除电该县设法劝阻外，乞照日使迅即调回，免生事端。"³²

从这则电文看，日人橘瑞超够嚣张，中国官员够尽责，袁大化立场鲜明，警惕性够高。同样与外人打交道，同样担负国家责任，公私权衡之间，即显个人本色。对历史人物而言，爱国即是自爱。

何彦升未见正式诗文遗世，有人说因他一生谨慎所致。然而，何彦升却有趣谈流传民间。晚清时有一外国留学生致书何秋辇，误书"辇"字为"辈"字，又将"究"字误作"宄"字。何彦升戏作联嘲讽："辈辈同车，人知其非矣；宄宄共盖，君其忘八乎？"后对联流传开来，一时成为人们饭后茶余的笑谈。³³

其时，又有粤人唐某，乃留学生而得翰林者也。致书何秋辇中丞，谈有关宪法研究会的事，称何秋辇为"秋辇老伯"；又其中"草菅人命"作"草管人命"。何秋辇因作此联讥之："辇辇同车，夫夫竟作非非想；管管为官，个个多存草草心。"并将对仗工绝之联，并寄给了那位洋翰林。^㉞

常言道，诗以言志，志由心生。何彦升不写诗言志，却玩些雕虫小技，其心中常拨个人的小算盘，唯缺国家的大计划，人生的大智慧，在利诱面前，监守自盗，因此只能落得千夫所指的下场。

何彦升死后遗骨运回家乡，葬于苏州市张家港香山山麓。何彦升生前，无德，无功，无言，该他死后寂寂无闻。

20世纪初叶，在世界政治格局大变动的惊涛骇浪中，清王朝犹如失去舵盘的一叶扁舟，在风浪中苦苦挣扎。扁舟将沉，乘船者在惊慌失措之中，能捞则捞，能贪则贪，准备弃船逃命。贪腐正是风暴眼。一场更大的风暴正在做眼，酝酿着下一次更大的狂飙。

从九品到一品

袁大化（1851～1935年），字行南，出生农家，涡阳县青疃区大袁庄人。父亲早亡，母亲为供养其读书，给人打工，甚至要过饭。袁大化的科举之路也不顺遂，考取秀才后，连连落榜，再无长进，最后只做了一名训导。胸怀大志的袁大化心有不甘，光绪六年（1880年），31岁的他弃笔从戎，远赴关东吉林投身军旅。他先是在绥军中办理营务，曾襄理过威海炮台和郑州黄河治理工程，后来升为马队管带。此时袁大化虽未崭露头角、一展抱负，但他在实践中受到了历练，亦耳闻目睹了混迹官场的旁门左道。

光绪十五年（1889年），袁大化终于等来一次出头的机会。时任清廷军机大臣的李鸿章，派一名亲信大员来到黑龙江，办理对俄外交事宜。朝内有人好做官，深谙此理的袁大化立刻寻找门路，投效在该大员麾下。袁大化在东北地区任事多年，对当地的人事熟悉，再加上为人乖巧，办事干练，很快受到了该大员的赏识。他先是奉命进入吉林、黑龙江两省中俄边界的伯力、海参崴和双城子等地，侦察俄军情况，绘制地图，圆满完成了上峰交办的差事。接着又奉命带人到大兴安岭、额木尔河一带的老金沟、漠河勘探金矿，摸清了这一地区黄金储藏的分布，并向清政府拟报采金方案，主张开采金矿，增加朝廷财力。

当时，大清朝正值国事维艰，国库匮乏，财力捉襟见肘，令李鸿章伤神不已。检阅袁大化的采金方案后，李鸿章颇为欣赏，亲自召见袁大化，当面咨情。李鸿章亲见这位同乡应答如流，措施务实可行，顿时刮目相看，倍加勉慰。李鸿章立刻上书朝廷，力主开采漠河金矿，并举荐袁大化为漠河金矿总办。但因袁大化官职卑微，资历太浅，不合朝廷提拔的条例，李鸿章为他捐了同知衔，才得到朝廷的特准。

　　对于自己被破格任用，袁大化心存感激，发誓不负中堂大人李鸿章的栽培之恩，一定鞠躬尽瘁报效朝廷。袁任漠河金矿总办8年，精心任事，苦心经营，向朝廷上交黄金数万两，受到朝廷褒奖。

▲ 新疆末代巡抚袁大化画像　（作者翻拍）

　　漠河地处黑龙江省极边，与俄国接壤。边境人烟稀少，地域荒芜，时有俄人越界滋扰。有几股当地土匪啸聚山林，杀人越货。沙俄对漠河金矿垂涎三尺，为侵吞金矿，派沙俄军官与当地土匪勾结，拼凑起一支武装队伍，沙俄军官自称俄国统领，四处骚扰抢劫，妄图以武力逼清廷退出金矿。

　　袁大化乃文武双全的官员，有勇有谋，无惧沙俄的挑衅。他调动矿兵设下埋伏，将带兵前来滋事的"俄国统领"翻译官张凤池父子擒斩示众，以力立威。之后，沙俄军官马达利多夫又提出在中国领地租地经商等无理要求，均被袁大化严词拒绝。袁大化经营金矿得力，处理外交事务得法，令李鸿章赞赏有加，并视其为门下得力干员。经李鸿章引荐，袁大化受到了西太后和光绪皇帝的陛见，赏赐顶戴花翎，晋升为二品道员。

　　光绪二十四年（1898年），袁大化奉李鸿章之命，赴山东勘察黄河分流入海工程。此时因连年水旱之灾，"涡河两岸，十室九饥"。当地官员不但不救济百姓，还催粮逼款，饥民走投无路，聚众暴动，公开打出造反旗帜，攻城略地，杀死官军。两三日内，造反队伍达到一万多人，兵分三路进入阜阳县、归德镇和临焕等地，声势浩大。

　　涡阳是袁大化的家乡。袁大化探家途中，适逢两江总督刘坤一电令徐州总兵刘清熙率军抵达临焕镇压造反饥民。两军交战之际，食朝廷俸禄的袁大化，

▲ 末代巡抚的官服莫过如此 （作者摄）

自然站在朝廷一边。他当即加入刘清熙军中，为刘剿灭义军出谋划策。

农民起义军被剿灭后，袁大化向李鸿章报捷，李鸿章上报朝廷为袁大化请功，并获擢升徐州道台褒奖。史家评论说，袁大化用造反饥民的血，染红了顶戴上的珠子。之后，在李鸿章提携下，袁大化仕途通达，步步高升，分别被任为山东巡按使、河南布政使及署理山东巡抚。

宣统二年（1910年）八月，迪化发生王高升事件，城中大小十字一带的商铺焚烧殆尽。甘肃新疆巡抚联魁，自感难辞其咎，颜面无光，上书请辞。"新任新疆巡抚何彦升因病卒于途，本日，清廷以袁大化代之。"[35]

清廷任命袁大化为封疆大吏，离不开以下几点考虑：新疆地处边陲，战略位置重要，经济亟待开发，与沙俄外交亟待加强，而袁大化不仅带兵打过仗，做过金矿总办，任过地方行政官，且有外交经验，更重要的是他忠于皇帝和朝廷。

清廷在任命袁大化后，又将袁的曾祖父、祖父、父亲授为"光禄大夫"，曾祖母、祖母、母亲封为一品夫人。[36]袁大化从1880年投笔从戎前的不入流的九品训导，到1910年升至权高位重的一品封疆大吏，整整用了30年。

《抚新纪程》

清廷宣布袁大化任命那一日，即阳历1910年11月13日，阴历节气在大雪与冬至之间。这意味着，新任新疆巡抚袁大化也要冒雪西行，翻越冬季畏途乌鞘岭。

袁大化是如何来到新疆的？他一路上遇到什么？看到什么？想到什么？袁大化百年前所著的辛亥《抚新纪程》为后人作了实录。

该书起笔自辛亥农历新年："正月初七日，电军机处代奏，除夕前连日大雪，洛阳以西硖道积深数尺未消，别处又无路绕，拟俟雪尽路出，即日上道。祈代奏。袁大化叩。阳。"[37]农历正月初七日，即公元1911年2月5日，此日卯时刚好立春。也就是说，自公立1910年11月13日宣布袁大化调任新疆巡抚算起，袁大化西行接印的准备时间长达84天。估计清廷接受了何彦升冻死风雪中的教训，有意让袁大化避开三九严寒。代奏给宣统皇帝，说白了就是奏给摄政王载沣。阳，即袁大化家乡安徽涡阳。

"念八日巳初，叩辞老母，启程出汴垣，至车站，邮传部饬备花车头二等车各一，敞车三，已正二十分开车，文武各官皆来送行，有远至郑州、洛阳始回者，斯云劳矣。"[38]此节可观出一品封疆大吏出行的仪仗，和大吏与官僚的远近亲疏。

作为抚疆大吏，边疆事急，耽搁不得，且朝廷定有限期，袁大化披星戴月，一路风尘。每天早四时起程，晚十一时后安息，终日奔波在西行路上。

袁大化喜欢轻车简从："店中土炕无席，粪土满屋。余出关以来，唯恐骚扰，诸多从简一餐，不肯受人。至此适如吾意耳。"[39]

袁大化是务实之人，不信鬼神。"四钟半行，十二钟到。夜半一厨夫卧于行馆东北厢，梦魇而号，同卧两人呼之不应，旋亦随之而号。他室中人群起往

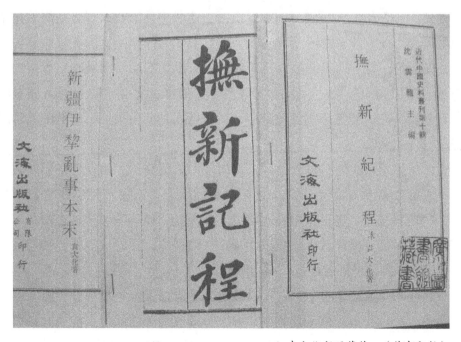

▲ 袁大化新疆著作　（作者翻拍）

视，众声喧嚣，轰动一院，缘闻此寓有鬼。因疑生畏，因畏生魔，遂群信真有鬼矣。积假成真事所常有，为之一笑。"⑩

至星星峡，袁大化记述了当地神马传说，指出是借神自利行为："早发星星峡，峡长40里，纯石无土，体势雄厚，关帝庙居峡之阳。传峡后有魑魅，筑庙于此。邪魔遂遁。藏有人施二马于庙，一马入山，每朔望一，至后不知所之；一马常入人家与厩马同槽食。马至其家必祥，人以为神，乐饲之。今马已不见，车夫过庙前必捐草料，以祈神马。庙僧亦藉以自利焉。"⑪

由星星峡进入新疆后，袁大化算是走马上任了。民愚官必贪。袁大化做过金矿主办，是何等精明之人，很快从地方官的奏折中发现贪腐官吏："王长发初任左营游击，专营巴里坤马群，计印受5104匹。李镇克常在哈密接见，折报只有4600余匹，计短600余匹。该镇到任不过半年，孳生全无，尚短原数如此之巨，任意倒卖，可想而知。古城旗下马群，每岁孳生六七成，尚借巴里坤草场过冬。而巴里坤马场水草丰茂，如此不但无孳生，且半年之间比原数更短600余匹马，糊涂胆大至此，亟尚安望其整饬戎行乎！"⑫袁大化暗下整饬吏治之心。

横亘亚洲中部的天山，以哈密为东端。袁大化赞美天山："天山横亘云表，其气雄厚过于五岳。浑上多积雪，中有青松，下生芳草。每值北风紧急，空响谷应，飞沙刺面，而天朗气清，云翳片片，寒冷如三冬，重棉不足以御之。北路天山高峻，云气沸腾，弥满山腰，诸峰隐现靡常，望之如海外蓬莱，时没时露，奇景毕肖一碗泉。"⑬

并作七绝一首："天开隘口几千秋，坐镇雄关有汉侯。破晓初生东海日，一弯残月落山头。"⑭袁大化曾游宦黑、吉、辽及山东诸省，那是日照东海之地，而新疆只有一望无际的戈壁瀚海，"一弯残月落山头"，是披星戴月赶路人经常看到的景象。

袁大化最感兴趣的不是天山风景，而是大山蕴藏："始发现奇形之下，必有极旺金矿，煤铁矿偏生于天山之阳，早间取有矿石多种，宝藏之富为中国最。""四面皆盐，场长十里，宽二里，结成盐，厚不满尺，性轻松，年久风沙积厚土皮数寸，掩盖其上，质礧而虚，一踏即陷，掘之即盐块，惟带碱气，尚有杂质。一加煎熬即成纯盐，亦利源也。"⑮

一路行来，袁大化心中计划："可招民实边，为国家尽一分心力，培一分元气，绵一分国祚也。然为民兴利，办一分即收一分之益。果能实心任事，勤加董劝，则民不招而自来，何患利之不兴？财之不阜？凡是皆然。"⑯

也许在经济发达的省份呆久了，现代化铁路与原始马车的巨大反差，兴建铁路之梦在袁大化心中挥之不去："23日早阴霾，旋放晴，曦二钟半出苦水驿，西北行。天气昏黑，燃烛照之，沿路倒毙驼马驴甚多，弃之道旁，无人顾问，为野兽膏吻。白骨狼藉，触目皆是，由距站道太远，水草中绝，负载过重，车夫恶劣，动辄鞭挞，以致倒毙频仍，何日接轨关陇，以便交通，使此宠物蒙福哉。"[47]

"奇台东南自平顶山起西至古城，遍山皆松树，土人砍伐，每根径一尺余长两丈，仅售银价二钱。将来铁路枕木用之不尽，而附近居民皆伐以炊爨，惜哉！"看到迪化附近煤矿质好价廉，袁大化筹划"将来生齿繁衍，铁路开通，其利无穷也。""若不筹办路政，厚积资本，为开采矿产计，强邻环伺，稍涉迟回，吾恐矿泉落入他人之手矣。"[48]

兴办边疆教育，袁大化也有考虑："沙亲王亲自设汉文学堂四，学生仅百余缠生，较多八九龄，皆能通汉语汉文。将来毕业分布南疆，作缠民教习，十年之内，回疆皆通汉文语言。教化既同，民志自固，所关非浅显也。"[49]

4个多月后，即（五月）"十五日，晴有云，寅正会三客，出古牧地南行微偏西，遥望博格达山，冉冉出云，始露山峰尖顶，须臾尽没。十里卡子湾……十里七道湾……八里水磨沟，有机器局，余入阅视，造银铜圆、枪子，用水激动之。有温泉，冬日不冻，颇省火力。俟物力殷裕，尚可扩充。十二里省城东门，官商兵民出接道左。进城住皇华馆。"[50]由北向南入乌鲁木齐的道路、景物、地名迄今未变。

袁大化初行首日，乘火车西行，一日行了435里。到洛阳后，开始乘马车西行，每日多则90里，少则70里，遇到大风雨雪，还要等待一至数日。从交通方式可透视内地与新疆的巨大差距。袁大化从中原用了125天即到达乌鲁木齐，在驿马时代算是较快的，但已至极限。

徐翔采为袁大化《抚新纪程》作跋文，道其务实不虚："公以诸生起田间，周历海内外，艰苦备尝，其居官也，躬行实践，所至有声中外，闻风响应者已有年矣。固其记载，不为高尚之论以惊世炫俗，据实直书，切近事功。今天下士大夫谈政治实业，动辄数千万言，盖世界之信仰，及考其政绩，按其事实，行不顾言，徒借此为干利禄名钓誉之具，皆非公之素志，而为公之羞为也。"[51]

袁大化任不逢时，徐翔采颇为遗憾："公以宣统三年五月抚新，采于九月到省，一见公即语之曰：新疆开行省三十余年，生计未谋，教化未兴，地利未辟，军政未修，岁入不敷，岁出上赖协饷接济，天下有变将何以继其耶？诚探本穷源之论，其识见固有高出寻常万万者。设公早日抚是邦，戈壁苦水穷荒现象尚复见于今日乎！"㉜

　　边疆经济落后，百废待兴。一部辛亥《抚新纪程》，半部新疆建设计划书。那时，袁大化春风得意马蹄疾，踌躇满志，擘画新疆建设蓝图，确想在边疆大干一场。但袁大化因不懂革命，也不知革命即将爆发，而且革命能够推翻大清王朝，让他的一品巡抚做不成。袁大化是为新疆建设而来，建设铁路，开发矿产，富强新疆，保护国土。但命运多舛，历史偏偏让他碰上革命，让他扮演打打杀杀然后黯然离开的角色。历史不可逆转，个人空留遗憾。

　　袁大化是一个溢于言表的实干家，一个企图以实业救国的干臣，但他不是一个工于心计的阴谋家，一个能够窥破人心的哲人，一个心狠手辣的政治家，更不是一个运筹帷幄，决胜千里的战略家。因为他务实，在最后关头他选择离开，并推荐能保证他安全离开的杨增新出任都督；因为他太务实，他看不懂杨增新之心，因此也难断杨增新之才。

　　袁大化因身居新疆巡抚高位，而被视为辛亥革命在新疆的主要对象。对于袁大化应该实事求是给予评价，不能只说战争而不说建设，也不能只说政治保守而不说经济开放，或只介绍辛亥《新疆伊犁乱事本末》而忽略《抚新纪程》，如此既不客观，也失公允。

《昆仑旅行日记》

　　《昆仑旅行日记》非袁大化所写，撰写者天津人温世霖也。笔者所以将其日记插入袁大化《抚新纪程》之下，目的也是另找一参照系，以补袁大化观察视角之不足。

　　1910年末，清廷下了两个与新疆有关的谕旨。其一是，宣统二年十月十二日（1910年11月13日）："新任新疆巡抚何彦升因病卒于途，本日，清廷以袁大化代之。"㉝其二是，宣统二年十二月九日（1911年1月9日），诏命将温世霖遣戍新疆。

　　温世霖被遣戍新疆的原委是："自东三省请愿国会代表于本年十一月，诏命民政部送回原籍后，天津学界仍纷纷开会，直督陈夔龙派员驰往解散。温世霖以'全国学界同志会'会长名义，遍电各省，同时罢学，要求速开国会，直督乃饬巡警道拿办，并电请惩儆。本日奉旨发往新疆，交地方官严加管束。"㉞由此可见，温世霖是个能量极大、敢冒天下大不韪、被直隶总督视为祸首之人。

▲ 天津学联领袖温世霖 （周轩提供）

　　俗话说，囚犯不如贱民，骑马者不能与步行者同行。尽管袁大化任命在先，温世霖"犯案"在后，二人都要出关西行，但当时温世霖是失去人身自由的遣犯，诏令下达次日即从监狱直接押解上路。而袁大化在清廷谕令下达84日后，直到辛亥年正月初八，袁大化在家乡涡阳过了春节，方辞母西行，送行者排成十里长龙。二人出行风光自是大不相同。

　　西行路上，袁大化著《抚新纪程》，温世霖作《昆仑旅行日记》。同样要跨越黄河，翻越秦岭、祁连山、天山，同样要乘马车踏雪西行，但由于袁大化与温世霖西行的目的不同，对清廷的态度不同，上述两部著作就有了截然不同的内容。袁大化写的某些观点，在铁心造反派温世霖眼中如痴人说梦，温世霖写的某些内容，在铁杆保皇派袁大化看来属大逆妄言。就著作立意而言，立场决定观察，观察决定观点。袁大化站在维护清朝统治的立场，心中虽忧虑现实，但仍憧憬大清未来。而温世霖站在推翻清朝统治的立场上，清朝在他眼中已是千疮百孔，在苟延残喘中为时不多矣。

　　温世霖的《昆仑旅行日记》，起自宣统二年十二月七日（1911年1月7日）在津被捕，九日进京，十日被押解上路，止于初抵戍所迪化（今乌鲁木齐）的宣统三年五月四日（1911年5月31日）。他经直隶（河北）、河南、陕西、甘肃、新疆五省，历时近半年，跋涉数千里，虽患目疾，还是认真地考察，颇多感慨，将耳闻目睹，逐日为记，记载了沿途的见闻经历与社会政治经济，名胜古迹与风土民情，还有各地的教育状况。㉟笔者仅择其有感而发的政治见解而论

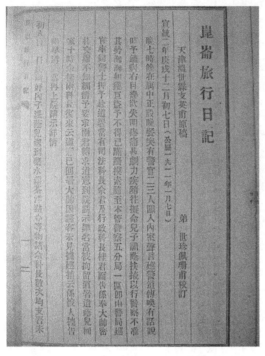

▲ 温世霖《昆仑旅行日记》 （周轩提供）

之。

上路伊始，温世霖"经路保定，闻车站聚集学生二千余人，欲劫余回津，解委因不准停车"。声援温世霖的不仅仅是学生，还有同盟会会长孙中山先生。"且说同盟会会长孙逸仙（中山）先生在香港得知温遭戍新疆，深恐途中获祸意外，特派陈克义沿途保护，由香港到天津，又追至兰州。温慰劳再三，说道'清政府只将余放逐边境，于愿已足，并无加害之心。请转达孙会长放心，并代谢盛意。将来至新之后，仍当努力推行会务，倘有机可乘，即行发动'。知各省同盟会的发展突飞猛进，深为喜慰。力辞不必护送，各道珍重而别。"⑯

既然温世霖是同盟会天津的学联领袖，"途中亦多遇志同道合之士。在临潼，山西籍县令张瑞玑来拜畅谈，一见如故，自云曾参加戊戌变法，康梁失败，谭嗣同、杨深秀等六君子遇害，他亲赴菜市口收敛杨之遗骸，抚恤杨之遗孤。言次愤慨万状拍案大呼：'非大革命不可！'"⑰

温世霖称叹："此老有骨气，且有国家思想。风尘俗吏中而有此人，诚铁中铮铮、庸中佼佼者矣，令人肃然起敬。"⑱晚餐席间张又云："余不得已就一微官，初谓百里侯，亦可为民造福。不意到任后适得其反，困守樊笼，自由不得。阖衙门书生、差役上下数百人，即数百家人口，仰给于此数百人之薪资，而此数百人所得之薪资，无一文非扰民害民而来，除衙前一对石狮子无须养活、不扰害百姓耳。"⑲温世霖激赏："此真一针见血之言，非有胸襟肝胆学识，不能说出也。"⑳

"在西安，按察使奉上谕竟不许他向天津家中发电报，陕西解委松龙臣系法政学堂毕业，又为旗人，替他请求，也不准。他遇三位直隶同乡，在陕西高等学堂担任英文教习和德文教习的蠡县人郭瑞甫、段卜臣，在陆军学堂担任教习的河间人朱仔锺，三人来拜，情谊极殷，纵谈乡谊与国是甚久，冲淡了他的不快"。后来，他补记三君纵谈国是并论及革命秘密组织，郭云二百多学生中已有三分之一为同志，朱云陆军学生将服从起义。他建议事前多联系绅学两界人才，并介绍临潼县令张瑞玑。郭劝慰他："陕西秘密进行，至为迅速。半年之后，必有成效可观。大约大驾行抵新疆，即可返辔。余闻之，欣喜非常。"⑥当年十月间，果然在武昌之后举旗响应，张瑞玑被推举为陕西财政厅长，"陕西之政治财政能不紊乱，多此老之力也"。⑥

温世霖虽身为遣犯，但依然为新国家建立而擘画。"还与来访的咨议局常驻议员王铭丹、井岳秀交谈欢洽，力劝由咨议局建议，赶紧修筑西潼铁路，便利交通，开发实业，以裕西北财源。设法开采石油、石棉等矿，各大埠皆可推销，且可到京津沪招股扩充，立时即可发达。二议员深以为然，极愿提案实行。"⑥

"在赤金堡，见石油黑而稠，数量甚多，任人掬取，当地人专用膏车，不知提炼作燃料，他为此大利之源放弃而感到可惜。"⑥后来这里成为中国著名的玉门油矿。

"在奇台二十余家商户的欢迎会上，他指出各国商战已达极点，我国工商业不能振兴，势必为各国销货之场所，每年漏卮无限，利权外溢，良足痛惜。且国本因此日弱，益启列强觊觎之心。我国商人应从速振奋精神，与关内各地商会互相联络，以期日渐发达，如是日新又新，方能与列强抗衡，挽救危局。"⑥

西行路上，温世霖天天要与清廷派遣的解委打交道，这成了他观察吏治的一个窗口。在河南灵宝县南关官驿，晚餐时，解委李桂卿无故对着差弁大发雷霆："你们老爷对温大人得罪得起吗，他在北京骂了庆王爷，连摄政王都怕他。你们老爷是不想做官了！"⑥温世霖听了大为诧异，自思县官并未得罪我，李解委因何震怒，真不明白。向另一解委李晓岩探询，实话相告："顷间之事，谓之吃差使。藉老兄以诈县官耳。"不一会儿，县署来轿请李桂卿去。其为直督陈夔龙衙门巡捕，县官不敢得罪，只有在供应例规之外多送钱物，并请教如何通知下站，预备供应及增加差费等。温世霖极为慨叹："经此一闹，大告成功，而下站地方官亦即按照上站溜单办理，以为关照。官场弄手段，可谓神妙无穷，门外汉焉能窥其蕴奥哉。"⑥

过豫虽只八日，却使温世霖深感"河南省差徭甚重。予沿途调查，亲身经历，始知所有过往差事，名为由地方官供应，实则征收民间物品车辆，并有折价中饱名。横征暴敛，民不聊生"。⑥入陕也是如此："陕西省差徭亦重。如余以钦犯过境，地方官办差，向里民局索大钱二三百串不等。而其所供应者，不过八人酒筵一二席，车三四辆，差费三五金而已，统计不过二三十串足矣……。闻华州一处里民局年交官差万余串。苛敛如此，民何以堪！"⑥⑨

"行至安西时，州官以无钱供应，避不敢见。折解委出面，"州署送来宫灯桌围等等，原物璧还，敬谢盛情而已，遂席地饮食。因避供应，吓走州官，亦一大笑话也"。⑦⑩

温世霖叹曰："然吏治如此，焉得不亡！"⑦⑪

推行新政，是清廷救亡图强的改革措施。官报上标榜得天花乱坠，实际情况究竟如何呢？在西安，"东门为满兵驻防营之区，气象衰飒，街市亦极萧条，警察萎靡不振"。在甘州，"见有巡警教练所，门前置一木枷，荒谬可笑。举此一端，足见该处警政之幼稚矣"。⑦⑫行至邠州，"各局所均系外面虚挂一牌，内中空无所有。有名无实，率皆如此，以故城中无一岗警，街市中聚赌者有之，斗殴者有之，无人过问。新政如此，可为一叹！"⑦⑬在平凉，"见有悬东关巡警分局者，经详细调查，有名无实，故入城后巡警并未看见一人，学堂亦无。新政如此，可怜可叹！绿营兵多老弱无用，不过虚糜国帑，多养成游惰国民，阻碍社会之进步。"⑦⑭

进入甘肃境内，温世霖先因民困而震撼。"二月一，温世霖由兰州继续登车起程，解委折少兰，与于右任为关中书院同学，为人颇有风骨。出城不久即见荒凉。第三天路经一农家院落，见一位十二三岁的女孩，时值严寒，尚赤下体。闻知甘省男女小孩多如此，贫寒之家则身无寸缕，到十五岁始穿衣裤。"⑦⑮

继而，温世霖又因鸦片泛滥成灾而震惊。"人民之生计甚艰窘，吸鸦片者甚多，以致养成惰性耳"。⑦⑯到了省城兰州，"城中始有岗警，精神萎靡，其新政可知矣"。⑦⑰抵兰州前，他听金县县令李春浦介绍，"此地民人一向种烟叶，以罂粟利厚，

▲辅国公载澜贬戍迪化 （莫里循摄于1910年）

多有改种者。去年，兰州知府张炳华带人亲至金家岩，督令农人铲拔烟苗，众怒聚集，将张打折肋骨及子指，风潮颇大。按察使司立将任事者四十余人正法，才使今年不敢有人以身试法。"

在凉州（今武威），他了解到甘凉一带夙为产烟区，政府虽沿途晓谕禁种鸦片，但种户吸户，依然如故。连一位教书老学究也是手指烟渍如墨。其烟民之广，可想见矣。先前，甘州（今张掖）所属五十四区乡民因官府禁种罂粟，将两名老年烟民枷号示众发瘾而死，聚集二三万进城，拆毁官员房屋，声言烟苗已成，收浆在即；农时已过，无法下种。有要求非种烟苗不可者，又有要求种粮免去钱粮者。官府出动武装劝解，宣布豁免钱粮，众始解散。温认为，"因种烟之利，倍蓰于种粮故也。政府纵容多年，业已成习。今一旦急于矫正，碍及人民生计，此政府之过，不能尽责乡民也。"⑦

温世霖的《昆仑旅行日记》一直写到他住进迪化戍所而结束。温世霖在结尾简短的"书后"中说："余得作昆仑之大旅行，虽吃尽痛苦，然藉机增长学识甚多，惜无多大贡献于同胞，未免惭恧耳"。⑦新疆大学历史系教授周轩则认为："其实，《昆仑旅行日记》的价值是多方面的。作者以他独特的视角，对赴戍所经历的辛亥革命前夕的中国北方诸省各地，进行了全景式的扫描。我们今天读来依然是历历在目，不能不深感其中历史信息的丰富和所含意蕴深长；从书中字里行间的记实慨叹，不能不深感作者对国家民族前途命运的关切与殷忧。"⑧

温世霖以遣戍之身，轻车简行，于宣统三年五月四日（1911年5月31日）抵达戍所迪化。此时，袁大化也到达哈密，并于11天后的宣统三年五月十五日（1911年6月11日）抵达迪化巡抚衙署。温世霖从天津到迪化共花费约200天；袁大化从涡阳到迪化共花费125天。显然，封疆大吏缺位，袁大化日夜兼程、心急火燎地赶路。

在温世霖《昆仑旅行日记》搁笔之际，新任甘肃新疆巡抚袁大化刚刚到任。俗话说，不是冤家不聚头。对温世霖与袁大化来说，他们相聚的不是生头而是死头。有意思的是，温世霖于民国24年农历十二月二十四日先走，袁大化于民国24年农历十二月二十九日辞世。袁大化虽长温世霖19岁，但他们同逝于天津，时间竟相差仅5天。

辛亥戡乱记

袁大化离新之后，撰《新疆伊犁乱事本末》一书，细述伊犁起义前因后果。因袁大化时任新疆巡抚，站在新疆的最高层，其所提供的信息非一般人所能及也。

袁大化文武兼备，干练机变，这是李鸿章欣赏他的原因，也是清廷看中他委以重任的资历。与魏光焘、潘效苏相比，袁大化是秀才出身，尚属正途。袁大化仓促授命，却有备而来，充分显示其干练的一面。袁大化深知军队的重要，一方安危往往成也军队，败也军队。控制军队，先要控制军官。袁大化在抚新途中，就带领和物色关内的亲信和军官，到任两三月即将新省陆军军官更换殆尽。由此，自协统、标统、队官、排长之类的军官，大都效忠袁大化本人。当迪化起义爆发时，军队指挥权在袁大化手中，袁大化令陆军第35混成协协统王佩兰、标统曹用愚、管带韩起凤、严保清、队官李华桢、张廷武、巡捕潘福堂率领马步各营，分扼要隘，包围协营，全力反扑，迪化起义一夜之间即告失败。

新疆建省后，新疆军政中心由伊犁东移迪化，阻力重重，并非一帆风顺。

▲ 湖北新军操练 （作者翻拍）

巡抚与将军权力之争，又牵涉到满汉关系，清廷左右为难，无心调停，致使愈演愈烈。新疆政出多门，新疆巡抚便有名无实。聪明者明哲保身，得过且过，彼此相安无事。然而，一旦大事临门，权力分散，相互掣肘，内部纷争不止之弊，足以埋下败因。

袁大化授甘肃新疆巡抚后，方深知其奥，深知其难："置行省迄今三十余年……表面观之，则巡抚有统治全疆之责，而自内容言之，则将军、参赞隐有专理蒙、哈部落之权，人民既判，土地遂分，而政事亦因之阻隔，遂有一剖不可复合之势……文武有两姑为妇之难，地方生政出多门之弊。"⑧¹

尽管袁大化已窥其弊端，奏言改弦易辙，统一事权，但满汉之间存在的固有矛盾，岂是一本文书就能解决的。迪化起义失败，伊犁起义成功，就是革命党人利用了新伊之间分权与争权的矛盾，实现各个击破。

迪化与伊犁的权力之争，只是到了杨增新时代，才彻底解决。袁大化的改革方案写在纸上，杨增新则将方案落到实处，最终取得新疆权力统一。这是后话。

该书从作者甫任新疆巡抚三月有余说起，东南各省革命军兴起，川楚秦相继失陷，新疆人心动摇，湘人刘先俊十一月初九在迪化发动起义，袁大化一夜即剿平。"正在清理善后，抚定人心，十九日夜三鼓，伊犁电局冯生作栋由机语告变，称二更后军署被焚，炮声四起，同人分逃。再问已寂寞，莫知乱之所由起也。公（指袁大化）闻报，立电精河参将刘志玉侦探实情，约同附近马步队先堵果子沟口，扼要据守，以防内忧。"⑧²

直到两日后，袁大化才得到伊犁起义的实情："二十一日，得伊犁确耗，盖乱党勾结无赖，煽诱陆军，焚劫军库，立前将军广福为都督独立。伊犁知府贺家栋为之谋主，报馆生冯超为之煽诱，已撤陆军协统杨缵绪为之爪牙。搜将军志锐于庙间，以枪击毙。伊塔道潘震逃居俄界……"⑧³

随后伊犁方发来电报，告称起义原因："广福、贺家栋、杨缵绪等先后电报，则宣布志将军罪状，以为陆军因志久不发饷，又纷纷裁撤，不给川资，人心怨叛，各界同情。及闻志被戕，迎广（福）独立，军士、商人齐呼万岁等语。"⑧⁴

袁大化显然不同意此说，便在书中将广福等人一一贬损："广福者，本碌碌庸才，目不能识丁字，贺等利其孱懦奉为都督为号召，蒙哈计非心服也。贺家栋者，湘人，当长将军庚镇伊时，继其父某为军府幕僚。长督陕甘，广福继任，贺复总司军政兼都督，支积年亏耗公款不下数十万金。是秋，志锐以杭州将军与广福对调，九月抵任，即扬言清查历年交待，责贺赔偿时，贺已奉檄调守温宿，志锐扣留不令去。冯超者，在伊设白话报馆牟利，小有才干，讥弹时事，语涉诞谬，志至封闭之。杨缵绪者，鄂人，本长督由湖北调来军官，广福任以陆军协统。志锐查其亏累公款九千余金，撤差勒交。三人者，计无复之，值川陕两湖乱起，以革命为名，私相簧鼓，将军志锐遂及于难。论者谓，志锐实激成之有以也。"⑧⑤

二十五日，袁大化接到宣统皇帝密电："奉旨，伊犁密尔俄疆，关系重要，着长庚、额勒浑、袁大化迅速会商办法，如能了结固属甚善，倘不听劝导，即着派队驰往剿抚兼施，以保治安而清反侧。钦此。"⑧⑥新疆对清政府之重要，不让湖广；伊犁起义对清政府之震动，也不逊湖广。

袁大化于是劝导广福等，告知新疆没有独立之资本："至于独立一层，不但伊犁不能即，全疆亦做不到。内地如齐粤诸省，皆以土匪滋扰力不能支，纷纷取消独立，共剿土匪。伊犁一隅，论地、论人、论饷、论械，何者可以？独立势必出而扰累，害我治安，化有守土之责。"⑧⑦

在新伊双方兵来将往、以战促和之际，袁大化忽接到"宣统三年十二月二十五日谕旨：皇帝钦奉隆裕皇太后懿旨，皇帝逊位，内阁总理大臣袁世凯以全权总理中华民国临时政府宣布共和，新疆文武遵旨承认。二十七日，大总统电令改巡抚为都督。公（袁大化）立以病体难支电请解职。"⑧⑧时势总比人强，皇帝逊位，民国成立，令袁大化始料不及，亦无所适从。

"初九日，广福电塔城额将军及迪化三司，乞为讲解。时共和宣布，甘陕罢兵，新伊一隅，势同鹬蚌。政府电令速停战事。遂约定退兵界限，各遣代表至塔城议和。"⑧⑨

新疆巡抚大位一空，一场血腥的夺位战即刻拉开："南疆湘人虽素与贺（家栋）、杨（缵绪）通声气，力无所施，各怀观望。及战事既停，人知伊犁之心必不能灭，贺复迁延会期，乘间派人四处煽诱。二十六日夜，陈正源（阿克苏道）、王乃发（温宿守备）同时遇害。阿镇查春华通伊犁实主之。遂同前署道彭绪瞻以民军起义报：喀什解省银饷二十万两过阿扣留不遣。贺乃诱惑喀什湘人电举袁道鸿祐为都督，冀以牵制新疆政府。驳斥电过迪局，公阅之慨然曰：新疆协饷全资南疆挹注，若更立都督，饷源无着，势成坐困，中央万里能禁鸿祐自立乎？保鸿祐即以保饷源，保新疆也。爰电举袁鸿祐为新疆都督。命令即下，鸿祐将启行。贺辈知新喀统一乃是全局，难以破坏。三月二十一日，

复唆使乱党魏得喜、边永福等戕杀袁鸿祐夫妇及疏附县张秉铎。"⑨⓪

袁大化率省军与伊犁革命党人已开战端，且早前处死迪化革命党人143人，自知彼此矛盾不可调和，只得顾全大局，知难而退。他推心置腹地对慰留者言："四月二十日，汉缠200余人伏辕门求保护。公慰谕之曰：吾之去新，正以爱护吾民耳。新伊嫌隙既成，斜正异趣，虽经停战，彼仍专事暗杀，扰害南疆。我即推诚彼，终无信我，不去任伊不放心，长此隔阂，新疆终无宁日。杨（增新）督与伊无忤，彼能接洽，尔等亦可暂安矣。"⑨①

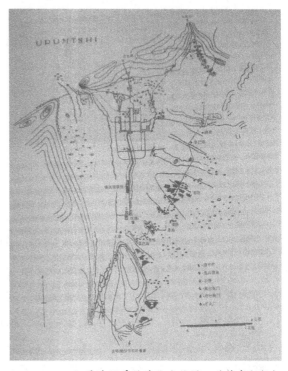

▲ 马达汉手绘迪化方位图　（作者翻拍）

伊犁起义后，先由袁大化主持抚剿，新伊双方在冰天雪地中大开杀戒，各有胜负，形成对峙局面。而清帝逊位，袁世凯承认共和，为新任都督杨增新展开新伊和谈创造了机会。

事后正如袁大化所料，新伊双方对伊犁起义的定性存在严重分歧，这直接关系缮后的人事处置与安排。权力移交，热茶即凉这是官场常态。袁大化辞官后写道："逾一月，凡调度军事三电新督杨增新皆未答，新伊合约亦密不以闻，且密保贺家栋为新疆民政长，杨缵绪署喀什提督，钱广汉、蔡乐善皆自伊来归者，议约列为公敌，新疆陆军公所训练劲旅也。增新以曾与伊为敌，悉出居外属募回兵数营自卫。增新本无才识，虽受公提拔督新，实欲自外于公，以交欢贺杨辈为自固禄位计，且知公不出境，贺必不敢进省复附于统一，会肆言谣诼，谓公扰乱治安。呜呼！亦足悲已。"⑨②至此，袁大化只能自保，已无力顾及他人。

作为大清封建王朝最后的一位看门人，面对不遂心愿的结局和人事安排，袁大化当然不满，成者王侯败者贼，落荒而逃者，又可奈何？毕竟，辛亥革命后，新疆不再是袁大化的天下，而是杨增新的天下了。

袁大化夜半逃遁，离开新疆。在途中寄友人诗中云："……转瞬山河都改色。"心有不甘地自称："耿耿丹心照大清，东山空起负苍生，天公不老月常在，惟尔能教黑白明。"[93]

相传某君亦送袁大化一副对联：

> 边风急兮，去时雪满天山路；
> 男儿死耳，何须生入玉门关。

上联赞誉，下联不屑。

袁大化虽实现了生入玉门关的愿望，但其心中夙愿宏志未了。1911年夏天，他上了一份奏折，恳请朝廷筹借洋款修通东西铁路，以保西域而固全局，并强调说这是同长庚、恩寿两位督抚商讨之后的意见，用以增强这道奏折的分量。袁大化在奏折中说，英国正在印度开山修路，旨在觊觎西藏；俄国已经勘测从鄂木斯克到塔什干的铁路线，全线同中俄边界线走向几乎一致，就是为了打新疆的主意。新疆穷荒万里，交通不便，一旦遇有边警，何处着手为是？他认为，外国人开疆拓土都是以铁路为先导，我国为了保全领土、转弱为强，也应该先修陕西、甘肃、新疆三省的铁路。有了这条铁路，移民实边、筹款练兵，都可以操纵自如。困难之处在于线路太长、费用过多，最好从"新政"经费中移缓就急，或者以铁路收益作抵押向美国贷款。他指出：这条铁路日久不修，外国必然会来争夺筑路权，事情就难办了。从袁大化的奏折来看，西北的三位督抚对世局的看法、对新疆所处的周边环境，认识还是比较清醒的。然而，腐败的政治，捉襟见肘的财力，筹借外债又需承诺丧权辱国的苛刻条件，三位督抚似乎都考虑不多；加上因不懂技术而显得过于盲目，纯属纸上谈"路"。筑路之议最终化为空谈，也就是必然的了。

袁大化亦知杀人结怨，战争扰民，均非善事，因此专门在《新疆伊犁乱事本末》一书中表表自己的功："新疆幅员二万余里，荒矿工牧甲于环球。公出入境，凡遇草木丰茂，山川

▲ 革命者人头被挂在城墙上示众　（作者翻拍）

奇兀，水必穷其源，山必竟其委。见夫煤露于山，土弃于地，恻然念民生之不易，实边则有为也。抵哈密与沙亲王约定，各出数千金，开渠百里，溉地万顷，汉缠各分其半。辛亥5月13日抵阜康接印，即日论奏：中西铁路之利，足以控扼全球，收偿损失计工筹饷，皆凿凿可据文载。公集到迪甫一月，设垦矿局，迪化数百里间开渠数道，放荒二千余顷悉成膏腴。各属呈报开渠放荒者，不下万顷。调查矿产五金具备，其煤油、石蜡、盐块、玉石，自然流露于山谷间者，尤不可胜数。设劝工厂，开风气，军服悉取给予……"。㉞

　　时势造英雄，时势毁英雄，实为一体两面。袁大化本带着建设新疆、巩固边防的宏图大志，带着报效清廷的忠诚感恩，日夜兼程来到新疆，不料辛亥革命爆发，大清帝国由此寿终正寝。由于袁大化效忠的是一个没落的国体，因此只能博得史学者愚忠守旧之评价。历史人物的评价，总是离不开其所处的历史背景，而治世与乱世，盛世与衰世，清世与浊世，非个人能创造，也非个人能回避。就此而言，袁大化任不逢时，是个倒霉蛋。辛亥革命的爆发，清朝王朝的崩塌，是国际矛盾与国内矛盾共同作用的结果，袁大化本人无能为力，他只能负选择的责任。

迪化起义败因新解

　　迪化起义为什么在一夜之间即告失败？有关史书的解释不外乎以下几种原因：一是袁大化的狡猾与凶残；二是革命党人的大意与轻敌；三是革命党人脱离群众，未获市民支持；四是革命党人没有掌握军队领导权。

　　以伊犁起义作为参照系，分析迪化起义失败的原因，亦是一种可取之法。先说迪化起义与伊犁革命的共同之处。首先是革命目的相同，两地革命党人都高举"推翻清朝，五族共和，平均地权，振兴中华"的义旗；其次是组织相同，革命党骨干大多是同盟会会员，或哥老会首领，他们在全国结成一个很大的网络，彼此通风报信，一起联动举事；再次是两地均是军政中心，各民族分布较均匀，乃新事物、新文化荟萃之地。

　　要说迪化革命与伊犁革命之不同，一是革命策略不同，前者是仓促举事，后者是蓄谋已久。刘先俊到新疆仅仅两个月，便贸然发动起义，而伊犁起义则有较长的酝酿和准备时间。伊犁起义的革命党人事先在武汉有过失败的经历，故在伊犁起事时更加小心翼翼，筹划准备力求周全。二是二者依靠的力量不同，迪化起义主要依靠会党组织和下层军人，而商人、市民只知清朝而不知革命。迪化起义以策反政府军队为手段，此招已为袁大化所破。而伊犁起义舆论先行，革命党人创办新媒体鼓吹革命，广泛发动各族群众。举行伊犁起义的革命党人拥有一支自己领导的军队，伊犁起义领导集团成员身居要职，经验丰富，足智多谋，起义后能审时度势与旧官僚形成统一战线，化敌为友。曾问吾说："迪化革命之失败，继之以伊犁革命，后者之所以成功其主要原因一是以新军为革命之中坚，二是得各族臂赞助革命之后盾。"⑨

上述议论不免有老生常谈之嫌。迪化起义失败还有没有其他原因？譬如技术因素，制度因素，新政因素等。笔者试从迪化巡警制度的建立分析之。

甲午海战失败后，清政府开始在全国推行新政，兴实业，练新军，废科举，办新学，仿效英、美、法、俄、德、日等国的警察制度，建立中国的警政制度，以取代沿用了2600余年的保甲里正传统。"自古保邦之本，熙绩之源，莫不基于内治。内治者何？今之所谓民政也。周礼司徒掌邦籍，魏晋有民部，何尝无专官司厥事。惟2600余年间，代有沿革，时有变迁，名称不一，其遗意总不外乎保甲里正之性质。其权偏属郡县之有司，故不能达自治公安之目的。"⑨警政制度的建立，是近代城市形成的雏形，是社会进步的标志。市民自治、公共安全的理念开始进入百姓的生活。

巡警制度最先由直隶总督袁世凯在天津试办，取得成效并得到清廷高层认可后，继而在全国推广。光绪二十九年至三十年（1903～1904年），甘肃新疆巡抚潘效苏、布政使吴引荪以"辖境辽阔，不敷分布，议设巡警兵，以资防御"为由，将省城保甲改编为巡警，经费由巡防队项下拨用，共设立七局、七十二处警棚，每棚驻兵四名。这是新疆迪化有巡警之始。

警政是新生事物，不可能一步到位，散漫低效的保甲制度亦不能一下退出历史舞台。光绪三十二年（1906年），随着新疆新政的实施，加大了新疆巡警整顿力度，并拟定章程30条，对巡警的职务、权限、赏罚、纪律等都作出明确规定，从而将警政纳入制度轨道。光绪三十四年（1908年），巡抚联魁因巡防步队可抽六营额饷，奏请招练巡警，获得清政府允准。新疆省城以外府厅州县共三十九属，分为最要、次要、中要三等，每属各设巡弁、巡记、教习、巡丁、巡目、巡兵、伙夫不等，总计设巡弁兵夫一千五百三十人，合计全省巡警共二千五百六十名。宣统三年（1911年），将弁学堂毕业生加授警察功课，查照陆军警察队定章，编成警察队一队，驻扎省城，专司稽查陆军各营，并辅助地方行政司法警察工作。

新疆设立警政的目的，重在联络乡村，互相保卫，共保治安。省城迪化是警政中枢，巡警总局、巡警道以及审判厅和检察厅都设在这里。在省城以外的各府厅州县，先后设立了城治教练所。一部分巡防队，也改编成了巡警队。

▲ 迪化藩司衙门　　（周轩提供）

设立巡警学校，培养警官和巡警干部，不仅提高了巡警的素质和社会地位，亦使巡警成为一种职业。宣统元年（1909年）八月，迪化设立了高等巡警学堂，学生一年毕业，分到省城以外各属，为二等巡官。宣统二年（1910年）九月，迪化又设立了巡警教练所，学生也是一年毕业，其中优等生选派为巡长。宣统三年（1911年）三月，迪化又成立了警务公所，设司法、行政、总务、卫生四科，分科治事。

宣统二年（1910年）八月，王高升纵火案震惊朝野，直接导致巡抚联魁下台。一把大火不但烧醒了统治者，使他们清醒地认识到巡警制度的重要性；同时，也暴露了现行巡警制度中的漏洞。大火之后，新省政府开始严厉整顿完善巡警制度，迪化巡警始规仿西方警察章程，各街配置岗位，巡兵日夜分班站岗，改变了以往"并未设有站岗，警兵各称虽易，而保甲之积习未汰"的现象。

上述背景介绍过于抽象，让我们回到细节中，看看新疆巡警制度的主要内容是什么？它是如何运转和实行的？《新疆图志》（卷四十·民政一·巡警一。）有详细记载：

当时的新疆巡警，身穿制式新颖的警服，随身携带警械、捕绳、呼笛、小本、铅笔、快枪、名片等7件器械，一时也成了城市的一道风景线。7件警械中包含有7种技能，要求巡警既能武，又能文，这样拥有专业素质的巡警自然会比油滑蛮横的里正更受市民的欢迎。

新疆巡警的管理范围、对象和权限是什么呢？《新疆违警律大纲·违警律条目》[②]中作出45条具体规定：

1. 无故散布谣言者；

2. 于官吏办公处所聚众喧哗不听禁止者；

3. 因曲庇犯违警律之人故意藏匿或湮灭其证据或捏造伪证者；

4. 诬告他人犯违警条或伪为见证者；

5. 凡死出非命未经呈官相验私行埋葬者；

6. 未经官准搬运火药或制造烟火及贩卖者；

7. 于人家附近地方或山林田野滥行焚火者；

8. 房屋势将倾倒致有危险业由官署督促修理而延宕不遵者；

9. 疏纵疯人或狂犬及一切危险之兽类，奔突道路或入人第宅者；

10. 于多人聚集之处及弯曲小巷驱使车马或争先疾行不听阻止者；

11. 夜中无灯火疾驱车马者；

12. 以木石堆积道路有碍交通者；

13. 以瓦砾秽物投掷道路者；

14. 未经官准于路旁等处开设店棚者；

15. 毁损道路之题志及一切通行标识者；

16. 于路旁罗列玩具及食物不听禁止者；

17. 将骡马诸车横于道路或堆积木石薪炭等类妨行人者；

18. 并牵车马妨碍行人者；

19. 于喻示禁止通行之处而通行者；

20. 消灭路灯者；

21. 妨碍邮件或电报之递送情节严重者；

22. 于私有地界外建设房屋墙壁及轩楹者；

23. 毁损路上树木或路灯者；

24. 于官地牧放牲畜不听禁止者；

25. 于禁止出入之处所滥行出入者；

26. 潜伏无人之屋内者；

27. 僧道恶化及江湖流丐强索钱物者；

28. 于私有地界内发现尸体不报官署或潜移它所者；

29. 无故携带凶器者；

30. 调戏妇女者；

31. 暗娼卖奸或代媒合及容止者；

32. 唱演淫词淫戏者；

▲ 新疆咨议局　　（周轩提供）

33. 于路旁为类似赌博之商业者；

34. 于道路酗酒喧噪或醉卧者；

35. 于道路口角纷争不听禁止者；

36. 当众骂詈嘲弄人者；

37. 于道路裸体者；

38. 奇装异服有碍风化者；

39. 于厕所外便溺者；

40. 凡车夫马夫轿夫及一切佣工人等预定佣值，而事后强索钱及或未预定而事后讹索者；

41. 加暴行于人未至成伤者；

42. 毁损明暗各沟渠或受官署督促延不遵谕修理者；

43. 无故解放他人所系牛马及一切兽类尚未走失者；

44. 无故毁损宅第题志、店铺招牌及一切合理告白者；

45. 践踏他人田园或牵人牛马者。

可以说，巡警管辖之责事无巨细，包括市民衣食住行，白昼与夜间，几乎无所不管。如巡警严格执法，市民自觉遵守，迪化可成世外桃源也。

巡警要按《违警律条目》执法，首先要约束好自己的言行，《巡警条规》则是规定巡警职责和约束巡警行为的。

择要目如下：

1. 遇有斗殴、强抢、劫盗、小窃、诱拐等犯务当立时拘捕；

2. 凡遇残疾、昏耄、幼稚、远方过客，均应加意保护；

3. 凡行路人遇有天然危害、人为危害之时即应趋救；

4. 凡遇人民有事奔告求助者，即当量力协助或代为查询或诉局申理；

5. 凡遇疯癫迷失道路者应由此街递送彼街，按街送至其家为止；

6. 三更后行人须携灯笼违者拘局，候至天明释放；

7. 早晨及傍晚或夜间遇有游手好闲之人在路口逗留，神色不定及在人家门口窥探者，即当细心盘诘，如果来历不明，准其拘局讯究；

8. 凡遇官长经过，皆应施举手礼；

9. 凡遇同僚彼此各应施举手礼；

与《巡警条规》相配套的还有26条《巡警禁则》^⑧，它体现出治安先治警的精神：

1. 巡警不准倚势凌人，欺压良懦，并不准挟嫌诬控，滋生事端；

2. 巡警住室理宜洁净，不准任意污秽；

3. 站岗巡逻时，除持警棍外，不准携带它种器械；

4. 巡警所穿军服理宜洁净整齐，不准任意污秽或不穿整齐；

5. 巡警在职时间一律穿军服，不准外罩杂色常衣；

6. 巡警穿着军衣不准露出里衣；

7. 巡警在职时间不准不戴军帽；

8. 巡警在职时间不准与人闲说；

9. 巡警在职时间不准携伞、持扇、吸烟、饮食及与人民戏谑；

10. 巡警在职时间不准坐卧，须缓步巡行，但不得离岗位30步外；

11. 巡警在职时间不准所持警棍用于自卫，不准打人；

12. 不准留容亲友在局住宿；

13. 休息在局，不准外出，如有事项，须将缘由报告区官或巡官，然后行准请假外出；

14. 被革职巡警不准仍在局留宿；

15. 巡警不准酗酒及无礼于人；

16. 不准吸食洋烟；

17. 不准赌博；

18. 不准擅入人家或铺屋；

19. 不准私自责打人犯；

20. 不准互相挪借银钱；

21. 不准私授花红馈送；

22. 不准与人聚众喧闹；

23. 不准受贿索谢；

24. 不准收受陋规，营私舞弊；

25. 不准将路上遗物拾得不报；

26. 不准冒赏诈功，违抗命令，凌辱官长，泄漏机密

城市犹如围棋盘，棋盘格好比若干个社区，巡警就是占据关键点的棋子。巡警只有在社区设岗巡逻，才能发挥维护社会治安、保境安民的作用。《警务公所暨各区局之配置职务及权限章程》⑩，其中对巡警站岗巡逻时间作出具体规定：巡警分甲乙丙丁四班，每日轮班站岗、巡逻、教练、休息。例如，第一班甲班站岗，乙班巡逻，丙班教练，丁班休息；以此类推。每日24小时为12次，四班挨次服务，每日每人站岗6小时，巡逻3小时，教练2小时，休息13小时。如是轮流，周而复始。

巡警人数与时间既定，巡防的空间（区街巷）亦细细划分如下：

第一区14岗：1. 满城南门口；2. 县署东十字街口；3. 江浙会馆前；4. 老东门口；5. 通志局前；6. 两湖会馆左首；7. 臬正街口；8. 院东街；9. 满城西二道

▲ 迪化街头的警察　（周轩提供）

巷；10. 满城西五道巷口；11. 满城西门口；12. 鼓楼中；13. 初级审判厅旁；14. 正街中五道巷口。

第一区派出所14岗：1. 新南街口；2. 院前街口三角地；3. 左公祠栅门口；4. 东大街；5. 左公祠左首；6. 顺南街北口；7. 荷池街中；8. 府西街中；9. 府署东；10. 财政局后城角；11. 府后街；12. 府前街中；13. 藩前街；14. 藩署西辕门边。

第二区10岗：1. 新西衢口桥西；2. 四川会馆门首；3. 北大街；4. 书院巷口；5. 长顺馆门口；6. 博达街口；7. 电局栅口；8. 陶勤肃公祠前；9. 中学堂东隅；10. 中学堂西隅。

第二区派出所7岗：1. 六道巷；2. 头道巷城脚；3. 两仪巷口；4. 两仪巷头；5. 文庙前；6. 老西门口；7. 聚福巷口。

第三区13岗：1. 藩后街；2. 抚正街南口；3. 抚正街中；4. 院照墙后；5. 东辕门口；6. 西门口；7. 留仕巷北口；8. 大兴巷中；9. 北大街半截巷；10. 北大街聚福巷口；11. 大十字牌楼中；12. 南大街六道巷口；13. 老南门口。

第四区17岗、派出所8岗（略）……

笔者细细记录巡警规章、条例、制度、权限、禁例、派出所具体岗位，旨在通过清末巡警制度的细枝末节，说明清末新政在边疆卓有成效，新疆首府已开始建立起与国际接轨的近代警政制度，现代城市文明已露端倪。至于笔者不厌其详地记述地名，因为地名是一座城市嬗变的密码，每一个地名后面都对应着一群建筑，一群人，一串故事。由于上述街巷的祠堂、官衙、学堂早已消失殆尽，旧地名也被新地名取代，故愿为它们立字存照，尽史家之责任。

在现代有关影视作品中，民国巡警的腐败无能受到诟病，形象受到描黑，但瑕不掩瑜，不能因此否定建立警政制度是社会进步，不能否认现行警政与近代警政的历史联系。民国仿效西方警政，颁行《警规章程》，其目的在于治巡警，绝匪盗，正人身，安民心。无论其执行如何，有总比没有好，有巡警章程条例，是社会进步之表现。

应该说，100年前刚刚建立的迪化巡警制度，在客观上为迪化起义制造了极大障碍。细读有关回忆迪化起义的史料，不难发现巡警的作用。"是年五月袁大化到任，以提法使司镇迪道杨增新为警务公所总办，锐意整顿，节省经费，巡警规模大备，如侦探、消防、垃圾车、洋号手、编门牌、查户口、搜军火、巡丁除站岗外，并时加操练。"[99]

此时迪化的警察局长是杨增新，他是多么老道狡黠之人！史学者将刘先俊被捕栽在袁大化头上，实在有些冤枉他。革命党人尚在革命的发动阶段，即被杨增新督导的巡警察觉，而哥老会党又在巡警布下的眼线网的严密监视之中，会党们的相互串联、街头宣传、与军官接触，都可能被巡警掌控，最先察觉到革命党人发动起义意图的，可能就是巡警。当巡警将这些情报源源不断送到府衙杨增新处，府衙再据此撒下搜捕大网，迪化起义的败局已经确定。据说，军队和巡警们在一个澡堂中就捕获上百名革命党人，若没有准确情报，谈何容易！

古往今来，凡成大事者，必有天时、地利、人和三个条件相互配合，缺一便可能功败垂成。回眸1911年的迪化起义形势，天时已渐具备，唯缺地利与人和。

先说天时。王高升放火案，导致联魁辞职。补任巡抚何彦升死在上任途中。袁大化临危受命，赶到新疆至少要4个多月。临阵换将乃兵家大忌，忌就忌在新帅对人事陌生，偶遇突发事件，胸无胜算。

然而，长庚、联魁推行的新政，不但培育了新式陆军，也建立了维持内治的巡警队伍。所以，在革命党人起义时，受过专业训练的巡警们可以借助地利与人和的强势，一时抑住了革命的天时。有关史书在新疆辛亥迪化起义中，只谈及军队的向背，过分突出了袁大化个人的作用，而忽视了巡警的作用。巡警的个人作用通过警政制度而被放大，这种制度力量又被袁大化掌握和利用，使他在与革命党人的较量中获得制度优势。

清廷旧制度是革命的对象，或者说，革命就是要改变旧制度，建立新制度。新疆警政制度源自西方公民社会，是旧制度中的新因素。无论迪化起义成功与否，无论将来谁统治新疆，新疆警政制度都将是统治者手中的利器，发挥自治、公安之作用。

《新疆图志》

一个人的思想、处事、成长和作为，大凡离不开家乡文化的滋养和影响。袁大化生于涡阳县青疃区大袁庄。涡阳县位于安徽省西北部，涡河中游，位居皖、豫、鲁三省交界处，属中原战略要地，自古就有"梁宋陈楚之冲，齐鲁汴洛之道"的称誉，为历代商贾往来之所，信息汇流之域，兵家必争之地。

涡阳历史悠久，春秋时期的思想家、哲学家、道家学派的创始人老子，即诞生于涡阳县闸北镇郑店村。老子的《道德经》自然是科举士子的必读之书。老子崇尚自然，讲辩证智慧，倡无为而治。可以说，影响中国几千年的道学，为统治阶级奉为治国安邦经典的儒学，以及安徽独特地域人文的熏陶，基本在世界观上框定了袁大化一生的所思所为。宣统元年，时任河南布政使的袁大化，专门出资修葺了家乡的纪念老子的宫殿碑林。由此可见其对老子文化的崇敬。

在科举取士的清朝朝廷中，秀才出身的袁大化虽不入流，但毕竟秀才亦是百里挑一、知书达理的人杰。十多年寒窗苦读，不仅扎牢了他的国学根基，滋养了他的报国之志，而且养成了读书的习惯，培养了他编书、写书的能力。

先说读书。西汉时期的淮南王刘安著有《淮南子》一书。岭南才子梁启超称："汉人著述第一流也。"[⑩]中国是传统的农耕社会，《淮南子·天文训》中，第一次完整、科学地总结了24节气。另有一篇《地形训》，来研究自然地理、人文地理、经济地理及神话地理。"因天时"、"尽地财"、"用人力"，成为其治国理念的组成部分。《地形训》："轻土多利，重土多迟，坚土人刚，弱土人肥，垆土人大，沙土人细，息土人美，耗土人丑。"还有对秦朝疆域、万里长城以及戍守五岭的记载，其视野之广，令人叹息。《淮南子》体现了徽人的科学与务实精神，是儒生必读之书。

读书包括读天地之书。地处皖南的徽州，素有"七山半水半分田，二分道路和庄园"之谚。地少且薄，人口不断膨胀，每岁入不敷出，农业难以为继，只有外出谋生。在封建社会，职业分为士农工商四种。士在最高层，但皓首穷经、一朝取士只能是少数人的出路，读书求仕也要有经济基础。徽州手工业不能与沿海相比，外出经商似乎是最好的选择了。徽州有一谚语："前世不修，生在徽州；十三四岁，往外一丢。"[⑩]徽人经商之风，早在明代已形成。明朝人王世贞说："徽俗十三在邑，十七在天下。"[⑩]安徽大学者胡适说："浙江人正如英伦三岛上的苏格兰一样，四出经商，足迹遍及全国。"[⑩]

徽商从15世纪中叶兴起，一直到19世纪中叶主体衰落，前后存在四百年，若没有文化支撑是难以为继的。"贾而好儒"是徽商独具的特色。徽商中不少人是"弃儒从贾"的，经商前，熟读诗书，粗通翰墨，经商后，依然好学不倦，诗书相伴。"虽隐于贾，暇辄浏览史书，与客纵谈古今得失，即宿儒以为不及。"⑯

徽商具有好儒的基因，致富之后，大多重教兴学，资助书院，培养人才，发展文化事业。徽商是徽州文化的酵母，新安学术、医学、画派、戏剧，徽州刻书、文房四宝、徽派建筑，无不伴随徽商一同成长。

再说编书。袁大化崇文重史，与他善读书有关。也许，能将袁大化与新疆末代巡抚联系在一起的后人很少，但一部《新疆图志》却使他芳名永存。宣统元年（1909年）建新疆通志馆，袁大化到任新疆巡抚后调集在职、候任、卸任、遣戍官员多人，于宣统三年成书，凡116卷，卷首1卷。分建置、国界、天章、藩部、职官、实业、赋税、食货、礼典、学校、民政、礼俗、军制、物候、交涉、山脉、土壤、水道、沟渠、道路、古迹、金石、艺文、奏议、名宦、武功、忠节、人物、兵事等29类，引用官方档案、私家著述、乡土志乘，资料尚称完备，全书约135万字，规模超过历代新疆志书，被誉为新疆近代的百科全书。

《新疆图志》是清末修纂的一部完备的地方通志，它广泛吸取了当时各家研究成果，系统地记述了新疆历史沿革，突出了时代特点和边疆民族风情，重点记述了清代新疆地方的政治、经济、军事、地理、民族等状况，对近代中国西北边界的变迁记载尤为详细；对新疆境内各河流的河源、流经地方及各渠道也记录详甚，为后人研究疆域变迁史、河流变迁史提供了可信的资料。此外，

▲ 迪化巡抚衙门　（周轩提供）

《新疆图志》还转录了左宗棠、刘锦棠、魏光焘等人的奏议，是政治家治疆的第一手资料。俗话说，盛世修志。袁大化末世修志，更为难得。在改朝换代的中国，往往后朝否定前朝，动乱中难保档案完整不失。

袁大化热衷编志，也力行著书。从已知的书名看，他先后著有《东陲游记》、《漠矿录》、《抚新纪程》、《新疆伊犁乱事本末》、《辛亥戡乱记》等书。

出生卑贱的袁大化，深谙儒家三立身之道，他通过做官立功，通过著书立言，通过忠孝立德。袁大化的事业擘画、文化素养和人生阅历，集中体现在他所编著的书中。

孝母与忠君

从政治立场切入评价袁大化，似是大部分史书不约而同的统一标准。固然，袁大化逆历史潮流而动，镇压和屠杀革命党人，效忠封建王朝，公然反对民主共和，理应批判，但不至于在道德与文化层面判袁大化死刑。

袁大化处于一个中国三千年社会大变局时期，社会因素的复杂性，决定了袁大化的复杂性。不能用好与坏简单地评价袁大化，不能用革命或反革命的二元标准否定袁大化，对袁大化的研究要另辟蹊径。

如果我们今天换一个角度，以宽容的心态，从人本主义出发，将袁大化作为一个人来研究，分析袁大化时期的时代背景，追寻袁大化的成长经历，挖掘袁大化的内心世界，还原一个有骨有架，有血有肉，有对有错，有功有过的袁大化，兴许更能得到现代读者的认同。

袁大化是儒生，他走完了儒家所讲的修身、齐家、治国、平天下为大丈夫的成长阶梯。儒家认为家国二位一体，国破必然家亡，家毁必然国乱。治家的法宝集中在一个孝字，所谓百顺孝为先；治国的圭臬在于一个忠字，所谓君君臣臣父父子子，以忠心守节为纽带。袁大化是读书之人，又出生于中华文化之邦，在袁大化身上深深植根了忠孝的基因。

袁大化出身贫寒，母亲所以不惜乞讨供其读书，可能是父亲早亡的缘故，袁大化从小与母亲相依为命，若没有母亲志向高远，悉心调教，倾心支持，也许就没有袁大化出人头地的前途。俗话说，家贫出孝子，国乱显忠臣。对母亲的贡献和恩情，袁大化心知肚明，并悉心报答。据说，袁大化的孝顺是在官场出了名的，他到河南、新疆等地做官，都把母亲带在身边，只要在家，一天三顿亲自送饭到母亲案头，吹汤捧药。

　　最为大袁庄人津津乐道并盛传不衰的，莫过于袁大化为老母过60大寿。那时袁大化刚刚接任河南布政使，权高位重，四里八乡都来巴结，送礼的轿子排成了长队，绵延四里地。为了安排这些人吃饭，整个大袁庄的老老小小都用上了还不够，还请外村人去帮忙。四爷当时就分在伙房烧锅。四爷说："活了八十多年，没见过那个排场，开了三百多桌酒席，光桌子板凳就用了前后十个庄的。"这之后，过一个比袁大化的娘还排场的大寿，成了许多老人人生的最高理想。

　　时任直隶总督的安徽老乡李鸿章，忙里偷闲，为袁大化的娘写了一个长一丈宽八尺的寿字。这个字，是这场寿宴最光彩的事情，给袁大化长足了面子。

　　袁大化对母亲的孝与对国家的忠，是一体两面的。袁大化对国家的忠，表现在他只认前朝，不认民国。宣统皇帝已经宣布退位，北洋军阀首领袁世凯窃取了民国总统。袁世凯任命袁大化为新疆都督。袁大化不愿意做民国的官，逃离新疆，蛰居天津。袁大化被袁世凯聘为高级顾问，曾作为中华民国"首席谈判"，与十三世达赖喇嘛订下《汉藏恢复关系五条》，理顺了西藏和当时中央政府的关系。这段历史成为研究汉藏历史的重要篇章。

　　对于民国，袁大化在思想上是十分抵制的。民国兴新学，办学校，袁大化以学校课本是革命党人所编为由，不准孙儿入学，在家另设私塾。⑯"袁大化定居天津，住在特一区（原德租界）耦耕里一号，以清朝遗老常向宣统帝请安。民国6年五月十三日（农历），张勋复辟，袁大化等七人为议政大臣。民国18年，孙殿英盗挖清东陵，袁大化等捐款重修陵墓。"⑰

　　要说袁大化愚忠，也不尽然，在涉及国家利益和民族气节上，他立场坚定，毫不含糊。民国20年（1930年），溥仪潜逃东北充伪满洲国首领，袁大化曾阻止。1931年"九一八"事变后，日本成立所谓"满洲国"，日本关东军遣人邀袁大化去长春，袁大化答道，"一臣不事二主"，拒之。民国24年农历十二月二十九日，袁大化病死在天津，溥仪赐谥"贞毅"。⑱

　　袁大化的功与过，是因为其忠毅与迂腐兼而有之。所谓忠毅，就是他一臣不事二主、誓死不做汉奸的气节；所谓迂腐，就是他看不清世界大势，抱残守缺，不能与时俱进。

　　100年后，虽说袁大化家族早已人去楼空，但文化余威犹在，袁大化励志的故事依然在乡间代代相传，成为后生们仰慕的偶像。距袁家大宅仅一箭之地的乡籍文人老于就是其中之一。他对这位先贤的议论颇有乡土气息。

一般而言,穷人显贵的方法,就是换妻兴屋。袁大化未能免俗,而且他做的是大手笔,修了两处前后三进三出的大院子,大院不但有宏大的门楼照壁,还有飞檐斗角。一条穿过村中的小河,把几处宅院,连成一个整体。袁家兴盛时,大院中有花有草,有亭有榭,繁简相间,错落有致。袁大化是见过世面的人,他硬是把他心仪的江南水乡建筑格局,活生生地原搬照抄到皖北平原。

如今,位于村东头高大的袁氏祠堂①,虽经历了百年风雨,但威风不减,仍是那么高大森严。祠堂一直是乡村权威的象征,再加上几公顷松柏,那气势更非同寻常。与深宅大院相比,最有生命力的还是那片松柏林,百年之后愈加茂盛。乡党们谈起袁大化的后代们,仍是一脸的羡慕:"他们家的人还是有能耐,美国英国台湾都有,而且都是有头有脸的人物。"只要祠堂、松柏林在,袁家的故事就在。

袁大化留给大袁村人的,恐怕不仅仅是那片茂密的松树林子和高大的祠堂,他留给庄里的,是一个令人不齿的乞讨者,如何奋斗成为大清朝廷一品大员的故事。"苦心人,天不负",袁大化成为农家子弟跳出农门的动力和榜样。

注 释

① 《尼布楚条约》(《尼布楚议界条约》)是大清帝国和俄罗斯帝国之间签订的第一份边界条约,也是中国历史上和西方国家签订的真正的第一份条约。

② 1858年5月,俄国逼迫清政府签订《瑷珲条约》。同年6月,又逼迫清政府签订《中俄天津条约》,从中大占便宜。当英、法向中国进行更大勒索的时候,沙俄竭力怂恿英法联军北上进攻京、津,试图利用英、法的军事侵略来讹诈中国;同时又拉拢美国,伪装中立,以"调停人"的身份出现,试图最大限度地获取侵略利益。

③ 清同治三年(1864年)沙皇俄国强迫清政府于塔城签订的不平等条约。

④ 《中俄伊犁条约》是清光绪七年(1881年)沙俄强迫清政府在彼得堡签订的不平等条约。《中俄伊犁条约》签订后,沙俄又根据该约中关于修改南、北疆边界的原则规定,于光绪八年到十年强迫清政府订立了《伊犁界约》、《喀什噶尔界约》、《科塔界约》、《塔尔巴哈台西南界约和中俄续勘喀什噶尔界约》

等5个勘界议定书，分段重新勘定了中俄西段边界。沙俄通过《中俄伊犁条约》和上述这些勘界议定书，共割占了塔城东北和伊犁、喀什噶尔以西约7万多平方公里的中国领土。

⑤⑥⑦ 《新疆简史》，新疆人民出版社，1981，第247～248页。

⑧ 左宗棠（1812年11月10日～1885年9月5日），汉族，字季高，湖南湘阴县人，号湘上农人。时任陕甘总督。晚清重臣，军事家、政治家、著名湘军将领。一生经历了湘军平定太平天国运动、洋务运动、镇压陕甘回变和收复新疆（清收复新疆之战）等重要历史事件。

⑨ 刘锦棠（1844～1894年），字毅斋，湖南湘乡人。他青年时就跟随叔父刘松山（字寿卿，湘军著名将领，曾任广东陆路提督）在曾国藩的老湘营南征北战，出生入死。刘松山战死后，1870年，年仅26岁的刘锦棠就接管了老湘营。后随左宗棠赴新疆，为收复新疆立下大功。清政府命其为钦差大臣，封男爵，加太子太保衔。1884年新疆建省，40岁的刘锦棠担任了新疆建省后的第一任巡抚。1894年死于任所，年仅50岁，谥襄勤。

⑩ 魏光焘（1837～1915年），字光邴，晚号湖山老人，湖南隆回人。新疆建省后第一任布政使，第二任代理行政首长（巡抚），后来他又历任云贵、陕甘总督，后官至两江总督、南洋大臣、总理各国事务大臣。与李鸿章、张之洞、刘坤一等同为晚清政治、军事、外交上的重臣。魏光焘是魏源的族侄孙，他曾出资刊印魏源的《海国图志》与其他多种著作。他本人亦有《勘定新疆记》（八卷）、《湖山老人自述》（家刻本）等著作传世。1905年罢官，回到家乡。1915年3月5日卒于宝庆城东郊湖山别墅。

⑪ 陶模（1835～1902年），字子方，浙江秀水人，是晚清新政初期一位十分重要的疆臣。陶模自幼家贫，一边读书一边操劳家务，把母亲纺织的丝绸去市集上变卖，以维持生活。咸丰十年（1860年）太平军攻占嘉兴，陶模在兵乱中一度存身于太平军中从事杂役。陶模早年刻苦读书，诸子百家无所不窥。文宗桐城派，不喜八股文章，以为"祸乱之基由于人心不正，空言文章"，立志用世治国。陶模清同治七年（1868年）中进士，改翰林院庶吉士。

　　陶模步入地方行政，初任甘肃文县、皋兰知县，光绪元年（1875年）冬任秦州知州。入仕后专心务实，以清廉干练知名。任秦州知州时，天大旱，饥民数十万，于是拿出积累的俸金并公款四万余两；设立粥厂，修建养济院，增义田抚恤孤儿寡妇，以救济灾民。又在州南筑堤浚池，兴修水利，并在堤上广栽树木，人称陶公堤。在任甘州知府时，豁免各县按例供奉的钱财，得到左宗棠的赞赏，向清政府奏称陶模"治行第一"。光绪十年署甘肃按察使，次年擢直隶按察使，十四年迁陕西布政使。

陶模先后两次入疆为官，先后治理新疆近10年。陶模第一次调补迪化州知州之时，迪化民族矛盾尖锐，社会动乱，民户寥落，他采取安抚政策，减轻田赋，团结回汉人民，使边城得以安宁。光绪十年署甘肃按察使，次年擢直隶按察使，十四年迁陕西布政使。陶模第二次入疆是光绪十七年（1891年），他接任魏光焘出任新疆第三任巡抚，自光绪十七年做到二十一年（1891～1895年），直到年底饶应祺接任。陶模调离新疆后，任陕西巡抚，后署陕甘总督。二十六年调两广总督，二十八年九月病逝于穗。

据《新疆图志》记载，陶模因治疆功勋卓然，清廷专门恩准为陶模建专祠以表纪念，这是极少数人才能享有的极高礼遇。

⑫ 饶应祺（1837～1903年），字子维，湖北恩施人，清朝大臣。幼颖悟好学，试作浑天仪，旋转合度。年十二，入邑庠，益究心经世学。咸丰九年，粤寇石达开自湘、鄂犯蜀，道恩施，应祺率乡团助城守。由候选训导议叙国子监学正。同治元年，举于乡，拣选知县，援例为主事，分刑部。父卒，庐墓侧，服阕，陕甘总督左宗棠檄参军幕。以克金积堡、巴燕戎格诸处功，擢知府。光绪三年，署同州知府。左宗棠疏荐应祺守绝一尘，才堪肆应，请以道府简补，十年，授甘州知府。十一年，迁兰州道。旋署按察使。十五年，调新疆喀什噶尔道，改镇迪道，兼按察使衔。十七年，署新疆布政使；十九年，实授。二十一年，上命饶应祺署新疆巡抚。二十八年调安徽巡抚，行抵哈密，病卒，赐恤如例。

⑬ 联魁（1849～？），满洲镶红旗人，清光绪三十一年（1905年）由安徽布政使调任新疆巡抚。推行新政。裁旧军，练新军"新疆陆军"；办法政学堂，设工艺局厂，推广技术等。宣统二年（1910年）奉诏回京。

⑭ 何彦升（1860～1910年），乳名恬生，字秋辇，江苏省江阴县人（清·吉安府知府，扬州盐商巨富何栻之长子）。光绪十五年己丑（1889年）副贡生。潜心好学，亦能文章，兼通列国语言文字，作为参赞出使俄国。据《清代职官年表》载，光绪三十四年戊申（1908年）二月由青莱胶道迁直隶按察使。宣统元年（1909年）己酉十一月由直隶按察使迁甘肃布政使。宣统二年（1910年）七月由甘肃布政使迁新疆巡抚。未到任，卒于途中。时年仅50岁。

⑮ 正途是通过科举考试取得进士、举人、贡生等高级学衔或由世袭特权获得荫生的功名而入仕的途径；异途是通过捐纳获得监生的功名或因军功而入仕的途径，如具有生员等低级学衔及未能进学的文童（即俊秀）和行伍出身者，也可以通过捐纳或军功获得官职，这些当然都在异途之列。

⑯ “凡满、汉入仕，有科甲、贡生、监生、荫生、议叙、杂流、捐纳、官学生、俊秀。定制由科甲及恩、拔、副、岁、优贡生、荫生出身者为正途，余为异途。异途经保举，亦同正途，但不得考选科、道。非科甲正途，不为翰、詹及吏、礼二部官。惟旗员不拘此例。……其由异途出身者，汉人非经保举、汉军非经考试，不授京官及正印官，所以别流品、严登进也。”

⑰ 参见张仲礼《中国绅士——关于其在19世纪中国社会中作用的研究》，上海社会科学院出版社，1991，第1～3、10～12、26～29页。按：生员、俊秀捐纳入官必先捐监生，所谓“凡捐纳入官必由之，或在监肄业，或在籍，均为监生。”参见赵尔巽等《志八十一·选举一》，《清史稿》卷一百零六，第12册，第3107页。又：生员等异途出身者必须经过保举，方可升任京官及正印官。“生员、例监生、吏员出身等官，经堂官及督抚保举者，方升京官及正印。……无保举者，亦不准升京官及正印官。”

⑱ 刘荫楠著《乌鲁木齐掌故（二）》，新疆人民出版社，2003，第95～96页。

㉑ 周轩：《清代新疆流放研究》，新疆大学出版社，2004，第400～401页。

⑲⑳㉒㉓㉔ 《乌鲁木齐文史》第七辑，新疆青少年出版社，1984，第131页。

㉕ 张大军：《新疆风暴七十年》卷一，台湾兰溪出版有限公司，1980，第27页。

㉖ 新疆档案馆巴楚卷宗。

㉗ 《政治官报》谕旨，宣统二年七月二十二日，1005号，页二。

㉘ 吴丰培：《川藏游踪汇编》，四川民族出版社，1985，第241～242页。

㉚ 温世霖著《昆仑旅行日记》，1941，天津印行。

㉙㉛ 刘进宝：《藏经洞之谜》，甘肃人民出版社，2003。

㉜ 《清宣统朝外交史料》二一页一二。

㉝㉞ 易宗夔：《新世说》卷八《纰漏》，上海古籍书店，1986，影印本，第600页。

㉟ 《中华民国史事纪要》，台湾正中书局，1982，第636页。

㊱ 《宣统政纪》卷六十，《新疆图志》奏议。

㊲㊳㊴㊵㊶㊷㊸㊹㊺㊻㊼㊽㊾㊿(51)(52) 袁大化著《抚新纪程》，近代中国史料丛刊续编第十集，沈云龙主编，文海出版社，第1～50页。

㉝㉞　《中华民国史事纪要》，正中书局，1982，第636，730页。

㉟　周轩：《清代新疆流放研究》，新疆大学出版社，2004，第395页。

㊱㊲㊳㊴㊵㊶㊷㊸㊹㊺㊻㊼㊽㊾㊿(71)(72)(73)(74)(75)(76)(77)(78)(79)　温世霖著《昆仑旅行日记》，1941，天津印行。

⑧⓪　周轩：《清代新疆流放研究》，新疆大学出版社，2004，第411页。

⑧①　《宣统纪政》卷六第10页。

⑧②⑧③⑧④⑧⑤⑧⑥⑧⑦⑧⑧⑧⑨⑨⓪⑨①⑨②⑨③　袁大化著《新疆伊犁乱事本末》。

⑨④　袁大化著《抚新纪程》。

⑨②　《安徽省志·人物志》，安徽人民出版社，2011。

⑨⑤　曾问吾：《中国经营西域史》，商务印书馆，1936，第483页。

⑨⑥⑨⑦⑨⑧⑩⓪　《新疆图志》第1471、1483～1486、1508～1510、1491～1495页。

⑨⑨　张大军：《新疆风暴七十年》，台湾兰溪出版有限公司，1980，第824页。

⑩①⑩②⑩③⑩④⑩⑤　《魅力安徽》，合肥工业大学出版社，第136～140页。

⑩⑥⑩⑦　《安徽省志·人物志》，安徽人民出版社，2011。

⑩⑧　《新疆辛亥革命史料——纪念辛亥革命80周年专辑》，新疆人民出版社，1991，第143页。

⑩⑨　袁大化家祠位于涡阳县青疃镇大袁村，为清代建筑，南北长200米，东西宽60米，占地12000平方米。祠堂大门朝南，门两旁置石狮一对，门前有石旗杆座一对。东、西围墙高丈余。堂屋共三排，三进院落。前排堂屋7间，两端设门，中为过道，东、西厢房各3间，穿过道可以达第二进院；第二进院，有堂屋5间，中为过道，东、西厢房各3间。后排堂屋5间为主祠，重梁起架，明柱走廊，花格门窗。主祠两端各有耳房一间。祠堂为砖石砌墙，合瓦覆顶，建筑雄伟。祠堂后有柏林数亩。

第三章
志锐——远游狂士

伊犁将军典故

末代巡抚袁大化辞职东归，寓居天津，回到末代皇帝溥仪身边，每日叩首问安，行君臣之礼。身为皇亲国戚的末代伊犁将军志锐却死在惠远城钟鼓楼前，那一天是辛亥年农历十一月二十日（1912年1月8日）。

志锐之死，虽实现了他以死报效清廷的夙愿，然而，却破灭了他迎驾西迁以图东山再起的擘画。本来起义的革命党人有欲举志锐为伊犁大都督之念，他有机会活着，共同建设新的国家，但刚愎自用的志锐严词峻拒，誓死不从。他既是辛亥伊犁起义的枪下鬼，也是大清王朝的殉道士。志锐死后，被退位的宣统皇帝敕谥"文贞"。单就气节而言，他有资格获得这一空名。

志锐作为末代伊犁将军，是清政府任命的（包括暂护、署理者）第42位伊犁将军，也是任职最短的伊犁将军之一，从到任伊犁将军府至被杀，仅仅54天。

伊犁将军府初设时，曾是大清帝国扬威西域的黄金年代。康熙初年，西蒙古准格尔部在西域日益坐大，并发兵南侵。首领噶尔丹虽与清王朝仍保持着政治上的隶属关系，但其阳奉阴违，勾结沙俄，进犯清军。康熙十九年（1680年），噶尔丹出兵征服南疆，雄踞西域，成为清廷心头之患。噶尔丹死后，准格尔上层出现内讧，分化瓦解，成一盘散沙。乾隆十五年（1755年），乾隆力排众议，皇纲独断，决定出兵西域，统一西北边疆。历时两年多，不仅尽歼准格尔主力，还先后平息了阿睦尔萨纳叛乱、南疆大小和卓叛乱，完成了西域故土重归中国版图的伟业。

1762年，在新疆历史上是值得一书的年份。从巩固西疆，长治久安计，清廷在新疆实行军府制度，伊犁将军为新疆最高军政长官，驻锡伊犁惠远城的伊

▲ 乾隆时期开疆拓土的纪念碑 （作者摄）

犁将军府中。关于伊犁将军的职权，乾隆敕书称："伊犁为新疆汇总之区，既经设立将军，凡乌鲁木齐、巴里坤所有满洲、索伦、察哈尔、绿旗官兵，皆听将军调遣。至回部与伊犁相通，自叶尔羌、喀什噶尔以至哈密等处驻扎官兵，亦归伊犁将军兼管，其地方事务，有各处驻扎大臣，仍照旧例办理。再叶尔羌、喀什噶尔等回城，皆在边陲，如有应调官兵之外，亦准各处大臣咨商将军，就近调拨。"①

新疆军府制具有三个特征：一是以伊犁作为统治新疆的中心区域；二是伊犁将军是新疆最高的军政长官；三是伊犁将军府是新疆最高军政管理机构。所谓军府制，就是伊犁将军名为将军，实际统揽军队与政府的全部职能，包括政治、经济、财政、文化教育、外交等。纵观清代伊犁将军的发展状况，其基本职能可以概括为统率驻军，保持武备；考察官吏，定其升迁；屯田置牧，组织生产；核征税赋，奏调经费；管理台卡，巡边守土；办理王公入觐及藩属事务。伊犁将军权力之大，管辖范围之广，非内地一般将军能比。

有清一代，历任伊犁将军（包括暂护、署理者）共42人、60人次，凡150年。②

明瑞为首任正式伊犁将军，任职时间为乾隆二十七年至三十二年（1762～1767年）。后转任云贵总督、兵部尚书等职。乾隆三十三年阵亡于征缅战争，谥果烈。③

阿桂为第二任伊犁将军，后官至四川总督、工部尚书、兵部尚书、云贵总督、礼部尚书、首席军机大臣、大学士等职，为乾隆主要宰辅，谥文成。④

乾隆、嘉庆两朝元老保宁，先后四次出任伊犁将军，累官至御前大臣、协办大学士、大学士，谥文端。⑤

在伊犁将军中，任职时间最长的是伊勒图，时间长达15年之久，后历任兵部尚书、加太子太保，卒于任所谥襄武。⑥

松筠最具传奇色彩，他历官乾隆、嘉庆、道光三朝，官至协办大学士，但在伊犁将军任内两次被革职。⑦

布彦泰，满洲正黄旗人，副都统珠尔杭阿之子。由荫生授蓝翎侍卫，升三等侍卫、二等侍卫。外任伊犁领队大臣，以一等侍卫调喀什噶尔参赞大臣，旋授办事大臣。历任伊犁领队大臣、乌什办事大臣、喀什噶尔总兵、哈密办事大臣、西宁办事大臣、伊犁参赞大臣、塔尔巴哈台参赞大臣。至道光二十年三月（1840年）升任伊犁将军，道光二十五年十一月（1845年），由伊犁将军任上调任陕甘总督。从布彦泰简历看，他先在京城中枢护侍，后长期在西北任职，从领队大臣做起，至总兵、办事大臣、参赞大臣，于道光二十年出任伊犁将军，戍边足迹广布新疆、伊犁、甘肃、宁夏等万余公里边境地区。⑧

道光二十二年二月（1842年），道光皇帝作出了流放林则徐于伊犁的决定。林则徐三月到洛阳，四月到西安，患病。病愈之后，七月自西安继续西行，十一月才到达戍地。林则徐因鸦片战争事起而被流放新疆，流放地非迪化而是伊犁，全因伊犁惠远是新疆军政中心。

58岁的林则徐戴罪遣戍伊犁，与时任伊犁将军布彦泰相遇，伊犁将军史中便有了一段佳话。

林则徐的到来，实际上是伊犁将军布彦泰的福音。林则徐进士出身，研究战略问题是其长项。在新疆滞留期间，林则徐的注意力始终放在对外问题上。到达伊犁的第二年，他写了《俄罗斯国纪要》一书。由此他得出结论：西洋（英

▲ 林则徐像　（作者翻拍）

国）并没有什么了不起，对中国来说，最终之患，毋宁说是俄罗斯。他感叹道："我已年老，但你们会亲眼看到的。"⑨布彦泰给予了林则徐很高的礼遇。时常问疾嘘暖，对弈话事。林则徐称赞布彦泰"人才儒雅，公事亦甚明练"。⑩

无独有偶，林则徐作为钦差大臣，在广东禁烟之时，就大量搜集和翻译外国资料，并经常向熟悉外国情况的买办、通事问话。林则徐流放新疆之前，把这些资料交给了魏源，劝他从事关于外国的著述。在《南京条约》签订那一年（1842年）的十二月三日（阴历）魏源编著的五十卷《海国图志》脱稿。在那一段时间，中国人要了解外国情况，除此书外，可供参考的资料稀缺。该书通过贸易被带到日本，日本人如获至宝，数年间刊刻达20余种。

在列强凭借坚船利炮开拓海外殖民地的时代，内政固然重要，但外交因素已胜于内政，外交失利，必导致内政紊乱。学会与外国贸易或作战，了解对方方能掌握主动。这既是中国古老的智慧，也是战败割地赔款带来的教训。林则徐作为亲历海防、陆疆的重臣，认真研究来自海外和陆疆的对手，此类人才对大清帝国来说真是太稀少了！在清朝封疆大吏中，林则徐是放眼看世界的少数人之一，其大视野无人能及。林则徐成为民族英雄，青史留名，绝非偶然。

林则徐成抵伊犁惠远后，积极为布彦泰巩固西疆出谋划策，亲自参加水利工程建设和踏勘南疆诸城。布彦泰不怕逆上，直言向道光皇帝上奏，举荐朝廷重新起用林则徐。

有意思的是，道光二十五年十一月（1845年），"布彦泰由伊犁将军任上升任陕甘总督，未到任前，朝廷命林则徐代理。次年，布彦泰抵任，林则徐被任命为陕西巡抚。直到林则徐出任云贵总督前，他们又在一起共事两年。"⑪知人善任者哲。由此看来，道光皇帝并非糊涂之君。

同治三年（1864年），林则徐的预言噩梦成真。是年九月，南疆库车维吾尔族农民起义，波及伊犁，维、回农民起义军占领宁远城并攻打惠宁、惠远城。沙俄乘乱打劫，当年，《中俄勘分西北界约记》签订，俄国割占中国40多万平方公里土地，约占伊犁地区5/6的土地沦为异域。在内忧外患、血雨腥风之中，伊犁将军府制惨遭毁灭。

1876年，左宗棠率清军收复新疆，沙俄被迫退出伊犁，又割地7万余平方公里。伊犁遂由新疆军政中心变为边防前线。

新疆建省后（1884年），在距伊犁以东700公里的迪化设甘肃新疆巡抚，巡抚之职权为统辖各道，节制标营、满营，督理军务。全疆共设四道，所属6府、10厅、3州、23县与分县。伊犁将军（总统伊犁等处将军）虽仍存在，但改称"伊犁驻防将军"，其权力和管理范围大大缩小，不再总统全疆军务，只统辖伊犁、塔城之满营及锡伯、索伦、察哈尔、厄鲁特各营，监督蒙古、哈萨克、布鲁特各部落，节制伊犁镇标及伊塔道。

惠远城的兴衰

伊犁不仅是清代的边陲重地，而且是清廷经营新疆的指挥中枢。新疆最高军政指挥机构伊犁将军府就设在伊犁惠远，并形成九城拱卫之势。边疆军政中心的兴衰，往往是大国兴衰的先兆。伊犁惠远城的兴衰，是大清帝国盛极而衰的镜像。

惠远老城位于伊犁河北岸，南北约二公里，东西约一公里半。同治五年正月二十二日（1866年3月8日），惠远城被农民起义军攻破，伊犁将军明绪阖门殉难，革职将军常清被俘旋死，全城军民数万人遇难。老城为此毁灭。[12]

在分享胜利果实中，暴动队伍开始分裂，维、回二族为争夺权力而展开混战。沙俄乐见其战，遂向双方出售军火，鹬蚌相争。在1871～1882年，沙俄借阿古柏侵略者入侵新疆之际，以保护侨民为由，以所谓"代收代守"名义，侵占伊犁达10年之久。沙俄政府不但与阿古柏侵略者签订条约，并宣称"伊犁永远归并为沙俄领土。"沙俄在伊犁建立四个殖民管制区，在宁远城（今伊宁）设立占领军总部，开设邮局，开辟邮路，架设电报线。其间，毁弃了伊犁将军府所在地惠远城，并将拱宸（今霍尔果斯）、瞻德（今清水河）、广仁诸城夷为平地。"俄方取废弃各城木料，在宁远城东门外营造市厘近20里，辟为贸易场

▲ 伊犁河北岸的土城墙　（作者翻拍）

所。俄商纷纷云集伊犁，宁远城很快成为俄国在新疆乃至中国整个西北地区的商业贸易中心"。⑬当时清廷正在全力对付太平天国起义，无力西顾。

1876年，左宗棠率军收复新疆，以武力做后盾，光绪七年（1882年）九月，清廷驻俄公使曾继泽与俄订立中俄边境条约，俄军退出，金顺率3万军人进驻伊犁，重兵屯驻防御沙俄。

1884年，由伊犁将军金顺提议，在伊犁九城（绥定、塔勒奇、广仁、拱宸、瞻德、宁远、惠宁、熙春及老惠远）中心之处，重建惠远新城，周围屯兵养马，城内居住旗人。同年二月开始动工。⑭

光绪十一年（1885年），金顺军队发生"兵变"。兵变系军官克扣士兵军饷、兵士要求回家被拒引起，近两千名"叛兵"东奔进关，至精河全部被杀。后伊犁将军金顺因此奉诏调京，所剩万余人也大部随金入关，未完工的惠远城遂停建。⑮

同年八月（1885年）由驻奇台将军锡纶署理伊犁将军，为时仅一年，至翌年（1886年）卸任。

接任者色楞额将军，其妻系慈禧太后之义女。色楞额率两万军人由京赴伊，仍驻绥定城。色楞额任职近4年（1886年8月～1890年4月），因闹"钱荒"而死在任上。据说，当时伊犁市面流通的麻钱奇缺，色楞额遂以银子从别处兑换麻钱，此事被口内投机商人得知，遂以大量麻钱涌来，致使麻钱贬值，色楞额因无法兑付而至巨额亏空，加之其妻辱责，服鸦片致死。

色楞额服毒自尽后，清廷又命原驻藏大臣富勒明额于光绪十六年（1890年）辖护伊犁将军，待长庚接掌后卸事。长庚首次出任伊犁将军长达11年（1890年6月～1901年8月），后调京任职。长庚的继任者为马亮，任职4年（1901年8月～1905年7月），惠远城内部续修工程，在伊犁将军马亮任期完成。

惠远新城以举国之力而获重建，先后耗时20余年（1884～1904年），期间，先后经历了6任伊犁将军。俯瞰惠远新城建筑格局，蔚为壮观：城外有东西南北四营盘，直径约500公尺，专供军队驻扎；城内有四条大街，直通四门，城的中心有鼓楼一幢。四条大街依次密布旗人家属住宅和商人经商的40间大店，还有将军、都统、领队等72个衙门，及火药、粮饷两大国库等房屋建筑。⑯

惠远新城建成后，清政府为繁荣市场采取了一系列鼓励政策。除优待跟随清军入疆的河北、山西、陕西、甘肃等地的商人外，还以官费补贴的办法，

▲ 惠远城钟楼是历史地标 （作者摄）

招募其他商人进城，并为商家专修了店铺，无代价地让商人们做生意。同时，使用公费由关内向伊犁移民，军人也准许携带家属，路费由公家报销。如此一来，惠远城的人口（主要指汉商）就逐渐增多。当时约有7000户，汉人即占2000户，共1万余人，连军队在内，达3万人。东街有十余所缝纫铺（多为湖北、天津人）；北街有7个赌场，分立于东北大街的大饭店（主要为天津、陕西人），鸦片烟场除在街上有分布各处的营业场所外，几乎每家都有烟灯……⑰内地的汉族商人繁荣了惠远市场，也带来了不良的生活方式。

与商业往来最多的是清吏、清兵及其家属。每天早上鸣炮三响"放市"，四边城门大开，各业商店开始营业，城外少数民族也陆续进城出售土产及购买日用品。当时关内人说赶"西大营"，就指到惠远经商。不少商人来到一两年，就获得厚利。

惠远城内，不仅等级森严，而且民族分类。将军和其眷属出门坐大轿，前为50人的马队，中为乐队，后为卫队。一出衙门6声炮响，顷刻全城停止经纪，候他们过往。回府时，仍鸣炮三声。就是一般旗人，也享有"种地不纳粮，养马不当差"的特权。旗人只要一生下来，即日享有"男孩有粮有饷，女孩有粮无饷"的特权。他们禁止城内居住少数民族。⑱

民族不平等，政策不公平，是为革命之内因。

长庚新政

清朝末叶面临的政治、经济、军事危机，不但外国豪强看得清楚，清廷内部的革新派也感知到寒秋临近。欲挽危机，唯有变法。而变法一开，民智觉醒，迫使清政府只能前行，且不说不能后退，变法太慢也显被动。后退，更是死路一条。

光绪三十一年（1905年）六月，长庚二次出任伊犁将军，实施军队改革，建立新军，推行新政。

长庚身前在清廷身居高位，身后在《清史稿》享有传记，但其生卒年却存有争议，其族别亦含糊不清。

《清史稿》载：长庚"字少白，伊尔根觉罗氏，满洲正黄旗人"。若按此说，长庚是地地道道的满人，但长庚之子赵欣余另有新说。赵在回忆文章中称，长庚原姓赵，祖上原系宋朝臣民，随徽、钦二帝一同被俘虏入金，赐为赵姓，元明时期，因其后代繁衍渐多，被迁移至叶赫河滨白戌部落，后于天命四年（1619年）秋，被清帝赐姓为"伊尔根觉罗"。此说是否可信，存疑待考，即使长庚先民为汉人，但长期生活在满族人中，也必然被满族同化。[19]

出生年月是一个人最基本的信息，但长庚生年失载于《清史稿·长庚传》。这一重要遗漏不得不由长庚之子赵欣余补遗，他在回忆录中称，其父于清道光二十三年癸卯（1843年）十一月十五日出生在甘肃省山丹县。史学者苏奎俊、孟楠认为："长庚幕僚武向晨回忆，长庚72岁时死去，即1912年，由此推算长庚生于1840年。我们认为赵欣余回忆其父的生辰可靠一些，即长庚生于1843年。"[20]

长庚生在甘肃山丹县，位于兰州与武威之间，地处青藏高原与黄土高原的结合部，著名险关乌鞘岭扼陕甘新青藏蒙六省要隘，自古为中原屏障，是兵家必争之地。因苏奎俊、孟楠在文中没有交代长庚在何处成长，在何处求学，因此只能做以下推断。山丹县平均海拔达3000米以上，从古至今一直是著名的军马场，是藏汉等多民族杂居之地，若长庚成长于此，那么，游牧民族的彪悍、豪爽、坚韧、耐劳、善骑射，一定会在长庚的身上或性格中打下地域烙印。长庚启蒙教育也有条件，向东可至兰州读书，往西可往人文胜地武威求学。长庚后来在清廷中屡担大任，与他少时受两地人文环境的熏陶，可能有一定关系。

"长庚在兄弟十一人中排行最末。太平天国时期，长庚全家在南京，兄弟十人均被太平军所杀。"㉑太平军咸丰三年（1853年）三月攻破南京，此时长庚年仅9岁。战争残酷的现实给长庚幼小心灵投下的阴影，恐怕终身难消。"长庚背负其母由南京逃难到绥远城，投靠了当时绥远都统景廉，景廉荐其于清恭亲王府办事，后为乌鲁木齐都统平瑞帐下幕僚。"㉒长庚当时年幼，有何力背着母亲？只能是母亲携带家中仅剩的老幺仓皇逃命而已。

绥远都统景廉（1823～1885年），满洲正黄旗人。清咸丰九年（1859年）任伊犁参赞大臣；同治元年（1862年）任叶尔羌参赞大臣；十年（1871年）授乌鲁木齐都统。时逢阿古柏入侵新疆，十三年（1874年）授钦差大臣，督办新疆军务，筹集军粮备战。光绪元年（1875年）诏回京。其在封疆大吏中有着显赫地位。

绥远即今日"呼和浩特新城"（清乾隆四年1739年于归化城东北筑绥远城，设绥远厅为绥远将军驻所。1912年改为绥远县，1913年和归化县合并，改名为归绥县——编者注），历来为中原安全屏障，唐代诗人王昌龄所写"秦时明月汉时关，万里长征人未还。但使龙城飞将在，不教胡马度阴山！"即指此地。从温柔富贵的南京到荒凉寒冷的塞外，从其乐融融的大家族生活到独身携母投靠异乡，此间巨大的落差，使他过早品尝到人生的跌宕和世事的冷暖。对于一个10岁左右的孩子而言，一次冲撞力巨大的锻造，要么彻底毁掉其意志，从此心灰意冷，要么强力振奋其精神，使其从此充满战斗精神。

景廉荐长庚到清恭亲王府办事，合理的解释是，长庚是烈士遗孤，由恭亲王收养于府中，随着年长，渐渐能办一些事情。

1907年7月28日，马达汉在迪化（乌鲁木齐）礼节性地拜访了时任伊犁将军的长庚。也许是由于语言障碍，或翻译的拙劣，两人没有谈到什么实质性话题。长庚给马达汉留下了淡淡的印象："即将被任命的长（庚）总督，是全新疆的最高领导，他是一个按年龄来说显得年轻和瘦小的满人，举止轻松，行动矫捷。他有一个古怪的习惯，就是好打哼哼，特别是在表示一般性的客套话时总喜欢讲一句哼一句。这也许是他在北京从小养成的一种良好品行。"㉓长庚在恭王府长大成人，王府规矩繁多，耳濡目染之中，便养成谨慎、轻捷、稳重的性格与习惯。马达汉的白描，为后人留下了当年长庚的一个侧影。

长庚成人之后，时任伊犁参赞大臣、叶尔羌参赞大臣的景廉，再荐长庚到

▲迪化老满城遗留的一段城墙　（作者摄）

新疆军中服役。同治三年（1864年）春，新疆爆发了农民大起义。乌鲁木齐南部回民起义军将乌鲁木齐团团围住，斯时21岁的长庚正在平瑞麾下效力，并参与了守城之役。平瑞（？～1864年），满洲正黄旗人。清咸丰十一年（1861年）调任乌鲁木齐都统。同治二年（1863年），镇压库车农民起义。翌年，平瑞在乌鲁木齐满城陷落后自尽。长庚在《乌鲁木齐守城纪略》中，详细描述了平瑞"三月扼守孤城之事"。长庚则平安回到绥远归化（即今日"呼和浩特老城，明万历三年在呼和浩特建城，明政府赐名"归化城"。民国初年，将归化和绥远两城合并，改称"归绥县"，作为绥远省军政长官都统的驻地。1954年，将"归绥"改为"呼和浩特"——编者注）。两次历险无虞，不仅锻造了长庚非凡的胆识，也开启了他的仕途升迁之路。

同治六年（1867年）长庚奉命任山西县丞，开始积累基层执政经验。十一年（1872年），应当时新疆署伊犁将军荣全之邀，前往塔尔巴哈台任职调充翼长。

同光年间，新疆内忧外患，动荡不断。动荡使胆小者抱头鼠窜，使勇敢者脱颖而出。同治十二年（1873年），安集延酋帕夏并伪元帅马明众，纠合乌鲁木齐、古牧地（今米泉）、昌吉、玛纳斯、呼图壁匪徒，扑向沙山子，白彦虎纠集西宁回匪寇乌垣，进围新疆东大门哈密，两军遥相呼应，其势甚张。长庚奉荣全檄文，率领练勇赴援，与乌鲁木齐都统景廉调遣黑龙江营合兵一处，两军夹击匪寇，歼擒殆尽，顿解沙山子之围。在这次军事行动中，长庚援兵迅速，指挥得力，伊犁将军荣全、乌鲁木齐都统景廉一并保举长庚知县补用并赏戴花翎。

之后7年，长庚平步青云，连升数级，先在都统金顺戎幕下总理营务，积勋至道员；光绪六年（1880年），授巴彦岱领队大臣，旋迁伊犁副都统。长庚与伊犁的不解之缘由此开始。

好事须多磨，多磨成好事。光绪十一年（1885年），长庚母亲病逝。孤儿伴寡母，患难中相依为命，长庚的悲痛可以想见。按清丁忧制，长庚在京为母守孝近两年。

当时西北多事，将才缺乏，朝廷许多大臣联名举荐长庚。光绪十二年

（1886年）三月，慈禧太后下诏召见长庚并询问西北情形，长庚有备而来，成竹在胸，呈献了自己亲手绘制的舆图，并奏陈边疆事宜，建议"以阿尔泰山宜设防守，伊犁边防宜筹布置……漠北草地宜善抚绥，及哈萨克应仿例编为佐领等条"。[24]西太后正为西疆安全焦虑难安，见43岁的长庚正值年富力强，行事持重，见识不凡，颇为赏识，即下诏称"该大臣于西北边隘地之势，尚称熟悉，所陈各节，不无可采，边防关系极重，自应豫为筹画；以固疆圉而杜觊觎，着刘锦棠、谭钟麟、鹿传霖、刚毅按照该大臣所奏，体察地方情形，详细规画，妥议具奏"。[25]长庚一举进入西太后法眼，一时名噪京师，当年十月被任命为伊犁副都统，并赐轻骑都尉三品官职世袭五代。

新疆与西藏首尾相连，两地安全唇齿相依。也许是朝中惯例，也许是要进一步历练长庚，光绪十四年（1888年），长庚升任驻藏大臣。对于高海拔西藏地区藏民的风俗习惯，从小生长于山丹县的长庚可谓烂熟于心。这使他制定治藏政策有了经验基础。长庚任职西藏期间，时值瞻对地区（今四川新龙一带）爆发藏民起义。长庚"以瞻对自乾隆以来，叛服靡常，劳师靡饷。同治初年，西藏底定，奉旨将瞻对划归达赖喇嘛，派堪布管理。今若蹊田夺牛，使朝廷失信于卫藏，恐所得小而所失大。乃为详定善后章程，与将军歧元，川督刘秉璋等同上。藏乱遂定"。[26]西藏问题向来复杂，既有民族纠纷，亦有宗教内部纷争，需要相邻诸省采取一致政策和行动。

也许长庚治藏有方，也许新疆防务胜于西藏，光绪十六年（1890年），47岁的长庚被擢升为伊犁将军。长庚任内，正处于清代末期，国势积弱，外寇嚣张，内外危机四伏，但长庚倾力履行伊犁将军职责，妥善处理中俄边界的民族问题，认真查勘界碑，极力收复巴尔鲁克山，其功可书。

伊犁一部自沙俄手中收回之后，边界上居住的原住民哈萨克和布鲁特二族的国籍归属成了复杂问题。部分哈萨克人要求长庚允许他们居住伊犁，并要求保护，长庚同意哈萨克的归附。至光绪二十六年（1900年）十一月，长庚又"接收俄国送回哈萨克昆布拉特所属人民一百三十一户，妥筹安插，设百户长头目，俾资管束"。[27]

界碑是国家的分界标志，国家条约是立碑的依据。对于处于强势的沙俄而言，既然可以借助武力订立不平等条约，那么也可以蛮横无理地擅自移动界碑，蚕食土地。强人不怕打仗，甚至希望打仗。如何对付强国沙俄，考验着伊犁将军的智慧与能力。光绪二十三年（1897年），长庚要求"循案派员会同俄

▲ 伊犁国土沦丧耻辱碑　（作者摄）

官查勘沿边牌博，第四、第五两牌间，俄人在中国境内，有私立土鄂博情事，查明平毁。"[28] "并照约派员会同俄官，查勘伊犁沿边界牌事竣"。[29]

长庚在任伊犁将军期间，坚持收回巴尔鲁克山失地，多为史家称道。光绪九年（1883年），俄国通过《中俄塔尔巴哈台西南界约》，强租该地十年。当时情形如此："又伊塔之间有巴尔鲁克山者，西连俄界，南逼精河，西南与博罗塔拉接壤，为伊塔要道，泉甘土沃，久为俄人垂涎。自借与俄后，俄人视为已有。"[30]光绪十九年（1893年）租期限满，俄人执意续占不还，但长庚文武兼施，坚持人随地归之约，成功收回了伊犁塔山之间的巴尔鲁克山地区。这是清廷晚期鲜有的失地复得之例，一度令长庚声名远播。光绪二十二年（1896年），长庚被授镶蓝旗汉军都统。

19世纪后期，沙俄与英国勾结私分中国帕米尔地区。长庚上任，"时伊犁当大乱后，万端待理。长庚至，多所规画"。后来"英使臣以割分帕地，清政府恐启俄争，拒弗许。时英、俄各以兵压境。长庚致书新疆巡抚陶模，谓：'屑地当争，边地当守，兵衅万不可开。况能戡土匪之将士，未足以御强敌；军中所资，仰给内地及滨江海各省，数月乃达。而俄境铁轨已至萨玛尔干（撒马尔罕），英属铁轨已至北印度之劳尔，迟速迥殊。又新疆南北路与俄地犬牙相错者几五千余里，虽兵信加，不敷防守。且俄若以轻兵由齐桑斯克走布伦托海犯镇西、哈密，即可梗我咽喉。当此民穷财匮之时，尤不可轻战。只能备豫不虞，徐图转圆。毋以小忿遂起大衅，增兵徒增民用。'[31]陶模以为然，卒如长庚议。"短短一函，反映出长庚的宏大视野和外交韬略，表现出对中英俄三方势力的清醒认识。没有国家强力支持，新疆既打不起仗，也打不赢仗，战端一开，新疆便无宁日。

内乱最易引起外患。1900年，因义和团围困外国使馆，捣毁教堂，杀害洋人，引起八国联军攻占北京，慈禧太后与光绪落荒而逃。此时，俄国趁机出兵占领伊犁，长庚与俄领事反复交涉，令其退兵。在清政府主战与主和纷争中，长庚是务实的主和派。其时，"参加天津义和团的贾永，秘密潜入新疆伊犁，在惠远城西五里外的乌哈里河西大庄子地方，设立了神坛、拳场，吸收团众，教练拳棒。引起了帝俄的不满及清政府的惊慌"。这给沙俄出兵侵占新疆提供了借口。长庚采取了湖广总督张之洞、两江总督刘坤一等人东南互保之策，一方面"长庚与俄领事交涉，凡教堂及俄人财产，力任保护，谕令退兵，人心乃定。"[32]长庚以武力镇压义和团，以消除内乱隐患，缓和外交矛盾，边境保持了相对稳定。

光绪三十年（1904年），长庚升任兵部尚书，进入清政府中枢决策层。

1904年日俄战争爆发，俄国出人意料地战败。清政府担心俄国在东北失利，会在西北反咬一口，"西太后遂特谕着兵部尚书长庚任伊犁将军，诏加兵部尚书衔，并节制全疆文武之命，要求长庚加以整顿乌里雅苏台、科布多、阿尔泰等地区，长庚遂承西太后的谕旨到达新疆"。[33]为确保西疆安全，西太后在国家危难之际，再次擢拔年过花甲的长庚，将巩固西疆的重担（新疆加蒙古）加于其身。

大清帝国与列强一次次签订不平等条约，一次次向其割地赔款，丧权辱国之举，必然激化国内矛盾。大清帝国若要浴火重生，唯有变革一路可行。

光绪二十七年（1901年），清政府发布"新政"诏旨。其时，长庚以兵部尚书衔奔走于形势日益吃紧的西北边塞，他自然是清政府富国强兵改革之策的拥趸者。长庚第二次任伊犁将军是1905年7月至1909年7月，时间达4年，这使他施展政治抱负有了充足的时间。

长庚做封疆大吏多年，深知富国强兵与边疆安危的关系。清廷推行新政，长庚外有压力，内有动力。光绪三十二年（1906年）、光绪三十四年（1908年），长庚先后两次向清政府建议新疆开办新政，提出"一、练兵，二、蕃收，三、商务，四、工艺，五、兴学"五策。光绪帝在此奏折上批示："认真筹办，务收实效"[34]。

实效与实业紧密相连，长庚对其间奥秘体会颇深。英俄私分帕米尔时，长庚所以不敢言战，原因在于新疆军政依靠东南富庶省份协饷维持，没有自己的实业作支撑。打仗需要钱财，钱财来自实业。利用新疆丰富的矿产和农业资源发展实业，新疆未来才有打仗的资本。

新疆吐鲁番是一个产棉区，年产数百万斤皮棉。沙俄"购运织布，仍售中国，获利无算"。输出原料，购进工业品，白银外流，等于帮助工业国打农业国。经济尚吃败仗，军事更无胜算。因此，长庚主张"购办机器，设局自制，以挽利权"。新疆牧场辽阔，但畜产品加工业落后。光绪三十二年（1906年）八月，长庚奏请设立新疆茶务公司，十月即获清廷批准，这间官商合办的伊塔

▲ 位于迪化水磨沟的造币厂　（马达汉摄于1907年）

茶务有限公司的总公司设在惠远城。同时，长庚在宁远城创设伊犁皮毛公司，利用砖茶缯布贸易，收购蒙哈牧民的羔犊和皮毛等畜产品，出口至俄境，以挽回利权。长庚在伊犁创办官商合办的制革有限公司获得了成功。官方由额鲁特营领队大臣穆特春兼管总办，私方代表是维吾尔族大商人玉山巴依任厂长。此厂有维吾尔族工人一百多人，年制革量最高达一万张大皮，已接近当时沙俄制革厂的产量和技术水平。^㉟

　　新政实行期间，新疆的社会经济呈现出兴旺的景象。南疆的蚕丝业，伊犁的制革业，独山子的石油业，其他如采煤、开矿、炼钢、冶铁等业，都在新政兴办实业的过程中涌现出来。这些企业不仅在当时有一定的规模，而且有许多在后来的新疆生产中起了重要作用。正是在新政中，诞生了新疆近代的工业和最初的民族工业资本，诞生了新疆近代社会的两大阶级——民族资产阶级和工人阶级。据《新疆图志》不完全统计，到宣统元年（1909年）至三年（1911年），全疆从事各种工业劳动的达50853人，从事各类商业活动的达35587人。这代表了新的生产力和生产关系，反映了历史发展的必然趋势。^㊱

　　西疆安全是清朝的核心利益，所以长庚新政的第一条就是练兵，以维护新疆安全作为新政第一要务。早在英俄私定条约瓜分帕米尔之际，长庚即指出清军之弊：“况能戡土匪之将士，未足以御强敌”。长庚明白，新疆现有的军队体制与素质，只能内防，不能外战，没有战胜外强之军队，边防线形同虚设。而要打造战胜外强之军队，就要实现军队的现代化。军队现代化是国防现代化的代名词。

　　“新军”指清朝末年编练的近代陆军，开始筹练于光绪二十年（1894年），即甲午海战失利之时。“新政”时在全国推广，共编成十三镇（军）。

　　长庚、联魁等人编练新疆新军有三项主要措施：第一，在省会乌鲁木齐设立督练公所，新疆巡抚兼任督办，下设兵备处、参谋处、教练处、筹备科、粮饷科、军械局等机构，负责全疆军队的编练工作；第二，在伊犁设立武备速成学堂（后改为陆军小学堂）兼弁目学堂，培养新军中的中下级军官；第三，长庚奏准清政府，先后从内地北洋各镇，南洋湖北省军中抽调新军近900名到达伊犁，作为当地编练新军的"种子"军。

长庚从南洋调来步兵三个营（即湖北军），一个练管营，一个工兵营，一标（团）马队（于甘肃招募约千余人），并随带白银二百万两为建军之用。军队的装备，均系汉阳造的毛瑟及老套筒，分驻城内外。随后又将原练管营改为战备学堂，专供培养管带（营）之用。内设步、骑、炮、工等四科，学生一百余人。校址在西街。另又设立练兵营一所，供培养队官（连、排）之用。学生五百余人。为训练军队，清军设有陆军教练队，从日本聘得一名叫原尚志的为武备学堂学监。当时有学生一百名，学兵四百名，终日操练，确有维新气象。[37]

"新军"到伊犁后，又在当地招募锡伯族壮丁800人，索伦营壮丁200人，扩编成一个辖有步兵、骑兵、炮兵、工兵、重兵等五个兵种的混成协（相当一个旅），鄂军名将杨缵绪后任混成协协统。宣统元年（1909年），伊犁将军长庚上奏称："现编陆军已成一协，逐渐成镇。"[38]

长庚在伊犁积极推行新政，给伊犁带来了什么？历史的答案不总是那么直截了当。梳理湖（两湖）伊关系的历史脉络，可以确认，没有伊犁将军长庚在新疆力推新政，就没有张之洞整训的南洋新军开赴伊犁，也就没有后来的响应武昌首义的伊犁革命；如果伊犁新军没有很强的政治倾向和作战能力，新伊和谈继而新疆宣布拥护共和就失去了基础。

推行新政，寻求变法，湖广有张之洞，伊犁有长庚。尽管二人在推行新政方面有所互动，但湖广是新政之源，伊犁是新政之流。湖广九省通衢，洋务经济发达，是大清帝国的重心。加之资讯便捷，人文荟萃，史家研究张之洞之环境客观上胜长庚一筹。因此，在史家评价中，似只有张之洞，鲜有长庚。尽管推翻大清实现共和并非张之洞、长庚所要之果，但变革的种子由他们亲手栽种。新疆辛亥革命研究脱离不开因果研究，应以长庚为一视点。

其时，在中国作考察的马达汉真切感受到中国正在发生的变化，他预言："中国中央政府加紧推行新政的情况表明，巨大的'中央王国'正在从千年的睡梦中苏醒，中国的政制正在更新。"[39]

马达汉军事情报

1906～1908年，正值新疆推行新政时期。"考察新疆是马达汉中国之行的重点。他从喀什噶尔开始，走遍了南疆和北疆，所选择的路线往往偏离传统的"丝绸之路"，时而翻山越岭，时而溯源逐流，穿越人迹罕至的地方。他沿途测量地形，绘制地图，记录气象水文数据，拍摄桥梁和军事设施等。每到一处，他广泛结识各级地方官吏，参观游览，了解军事、经济、民政等情况，他还特别注重考察各少数民族的情况，专程拜访了一些民族首领和部落头人，了解少数民族的历史变迁和现状，马达汉对南疆和北疆的险关要隘和军事重镇都作了详细的考察并绘制了地图（测绘了3067公里长的道路图和18座城市方位图）。与此同时，他也不忘科考任务。在和田古城废墟和吐鲁番等地进行了考古发掘，还在各地广泛收集古代经文手稿、木牍、碑铭等文物。在去北京途中，马达汉专程到山西五台山拜见十三世达赖。当时达赖喇嘛因英国武装入侵西藏而在那里避难。马达汉代表沙皇俄国对达赖处境表示关注和同情。达赖喇嘛则交给马达汉一条白色哈达，请他转献给沙皇。

在北京，马达汉完成了给俄军总参谋部写的《奉陛下谕旨穿越"中国突厥斯坦"和中国北部诸省到达北京之旅的初步调查报告》，并整理了笔记，誊清了草图。他的《调查报告》长达173页，并附有数十幅自己绘制的或收集的从新疆到内地重要道路、河川和城市方位图以及有关各省的政治、经济、军事、地理、历史和民族的统计资料。马达汉在报告中叙述了他的军事任务和进入中国后的沿途情况，并对中国的铁路建设、军队、学校、禁毒斗争、工矿业，以及日本的影响和边区屯垦情况分别作出评估，然后在结论部分以"中国的西部边陲"为题，提出了战略设想。1908年10月，马达汉从哈尔滨乘火车沿着西伯利亚大铁道回到俄国圣彼得堡。不久，他即获得沙皇尼古拉二世的召见。马达汉"引人入胜"的报告使原定二十分钟的晋谒延长了一个小时。[40]

马达汉本是一名军人，在为时两年的考察中，横跨了中国8个省，是一名为沙俄搜集军事情报的间谍，他对新疆的观察角度和关注的内容，当与一般科考者、探险家不同。他所记下的日记，拍摄的照片，当是有情报价值的。只是明者自明，当政者懵然糊涂而已。

马达汉当年搜集的军事情报，如今成了珍贵的历史记录。

·驻扎古城（今奇台）的旗兵

城内西南角是满营，四方形建筑，中间有一个两层楼的塔。这个营寨200度见方，房屋稠密，里面住了1060名满族人及其家庭。除了伊犁驻有满营外，这是新疆省现在唯一的一个满族驻军。它是由回民"暴动"期间幸存下来的满人组成的，后来从伊犁、巴里坤和吐鲁番迁移过来的一些满族家庭也加入了他们的队伍，根据我们得到的消息，这几个地方的大部分驻军在回民"暴动"期间都被摧毁了。所有的满人组成了6个非足额的旗（1个旗的兵力是200人），司令官称"城守尉"（镇守，相当于镇台）。士兵队伍包括部分年纪很大的老兵，他们根本不懂最基础的

▲ 伊犁锡伯族戍边老兵　（马达汉摄于1907年）

操练，或者说军事训练，即使是按中国的要求也没有达到。满人的传统武器，也是他们借以闻名的武器——弓箭，现在已经代之为老式的生了锈的热明顿来复枪和子弹，枪弹上写着："汉弗夏注册"，但从来不进行打靶练习，他们的装备里根本没有子弹。顾吉（Gu Ji）将军，一个56岁的和蔼可亲的人，看来他对自己的军事事务没有一丁点儿远见，由于他被提升为将军是出于他为端王放鸭放鹅的关系，这就一点儿也不奇怪了。他说，他从没有摸过步枪。当我问他认为用什么牌号的枪来武装军队最为有利时，他十分谦和地回答说，无论欧洲运送什么枪过来，中国都认为是好枪。他的副手，程杰舫（Tshengje Fang），一个没有牙的60岁老头，指挥一个旗。他应我的请求指挥他的50名士兵持枪列队，以便让我照相，但这些兵连简单的操练动作都不会。士兵们中等身材，也许略高一些，看上去很健康，但很吊儿郎当，很懒散。这也没有什么奇怪的。

每一个家庭住一间小房子，每一个家庭成员发放一份终生补助金。每人都得在本军营里服役，任何人不得经商和从事农业。然而看来服兵役没有任何意义，只不过为了增加满人的种族人数。房子及其居民看上去很穷。没有商店，只有在营寨中央的塔楼边上有一、两个卖水果和肉的商贩。[41]

· 新疆军队改革已经开始

在省的军事建制方面，已经迈出了第一步，即按照中国东部已经组织的陆军教导团的模式，组建了一个小小的陆军士官生队伍。新的部队是由原来的4个步兵和4个骑兵旗组成的。年老的士兵勒令退伍，由此出现的空额从选自

▲ 吐鲁番的士兵练习射击　（马达汉摄于1907年）

原有队伍中的士兵和新兵补充。新兵大部分来自新疆省不同地区，小部分还来自"关内"（脚注：关内指中国长城城墙以内的地方。）（占部队实力的20%～25%）。特别强调注意的是，这些新军要保持足额满员。据说，有两名军官已经为此服毒自杀了，原因是他们让自己的部队实力出现空缺，从而受到了将军的训斥。就在最近几天，士兵数量减少到了10%～12%：所有吸鸦片的士兵，凡是不愿在规定期间戒毒的话，一律开除；还有就是小于20岁以下的士兵也已退伍。已经派了两名军官去内地招募士兵来填补空缺。下一期（从1906年1月开始）训练招募来的新兵时，如果没有经过欧式训练的军官的话，那后果肯定是，这些新军与省的旧式军队暂时不会有多大区别；操练特别努力，尤其是在头半年的时间里，但是能够显示训练成果的仅仅是器械体操，操练的时候拿着枪（代替铁棍）或者不拿枪，动作规范准确，齐步走的时候膝盖举得相当高。操练步伐时没有节制时间。在团队集体操练时，看来更多注意走步姿势，而不是注意排得齐不齐。进行这种操练的同时，中国旧式军队里的对想象的敌人进行劈刺的练习还在继续。令人感到奇怪的是，打靶练习却被忽视了；与南疆地区相比，这里打靶练习要少得多，步兵有时候也进行一种拙劣的、模仿小规模列队射击的练习，从中可以看出某种野地战术军事演习的初步尝试。密集的封锁线，或者更确切地说，一长排队列，隐蔽在地面上，以小集团的形式，向前冲锋十几步路。在进行这种演习时，中国军官最喜欢组成方队（karre），向四面射击。在进行这种演习中，特别注重开火的纪律，但也只是为了加强动作的外观感受罢了，当然也应当承认，在控制射击方面，达到了一定的巧妙效果。你可以看到从长长的队列两侧同时向中间开火，然后火力转回来射向两侧，或者在前排向一个方向射击时，后排向另一个方向射击，如此等等。——炮兵也按照这个计划的步兵动作进行操练，此外也进行装卸炮的练习。从来不进行实弹演习。骑兵进行的操练包括马上体操、使剑和用手枪空弹射击。

·军官学校已经设立

为了弥补军官队伍的军训不足，已经设立了学校或开办训练班。新军的所有军官（包括校官在内）从每天早上7点到中午都必须参加训练班的训练。操练步伐、枪械操作、军事规则和其他兵役的入门知识，都在一名中国东部培训出来的年轻教官指导下一门一门地学习。

这种补救措施不足以建设真正的军官队伍，这一点有关当局也已经认识到了，所以就设立了名叫"陆军学校"的士官学校。教官们已经到了，不久就可以开学。学习期限三年。教学课程包括：地形学和其他军事学科，中文，英文，俄文，体操和军事操练。学员可能招收70名（可能是一个班），学员年龄为14~30岁，他们的薪水为每月5两（实际是8两），其中已刨去了伙食费31.9钱。服装由国家供应。最有天赋的学员让担任学校内部的工作，并获得特殊津贴。迄今为止学堂已经选拔了30名学员，其中2人要求离学，但未获批准。学期结束后，最差的学员获最低级别的军衔。而优秀的学员被送到兰州的为期3年的军校，然后再送到北京学两年，最后还可能送到国外学习。经过长时间的培训之后，他们最佳的情况将获得上尉军衔。

据说，这样的学堂，不久的将来，将在伊犁、喀什噶尔和阿克苏设立。但为了每年都能招收280名士官生，就得要求这个省的军队数量和人口都要增长。[42]

·武备落后且不足

1907年9月5日，马达汉在吉木萨尔至奇台的途中记述："前面扬起一阵浓密的尘埃，迎面来了一大帮驼队。总有500峰骆驼。这是从古城走夜路赶来的从北京运送枪支弹药到伊犁的驼队。大约有100只骆驼装运枪支箱，其余的驮运弹药箱。箱子上印有几个字：天津伯明翰。由十来个军官和工匠护卫的500驮武器运输队——没有看到他们带一支步枪——一路上走了三个月，从东到西，穿行整个国家！——这种情况在许多别的国家不会发生。"[43]

既然马达汉负有间谍使命，他就会千方百计将细节打探清楚。1907年9月15日，马达汉在古城（今奇台）写下日记："前天到了第二批运军火的车队，这是从直隶（府）发送过来给长（庚）将军的。52车载运1000支中国制造的毛瑟步枪，4台印刷机和大量（30车）印刷品以及各种教具。押车的队伍是一个文职官员和50名'护兵'（huping），其军服上印着'伊犁陆军'几个大字，他们说，他们后面还有其他车队，载着40名'军务学堂'（tshing vu hsuo tang）的学生（这所学校学习年限为两年，是专门培养各种低级职员的，如警察、小职员等），10名工匠（据说是2名排字工和8名铁路建筑工人）和460名直隶陆军步兵。指挥步兵的是一个营长，两个校官。"④④

武器装备暂时与省的旧式军队一样，每个营得到的武器是相应实力数量的从枪管后面装子弹的步枪。炮兵部队有12门68式的克虏伯重炮，快速轻炮没有。国家向骑兵部队供应马和马鞍。——参谋部还没有建立起来。很遗憾，这些部队将来如何进一步发展的问题，很难搞清楚。④⑤

在乌鲁木齐（迪化）水磨沟，弹药厂和造币厂同时起步。马达汉敏感地注意到这一点："弹药厂的机器此时此刻也停着，看来原因是，这个省的需求很小，在这里很少用毛瑟步枪射击。机器上的标记是（Knape，Magdeburg）（马德堡）。听说，机器开足马力时，每天最高产量是500发子弹。鲍尔告诉我，等他订购的机器到来后，子弹的产量一昼夜可以增加到3000发。"④⑥

· **新军的影响力在扩大**

阿克苏总兵对新政充满希冀。"他给我留下了最佳的印象。一个行动敏捷、身材高大的60岁老人，看上去最多50岁。他对许多社会问题都很感兴趣，尤其是对自己的专业很在行。他深信中国社会生活各个领域实行深入的改革十

▲ 马达汉与阿克苏道台合影 （摄于1907年）

分必要。他于早晨9：00来访，说明他不是抽大烟的人，其实，他灵活的动作本身已经证实了这一点：他饶有兴趣地谈起上次的日俄战争，清楚地解释了战争的原因。他强调日俄战争的结果并不是出乎意料的。他以前见过俄国兵，觉得很糟糕，现在谁也不用怕这只曾经吞噬过那么多人的老虎了，他不认为中俄之间存在严重的利益冲突，以致发生一场战争。他也不相信日俄可能重新开战。日俄两国已打得精疲力竭，再没有这个勇气和力量进行新的战争。中国的军事改革是与社会各领域的改革紧密联系在一起的。尽管确实存在着许多反对一切新事物的人，但是支持按照日本模式进行改革的人数一年比一年多。日本的快速发展可以证明，中国在不久的将来必将从百年的睡梦中觉醒。日本人是中国人的近亲。日本人能够做到的事，中国人也一定能做到。"⑰

新军路过哈密，令回王受到鼓舞。"沙亲王给人的感觉，思想上是亲中国的。他以赞许的口气谈论中国人，并且看来很仰慕那些新的'陆军'部队。前一阵子，陆军从直隶到乌鲁木齐时曾经过哈密城。他深信不疑地表示，中国人在这里不久就会有完全可以与洋人的任何作战部队相媲美的军队使用。"⑱

·西北铁路建设计划忽远忽近

由于铁路在军事运输中的特殊作用，马达汉对这一点特别表示出兴趣。"关于建设铁路问题，在计划实施经济和军事改革的过程中，这个问题越来越显得紧迫，现在已进入了新的阶段，这跟我在南方听到的情况恰好相反。为了减少建设费用，将军建议避开穿越甘肃山区到乌鲁木齐（迪化）的路线，而经过呼和浩特，沿着平坦的商队之路，到古城这条线。这个建议据说可能得到了北京的赞许并已作出决定。据说费用高达4亿两银子，准备发股票和向美国举借债券贷款来筹集资金。官员们认为，只要涉及资金的事总是困难重重，不知要过多少年才能开始建起来。"⑲

阿克苏镇台的铁路梦更为迫切。"但他认为具有决定性意义的是开通乌鲁木齐的铁路线。一旦完成，我们就谁也不怕了。在这条铁路建成前，未必再有新的部队过来。因为，运费很高，现在每个士兵的旅费要花200两银子，而当今的和平状态没必要增加守备力量。"⑳

·马达汉预测中国前景

"中央政府的新政对全国边远省份产生何种程度的影响，广大人民群众如何对待正在进行的革新进程，收集这些情况自然是很有意义的。我的旅行所得的印象表明，改革工作在中国内地也已深入。尽管由于缺少训练有素的劳动力，影响了改革工作有系统的进展，但在有些方面已取得了可观的成果，尤其是在军事机构、铁路建设和教育设施等领域。譬如说，在两三年内开办了4万至5万所欧式学校。然而，困难在于缺少有教养的'改良主义者'且国家财政拮据。金融改革刚刚起步，它预示着国家财政的集中。由此看来很有可能的是，这个国家正在走向一个新的、伟大的未来。一个新的力量中心将在旧中国的废墟上建立起来，全世界又将再一次把她当做大国因素而刮目相看。"⑤

总之，1907年的新疆，充满着变革的气氛，也弥漫着人们对未来的憧憬，只是谁也不知道变革意味着什么，会变向何方。

末代伊犁将军

马达汉理性地看待中国边疆的新政，乐观地预测中国未来的变化，自有其立场与视角。但对于满族贵戚志锐而言，心中则对新政充满矛盾：不实行新政，帝国将亡；推行新政，不料帝国亡得更快！长庚新政种下的树，并非志锐所要之果。

志锐在《清史稿》中有传。志锐（1853～1912年），字伯愚，又字公颖、廓轩，又号穷塞主，晚号迁安，他塔拉氏，满洲镶红旗人；陕甘总督裕泰孙，四川绥定府知府长敬子，光绪六年（1880年）进士。选庶吉士，授编修。因敢于直言，仕途塞滞。后任詹事、内阁学士；光绪二十年（1894年），授礼部右侍郎。后以妹瑾、珍两妃贬为贵人之故，降授乌里雅苏台参赞大臣。光绪二十五年，调伊犁索伦营领队大臣，后任宁夏副都统。宣统二年，擢杭州将军，次年正月调伊犁将军，加尚书衔。⑫

志锐的人生可谓跌宕起伏。一是源自他的才气与个性，一是源自家族的得势与失宠。"为光绪瑾妃珍妃之兄，自恃有才，必骏骏大用。故刚傲，仕途屡起屡踬。"⑬志锐27岁即考中进士，成为百万士子中的幸运儿。志锐个性率直，敢于直言，若在

▲ 末世狂客志锐 （作者翻拍）

京城做个谏官，倒也合适，偏偏命运将他抛向边疆。

1894年中日甲午战争爆发后，礼部右侍郎志锐为主战派，面对日本出兵挑衅，义愤填膺之下，连连奏言，力主迎战，弹劾畏战军机大臣，派重臣赴前线视师，花重金联英抗日，并自请募勇练兵。光绪帝览奏动容，召见便殿，与论天下大事。志锐流涕直陈无所隐。特命赴热河练兵。但是不到一个月，慈禧太后便以"干预朝政"的罪名，将瑾、珍二妃降为贵人。志锐坚决支持光绪帝抗战拒和，也为慈禧所忌畏，故降为乌里雅苏台参赞大臣。志锐仕途上的跌宕起伏和内心苦涩，可以从其号"穷塞主"（一度被贬为驻守卡伦的领队大臣），晚号"迁安"（似有悔意）可窥一斑。

志锐在政治上与清流派成员如黄体芳、邓承修和文廷式等人过往从密。文廷式为光绪帝朱批的头名状元，在瑾、珍二妃入宫前曾任二人老师。当受帝党之争牵连，志锐被褫夺礼部侍郎之职，贬为乌里雅苏台（现为蒙古人民共和国辖地）赞大臣之时，文廷式曾赋诗相赠：

平生古北安西志，不在寻常富贵中。

就晚抟扶今日起，侍郎投笔有英风。

文廷式在诗稿中作小注："忆志伯愚侍郎，其请缨疏中句云：'臣养亲事毕，报国情殷。当此主忧臣辱之际，实怀高爵厚禄之耻。'意甚壮。"㉞由京城文官贬为戍边武将，这是志锐人生的一个转折点，也为这位胸怀安西之志，不安逸富贵的"狂人"，日后被任命为杭州将军、伊犁将军积累了资历。

志锐于光绪二十六年（1900年）秋首抵伊犁，到三十二年夏交卸入关。清廷大员降职或遣戍伊犁者不止志锐一人，降职到此，可视作惩罚，亦可视作考验或磨炼。位卑未敢忘国忧。在索伦领队大臣做了六年，主要做了两件为史学家称道的大事：一是会办"司牙孜"，一是办学堂，委派留学生。

司牙孜为俄语"会议"之音译，全称"边境仲裁会"，是中俄双方定期晤商解决两国哈萨克边民纠纷积案的仲裁会议。光绪五年（1879年），由塔尔巴哈台参赞大臣锡纶创办。此会不用中俄法律，按哈萨克习惯法和伊斯兰教法规，双方派员审理。原则上三年会办一次。这种办案方式，颇有地方特色，以尊重民俗和宗教信仰为出发点，很有实效。

光绪二十八年（1902年），志锐在伊犁霍尔果斯河中方索伦营所在的一个山沟中，共办结1700多件案。光绪三十年（1904年），志锐在喀什噶尔的克孜玛依拉克，共办结1600件案，每次历时约一月，办案多且速，尤为历次办理所无。办结边民纠纷，隐消了边衅，益固了邦交，使他获得了中外边民的交口称赞。⑤

光绪二十九年（1903年），新任伊犁将军马亮奏请在伊犁开设学堂，堂名为"养正"，由志锐兼任总理学堂事务。志锐不遗余力。伊犁养正学堂于光绪三十年（1904年）春开学，分为满、汉、蒙、俄四种语言班授课。志锐在伊犁挑选满蒙幼童十名、青年学生两名，派佐领一人管理，由志锐带领抵俄国七河省会阿拉木图安置学习。第二年赴喀什噶尔办案取道俄境时，还专门考察了留学生情况。

此次借道南行，令志锐数日难眠。为此他写下五言诗，抒发感慨。

赴俄经罗胡吉尔、辉发两卡，索伦旧地也。蓝旗营城尚在。索伦未移坟墓尚累累，有感：

　　　　岂事游观乐，兹行视旧边。孤城沦异域，遗冢没荒田。何用投鞭渡，谁容藉榻眠。河西三百里，不忍说当年。

全诗感情凝重，语调悲沉，旧垒遗冢的切肤之痛，国土丧失的慨惜之愤，说到"河西三百里，不忍说当年"，简直要落泪了！

一阕不足，志锐再续一首，以史为镜，借故励今。

过辉发卡外，一片戈壁，山童不毛，俄之垂涎伊犁有油然矣：

　　　　旧卡东来地，平芜满目蒿。无人工制锦，他族任操刀。土薄泉不脉，山童地不毛。羡鱼原有意，终赖荩臣劳。

志锐善用典，使语言精练，含义深邃。《淮南子·说林》："临河而羡鱼，不如归家织网。"羡鱼，指贪欲，想慕，这里指沙俄垂涎伊犁膏腴之地。《诗经·大雅·文王》："王之荩臣，无念而祖。"荩臣乃忠臣也，唯有忠臣才能保卫国土，效力国家。⑥

作为军人，志锐如此说，亦如是做。在戍守边关，巩固边防方面，恪尽职守。伊犁孤悬西域，紧邻沙俄，地广兵单。志锐所辖索伦营负责伊犁河北岸沿边防务，关系紧要。他虽是被降职使用，又无上奏之权，但依然关注边防，披览舆图，考察山川，呼吁警惕沙俄的侵略。

光绪三十四年（1908年）冬，清宫事变，光绪帝和慈禧太后相继病死，醇亲王载沣摄政，特旨召时任宁夏副都统的志锐进京，令志锐时来运转。此时距他光绪二十一年（1895年）出京已过了13年。宣统二年，清廷授志锐杭州将军之职。

也许，志锐先任杭州将军只是一次技术性的过渡。宣统三年（1911年）初，志锐调任伊犁将军，不久又赏志锐紫禁城内骑马和尚书职衔。清廷训示称："伊犁为西北门户，亟宜实力经营。志锐到任后，着将应力、各事，认真整顿，所有附近伊犁地方文武各官，均归该将军节制考查，其练兵察吏一切小宜，着会商袁大化，妥筹办理，随时具奏"。[57]利用志锐的忠诚、才干和经验，护佑帝国的西疆，才是摄政王载沣启用志锐的真正意图。

志锐亦确有在伊犁东山再起的宏图大志。他在赴任前入京陛见时，慷慨激昂，条陈其弭边患、御外侮之策，并力言新政敷衍靡费，请一切罢部，专意筹饷练兵，以救危局。同时上奏，认为："边防危急，财政艰难，责任虽专，事权不一。欲加整顿，必须变通"，并提出必须变通、另定章程四条。[58]

第一，伊犁协饷，每年不过50余万两，方能敷用，无米何以为炊。由所设官钱局开票支发，年复一年。开票愈多，赔累愈重。现在钱局票存已过160万。每年只得此50余万现银，倘票存统归俄人所得。持以索银，则国际交涉，何法能结。此钱局交涉，亟宜变通弥补，另定章程也。

第二，伊犁所设皮毛公司、制革公司，原为兴利，无如匆遽创设，规则不周。况制革一厂，销路无多，俄人又加税，并亦制革以抵制之，兼之皮毛公司，以压力等蒙暗，减价收来，增价售去，致俄人有垄断纳税之照会，到部饶舌。此公司交涉，亟宜变通，另定章程也。

第三，伊犁将军除管兵外，因不得干预他事。即附掭之镇道府县，无论如何优劣，无法去留，以致遇有交涉，将军无权以处之。此又事权亟宜变通，另定章程也。

第四，伊犁紧邻俄界，练兵为亟，无如孤悬西北，军械则转运惟艰，招募则驰驱不易，拟在锡伯一营，挑选教练，总期先成一镇，再作后图，既可省费，又易成军。此与旗兵生计，与化除畛域。均能各受其益。此练兵亟宜变通，另定章程也。[59]

志锐认为，以上四端，为今日急务，必须速为办理，以此稳固边陲，以期保卫清朝江山。志锐经兰州时，曾与陕甘总督长庚议商，万一清廷危急，当联络新、甘、蒙古为一气，拥溥仪西迁，再图恢复，为清王朝尽忠尽责。正如他自己所说："吾家世受国恩，自吾通籍三十余年，贬谪殊荒，所如辄阻。今日之事，尚复何为，所欠者一死耳矣。"⑥⁰

志锐所奏四策，可归结为两条：要钱！要权！志锐万没想到，他会因钱在伊犁将军任上困死。

志锐被钱困死

"当年六月，志锐西行赴任。志锐在致堂弟志锜的信中，颇为苍凉地表白心迹："奉旨出关，值危局非承平时比，我以身许国，不作生入玉门关想。'"⑥¹既然赴汤蹈火，必有粉身碎骨风险，志锐已做好客死天山的思想准备。

"进疆途中，武昌起义爆发，志锐闻讯后，对家人说："此次之变，恐不如广州、安徽之易平，满洲或无死所矣。'有人劝志锐暂缓行程，被志锐拒绝了。"⑥²眼见清朝大厦将倾，谁也无力回天，志锐执拗西行，不过是尽大清臣子的忠心和责任罢了。

志锐接旨，踌躇满志，赴任伊犁，马不停蹄，日夜兼程。他于辛亥年八月抵新疆省会迪化，向清政府电奏："伊犁新军名实不符，请先在新省挑募曾经战事者百兵，作为卫队带往，以示模范，分配各队，以作勇气"，⑥³由此开始了他"救危局"的行动。

志锐九月二十五日（农历）在惠远接任视事。接任后立即勒令停办"讥弹时事"的《伊犁白话报》，钳制舆论。因武昌起义已经爆发，全局动摇，他对伊犁新军别生疑忌，下令全部解散。

志锐到伊犁后，遇到最头疼的问题就是缺钱。光绪十一年（1885年）起规定，新疆、伊犁、塔城3处每年共336万两。新疆60万两，陆续增至260万两。光绪三十年（1904年）改为3处共298万两。到宣统年间，协饷解不足数，新疆尚担负庚子赔款每年40万两（岁支军饷中节省22万两并加发储银内支出18万两），后来又学办新政，藩库已出超92万两。广福时期伊犁设备兵种一师，岁需军费伊银62万2000余两。

辛亥年，内地革命风起云涌，武昌起义后，18省随即响应，宣布独立。新疆本要靠内地协饷运转，独立即意味着协饷断绝。而清末中央财政更是捉襟见肘，一方面向列强割地赔款，一方面要借外债度日。为了捞钱，清政府向民间

▲ 伊犁的寺庙群

横征暴敛，怪招迭出。志锐到伊犁上任后，才发现自己是一个要饭将军，不要饭简直活不下去。志锐向清廷要钱，几乎闹翻了脸。

伊犁当时的情况是"饷源奇绌、屡催罔应"、"需饷孔亟"。因此，志锐电奏："边军待饷孔亟，请将阿尔泰山前领修城银十九万两，先行拨给伊犁，一候协饷到伊，再为陆续扣还"。然而得到清廷的回答却是一句"断难挪动"。志锐仍不死心，再次以"伊犁为沿边要区，较阿城尤为吃重"为理由，请仍将阿城修城款项，指拨应用。在志锐的再三要求下，然后清廷谕令科布多办事大臣忠端，"匀拨二三万两，以济伊犁之用"，并批评志锐、忠端，"仍各存意见，互相龃龉，殊属不知大体，当此时局危急，务当和衷共济，以免贻误"。⑥

从志锐一再电奏催饷可以看出，志锐是不达目的誓不罢休的将军。然而，远水解不了近渴，应志锐的要求，从阿尔泰建城款项拨出3万两银运往伊犁途中时，伊犁起义已经爆发了。

伊犁起义的直接导火索还是缺钱。志锐遣散新军官兵，但不发给遣返费，致使新军官兵坐困伊犁，贫怨交集。更有甚者，他竟然下令设卡，在严冬中强行剥去被遣官兵的皮衣裤，任其冻毙。志锐意在防范革命发生，却加速了革命的发展。志锐性急暴躁，一方面与他出身高贵有关，另一方面亦是天性使然，做事极端，不留后路，这是文人的通病。他心知新军是革命的力量，采取霹雳手段收缴武器，遣返还乡，固然不错，但他行事莽撞，不仅全部遣返，全部得罪，而且不发遣返费，甚至在严冬强行剥去官兵皮衣裤，甚至连前伊犁将军广福也得罪了，这种不近人情把事做绝的行为，必引起兵变。志锐看似文武兼备，不过他的文不是韬略，只是艺，秀秀才华尚可，治国安邦不行。袁大化的手段则比志锐柔软，他仅仅用自己的亲信换掉军官，并不砸掉士兵的饭碗，故能从容不迫地应对革命党人的起义。这些忠于袁大化的军官，始终忠诚于袁大化，一直保他安全离开新疆。

与前伊犁将军广福的恤下忠厚相比，"志锐自负是清廷的皇亲国舅（系光绪皇帝的宠妃珍、瑾二人之兄），对下属凌辱残暴，早已臭名昭彰。当年他在伊犁任领队大臣时，曾以黑蛇鞭打死过人。他以文才自大，十分轻视目不识丁的蒙古人广福，借口交接手续不清，不准广福到杭州赴任。志锐初来伊犁时，曾带有仅值一、二钱的毡帽，分派各地强行推销，每顶毡帽索银一两，到期无银偿还，就要作价为一只羊，再逾期则高到一头牛的价钱，超出原价的几十倍，实等于白日抢劫。人民遭此残酷的剥削，无不怨声载道。"志锐的苛严与广福的宽厚之间，体现了人心向背。

志锐天价推销毡帽，也许背后有难言之隐。朝廷不给钱，部下会认为伊犁将军志锐扣饷不发，志锐有苦难言。做官领俸，当兵吃粮，天经地义，不发银饷，即使你是伊犁将军，手下的文官、武士谁听你的话？志锐若为了赚取毡帽的蝇头小利，干嘛放着杭州将军的肥缺不做，偏偏要求到万里之遥的边疆戍边？这些疑点，可做合理地推测之用。

志锐本出身高贵，胸怀文韬武略，其华彩辞章，遒逸书法，令人艳羡。但在伊犁将军任上，却使出下流手段，推销毡帽、克扣军人遣散费，甚至在寒冬强行扒掉军人的皮衣皮裤，不人道的做法背后，都是缺钱啊！

在一定意义上说，志锐是让缺钱困死的，钱能逼良为娼，钱能使志锐利令智昏，钱能使志锐不择手段，钱能使志锐丧失人心，钱能使志锐逼军造反。志锐是被钱困死的。用更广的视野看，北洋水师战败、大清新政流于形式，大清帝国皇帝退位，不也是被钱所困吗？

志锐是伊犁革命的主要对手，志锐存，则革命死，志锐死，则革命成。"二十日拂晓，伊犁临时军政府司令总长杨缵绪出示晓谕：照得民军起义，为响应武昌，推倒清朝专制，改建共和。今将军志锐、副都统希贤、吕巡捕（名不详）、旗官春竹铭、孝昌等在逃未获。如有知情报信者，赏银10万两，拿获志锐将军解送政府者，赏银20万两。倘知情匿藏不报者与其同罪。"⑤

"将军志锐当夜看到大势已去，无可奈何，骑马单身逃跑。可是却出不了大门了，即从衙门后边马号门逃出去。他又心虚不敢走远，就到马号对门东巷西口老满营左翼协领乌尔格春之家。志锐一进去就把马拴在院中，进屋与协领见面谈话，乌协领恐怕旁人看见不妥，就说：'将军坐在屋里，难保无事，还是暂行隐藏为上。'于是，就把志锐藏在院中芦苇堆中。那时已经停战，起义官兵在新旧两满营地方挨门挨户搜寻志锐。有一批人，走进乌协领院内，他们并未想到志锐会躲藏在内，只看见院内有一匹鞍辔鲜明的白马，就要拉出去，乌协领家的院夫，一个维族人，吓唬拉马者说：'喂，这是将军的马，你敢拉去吗？''啊，这是将军的马？那么，将军必定在这里！'"即到处搜查，终究把志锐从芦苇堆里搜出来！当时七手八脚地把这位末代将军拉到大街上，一直往西走，志锐一声不吭，走到官钱局门口才说：'你们要杀就杀呗，这是何苦呢？'他们又拉着推着，走到鼓楼南，商务会门前，又拉到鼓楼东、羊肉馆门前，冯特民在背后用手枪把志锐毙掉了。毙倒后不知是谁又把志锐的嘴砍了一刀，死者就抛弃在大街上。"⑥擒贼先擒王，树倒猢狲散。是为革命党人的斩首行动。

志锐之死还有另一种说法。新政府发出告示后，乌协领"害怕受牵连，又因其女婿郑巨川是民军营长，催他自动向新政府报告。冯特民和马步云等带队急到乌协领衙署大堂的东夹墙角内，将志锐抓了起来。"⑥野史是正史之补充。"志锐第二次到伊犁，为时仅五十四天。"任不逢时，英雄短命。

"沙皇俄国对于清朝的灭亡和志锐的被处死'恻隐情深'。俄国驻伊犁领事馆，代表沙皇政府，送给志锐家眷147卢布80戈比吊丧礼。"鳄鱼流泪，也算有情。

在大清帝国生死存亡关头，清政府启用了两个出身、经历、个性迥然不同的干将，希望他们携手挽狂澜于既倒。这只能是清政府的一相情愿。伊犁将军与新疆巡抚素有矛盾，本为制度之弊，非志锐与袁大化个人能够解决。

志锐生于1853年，袁大化生于1851年，除年龄、品级、愚忠相同外，二人或再无相同之处。

二人属不同民族，志锐是享受特权的满族，袁大化是受限的汉族；二人出身大不同，志锐属他塔拉氏，满洲镶红旗人，陕甘总督裕泰之孙，知府长敬之子，两个妹妹分别为光绪的瑾妃、珍妃，乃皇亲国戚。袁大化出身安徽涡阳农家，父亲早亡，其母不惜乞食而供养他读书；二人学历也不同，志锐为光绪六年（1880年）进士，选庶吉士，授编修，累官至礼部右侍郎。袁大化中秀才后再无长进，只得到边疆投军，以实干起家。

志锐与袁大化之间最大的差异在于性格，由此又决定命运各异。志锐恃才傲物，袁大化低调做人；志锐刚愎自用，袁大化谨慎谦卑；志锐脾气暴躁，袁大化老成持重；志锐待人刻薄，袁大化为人忠厚。清廷若将二人的任命交换一下，伊犁起义鹿死谁手，也许将无定数。不过，海啸面前，小技不碍沉浮。

诗书狂客

从才艺上讲，志锐工书法，尤喜狂草，善吟诵，诗词放浪不羁。同为伊犁将军，广福目不识丁，志锐却才高八斗，精通诗词书法，造诣颇高，自喻远游狂客。"闻前伊犁将军志锐收藏最富，志被难后，书籍字画古玩等，散落各处。"⑧新疆省政府委员吴蔼宸1933年所做的记录，10余年后为王子钝先生亲证。毕业于新疆军校的王子钝先生四十年代游宦伊犁时，曾在荒旧冷摊上购得志锐诗抄。此时距志锐被杀已过20多年，但志锐的生命通过另一种形式在延续着。

王子钝先生一生钟爱诗词，曾作诗万余首，被誉为西域诗囚。20世纪80年代他将志锐诗发表在新疆政协文史资料上。现选几首以窥志锐精神风貌。

▲ 志锐手迹
（作者翻拍）

《上元宴集柬捷安将军、章甫参赞》
人生元夜年年有，难得天涯共聚首。
我曾五度赋观灯，每惜无花并无酒。
今年天上下将军，又看奎宿耀南斗。
（原注：连捷安将军暨魁章农参赞皆去冬到任。）
联翩入幕两嘉宾，王佩瑗居杂谣玖。（原注：单郎与伊松山二幕客）
狂呼痛饮吴门豪，酒酣常按青龙刀。
迁人肝胆沥霜雪，有时性命轻鸿毛。
琵琶四座乱繁响，高歌一曲倾芳醪。
（原注：是日有蒙乐。那王曾歌一曲）
胸中奇气不得吐，病鹤羞为舞。
岂不怀归久买山，未成报国空开府。
当年好客有东坡，良辰美景朱颜酡。
我才不如迁相似，东奔西走叹蹉跎。
行将西迈仕升斗，荷戈散刈天山禾。
吁嗟乎！

此诗写尽志锐心态：怀念京城故人，却身为天涯成客；

愿为朝廷胆沥霜雪，但性命却轻如鸿毛；空有奇志，命运却蹉跎坎坷，荷戈天山。因此，他狂呼痛饮，灯下看剑，一醉方休！

> 天下滔滔不可止，伊谁能作中流柱。
> 二圣忧殷寝不遑，孤臣运塞时逢否。
> 亦曾挟策献明堂，颓波欲挽东流水。
> 非关丝竹寓陶写，聊惜酒杯浇郁垒。
> 起视参横月未央，金樽酒泛葡萄光。
> 良朋嘉会不易再，齐头南望心彷徨。
> 愿君同时各努力，莫教两鬓空成霜。

此诗尽显志锐狂狷之气，自比中流砥柱，欲挽一江东水。然而，二圣（慈禧、光绪）啊，孤臣运塞何时了？切莫教我两鬓空成霜啊！

《满江红》

（词一首）

匹马寒烟，谁管待。远游狂客。须记取，黄沙荒徼，殊铭堪勒。万里边应吾辈守，十年闲让他人待。听胡笳，一曲壮哉行，看时节。

伤时语，平戎策；收拾起，何须说。祗酒罅茶灶，聊藏鸠拙。孔梦难答琼岛树，无言独踏关山月。笑生平，百事不如人，头将白。[69]

平心而论，志锐的诗词有一股豪迈之气，有天降大任于斯人似的自信，"万里边应吾辈守，无言独踏关山月"。边关重重，我不守谁守？雄关道道，我不戍谁戍？在豪迈狂放之际，志锐的诗词又含有一丝忧虑，"笑生平，百事不如人，头将白。"因此，新机会来临，"收拾起，何须说"。

新疆师范大学星汉教授研究志锐的诗词，同时也研究志锐其人，他对志锐诗词的评价自有章法可鉴：

志锐死后，清廷以额勒浑署伊犁将军，只不过是虚应故事而已。实则志锐为有清一代最后一任伊犁将军。有《廓轩竹枝词》。本文所用诗作,皆录自笔者《清代西域诗辑注》。

志锐在索伦领队大臣任上二件大事的第一件是关注边防,尽心守边。这一方面的内容由《首夏巡边,马上得诗四章》可以得到证实。四首七律是光绪二十九年(1903年)志锐陪伊犁将军马亮视察边防时作。

第一首主要写巡边的过程、意义和结果:

> 一年一度按巡边,四月晴和首夏天。一线长河悬中外,盘肠曲径绕蜿蜒。升堂输我开门揖,卧榻容人借枕眠。且喜和戎新定策,断流无复漫投鞭。

首联道出一年一度的巡边是伊犁将军职责范围和这次出行的时间。颔联说明巡视的大致路线和行路之艰难。诗中"长河"指伊犁河,因其流经当时中俄两国,故云"悬中外"。同治十年(1871年),俄国人以清政府不能安戢新疆为由,出兵占领伊犁,以"代管"之名行主权之实。所以颈联陡然一转,谓当年清政府准其代管,无疑开门揖盗,以致今日卧榻之侧容得他人酣睡。尾联大意是说,这次巡边,边境安宁。现在已和俄国划界讲和,再用不着投鞭断流了。揣摩语意,个中仍有志锐的愤慨在。⑦

第二首主要是对收回伊犁和割让土地后的感慨:

> 伊川形势四方维,割让西南半壁亏。天险未能留砥柱,地多空见剩张箕。良田待辟何人种,大漠无垠任马窥。东望浮云蔽沧海,庙谟应解念西陲。

首联指出伊犁形胜之重要。咸丰十年(1860年)《中俄北京条约》签订,沙俄割土我国巴尔喀什湖以东、特穆尔图淖尔(今伊塞克湖)以西的大片土地。其后《中俄勘分西北界约记》和《中俄伊犁条约》又割去特穆尔图淖尔以东的大片土地。因地处伊犁西南,故云"割让西南半壁亏"。

额联是写割让土地之后的严重后果,那就是目前的伊犁形如张箕,全部暴露在俄国人的面前。颈联继写经济上的损失是"良田待辟何人种",军事上的损失是"大漠无垠任马窥"。尾联是说,尽管海疆不靖,但是朝廷还必须顾及新疆。表现出作者怕失去新疆疆土的忧虑。⑦

第三首主要是对伊犁历史的回忆：

> 二百年来古战场，亦曾安堵课农桑。路分南北形偏聚，屯设兵回策最良。掩日旌旗收故垒，漫天勋业辟新疆。佃车宝马夸都会，却使司农费料量。

首联谓，虽然伊犁将军所辖的天山南北内外的干戈常有，但是军民们仍然安居乐业，从事农业生产。颔联主要从屯垦来讲，谓二百年来，在这大山南北两路的形胜之地进行屯垦，使得边疆安定。清新疆屯田可分兵屯、户屯、犯屯、回屯和旗屯五种。此处但言兵、回二屯，举其要者。颈联主要从军事来讲，以形象的语言道出伊犁将军所辖军队的勇武。尾联重在写目前伊犁首城惠远。谓其繁华，但要朝廷户部的银两支持。这首诗尾联的用意如同第三首的尾联，但表现的是对新疆经济来源的忧虑。⑫

第四首是借题抒怀，以彰其志：

> 傍河新筑索伦营，四部中分是劲兵。养恃耕耘风尚古，教先弓矢技犹精。长烟落日孤城闭，独成临汀夜角鸣。八载巡边犹未已，亦应重感二毛生。

所谓"傍河新筑索伦营"，是指索伦老营盘已划归俄国所有。其新营城在今霍城县境内拱宸城（今霍城）东八里处，至今残墙犹存。诗中"四部"指驻守伊犁九城（塔勒奇、惠远、宁远、广仁、瞻德、熙春、拱宸、绥定、惠宁）之外的额鲁特营（驻守伊犁河上游和纳伦河一线）、察哈尔营（驻守博尔塔拉）、锡伯营（驻守伊犁河南）、索伦营（驻守霍尔果斯以西），史称外四营或四爱曼。在伊犁边防部队当中，自誉索伦营是精锐部队。颔联谓索伦营的主要任务就是"耕"和"战"两个字。"耕"从历史上看"风尚古"，"战"从目前来说"技犹精"。"八载"是指光绪二十年（1894年），志锐由礼部右侍郎降授乌里雅苏台参赞大臣，其抵任所当在光绪二十一年春，至作诗时恰为八周年，此处尾联是对这四首诗的总结，也是八年守边的总结。在白发丛生之时，仍然"巡边犹未已"，个中牢骚不言而喻。⑦

星汉教授评价说："读过志锐的诗作，给人最深的印象莫过于其强烈的爱国热情；尽管此人恃才傲物、刚愎自用，甚至敌视革命，但其支持光绪皇帝亲政、尽心守边、关心国是，还是应该充分肯定的。为此，他的诗作在清代西域诗中也放射出异样的光彩。"⑦

志锐被斩首后，"清廷追谥文贞，追赠太子少保，遗骨运回北京，葬在沙沟村"。⑦

志锐工诗词，著有《张家口至乌里雅苏台竹枝词》、《廓轩诗集》、《姜庵诗存》等。

追忆伊犁起义

伊犁辛亥革命爆发时，宫碧澄还是一个孩子。他以孩子好奇的眼光看待这场革命，很有新意。宫碧澄后来成长为国民党驻新疆党部特派员，经常游走于南京、北京与新疆之间，有幸与伊犁辛亥革命老人见面，并记下了他们的音容笑貌。引录如下：

我祖母和我母亲说《三国》。我们孩子也安安静静地坐在炕上。也像往常一样，我父亲说到下回分解处，喝口茶休息。在没有说第二段以前，我父亲忽然对我的祖母说，外边这两天风声很紧，听说粮子（军队）要变，志将军把武备速成学堂的学生都调出来查夜了，今天只说两段吧！早一点休息。

第二段刚说完，大约十点钟左右，远远传来一阵枪声。我害怕地躲在祖母的旁边，说不出一句话来。枪声继续响下去，越来越密，机枪声中紧跟着炮响，声音好像越来越近。半个钟头以后，在紧密的枪声中，呼隆隆的炮声，震得屋子玻璃窗子乱动。接着对面西房墙上的火光照得透明，嘈杂的人声，夹在枪声中似乎很近。这时屋子里，鸦雀无声，只有熊熊的炉火在灯熄后的屋顶棚上发亮。父亲默默地走到窗口，拉开窗帘，看着对面墙上的火光，听着枪炮响和人声，慢慢地跟祖母和母亲说，大概在将军衙门附近。

父亲要到院子去看看。他走去不久，东边的枪声更密起来，有的枪弹听着好像掠过院子的树顶。呼隆隆的大炮又响起来，接着又是一阵人的喊杀声。父亲回来说，烧的大概是将军衙门。前院住的管带钱广汉也没有在家。这时西房墙上的火光，还没有下去，可是不像方才那么透红，有些发淡红色了。一个钟头以后，窗帘上看不见西房上返照的火光，枪声也比方才稀少了，嘈杂的人声中间，夹杂着马蹄响，听起来好像由东向西移。

半个钟头以后，人马声好像过了鼓楼，枪声一阵阵地又紧起来，接着又是一阵大炮响。在紧密的枪声中，夹杂着人声，又传来一阵响，陡然从西方升起一个大火球，照满了窗子，越来越红。枪声更紧，人声更大。在沉静的屋子里，父亲又走到窗口说，这火不在领队衙门，就在都统衙门。话还没有说完，外屋的门响了，进来个拿枪的人，大家大吃一惊。他放下皮帽子，方才认出是表哥王玉林。他说革命党人今天起义了，拿下南库后，打毁了将军衙门，志将军跑了，正在搜查。现在正打都统衙门和领队衙门，已经通知咱们饭馆给革命党人做夜饭，天明以前，一定要拿下北库。父亲哼了一声，祖母刚要同他说话，他一转身就走了。祖母唉了一声，什么也没有说出来。

我因为听久了，也不像方才那样怕，想到院子去看看，被父亲呵止住，祖母叫我揭开窗帘看。这时西北方照来火光，没有以前那么大，可是枪声不断地在响着。借着火光，只看见挂在树枝上厚厚的一层残雪，和飞走又回来栖息在树上的乌鸦。火光逐渐地退下去了，黑沉沉的屋子感到有些寒意。外边的枪声还在不停地响着。

·第二天的情况⑦

不知什么时候睡着了，醒来已是大天亮。西北角仍然传来稀稀拉拉的枪声，有时也紧一阵。父亲已不在屋里，我告诉母亲要出门去看看。出了我们这个西套院，跑到前边大院门上，东大街商店和住家的门全关着，街上行人很少。每家门口都插着一张桑皮大白纸，上画的有光芒的太阳。有的只在一个不大的圆圈上面斜画出几根红杠。街上显得冷清，我回到院子里，由北侧门跑到饭馆子去，北大街像东大街一样，家家户户都闭着门，门框上插着一面画着红太阳的白纸旗。

不久，父亲从外边引进一个蓬头长须穿烂皮袄的人，仔细认出是木匠张才，因为吵架押在对面保甲局的犯人所里。父亲对他说，傻东西，人家都跑得没人影了，你还蹲在那里干嘛？这时街上忽然一阵马蹄声，接着就是一排枪响。父亲叫我去栓大门，在门缝里听见外边有人说广将军骑马过去了，后边有人向他开枪。

刚吃过午饭，前院的同学叫我同他到将军衙门去拾东西。他说衙门烧光了，地下挖出来好多东西。将军衙门外边的栅栏围墙东倒西歪，衙门内外的大门扇烧掉了好几扇。从大堂一直到三堂的屋子，都烧光了，地下没有烧光的木头还在冒烟。大人小孩捡东西的可多了。有的抱着烧毁了的衣服，有的拿着烧了一角的皮箱，有的拿着座钟两人在争；瓷器家具在焚烧过的高低不平的地上全露或半露着。烧了一半的公文、纸张、案卷，飞得到处都是。破墙下冒着浓烟，间或看见一两个满身或满脸血迹的死人。看样子，有些在表面上的东西早被人拿走，后来的人都蹲在地下拿手或小刀在挖。来挖东西的人不少，陆陆续续地来，陆陆续续地走。

太阳刚刚向西转，我们正挖得出神，外边传来一阵人声，有的已经喊着向前来，人喊着说志将军藏到文庙里捉到了，现在要拉到鼓楼根去砍头。

鼓楼不像往常那么热闹了。鼓楼洞和四边不见一个摆摊的，只见三三两两一堆堆的人在谈话，有的又好像在鼓楼洞里看告示。在东大街的鼓楼跟前，人越聚越多。我从楼南边洞里跑出来，猛见前边围了一大群人，接着两声枪响，一股人流又奔向那里。人群围得很紧，我从大人腿边使劲挤到前边去。地上躺着一个头朝南，年约五十开外，身穿天蓝绸棉衣的人，没有穿鞋的白布袜底上沾满了泥雪，脸上两道刀伤，光着头一动也不动。人们指着他说，这就是志将军，捉他的人性急，没有等着砍他，就拿枪把他打死了。

我越过鼓楼到西大街，跑到副都统衙门，见到处烧的情形同将军衙门差不多，有些人在那里捡东西。我蹲下在土里挖了半个钟头，见后边的人都往外跑，我也跟出来走到南大街。在对着九如居饭馆的街东面白杨树上，挂着一颗人头，许多人在围着看。我走到人群中，听说被杀的是营务处的总管，平时大家最恨的人。有些人，一边看，一边在骂。

我拿着捡到的破烂罐子回家。母亲说父亲不叫再出去了，天黑就要戒严。

我祖母和我母亲都盼望着我表哥，他一天都没有见面了。外边的情况怎样。他们都很焦急。

天黑了，外边到处都是稀稀拉拉的枪声。鼓楼上的钟鼓，像往日一样，不时地在报更。

·革命军政府[33]

在志将军手下的官们，有的像他一样死了，有的跑了，有的藏起来。整个来说算塌台了。没被革命军烧掉的衙门上挂的虎头牌军棍和皮鞭子也不见了。衙门里也看不见带枷的人。街上出了告示，叫人们不要害怕，各安生业，商人要照常做买卖，不要听谣言，有惑众的拿到治罪。每天黄昏前后，杨缵绪坐着三面有玻璃窗的轿子马车，前边走着四个大刀队，后边拥着一群护卫来巡街。他办事的军政府在西大街，过去热闹的东大街，显着较前冷落点了。

当时革命军组织了军政府，好像推从前的将军广福为临时都督，杨缵绪、贺家栋、冯特民、李辅黄、郝可权、黄立中等分别任军务部、民政、外交、财政等司长、师长、总兵等职。军政府开始清理营务处、粮饷处和有军械的南库和北库。恢复了官钱局，红白铜钱照常流通，还准备发行油布官帖或纸帖。改组了毛皮公司，同时恢复了对俄的关系，布匹、食油、块糖和一般日用品照常进口，中国的皮毛、茶叶、羊肠和其他土产品照旧出口。

军政府成立后，过去在伊犁将军统治下的宁远道台，绥定的镇台，霍尔果斯、芦草沟和清水河子等地，以及哈萨克住的特克斯、崆古斯，蒙古住的博尔塔拉和四棵树，都次第归服了军政府。各处交通也逐渐恢复了，人心安定下来。这个九里三方方正正的小城开始又有繁荣气象了。

过去的南洋军改编了。有的两湖人去开肉铺或卖馄饨炒熟面。锡伯和索伦营因为是清政府的驻防军，领队虽没有取消，也无实权，无形解散，有的人回到河之南（伊犁河）牛录上（村子）去种地。新老满营人没有了将军都统，他们一出生就能领到的七两三钱银子也没有了，有的去做买卖，有的到圩子上（村子）去种地。

▲ 郝可权英姿　（作者翻拍）

▲ 冯特民着日本和服像　（作者翻拍）

　　军政府因为成立不久，主要的中心在政治经济方面。同时，迪化方面是否能响应，还没有消息，所以对于文化教育方面，就没有及时注意。伊犁初等小学，惠远两等学堂，都没有恢复。两等学堂的桌椅家具和图书叫一些学生和附近的居民拿完。有的讲堂的门窗，也叫人劈掉了，后来才派军队驻扎。过去曾鼓吹过革命的《伊犁白话报》也停办了。

　　在伊犁革命政府成立不久，一种好的风尚在到处流行着：男人开始剃头不留发了；开通一点的家庭，也不给女孩子们缠脚了。除革命政府提倡天足和剃头以外，对老百姓在向官府有所要求时，免去拜跪。革命政府还特别出了告示，要汉族群众不要对维吾尔族群众有侮辱性称呼。

·革命前的情况[19]

　　武昌起义成功和各省纷纷响应的消息，接二连三地传到新疆来，人们都在猜想：新疆能否起义，地点是在伊犁呢？还是在迪化呢？

　　据我父亲早年告诉我们：伊犁是伊宁、绥定、惠远、广仁、瞻德、惠宁、熙春、霍尔果斯等城，以及河南锡伯营、博尔塔拉、特克斯、崆古

▲ 伊犁俄国道胜洋行曾控制当地经济命脉　（作者翻拍）

斯、大河沿和精河等地的总称。关内的人说到伊犁河，像说到红庙子是省城迪化一样。伊犁将军管辖在伊犁地区的都统、副都统，锡伯和索伦营的领队，蒙古和哈萨克的王公千百户长与满、汉步、骑、炮兵营；还有塔城的副都统管辖下的锡伯、索伦和蒙、哈等族。全疆的巡抚、藩台、臬台（按察使）、道台、州、府、厅、县都受他的辖治。全疆南北两路的维族王公、伯克以及焉耆、乌苏，和迪化一带的土尔扈特、额鲁特、和硕特、察哈尔等地的王公等也归他管辖，听他调度。这个设置在新疆西陲重镇的将军，据说他的地位仅次于奉天将军和杭州将军。因为志锐是清朝皇室人，所以这个将军的地位却高于杭州将军，有些同奉天将军平了。

记得志锐被派到伊犁当将军的时候，正是清王朝快下台的宣统年间。他的前任是广福，人们都说广福是好人。志锐心胸颇大，自命不凡。他到伊犁来曾有些说法。当时新疆的大小官吏和王公大臣，都怀着敬畏而谨慎的心情来迎接他。

志锐到伊犁后，据说搞了一次整顿，给地方上带来严肃而紧张的气氛。营务处、粮饷处的措施，使各营的兵勇缺粮缺饷，市面上也不像往常一样那么活跃，鼓楼的夜市场也收得很早。满人的气势较往常不同，老百姓在街上多所回避。在夜禁巡逻时，往来的行人时受盘问。鼓楼上的更鼓打动着每个人不安的心弦，都感到有什么重大事变要降临。

将军住在惠远城，新旧满营住在东南和东北城，锡伯和索伦驻在西南和西北城，东南西北四大街是汉人居民和商店。通向伊宁的东门外边，维族商人居多，通向绥定的北门外，回汉两族居民较多。在城里西南角小校场上，驻扎着一部分粮子，西北城角驻扎着锡伯和索伦营的兵。有部分粮子驻在东门外边的大校场，还配有满人骑兵。南门外也驻着些粮子。城内的将军、都统、领队以及其他的衙门和城门口，都有兵勇把守。全疆除迪化外，再没看像这个小城驻扎得这么复杂了。

我祖母告诉我们，我父亲母亲和她都是由关内来的。在左宗棠、刘锦棠西征时，河北、河南和陕、甘等省的人有的吃了粮，有的来赶大营做小买卖，进入了新疆。新疆设省后，又来了一批两湖人的南洋军队。还有些跟大官来的人，因为新疆好混，也都留了下来。驻在伊犁河和红庙子一带的锡伯、索伦或满人，都是乾隆或道光年间，由东三省调来的，现在他们都成了新疆土著。汉人虽然有的在新疆成家立业，每个人

▲ 伊犁将军亭 （作者摄）

还没有忘记故土。在省城他们有山西、两湖、陕、甘和冀鲁豫等省的会馆、同乡会。时常同关内保持着联系。关内各帮会、道门也因为他们的关系，在新疆各地发展起来。在他们之间，虽说职业不同，省籍各异，可是在感情上却保持着亲密的联系。这种情形，有时在同满人或维族人等殴斗中表现得很突出。

新疆是清政府时代的协饷省份，在开省之前，军用食粮和民用食盐、茶叶等都要从关内运来。武昌和各地起义成功后，清政府也无暇顾及。向新疆运输货物的大小草地和陕甘大道，也因为内地各省革命的关系，不大畅通或根本不通。宣统末年不只军饷不能照旧指拨或接济，就是日常生活用品，也因此有所缺乏。这就直接或间接影响了人心的不安。

伊犁的革命党人，听到关内各省起义成功的消息，根据国内形势和新疆当地情况，着手在伊犁策划起义。他们利用了同乡会，帮会道门的关系，策动军队，说服有关人员，谋取军械库，防备新旧满营和锡伯、索伦营，以及如何袭击各衙门。他们在起义的那天，很顺利地拿下南库，摧毁了各发号施令的官僚衙门，防堵了满营对抗和进攻，建立了革命军政府。

·革命政府进军迪化⑧

伊犁革命成功以后，新疆还有四分之三以上的地方受着省城迪化清政府官吏的统治。他们仍要效忠清政府，与伊犁革命政府对立。

伊犁各地军民很快乐地过了新年。农民们正忙着准备春耕，牧民们也正整理冬窝子。在一天早晨，街上的深泥还没有开冻，一队队的荷枪军人、骑兵、炮兵经过我们北大街门口向北门外开去。据说同省城打仗了。人心又浮动起了。从那天起，三天两头有军队从北门开过去。他们从芦草沟（广仁城）冒着严寒，越过崎岖险峻的果子沟山、二台、三台、四台、五台向着大河沿和精河进军。新疆军队，伊犁号称劲旅。南洋军的军械齐全，蒙、哈各族与锡伯、索伦军队骁勇善战，伊犁地方形势的险要和富庶，都比迪化方面占着优势。开仗以后，胜利的消息，不断随着运回的少数伤兵传播到各处。杨缵绪的马车有时傍晚出现在泥泞的街道上。

不久，传来两军胶着在精河以西的消息。接着又传来把对方打过精河以东，迪化要派人来讲和，顺从革命政府的喜信。这时，城里头又出现了一片欢腾热闹的气象。

人们欢乐的心情，忽然间受到钱广汉投降迪化的确信感到不安。锡伯和索伦的步兵，蒙古和哈萨克的骑兵，回汉维各族的混合军队，还有一两起炮兵；又一批批地开上前线。

钱广汉的投降，使革命政府军队的主力受到相当的影响。革命军的进军计划，军队部署和军需用品的储备，以及各要害的布置情况泄露无余。这是对革命政府的一个打击。因此，革命政府在安定人心的同时，迅速改变作战计划，调动前后方军队，加强军需用品转运，鼓舞士气，以补救这个缺口。

·新伊议和与革命政府的解体⑧

过了不多日子，人们又传说：同迪化不打仗了，冯特民、李辅黄去塔城议和了。人心感到一种松快。又隔了不多日子，又传说杨麻子（杨缵绪）宣抚南疆去了。新疆统一了。这个消息给人们带来无限的快慰。

我记得好像在一个冬日的黎明前，一阵枪声，从梦中把我惊醒。以后连续不断地在城内各处响着，时而听到街上的马蹄声。这样的情形大约有两、三小时的光景才逐渐沉寂下去。我祖母好像告诉我说，新招的军队在演习呢！因为伊犁与迪化打仗以后，各队官兵牺牲不少。可是我祖母的话，因为我听前院同学说，街上很乱，却没有相信。

午后才敢出门，看见街上往来的人不少，有的在一堆堆地指手画脚地谈论着。许多人从东大街往北大街走。有人说马大鼻子（马得元，回族）把冯特民、李辅黄杀了。我走到鼓楼北大街口，见到路东电线杆上挂着两个血淋淋的人头，围挤着一群人在看。到底怎么回事，我当时闹不清楚。后来听我父亲对我祖母和我母亲说：迪化同伊犁议和，在有些条款上，尤其是在军政权归属的问题上，冯特民、李辅黄争得历害，非要归伊犁不可，迪化方面不答应。外边谣言很多，传说杨缵绪要带兵去打迪化，又说杨缵绪到南疆宣抚去了，杨缵绪担任的军务部长职内部有争执。又说北京调冯特民、李辅黄，不去，指使投降迪化的蔡乐善马队，在迪化哗变，喀什道袁鸿祐等被杀，以及各县的起义，都是冯、李煽惑的，北京来电叫广将军把他们杀了。

伊犁军政府的杨缵绪去喀什，冯特民、李辅黄被杀，黄立中调迪化当财政司长，贺家栋和郝可权不愿做官回关内，其他如徐三泰、姜国胜、谭钟麟，走的走、调的调，在广福病故后，这个有历史意义的革命政府也就无形解体了。

·会见辛亥革命老人②

在伊犁革命后的二十多年或三十多年，我在北京，南京会见了黄立中、李梦彪、杨缵绪。这些革命老人精神健壮，谈锋很利，回忆往事，摩拳擦掌，兴高采烈，都很想再到新疆干一场。

那时候，黄立中和李梦彪，是新疆和陕西的国会议员。黄立中谈到起义的那天晚上，他们用了很巧妙的方法，得到军械库的钥匙，猛不防袭取了南库，叫粮子弟兄们很快得到枪支弹药，能够按时进攻将军衙门和其他各衙门。李梦彪谈那天如何到东门外、南门外，以及在城内接洽起义军，差一点在城外没有赶回来耽误了起义。在攻打将军衙门的时候，大门打了许久不开，有些人死了，有些人伤了，他着了急，拿了几桶煤油泼在大门扇上，找来开花炮，调过炮口朝着大门给它来了几下。火也着了，门也开了。大家一哄攻到大堂，又朝里面开了几炮，穿过二堂到三堂，把衙门的人都镇住了，给它一个烧打并进，夺取并摧毁了将军衙门。在打都统衙门时，我们照旧用了火攻计，用煤油、大炮又干了一番。打领队衙门没有费很大的劲，一会就拿下来了。从头天中午

▲ 伊犁新军将领合影　（作者翻拍）

到第二天中午整整一天，连口水都没有喝。

　　杨缵绪在新疆盛世才登台不久，大概是1933年夏天吧？甘肃马仲英正从哈密、奇台一带会合和加尼牙孜向迪化进军的时候，他从武汉来到了南京，很想得到国民政府的任命，以他过去的威望，新疆人民对他的怀念，去治理新疆。他虽然老了，他那健壮的身体，炯炯发光带着神气的双眼，和那响亮的嗓子，不由得使我回想到他在伊犁时雄赳赳地坐着马车时那种威武的样子。他谈到过去在伊犁革命时精神十足，声传隔室。他说，新疆那时交通不便，传递消息困难，各地起义时间不同，内部意见不和，没有达到理想。当时有人计划伊犁、迪化都动，有人主张伊犁将军所在，如果成功，迪化自必降服，那知道这却出乎我们意料之外。伊犁起义日子我们都提前了，因为有人在武备学堂透露，我们才提前"架式"的。钱广汉、蔡乐善们投降迪化，使革命力量遭到很大的挫折。当时财政困难，前方战事的消息也不好，人心也想和平，想借着同迪化议和的时间喘一口气再干。那时候喀什边永福、魏得喜起义杀了道台袁鸿祐、参将汤殿臣；在阿克苏，汤友廷、高绍等起义杀了道台陈正源、知府王乃发；库车的谭长谷、钟冠华等起义杀死知州毛英畏；焉耆由吴怀首主谋，连浚泉、何正元等杀死知府张铣；巴里坤胡登科、王魁元等杀死巴里坤同知张在仁；甚至地方辽阔，人烟稀少的若羌，也在卡墙杀死知县胡奠华。起义的不只这几处，可以说普遍全疆了。这么好的形势，使我们伊犁方面没有能坚持冯特民、李辅黄在和议时争取军政权的主张，黄立中要去迪化当财政司长，贺家栋、郝可权他们都要回家，我当时也以为和议成功了，功成告退，去到南疆宣抚。如按当时的形势，蔡乐善队伍又在迪化起义，杨增新坐在迪化真是一夕数惊，如大家好好地干，真不知鹿死谁手。杨增新对南疆各处起义的人不按"举事于共和未宣布以前"的优待办法，而硬拿"暴动于共和宣布以后则为匪徒"的说法，诬哥老会为匪，先后都处置了。这个轰轰烈烈的全疆起义，不幸就得了这么一个结果！唉！伊犁那个地方真好！新疆真好！

　　后来我在南京又遇见黄立中和李梦彪，那时候他们已经是六十开外的人了，仍不忘情于新疆，仍怀念着伊犁。怀念着革命政府，怀念着伊犁起义时为革命牺牲的友伴们！

1963年6月5日改写

时光荏苒，岁月如梭。转眼间，辛亥革命年间的儿童宫碧澄已长成大人。在新疆金树仁时期，新疆在南京杨将军巷设有新疆驻京办事处，宫碧澄任处长。1933年，宫碧澄任国民党新疆省党部党务特派员，游走于新疆与南京之间，有机会见到在国民政府任职的新疆辛亥革命老人。宫碧澄曾著有《新疆的新年》。解放后写过许多回忆文章，有《国民党在新疆的活动点滴》、《盛世才入新夺取政权的经过》等。从宫碧澄《伊犁辛亥革命一页》回忆录看，宫碧澄的文笔是相当流畅的。

伊犁革命评价

相较一夜之间即告失败的迪化起义，伊犁革命准备的时间较长，革命的时间也较长，伊犁革命不但建立了革命政权，而且兵锋东指，以战促和，不仅使革命之火传播新疆大地，而且有力地策应了清帝逊位和中华民国成立。对于其成功的革命，史学家均给予了中肯的评价。

著名作家林竞20世纪40年代撰文，详述《伊犁革命之始末》："伊犁地居新疆之西，处葱岭之墟，山河巩固。清高宗平准后，于其地设九城，驻有重兵，大有顾盼欧亚之势。又以气候和煦，人物殷繁，接壤俄境，实得风气之先。清朝末造，将军长庚驻守其地，颇有远略，兴学校，办工厂，辟道路，通汽车，安设电灯电话，又先后由南北洋调去军官士兵各数百名，编练模范营，设立讲武学堂；凡开辟新政人才，多由内地调

▲ 五种颜色象征五族共和　　（作者翻拍）

用，或由东洋聘请，涤旧启新，气象焕然，而革命根苗，即萌于此。余于丙辰已未两度西域，耳闻途听，颇知始末。始悉伊犁革命，实关系全国。当时苟无此举，窃恐长白王气，至今仍弥漫于西北也。"[83]

林竞分别于1916年和1919年两度进入新疆作长时间考察，他的视野和见解自然与众不同。当时中国是以小农经济为主的社会，许多人只见树木，不见森林，只知中原，而弗知边疆。边疆与中原联系之重要，坐在田间地头和书斋中是无法想象的。

如果伊犁革命是成功之果，那么革命之因则来自内地。"日知会案破，冯（冯特民）等不能安居内地，杨（杨缵绪）亦有在边疆另谋发展之意，遂秘密携此革命种子，以期散播于边陲，于是冯特民、冯大树、李辅黄、郝可权、李克果、方孝慈、徐叔渊、辛泽宏、周辅臣、蓝少华等十余人，皆杂于杨之军中，随杨出关。行抵西安，李梦彪加入；至兰州，邓宝珊亦愿同往。因均同赴伊犁，而边远荒漠之新疆，从此遂弥漫革命之空气。"[84]

伊犁新军的主体是来自湖北陆军第八镇的四十二标，杨缵绪任标统。后来，杨缵绪出任了以四十二标为基础组成了伊犁混成协协统，与之一同出关的湖北人同盟会、武汉日知会骨干皆在军中任要职。天高皇帝远，只要改名换姓，清政府也懵然无知。由此观之，伊犁起义不仅与辛亥武昌首义具有过程的相似性，并且具有内在的关联性。

清朝末年实行的新政是一把双刃剑，处理得好则使大清帝国苟延残喘，一旦失当则会加速清朝的覆亡。尽管清朝的一帮干将制定了应急方案，采取种种措施救火补漏，但在浩浩大势面前无能为力。"查长庚志锐颇有干才，而长庚尤为满员中之不可多得者。由伊犁将军调任为陕甘总督，志锐为伊犁领队大臣，维时以国戚资格，要挟长将军务哈萨处让与管理，收入甚丰。调京不久，复任杭州将军，未到任，请与广福交换。路经兰州时，曾与长庚商定，万一朝廷危急，当联络新甘蒙古一气，拥宣统西迁，再图恢复。是故志抵伊犁时，力图将新军全体解散，并拟将各学校取消，一面筹备编练新旧满营骑兵，以备大举；初不料伊犁光复，而身殉社稷也。设当时伊犁无奋起之师，志锐与袁大化据新疆，而与甘肃之长庚，蒙古之升允，联为一气，旗民踊跃从命，固不必论，其他民众亦多数知有君主，不知有共和者，环起称戴，窃西北一带，帝孽长存，永为共和之梗未可知也。其关系不綦重哉！"[85]长庚、志锐均是满族中的干将，不仅胸怀大志，而且足智多谋，因此伊犁革命成功实为一招险棋。

"志锐怀蓄野心，苟无伊犁志士，兴以一击，则未来之祸患，正不知伊于湖底，而世之谈鼎革者，未闻提及伊犁二字，亦奇矣哉。余谓伊犁革命，价值之巨无论矣，尚有几点足述者：孤悬塞外，同志绝少，呼援无望，此较内地困难者一也；汉人居极少数，复未必尽系同志，此外满蒙哈萨克回民多数均反对革命者，其均具有战斗力，事成，尚有余患，不成更可知矣，此较内地危险之二矣；至于志锐因满人而劳之，广福以满人而举之，同一满人，而待遇不同一方可以表共和真正之意义，一方可以表现人民抚我则厚虐我则仇之心理，庶后之为政者，亦知有所取鉴也夫。"[86]只有身临其境，才能感受伊犁革命成功的艰难。

伊犁革命残废军人万象春是迪化起义、伊犁革命的亲历者，他指出："如果伊犁不起革命，清政府迁都事成，那时爱正巍猇，逐鹿中原，偏安西北，尚有可能。伊犁革命，格杀志伯愚，败走袁大化，载澜携春，逃往库伦，甘督长庚，解权卸位，不但阻遏清政府迁都成议，而且促迫宣统逊位。盖伊犁一班革命同志，对于民国之贡献，当不在武昌首义及各省响应之下矣。"[87]

辛亥伊犁起义的发动者是伊犁新军，与新疆省军对抗者是伊犁新军，与新疆省谈判最终实现新伊统一者也是伊犁新军。没有伊犁新军，就没有伊犁起义；没有伊犁新军做后盾，其他形式的起义则难以成功。

章开沅是公认的研究辛亥革命的大师。他认为，研究辛亥革命要以全球和全国的视野俯视，要看前后300年。用大历史视野看，新疆辛亥革命成功并实现多民族团结局面的原因，远可上溯至西汉时期中央政府即将西域纳入其管辖版图，历代大有为之君均能认识到西域对于帝国的战略屏障作用，并以举国之力开疆拓土；中可推及乾隆收复新疆之后采取的一揽子治疆方略，重点发展北疆，设立伊犁将军府，大规模移民屯垦，使北疆经济在历史上首次超过南疆，新疆是中国不可分割的组成部分的国家认同，既普及于内地，也深入新疆民间；近可归于左宗棠、刘锦棠驱逐阿古柏侵略者，从沙俄手中收回伊犁，并在新疆建立行省制度，继而在新疆推行新政，调配干部，编练新军，兴办学校，开发矿业，改善交通。这一系列改革措施，促进了新疆经济的发展，开发了民智，让人民在安居乐业中看到了希望。辛亥革命是中国大历史的延续。可以肯定地说，如果我们不能正确地认识新疆的战略地位，就难以解读100年前新疆辛亥革命的伟大意义。

注　释

① 《平定准格尔方略·续编》（卷十九）。

②③④⑤⑥⑦⑧ 赖洪波：《伊犁史地文集》，香港银河出版社，2005。

⑨ 陈舜臣：《鸦片战争实录》，重庆出版社，2008，第204页。

⑩⑪ 赵嘉麒、翟新菊主编《伊犁研究》，新疆人民出版社，2006，第180，183页。

⑬ 苏奎俊、孟楠：《伊犁将军长庚评述》，新疆人民出版社，2006，第250～254页。

⑫⑭⑮⑯⑰⑱ 《新疆文史资料选辑·辛亥革命伊犁专辑（第九辑）惠远城史话》，新疆人民出版社，1981，第46～50页。

⑲⑳㉑㉒㉔㉕㉖㉗㉘㉙ 苏奎俊、孟楠：《伊犁将军长庚评述》，新疆人民出版社，2006，第250～254页。

㉓ 《马达汉西域考察日记·1906～1908》，中国民族摄影艺术出版社，2004，第258页。

㉚㉛㉜ 《清史稿》卷四五三列传之二百四十

㉝ 赵欣余：《回忆先父陕甘总督长庚在西北的四十年》，全国政协《文史资料选辑》第20辑总120辑，中国文史出版社，1990，第96页。

㉞ 《清德宗实录》第五六三卷，第8页。

㉟ 新疆社会科学院历史研究所主编《新疆简史》第二册，新疆人民出版社，1981，第301页。

㊱ 苏奎俊、孟楠：《伊犁将军长庚评述》，新疆人民出版社，2006，第250～254页。

㊲ 《新疆文史资料选辑·辛亥革命伊犁专辑（第九辑）惠远城史话》，新疆人民出版社，1981，第46～50页。

㊳ 《宣统纪政》卷一五，宣统元年乙酉条。

㊵ 《马达汉西域考察日记·1906~1908》，中国民族摄影艺术出版社，2004，第1～2页。

㊴㊶㊷㊸㊹㊺㊻㊼㊽㊾㊿51 《马达汉西域考察日记·1906~1908》，中国民族摄影艺术出版社，2004，第258页、265～266页、269～271页、282～284页、325页。

52 《清史稿》卷四七〇和《清代碑传全集·碑传集补》卷二五。

53 69 《霍城文史资料》第一辑，1990，第181～185页。

54 赵嘉麒、翟新菊主编《伊犁研究》，新疆人民出版社，2006，第13～14页。

55 星汉著《清代西域诗研究》，上海古籍出版社，2009，第382～388页。

㊱ 孙希善、傅棣馨：《千载明月照天山》，新疆青少年出版社，1997，第292~295页。

㊲㊳㊴㊵ 阿拉腾奥其尔：《清代伊犁将军论稿》，民族出版社，1995，第179~186页。

�61㊲ 孙昉著《西北哥老会与辛亥革命》，中国致公出版社，2011，第182页。

㊶ 魏长洪：《辛亥革命在新疆》，新疆人民出版社，1981，第42~43页。

㊷ 《新疆辛亥革命史料选编——纪念辛亥革命80周年专辑》新疆区政协文史资料委员会编，新疆人民出版社，1991，第37页。

㊸㊹㊺ 魏长洪：《辛亥革命在新疆》，新疆人民出版社，1981，第50~51页。

㊻ 吴蔼宸：《边城蒙难记》，新疆人民出版社，2010，第98页。

㊼㊽㊾㊿74 星汉著《清代西域诗研究》，上海古籍出版社，2009，第382~388页。

75 赵嘉麒、翟新菊主编《伊犁研究》，新疆人民出版社，2006，第16页。

76 77 78 79 80 81 82 《新疆辛亥革命史料选编——纪念辛亥革命80周年专辑》新疆区政协文史资料委员会编，新疆人民出版社，1991，第48~49页。

83 84 85 86 87 林竞：《伊犁革命之始末》，新疆档案馆存，第19页，第23页。

第四章
袁鸿祐——塞命都督

拼图袁鸿祐

如果说，末代伊犁将军志锐的官薄福浅，到任仅54天即死于革命者枪下，而民国首任新疆都督则更加短命。民国元年（1912年）5月7日凌晨，喀什噶尔道尹袁鸿祐被戕于道尹衙门寓所中，其夫人也一同被害。

袁鸿祐是4月25日被民国大总统袁世凯任命为首任新疆都督的，从宣布任命到被戕仅仅15天。袁鸿祐的突然死亡，使新疆政治格局发生了戏剧性的变化。此时已是中国农历壬子年了。

这一突如其来的变化，自然不合末代巡抚袁大化的心愿，也出乎袁世凯和杨增新的意料。但这种结局，为杨增新名正言顺登上新疆历史舞台扫清了道路，也为伊犁革命党人平添了一个难以应付的对手。

关于袁鸿祐的简要资料，见于魏长洪等整理的《辛亥革命时期的人物传略》一文。"袁鸿祐（1841～1912年），安徽人。光绪二十九年（1903年）任喀什道尹。光绪二十八年（1902年），袁鸿祐呈请官商合资筹办于阗金矿，官股20000两，商股10000两，先后开办保利总局（即阿克塔克厂）。翌年，共炼黄金条金4770多两，赢利白银40000多两，由于国际市场上金价大跌，光绪三十年（1904）改为地方承办。"①由此至少可知三点：一是袁鸿祐与袁大化为同乡；二是二袁都办过金矿；三是喀什噶尔的经济已融入资本主义因素，金价已受到国际市场的影响。

二袁的另一个相同点，即是对清政府的忠贞不二。"宣统三年十二月二十五日（1912年2月12日），宣统帝逊位，袁鸿祐在与俄领事交涉文件中仍署宣统年号，俄领事拒绝接受，引起喀什噶尔各界猜疑。当他接到袁大化通令新疆各地承认共和电文后，既不向各界宣布，又不张贴告示，仅指示书吏照例叙稿。在新伊战争紧张之际，他给袁大化解去军饷20万两，各族群众认为袁鸿祐促使新伊战争爆发，残杀同胞。伊犁民军为了牵制袁大化，电示喀什哥老会推举袁鸿祐为都督。于是，迫使袁大化推荐袁鸿祐继任新疆都督，俄国驻喀什领事馆探知哥老会对袁鸿祐有所不测，并允许派卫兵保卫道台衙门。袁鸿祐自认为有军事经验，在喀什兵备道近10年，地方上多是下属旧吏，不会发生意外。他又强令剪发易服，激怒了群众。哥老会首领边永福、魏得喜等人，乘机于五月七日凌晨率众刺杀袁鸿祐夫妇。同时杀死了参将汤殿恒，疏附知事张秉铎等。"②

　　此段简介留下诸多漏洞，譬如，袁鸿祐为安徽人，他究竟生在淮南、淮北、徽州，或哪个县、乡、村呢？此段亦提供了新的信息，譬如，袁鸿祐光绪二十九年（1903年）任喀什道尹，在此之前"在喀什兵备道近10年"。

　　喀什兵备道即1884年新疆建省后的称谓，其职权相当于建省前的喀什噶尔参赞大臣，为南疆八城最高军政长官。如此说来，袁鸿祐1884年主政喀什噶尔时，年仅43岁，正当年富力强之龄。大清吏治奖罚有度，有时甚至严酷，袁鸿祐能在喀什噶尔军政长官高位稳坐27年，至少说明他能守土尽责，且无大的失误。"地方上多是下属旧臣"，亦在情理之中。

　　辛亥革命来势汹汹，很快波及边疆，71岁的袁鸿祐，阴差阳错地擢升为新疆首任都督，不幸的是，袁鸿祐只是昙花一现，即在历史舞台上消失了。也许他消失得太快，同时代的人还来不及记录他的身世和言行，后代人对他的了解也是一知半解。笔者在国内文献中找不到细致形象的

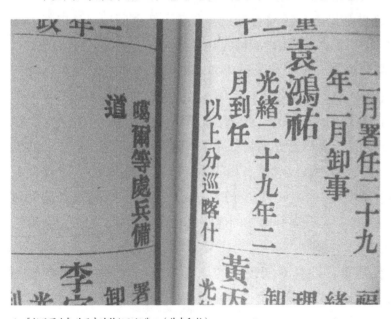

▲《新疆图志》关于袁鸿祐任职记载　（作者翻拍）

描述。倒是外国人记录了袁鸿祐的音容笑貌，从他们对他细致的描写中，可窥察他的面貌。

袁鸿祐长得什么样？1906年8月31日，马达汉为后人留下了一段描写："下午拜会中国道台和他的亲信，昨天我已与他们交换了名片。道台袁鸿耀（音）是一位精神矍铄的老人，外表和举止清雅，对人特别客气。他头戴红顶带穗官帽，走到他的官邸前厅来迎接我，并带着我穿过两间中厅到了一间较小的房间，看上去像是内室。内室的桌上已摆放了各式茶点。道台非常客气地请求允许他摘下官帽，然后亲手在茶杯里放了两块糖，把一杯热气腾腾的茶端给我。除了喀什噶尔特有的水果之外，还招待油煎饼，这种煎饼里面有肉馅儿。在长时间交谈后，我起身告别，彬彬有礼的老人把我一直送到前厅。"③

马达汉告诉读者，袁鸿祐是一位清瘦的老人，礼仪端庄，彬彬有礼，待客热情周到，且举止清雅，这倒是中国士大夫阶层的典型形象。更难能可贵的是，马达汉在道台官邸为袁鸿祐拍摄了照片，让后人根据照片的记录去解读这位辛亥革命的祭品。

记录袁鸿祐的还有一个英国女人，名叫凯瑟琳·马格特尼，是英国驻喀什领事馆总领事的夫人。凯瑟琳在她的著作《一个外交官夫人对喀什噶尔的回忆》中写道："1912年春，有关革命的传闻开始在喀什噶尔城里散布开了。中国内地城市官员被杀害的消息流传到了新疆。在新疆，混乱局面首先在一个地方出现，然后又波及另一个地方，离喀什越来越近。终于，这里的官员也开始惊慌起来。他们把自己严严实实地藏在衙门里，甚至藏身于地窖之中。5月5日是个星期天，我丈夫前去拜访袁道台，他躲在衙门里已好几周了，传闻说他藏身于一座牢房中。这位道台心里十分清楚，如果革命的火焰在喀什噶尔点燃，倒霉的首先是他。

我丈夫到了衙门，却吃惊地看到袁道台在那里自由自在，比

▲ 喀什噶尔道尹袁鸿祐　（马达汉摄于1907年）

传闻的要愉快多了。他告诉我丈夫，他本人及其他官员已给革命党人送去了大量金钱，所以他们希望这样做问题就了结了。而我丈夫却暗自思忖，心想这不过是一场漫长的敲诈勒索的开始。

袁道台给我丈夫看了他佩戴的一个玉手镯，并说：'你看看，这个精美的玉镯有多美，纯洁无瑕，浑然一体，只要玉镯在，只要他不碎，我戴着它命就保全了。'

我丈夫回来后在花园里喝茶时把这一切都告诉了我。他正在给我讲述袁道台的情况时，有人跑了进来，带来了革命风暴已在阿克苏爆发的消息，阿克苏在喀什噶尔以北，规模仅次于喀什噶尔。来人说那里的官员都被杀了。我们知道，这场风波会很快波及喀什噶尔，心里在想着这位年迈可怜的袁道台的手镯到底能做什么。"④

读了凯瑟琳关于袁鸿祐的记录，会在后人脑海里会浮现两个字：迂腐。迂腐之一，是将自己藏在牢房里；迂腐之二，是送了钱后的盲目乐观，以为钱可买通一切，完全不知辛亥革命的性质和目的；迂腐之三，把自己的命运押在一个玉手镯上，将玉手镯当做护身符，完全是听信风水先生的胡诌乱言，辨别能力低下。在一场声势空前的大变局中，一个年迈僵化的老人，一个迷信玉镯具有护身功能的军政高官，何以能独善其身？即使他做了中华民国新疆的首任都督，又如何能平衡各种政治力量，保全大位，为新疆带来和平？

凯瑟琳还记录了袁鸿祐夫妇被戕后的一些细节。"听到的那3声枪响，虽然使我们很紧张，却是杀害道台的那些人在把道台的尸体装进棺材时，举行的一个必不可少的仪式，开了3枪以示敬意。那些杀害了道台老夫人的暴徒，由于他们竟向一个女人下手，也受到了同党其他人的严厉责备，这些人辩解说，当时正值破晓前，天很暗，他们错把道台夫人当成了道台而杀了她。"⑤

在袁鸿祐出任喀什噶尔兵备道和道台期间，往来喀什噶尔的外国旅游者、探险家、考古学家、间谍很多，他们从不同侧面记录了这位炙手可热的人物，若将他们的记录像马赛克一样拼凑起来，也许就能还原袁鸿祐的全貌。

袁鸿祐擢拔之争

光绪十年（1884年）新疆建省，取消旧有军府制度，在迪化设甘肃新疆巡抚，巡抚之职权为统辖各道，节制标营、满营，督理军务。全疆共设镇迪道、喀什噶尔道、阿克苏道、伊塔道等四道。

辛亥年间，任新疆四道道尹分别是镇迪道尹杨增新，驻迪化府；阿克苏兵备道杨增新调按察使后无人接替；伊塔兵备道潘震；伊塔道为后设，潘震所辖之域地广人稀，影响不大。喀什噶尔道扼守新疆西南门户，管辖范围包括天山、昆仑山的绿洲和边境线，道署驻疏附，辖有疏勒、莎车两个府和英吉沙尔直隶厅、蒲犁分防厅、和阗（田）直隶州。

如果说，迪化是新疆的政治、军事中心，那么喀什噶尔不但是新疆的战略屏障，而且是新疆的钱库和粮仓。在民国元年，新疆现有官员中，真正能够擢升为新疆都督资格的只有两人：一是袁鸿祐，一是杨增新。而袁鸿祐在新疆的资历与影响力，又远胜1907年进疆出任镇迪道的杨增新。但从年龄观察，袁鸿祐年逾7旬，垂垂老矣，而杨增新年仅47岁，正当旺年。由杨增新执掌新疆军政，许是民国幸事。此为后话。

袁大化不愿做民国都督自有其理，夫子说，君子不立危墙之下。他执拗不愿改换门庭，又不愿做西域的孤魂野鬼，他祈祷能生入玉门关。新疆都督的大位不能空缺，在金蝉脱壳之前，他要找到合适人选，在内乱纷呈，外强虎视眈眈之下，必须有能力负起稳定新疆大局的责任。

大清末期，甘肃新疆巡抚是国家重臣，位高责重，一般由汉人、满人交替担任。清帝既已退位，满人地位一落千丈，继续由满人担任新疆都督已不现实；若由北京直接派汉族要员主政新疆，且不说沿途道路因革命风潮受阻，即使道路顺畅，所派之员至少4个月才能抵达新疆，难解当前燃眉之急。在杨增新与袁鸿祐之间，袁大化与镇迪道杨增新素有芥蒂，既看不上眼，又不太放心，举荐袁鸿祐亦是无奈的选择。

关于袁大化为何举荐袁鸿祐为新疆都督，史家至少有三种说法：第一是哥老会之说，伊犁民军为了牵制袁大化，电示喀什哥老会推举袁鸿祐为都督，迫使袁大化推荐袁鸿祐继任新疆都督；第二是伊方革命党人的看法，袁鸿祐是用20万饷银买通了袁大化，袁大化东归，就携带了袁鸿祐送的大量银两。第三是袁大化在《新疆伊犁乱事本末》一书中所称："新疆协饷全资南疆挹注，若更立都督，饷源无着，势成坐困，中央万里能禁鸿祐自立乎？保鸿祐即以保饷源，保新疆也。爰电举袁鸿祐为新疆都督。"[6]比较而言，袁大化的考虑更深一层。新疆协饷喀什十中占七，若喀什宣布独立，内地协饷再断绝，新省军政将无法运转，保疆安民，防御外寇，亦是空话。所以"保鸿祐即以保饷源，保新

▲ 阿訇们在新疆封建社会中拥有绝对的权力
（作者翻拍）

疆也"。

笔者认为，哥老会的计谋，伊犁革命党人的推测，均属外因，单凭此就让袁鸿祐坐上新疆都督的大位，想法过于天真。从更深一层看，袁大化与袁鸿祐为同乡，不仅彼此相互了解，易达成袁大化东归的有利条件，更在于他们二人都反对革命，拥护清廷，效忠宣统皇帝。对此，袁鸿祐在喀什噶尔已表现得淋漓尽致了。

在大清与民国交替时期，喀什道台袁鸿祐似是一个多方不讨好的角色。他抵制共和，依循旧制，连俄国外交官也不买他的账；他向袁大化提供银饷，支持袁大化讨伐伊犁起义军，不仅得罪了伊犁革命党人，也引起喀什噶尔哥老会的极大义愤；加之他在执政时对沙俄的一味迁就，早已引起民众的不满。刺杀袁鸿祐，可谓民望所归。

俄国人看到了危机，而袁鸿祐则刚愎自用，他拒绝沙俄为他提供保护。沙俄为什么愿意为袁鸿祐提供保护呢？这又与袁鸿祐主政喀什期间，一味向沙俄压力妥协，以国家利益换取暂时平安有关。哥老会对袁鸿祐之义愤，冰冻三尺，非一日之寒也，只是苦于一直没有机会下手。至于袁鸿祐的循古守旧，一是与他的年龄有关，二是与他长期在边疆做官，信息闭塞，只知皇帝而不知共和。由此可见，在国体大变革时期，以袁鸿祐的能力和观念，即使做了新疆都督，恐亦难以驾驭新疆纷繁复杂的局面。

袁鸿祐被戕案，最后不了了之，戕手边永福、魏得喜反而成了国家军官，这让袁鸿祐的儿子袁崇范无法接受，不依不饶地向北洋政府递状控告。"民国二年至三年，袁鸿祐之子袁崇范，连续呈请大总统重审喀什戕官案，为其父报仇，边永福，魏得喜被杨增新押送出新疆，以了结此案。"⑦由此，袁崇范尽了子之孝道，杨增新拔掉了心中隐患，北京安抚了人心，各有所得。

与沙埋西域的大部分汉族官员相比，至少袁鸿祐是幸运的。"到民国三年

八月十九日北京政府批示杨呈，袁鸿祐夫妇灵柩回籍，由喀什道库筹拨搬柩费
三千两云。"⑧袁崇范助其父实现了叶落归根的夙愿。不过，杨增新的陵墓在北
京通县，至今保存完好；袁鸿祐的尸骨安葬在哪儿？如今冥安否？

喀什噶尔军政体制

要进一步说明袁鸿祐被戕的原因和意义，还要从了解喀什噶尔军政体制变
迁入手。

乾隆二十四年（1759年），清军平定天山以南的"大小和卓之乱"，重新
统一了天山南北。清政府当务之急是在新疆建立一套行之有效的统治机构，恢
复中央政府对边疆行使主权管理。当时，就内部而言，天山以北的蒙古准格尔
部和天山以南的和卓家族有可能死灰复燃；就外部而言，沙俄的军事力量正在
向中亚巴尔喀什湖一带扩张实力。面对内忧外患，清政府将新疆分成三个军事
单元：天山以北、天山以南、天山以东，简称北、南、东三路。乾隆二十七年
（1762年），清朝在新疆实现军府制度，国防大权操于朝廷，总揽天山南北军
政大权的为伊犁将军，驻伊犁惠远城，节制南北两路防兵：北路由乌鲁木齐都
统管辖，南路由喀什噶尔参赞大臣治理。

▲ 西方的建筑风格与中国的轿子——多元的喀什噶尔　（勒刻克摄）

在诸参赞大臣之中，喀什噶尔参赞大臣是个例外，它不仅掌管军事，还代伊犁将军处理南疆的行政事务，以及外交事务，这由喀什噶尔特殊的地理位置决定。袁大化主编的《新疆图志》中，把喀什噶尔参赞大臣比作唐代的安西都护，也是因为其权力覆盖军事、政治、外交和经济各个方面。从1762年建立军府制度，直至1884年新疆建省，喀什一直是天山以南的最高军事指挥中心，喀什噶尔参赞大臣一度"总理南疆八大城"。喀什噶尔参赞大臣的重要性还表现在：在整个西域，喀什噶尔参赞大臣所辖地域最广、居民最重、辖城最多，当然，该地区农业经济较发达，税源多广。

光绪十年（1884年）新疆建省，取消旧有军府制度，改设道、州、府、县等制。喀什噶尔置分巡喀什兵备道一员，主持西四城（喀什噶尔、英吉沙尔、莎车、和田）军政，兼理涉外通商事务。喀什噶尔道尹归新疆巡抚直辖，下设喀什噶尔换防总兵官一员，在道台控制下实际主管军务。

清朝直接统兵的武官依次为：提督、提标、总兵、副将、参将、游击、都司、守备。提督官职很高，武职从一品官，比文职巡抚高一级（新疆为平级），为省一级绿营的最高首长，节制全省各镇总兵（全国设陆路提督衙门的省有12个）。1886年，新疆裁撤乌鲁木齐都统，首设喀什提督一职，在全疆只设1员，其直属部队称提标。

总兵，武职正二品，为大城镇军事首长，辖军称镇标，受提督节制，全疆仅设总兵3员，分别为巴里坤总兵、阿克苏总兵、喀什噶尔总兵。

副将，武职从二品官，设协台衙门，统率协标，新疆设副将7员，喀什噶尔、莎车各1员。

参将，武职正三品，直接统兵，其所属为营，当时全疆共有8员，其中英吉沙尔、和田各1员。

游击，武职从三品，在总兵中分统各营，全疆共设20名。

都司，为武职正四品官，全疆共设17员。

守备，武职正五品官，其职守为管理营务与粮饷，全疆共设61员。

守备之下，还有千总（正六品）、把总（正七品）、外委千总（正八品）、额外外委（从九品），其所属统称"汛"，主管大小营地防务。

所谓外委，即正式编制以外另行委派的武官，清中期后一般也是实职。额外外委之下即士卒，分营兵和屯兵二种。清军中负责内务管理的有：章京（管理军印）、笔帖士（管理文书档案）等。

在喀什噶尔，袁鸿祐先任喀什兵备道10年，从此一直是喀什噶尔的最高军政长官。那么，从光绪二十年（1894年）至宣统三年1911年的17年间，喀什噶尔发生的军政、外交大事，袁鸿祐难避干系。王时样在《喀什噶尔历史文化》一书中，对这17年间喀什噶尔发生的大事作了如下梳理。

在军事国防方面，袁鸿祐主持了喀什噶尔的裁军节

▲ 作者在中巴边境红其拉甫口岸　　（李安华摄）

饷。光绪二十九年（1903年），也就是袁鸿祐改任喀什道尹那年，"新疆省方开始裁军节饷，各地改练土著世袭兵，并规定军饷调拨为：步兵1名，拨给土地10亩，牛马各5只，羊10只；骑兵加倍；营、旗、哨官、营书、哨书、差弁、亲兵、护员等递增加倍；令其家属耕牧，内抽壮丁1人入伍，月给盐菜银9钱，食粮5斗。此法虽有利于调动土著从军的积极性，但因军费开支过大，地方负担过重而无法执行。如仅喀什噶尔提标步队2400人，马队770人，专防步队200人，计应拨上等地90970亩，给羊103500只，月支薪水、公费、盐、菜、马干银80377两9钱，月支粮1324石4斗。"⑨此办法行不通，第二年又改裁军以节军饷。

喀什噶尔提督，统辖提标五营（提标中营、左右两营、前营、城守营），兼辖回城协（回城协中营、左右两旗）、莎车协（莎车协中营、中左右三旗）二协，英吉沙尔营，和阗（田）营，马拉巴什（巴楚）营。归提督管辖的参将3员。除国防正规军外，光绪三十四年（1908年），新疆各城镇按军政地位划分为"最要、次要、中要"三等，设置巡警兵，补正规军之不足，以维护地方治安。"全疆列为'最要'级一等的巡警兵驻地仅疏附县城与莎车府二地，每处设巡弁1，巡记1，教习1，巡丁4，巡目14，巡兵56，伙夫1，共78人。"（最要级二等的巡警兵共58人）。

"疏勒府（今疏勒县）、叶城、英吉沙尔、巴楚等城列为'次要'级巡警兵驻地，每处设巡弁、巡记、教习各1，巡丁、巡目各4，巡兵24，伙夫1人，共36人。"⑩

清朝末叶，新疆编练新军，仅在乌鲁木齐和伊犁两地作了一些局部改革，喀什噶尔驻军军政换名不改制，只是将副将、游击、都司改为各部管带，并以守备、千总、把总、外委等职改为各级哨官、哨长。

弱势无外交

喀什噶尔道尹袁鸿祐兼管喀什噶尔外交事务，对咄咄逼人的沙俄一味忍耐谦让，甚至卑躬屈膝，多为后世诟病。

平心而论，喀什道尹在外交上处于弱势，是由于综合国力和一系列不平等条约造成的，并非完全是喀什道尹袁鸿祐之过。

清康熙年间，沙俄向西伯利亚和远东扩张实力，其侵略锋芒直指中国。道光二十年（1840年）中英之间爆发的鸦片战争，俄国充当调停人，趁火打劫，强迫清政府签订了一系列不平等条约，渔翁得利。同治三年（1864年）后，又与窃据南疆的阿古柏政权勾结，合伙劫掠新疆。清朝收复新疆后，光绪七年（1881年），中俄签订《中俄伊犁条约》。同年，俄国如愿以偿，在喀什噶尔设领事馆，为其侵略中国领土、干涉中国内政披上合法外衣。翌年，签订《中俄喀什噶尔界约》。光绪十年（1884年）签订《中俄续勘喀什噶尔界约》。此后，光绪十四年（1888年）至光绪二十一年（1895年），俄国多次侵入中国帕米尔地区，并与英国背着清政府私分帕米尔，先后在帕米尔西部占据中国领土约2.8万平方公里。

英国将印度沦为殖民地后，下一个殖民目标直指中国西藏，而喀什噶尔则是连接印藏的制高点和战略通道。英国出于本国利益，不甘沙俄在中亚独大，也

▲ 英国驻喀什噶尔总领事出行亦乘马车 （莫里循摄于1910年）

积极向喀什噶尔渗透，扶持亲英势力，扩大其政治影响，与俄国在新疆暗中较劲。

光绪十六年（1890年），英国设立驻喀什噶尔游历官；光绪三十四年（1908年）改为总领事，并设总领馆。⑪

除俄国与英国在喀什噶尔角力外，光绪十八年（1892年），首批瑞典基督教行教会传教士亦进入喀什噶尔，并以喀什噶尔为中心向外扩展。这无疑增加了喀什噶尔外交事务的复杂性。⑫

伴随着外国领事馆、教会的设立，外资银行、外贸公司、运输公司、邮政公司、俄侨协会、福音堂、育孤院、印刷所相继设立，外国货币开始在喀什噶尔市面流通。⑬

清朝1884年在新疆设立行省后，俄领馆立即在疏附县城内设立俄国邮使所，在中俄边境的伊尔克什坦卡设立邮站并发行俄国邮票，完全垄断了喀什噶尔及南疆对我国内地的邮政业，据统计资料表明，当时俄国在新疆境内每年仅邮资收入就达10万卢布以上。⑭

1890年前后，沙俄无限制地在喀什噶尔扩大领事特权，俄领事不仅能处理商务和俄商诉讼，甚至还兼管学校、教会、邮政电信和银行，实际上已超越了

▲ 俄国驻喀什总领事彼得罗夫斯基（左）

领事裁判的原定特权。⑮

1901年，俄国驻喀什噶尔领事馆人员无理调戏妇女，引发喀什噶尔回城各界民众抗议游行。在俄国领事馆门前，突然遭到领事馆卫队的枪击，又有大批俄国骑兵从大门里呼啸而出，用马刀砍杀示威群众。喀什噶尔一些官员支持民众的正义行动。刚就任喀什噶尔道尹的袁鸿祐下令出兵镇压示威群众。事态平息后，沙俄驻喀什噶尔领事彼得罗夫斯基，通过北京的沙俄驻华公使，强迫爱国的喀什噶尔提督张宗本降为阿克苏镇总兵，并提名亲俄的原伊犁镇总兵焦大聚接任。⑯

1906年9月，沙俄通过华俄道胜银行贷款2万卢布，强迫袁鸿祐修筑了喀什噶尔至吐尔尕特山口的通道，以便垄断中亚安集延到喀什噶尔的陆路交通权。⑰

1907年，沙俄乘袁鸿祐组建官商合办和田金矿之机，再三施加压力，袁鸿祐又向俄国人出卖了矿山监管权。⑱

1910年冬，袁鸿祐为保护本国利益，下令禁止面粉出口。沙俄却以未经他们同意，蛮横要求取消禁令，袁鸿祐照办不误。⑲

1911年，沙俄乘中国内乱之机，以公开登记和出售通商票的方式，大量地非法发展侨民，一次发放数量竟达俄国侨民的十倍以上。袁鸿祐装聋作哑，听之任之。⑳

在"策勒村事件"的处理上，沙俄驻喀什噶尔领事索柯夫通过其驻京公使强令袁世凯为策勒村事件"惩办凶手、赔礼、抚恤被害人"，袁世凯、杨增新电令喀什噶尔新任提督杨缵绪照准，不过是清朝软弱的对外政策的延续而已。

弱国无外交，这不是外交官员的错。但在对外事务上明哲保身，一味出卖国家利益，则是外交官员的罪责，无可推卸。辛亥革命余波传到喀什噶尔后，俄领事提出派兵保护袁鸿祐，被袁鸿祐拒绝，这多少表现出了一些民族气节。

1882年11月29日，俄国驻喀什噶尔首任领事彼得罗夫斯基抵任就职。此人曾任俄国国会议员，在喀什噶尔任职达21年之久。英国旅行探险家杨哈斯班1887年曾造访喀什噶尔，与彼得罗夫斯基有多次深入接触。他在《帕米尔历险记》一书中写道："他们看不起中国人，对中国的事情一概贬低，按照他们的说法，中国人懒惰腐败，把中国治理得糟糕透顶。"㉑

英国的珍妮特·米斯基女士在《斯坦因：考古与探险》一书中，也提到彼得罗夫斯基，说他："是个能干、傲慢、狡猾而精于诱惑的家伙，任职的21年间对中国官员使尽了阴谋恐吓、威胁、利诱、收买、强迫等伎俩。他的目的便是将新疆最西部的绿洲区域由中国瓜分出去，使俄国得以控制通往印度后门的战略性山口。"②

　　瑞典著名探险家斯文·赫定也观察过彼得罗夫斯基，说他是"喀什噶尔最有势力的人"。俄国外交官的专横，中国官员的顺从，占人口大多数的维吾尔族百姓也看在眼里，谑称彼得罗夫斯基为"新察合台汗"，堪与13世纪统治西域与中亚的成吉思汗次子察合台汗相提并论，由此可见其颐指气使、权势遮天的威权。㉓

　　强势与软弱是一对矛盾，弱国无外交是残酷的现实。清末的喀什噶尔，一方面是沙俄官员的骄横霸道，一方面是中国官员在外交上的唯唯诺诺。在王时样笔下，为沙俄侵略行径与清朝官员软弱无能，记下了一笔笔备忘录。

民间新型教育萌动

　　在新疆乃至中西亚，阿图什人经商是享有盛名的。阿图什人聪明、有钱，会做生意，因此他们被比作广东的潮州人，或世界的犹太人。至于阿图什人为什么聪明？为什么有钱？为什么会做生意？一般人说不明白，也不想深究。至于阿图什人与100年前的辛亥革命有何关系，更无人探讨过。

▲ 喀什噶尔回城　（莫里循摄于1910年）

众所周知，辛亥1911年，当迪化起义和伊犁起义相继爆发时，距迪化、惠远约1500公里的南疆重镇喀什是积极响应的。喀什的哥老会刺杀了维持大清统治的喀什道台袁鸿祐，劫取了他解往迪化支持袁大化镇压伊犁起义的20万两白银，在策勒村的村民们奋起反抗沙俄肆意挑衅，火烧俄国侨民住宅，酿成震惊中外的"策勒村事件"。因"策勒村事件"中，维吾尔族人民、哥老会会员、革命党人、官府、军人，共同结成反帝爱国的统一战线，一道抗击沙俄分化我边民、妄图侵占我领土的侵略行为。

"策勒村事件"是新疆近代史上的显要事件，有关史书无不记载。但有关记载大都止于记述，并没有回答以下关键问题：为什么占喀什噶尔人口大多数的维吾尔族群众会支持共和民主的主张？他们为什么愿意与哥老会（以汉族为主）结盟，共同捍卫国家的独立与主权？他们为什么会踊跃参军，列队演练向沙俄驻喀总领事示威？为什么各族人民能自我克制，自觉严守纪律，不给沙俄可乘之机？其共和民主思想启蒙之源来自哪里？其捍卫国家独立与主权的动力生于何方？

带着上述问题，笔者赴阿图什作田野调查。现代考古证明，人类在阿图什人居住的历史是漫长而悠久的。"1981年9月，在阿湖乡阿其克村博古孜河东岸高坡上，发现一个人头骨化石。由于人头骨出在阿图什境内，考古学家称它为'阿图什人'头骨化石。据专家们的初步鉴定这个人头骨化石已有17000年以上的历史，是个18岁左右的男子头骨，头骨比现代人的头骨厚。"[24]这说明，"至少17000年前就有人类在此繁衍生息。阿图什有"三仙洞、莫尔佛塔、喀喇汗王朝王庭遗址、苏里唐麻扎等一批文物古迹。"[25]证明这里曾经盛行佛教，继而为伊斯兰教所取代，并成为喀喇汗王朝的中心地带。著名的维吾尔族古典长诗《福乐智慧》就诞生于境内。

阿图什地处天山南麓，塔里木盆地西缘，气候干燥少雨，耕地受制于天山融雪的水量，面对人多地少的矛盾，唯有勤劳、强悍、坚韧、灵活的人们才能生存下去。所幸的是，阿图什地处丝绸之路要冲，南来北往络绎不绝的商队带来的物流和信息流，不断冲击和影响着阿图什人，由此培育出他们善经营、喜旅游、奋发学习、勇于探索的精神。

当陆权时代为海权时代取代，即海上丝路蓬勃兴起而陆上丝路一落千丈时，陆上丝绸之路驿站阿图什受到的冲击猛烈而持久。丝路改道，意味着人流、物流、信息流、财富流的流失，阿图什人仅靠人均拥有不到两亩土地，无法生存下去，外出经商或打工就成了阿图什人的选择。17世纪发源于英国的工业革命，从西面为阿图什人带来了一次历史机遇。一批在外经商的阿图什人，最先看到工业革命给欧洲带来的翻天覆地的变化，蒸汽机的发明，铁路、轮船、汽车、飞机等运输工具相继出现，与阿图什人二牛抬杠的农耕方式、以毛驴车为主要运输工具，形成了强烈的反差，由此震醒了阿图什的先贤们，他们以诗代歌写出了自己的忧虑和觉醒：

> 醒来吧，朋友，
> 看看你的周围，
> 收进你眼帘的是什么？
> 放眼思量，
> 他们来自欧洲，
> 从陆海空中来，
> 我们应汲取什么？㉖

一个维吾尔诗人在另一首诗中写道：

> 一切民族在高空翱翔，
> 我们为何比他们低千丈？
> 是什么使他们上了天？
> 是科学。
> 是什么使我们低了千丈？
> 沉思吧，穆氏，
> 是愚昧、迷信，
> 我们怎么办？㉗

我们怎么办？这是一个民族站在十字路口的呼喊！我们怎么办？这是一群先觉者看到自己落伍时代后心急如焚的呐喊！阿图什人向以从善如流著称，他们的聪明表现在自知之明，他们的勇敢表现在能将思考迅速付诸行动，他们的能力表现在通过学习改变现状。

伴随着西方列强发动的鸦片战争和强加于中国人民头上的一系列不平等条约，以及洋务派倡导的"洋务运动"，实业救国，"甲午战争"后在京城发动

▲ 阿图什维吾尔新型教育火炬手
（作者摄）

的"戊戌变法"，在南方由孙中山为首的同盟会发动的一次次武装起义，阿图什人同样表现出不甘落伍奋起直追的勇气与智慧。

在18~19世纪中亚西亚的社会大变革中，面对工业革命带来的冲击与机遇，阿图什人走出了"出国经商—回国兴办实业—送子女出国留学—回乡创办新型学校教育"的发展轨迹。其代表者为穆萨巴尤夫家族，佼佼者为玉山巴依和巴吾东巴依兄弟俩。由此成为阿图什人民在辛亥革命前夜与时俱进的历史缩影。

穆萨巴尤夫家族世居阿图什伊克萨克村，通过祖辈7代的努力，逐渐由农业、牧业，走向商业、工业和教育事业。第一代祖先穆罕默德·伊力，1760年务农，占有一部分土地、水源、牲畜和生产工具，是当地富户。第二代祖先阿布都尔艾则孜，以农为主，兼营牧业与商业。第三代阿布都米吉提，子承父业，扩大经商范围，成为当地知名人士。第四代祖先吐尔迪，上过宗教学校，宗教知识渊博，农业与商业旗鼓相当，已将商业触角伸向大城市，经营品种包括文具、鞋帽、香水、日用化妆品、乐器、农业机械、家庭用具，工业产品多达数百种。当地人给他起了一个绰号"吐尔迪库木"，库木，意为沙子，比喻他的钱像沙子一样多了。第五代祖先阿布都如苏尔，上过宗教学校，精通阿拉伯语和波斯语，此时穆氏家族以商为主，以农为辅，成为第一个与外国人做生意的人。他送儿子穆萨阿吉到国外留学，将他培养成经营管理人才并移交经营管理权，晚年主要从事社会活动。第六代祖先穆萨阿吉，先后在喀什、布哈拉等地的高等学府上学，熟练掌握阿拉伯、波斯、乌尔都等语言文字，并周游世界，开阔视野，对国外新兴教育、科技发明成果进行考察，心中产生了向欧洲学习，使新疆实现现代化的念头。他遵循父亲"不要做金钱的主人，而要做知识的主人"的遗嘱，让两个儿子玉山和巴吾东在国外就读高等学府，同时在国内开办实业，兴办新型教育。㉘

1885年秋，穆氏家族在伊犁惠远城创办了一座皮革加工厂，继而又兴办了纽扣、胶水、毡子、肥皂、蜡烛、地毯、绳子、马鞍、马车等一系列生产企业。1895年，穆氏家族的生意扩展到了欧洲。晚年他将企业交给两个儿子玉山和巴吾东管理。

在教育方面，穆萨阿吉着手改造传统的经文学校，他从喀山、布拉格、巴格达请来新教师（掌握现代科学文化知识）和宗教学者，在经文学校开设外语、历史、天文、数学、识字等课，自己也当过一段教师。他搜集数千册书籍和世界各地出版的报刊，开办了一个公众图书馆。

穆萨阿吉在欧洲和中东国家考察皮革厂时，就感受到开办新型工厂需要培训大量技术工人。他开始筹建技工培训学校。1895年穆萨阿吉在喀什去世，未能完成开办学校的夙愿。临终前，他嘱咐玉山巴依和巴吾东巴依："你们要办学教育孩子们，经费从扎卡特税中出，不够的话，从总的经费支出……"㉙

1910～1915年，是穆氏家族创办的伊犁皮革加工厂的黄金时代。工厂生产的半成品牛皮、铬鞣革、硬质鞋底、皮鞋、皮衣、皮带、皮箱、马具、车具等40多种产品，不仅在新疆找到了市场，而且在国际上也占有一席之地，是亚洲市场的稀罕物。穆萨巴尤夫兄弟公司的流动资金超过100万金币，成为新疆乃至中亚地区有名的百万富翁。

玉山巴依和巴吾东巴依作为穆氏家族的第七代，他们是阿图什新型教育的真正开拓者。玉山·穆萨巴尤夫（1851～1928年）和巴吾东·穆萨巴尤夫（1844～1926年），男，维吾尔族，系同胞兄弟，两兄弟均出生在阿图什伊克萨克村。19世纪70年代，巴吾东萌发了兴办新学的思想，他主张"宗教与教育并存"，用新型教育改革伊斯兰经文学院，在经文学院里增加现代科学知识等内容。他首先在喀什汗里克经文学校尝试，增设了语文、历史、地理等课程。但这个尝试遭到宗教上层人士中保守势力的极力反对，被迫中途停止。

教育改革尝试虽受挫折，但他推行新型教育的决心未变。他说服兄长玉山和当地上层人士，并征得神职官员的同意，于1883年秋，在家乡伊克萨克办起了第一所维吾尔族现代学校，命名为"玉赛音亚"学校。学校设3个班，有5名教师，105名学生，其中女生25名。学校的教学内容以科学知识为主，设有语文、算术、历史、地理、自然、阿拉伯语、经文、体育等8门课。学校开办两年后，影响较大，要求上学的人员增多，巴吾东决定选送一批学生出国深造，以解决师资不足的问题。1885年、1902年曾先后两次派人到俄国、土耳其等国留学。1896年，玉山、巴吾东兄弟捐资扩建学校，扩建后的"玉赛音亚"学校拥有一幢教学楼，共8间教室；还有学生宿舍、礼堂、食堂、浴池、库房、小卖部等配套设施，校园内有操场、果园、池塘、花坛、林带等。1907年，巴吾东在

▲ 晚清时期中亚蒙面的女性
（作者翻拍）

家乡伊克萨克又创办了新疆第一所师范学校——艾比甫扎坦师范学校，自任校长，招收学生40名，开设数学、书法、教学、历史、地理、自然、遗产分配、阿拉伯语、体育、音乐等10门课程，学制2年，学生的衣、食以及用品全部由学校免费供给。这批学生毕业后，分赴新疆各地任教，进一步推动了新疆从19世纪末兴起的第一次办学高潮。[30]

"克里木·海力拜提（1860～1888年），男，维吾尔族。他幼年在伊克萨克村私塾读书，以后进入喀什经文学院学习。1883年，巴吾东看中了年轻的克里木·海力拜提，送他到俄国喀什师范学校深造。他毕业后回到家乡，向巴吾东巴依和乡亲们介绍欧洲新型学校，并提出在自己本村创办新型学校的计划。巴吾东巴依便请他出任玉赛音亚学校第一任校长。1885年……克里木·海力拜提任校长后，制定了校纪、教学制度、考试评分、奖罚制度等规章，规定教师每天工作6小时，学生5节课，教师轮流值日，设立班主任等，并推行四级奖励毕业生的制度，使学校各项工作走向正规化、系统化。"[31]

新型学校教育与传统经文教育最大的区别之一，就是男女能否平定享受教育机会。新型学校教育主张男女平等，男女同校，这在经文学校的阿訇们眼中是离经叛道的。热依莱·毛拉成为维吾尔族新兴教育史上的第一位女教师，在当时引起极大的震动。"热依莱·毛拉（1860～1917年），女，维吾尔族，新疆阿图什市上阿图什乡伊克萨克人。热依莱·毛拉出生在伊克萨克村，其父穆罕默德·苏尔坦·海里帕提是一位知识渊博的宗教学者。热依莱·毛拉从小就跟着父亲学习，后去喀什求学。她20岁时，以做生意的名义去中亚和欧洲的一些国家，学会了多种语言，精通历史、地理、代数等。1885年，25岁的热依莱·毛拉回到故乡，冲破宗教保守势力的封锁与禁锢，粉碎了苏菲主义围绕女人而设置的层层障碍，到玉赛音亚学校任教，主教书法、算术、地理等课程。热依莱·毛拉是位知识渊博、教学有方的教师，她无微不至地关心学生，精心备课，认真讲好每一堂课。在她的悉心培育下，苏尔坦汗·毛拉、阿尼罕、苏尔坦·西甫罕、再妮莎罕等女生也成为玉赛音亚学校的教师。她根据自己多年的教学实践，写成了一本《劝告学知识的人》，对后世影响深远，其手稿至今仍保存在学校。"③②

　　学校教育的功能之一，就是将学生培养成老师，佼佼者可以成为校长。吐尔逊就是一个典型。"吐尔逊（1886～1937年），男，维吾尔族，伊克萨克村人。1894～1899年，吐尔逊在玉赛音亚学校上学。由于他学习成绩突出，1902年，被巴吾东·穆萨巴尤夫派往土耳其伊斯坦布尔师范学校留学。1905年，吐尔逊升入土耳其高等学府——苏尔塔乃木大学深造。1909年，吐尔逊以优异成绩毕业，回到母校玉赛音亚学校任教。1910年，他任玉赛音亚学校校长。在搞好学校教学的同时，吐尔逊还十分重视对当地民众开展扫盲教育，他在玉赛音亚学校期间，伊克萨克村70%以上的村民都脱了盲。"③③

　　与他的老师热依莱·毛拉不同的是，吐尔逊是维吾尔族近代体育运动的奠基人。他"创造性地发展了维吾尔族传统体育项目，吸收了足球、排球、田径体操等现代体育项目，并在当地乡村推广。在吐尔逊的倡导和组织下，各个学校、村，每年都要举行一至二次运动会。吐尔逊将足球确定为伊克萨克玉赛音亚学校每天必练的一个体育项目，每周举行一场足球比赛。为了发展足球运动，吐尔逊曾和一些保守势力进行过顽强斗争，他亲自担任球队的技术指导，并经常对球员进行爱国主义教育。1927年吐尔逊亲率伊克萨克农民足球队前往喀什，挑战英国领事馆和瑞典领事馆足球队，在以2∶1的比分战胜英国驻喀什领事馆足球队后，又以7∶0的比分大胜瑞典领事馆足球队。"维吾尔族农民足球队战胜外国领事馆足球队，一直为维吾尔族人民津津乐道，感到无比自豪。其实，这是对维吾尔族新型教育成果的一次检验，他们不但在现代新型学校教育上师法欧洲，在体育运动上亦与国际接轨，而教育本身又增强了他们的国家和民族意识。③④

　　阿图什伊克萨克玉赛音亚学校不仅有足球，还有觉醒和战斗的诗篇。民主诗人库特鲁克·肖开写道：

　　　　我命令他：愿胡大刀一把，砍吧，
　　　　把人民颈上凌辱的枷锁砍断！
　　　　如果祖国仍是废墟，就砍掉我的头，
　　　　被奴役人民的命运，肖开不愿看见！

　　还有诗人泰波克的诗：

觉醒吧，人民，拯救故乡，

点燃学校之灯，使它放射光焰；

让黑暗专制时代崩溃覆没，

从厄运幽暗中走向解放；

为幸福而努力，精进自强，

为后代的启蒙，尽职尽责；

站起来，而今迈向工作道路，

让幸福鸟落在后代手上。

泰波克还有一首呼唤科学的诗：

醒来吧，国人，让我们鼓舞欢欣，

让我们为科学作出牺牲；

无论昼夜，我们沉睡了多年，

只有开拓科学之路，黑暗才能变成光明；

我们多么欢欣，手拉手，

祖国的后代，从沉睡中睁开眼睛；

吸收科学之光，洒在民族头上，

在自己的故土，我们也要做国王。[35]

▲ 经堂教育向现代教育过渡时期留下的光影
（作者翻拍）

伊克萨克新型学校教育的特点和贡献表现在12个方面：

（1）招生不分贫富，只要学习热情高就招。学的好的无论是谁都会受到表彰、奖励。优异生还送到国外深造。不向学生收费，甚至教材也是免费发给学生。穷学生还享受助学金。边远地方来的学生免费提供食宿。

（2）学校管理方面设立了完整的组织机构和完整的规章制度。有9

个人组成学校管理委员会,一般事情由校长负责,大事定期提交给校管会讨论。委员里头有富豪,也有学生和群众代表。此外,在招生、考试、升级、毕业、备课、上课等整个教学过程,都制定了一系列章程,整个工作都按章程进行。

(3)学校教学条件是好的,教室宽大明亮,都是地板的。教师办公室、桌椅板凳、学生宿舍都符合教学标准。

(4)教师队伍精良,积极性很高,他们为自己是本民族第一批启蒙者而感到自豪。他们很认真备课,并怀有一颗爱心给学生上课。

(5)在教学内容上有一套教材参考书。自然科学、社会科学方面都有。每周还要上两节理论课和两节宗教课。

(6)教学方法新,旧式学校注入式方法被废除了,而吸收了欧洲一整套新型教学方法。如地理老师晚上要指导学生观察星月。由于采用提问、解答、研讨、讨论、教师辅导、学生回答等方法,教学效果良好。

(7)学校体育和村体育作为一个整体发展了起来。每天早晨学生在鼓乐声中唱歌、操练。他们在乐声中、口令中步伐整齐、精神昂扬,激越的歌声划破了村落清晨的寂静。从远近各方到来的参观者有时不下百人,他们受到学生和教育的感染,有人还流下泪来。课余,学校开展各种球类、摔跤、单杠等体育活动。足球运动成为当地普及的体育活动之一。

(8)校方重视学校环境和学生卫生。学校四周环绕着杨树、柳树。每天晨礼前学校舞台、教室、办公室都已打扫好了。学校要求教师穿着整洁,注意仪表。学校浴室定期开放,学生每周轮流洗一次澡。每周进行一次衣服、手脚、书笔卫生检查。学生是求知者,也是现代文明的接受者和传播者。

(9)学校定期举行演讲、诗歌朗诵、歌舞、音乐比赛。经过筛选的节目每年向群众进行一次汇报演出。

(10)教师对学生写字方面的要求是严格的。各班每周上两节书法课,要求一二年级学生正字法正确,符合书写规则,字体漂亮。书法好的同学会受到社会的尊敬和学校的奖励。

(11)考试制度严格。年度考试有口试、笔试两种。考题由校学术委员会出。笔试同年级同时考,口试以抽签方式进行。总成绩为口试与笔试成绩相加,并在家长大会上公布。中等师范、中专(会计班)毕业生,被隆重地送到工作岗位。

(12)新型学校的另一个重大成果,是提倡妇女解放与平等的主张在教育上得到落实。当时地方保守势力极力反对女子上学。巴吾东巴依首先将自己的

孩子送进了学校。而像热依莱毛拉为妇女受教育勇敢地挺身而出，开创了阿图什地区妇女受教育的先河。㊱

维吾尔族新学教育运动如火炬传递，"新型学校教育从一个村扩大到了县，又从县扩大到了专区乃至全疆，出现了蓬勃发展的新局面，其原因主要有以下几点：

（1）伊克萨克新型学校教育是我国以及新疆的一个奇迹，但是比欧洲新型学校教育要落后200年。当时中国人民已经觉醒，新型学校教育已成为社会发展的必然需要，因此如势不可当的洪流从中国西大门破门而入。

（2）由于玉山·穆萨巴尤夫巴依和巴吾东·穆萨巴尤夫巴依这样既有经济实力，又有聪明才智的爱国主义进步人士的开路与指导。

（3）由于吐尔逊·阿凡提、买买提·阿凡提、阿布都哈迪尔大毛拉这样有一颗火热心的英勇的教育带头人的殊死斗争。

（4）由于在《觉悟报》这样斗争讲坛上，有像库提鲁克、肖开、诗人泰剑力这样话锋锐利的宣传工作者为唤醒、教育人民而忘我地工作。

（5）更重要的是，我们勤劳、勇敢地向往新生事物、渴望发展与启蒙的人民，对新型学校教育的支持与维护。

▲ 赛福鼎·艾则孜之父塔西阿洪·艾则孜
（赛少华提供）

（6）由于教师奋不顾身地工作，学生高昂的学习热情、良好的教学成果和强烈的社会反响"。㊲

笔者引用《火炬》阿不力孜·尼亚孜文《光辉的历程，历史的记录》一文时，明显感到他将现代经验和情绪带入历史叙述中，过于理想地美化了发源于阿图什地区的新型学校教育，这可能因为他没有历史资料可寻，以及一个维吾尔族用汉语表达或翻译的局限。但笔者认为，他所叙述的事实是客观真实的，因为在阿图什创办新型学校教育的不止玉山和巴吾东兄弟二人。

"塔西阿洪·艾则孜（1856～1924年），男，维吾尔族，新疆阿图什市松他克乡瓦克瓦克村人。塔西阿洪知识渊博，精通阿拉伯语、波斯语和突厥语。他家道殷实，广有田产，雇有长工种地，自己经商做买卖。1894年，塔西阿洪在瓦克瓦克村创办了一所新式学校，称为'塔西阿洪奴木学校'，从各地招生40名。1896年，他第一次到俄国经商。1912年，由于他创办的学校从事革新启蒙运动引起当局不满，他被迫逃往俄国，去了莫斯科、圣彼得堡，后又去了芬兰。1915年，他和一个亚美尼亚人合伙，回国创办火柴厂，厂址设在莎车。当时火柴厂有近200名工人，大部分是妇女和儿童。他还在喀什创建了一座水轮式棉花加工厂，修建了'塔西阿洪渠'和另一条渠道；又在伽师县组织人力挖了一条干渠。这些水利工程的建设，对喀什和伽师农业的发展作出了很大贡献。同时，他在家乡阿图什大力发展养蚕业，搞起了缫丝工业，并创建了一个手工业公司，采用白大布印花技术，生产一种叫'夏塔瓦尔'的布料。1917年，他放弃工业与经商，回到自己的故乡，积极倡导创办新式学校，并在松他克的买特创办一所学校，但遭到保守的宗教势力的反对，毛拉和喀孜们赶走了上课的教师，塔西阿洪只好将年仅14岁的儿子赛福鼎·艾则孜推上讲台。但没过多久，保守的宗教势力又抬头，把赛福鼎也赶出了校门，学校被迫关门。1923年，屡遭打击的塔西阿洪被迫远走他乡，到了伊犁。次年，塔西阿洪在伊犁去世，终年68岁。"[38]兴办新型学校教育遇到的阻力是难以想象的，而其产生的深远影响是可以看见的。

新型教育改变了塔西阿洪的儿子赛福鼎·艾则孜的一生。他1935年赴苏联塔什干中亚大学学习。1938年至1943年在新疆塔城报社工作，担任过编辑、主编，曾加入反帝联合会，任塔城专区反帝联合会组织干事，塔城维文会秘书长、副会长。后参加和领导了反对盛世才独裁统治的新疆三区革命。

赛福鼎·艾则孜是维吾尔族新型知识分子，也是投笔从戎的战士。他曾在诗中写道：

> 巴拉萨衮，喀什噶尔期待着你，
> 信守诺言，莫把它忘记，
> 假若你投笔从戎，
> 艾则孜，你的生命才有意义。[39]

赛福鼎·艾则孜1949年加入中国共产党，成长为新疆和国家领导人。

历史发展是有逻辑的，因果之间是相关联的。辛亥革命是秀才们发动的革命，在内地如此，在喀什也不例外。维吾尔族新型学校教育在阿图什点燃的火炬，不仅为喀什培养了一批视野开阔，掌握现代文化知识，具有共和民主思想的秀才们，而且在启迪民智，唤醒民众，培育民众共和民主思想方面起了不可替代的作用。发源于阿图什的维吾尔族新型学校教育，为喀什人民响应辛亥革命奠定了思想和人才基础，对此史家不能遗忘，更不应忽视。

注　释

①② 《新疆辛亥革命史料选编——纪念辛亥革命80周年专辑》，新疆人民出版社，1991，第146～147页。

③ 《马达汉西域考察日记·1906～1908》，中国民族摄影艺术出版社，2004，第36页。

④⑤ 《外交官夫人回忆录》，新疆人民出版社，2010，第166～167页，172页。

⑥ 袁大化著《新疆伊犁乱事本末》。

⑦ 《新疆辛亥革命史料选编——纪念辛亥革命80周年专辑》，新疆人民出版社，1991，第147页。

⑧ 张大军：《新疆风暴七十年》，台湾兰溪出版有限公司，1980，第140页。

⑨⑩⑪⑫⑬⑭⑮⑯⑰⑱⑲⑳㉑㉒㉓ 王时样：《喀什噶尔历史文化》，新疆人民出版社，第254、691～692页。

㉔㉕ 《阿图什市志》，新疆大学出版社，1996，第720页，3页。

㉖ 阿图什市文化局编《火炬》，内部刊物，准印证（新出）011号，2005，第1页。

㉗ 阿图什市文化局编《火炬》，2005，第9页。

㉘㉙ 根据西里甫·胡西塔尔文《穆萨巴尤夫和他的商业企业》改写，载于阿图什市文化局编《火炬》，内部刊物，2005，第12～24页。

㉚ 《阿图什市志》，新疆大学出版社，1996，第813页。

㉛ 《克孜勒苏柯尔克孜自治州志》，新疆大学出版社，第1478页。

㉜㉝㉞ 《阿图什市志》，新疆大学出版社，1996，第814～815页。

㉟ 阿图什市文化局编《火炬》，内部刊物，2005，第56～58页。

㊱㊲ 阿图什市文化局编《火炬》，内部刊物，2005，第10～12页。

㊳㊴ 阿图什市文化局编《火炬》，内部刊物，2005，第58页。

第五章
杨缵绪——起伏人生

杨缵绪由一个湖北农家子弟，20年间擢拔为民国陆军中将，新疆喀什提督（相当于新疆军区司令），在新疆旧军政体制中，杨缵绪可谓是一颗耀眼的明星。追溯杨缵绪的个人史，他由湖北鄂城段店，一步步走向武汉、南京、日本、伊犁、喀什、北京。他的成长离不开张之洞，他的护佑当属黎元洪。历史没有假设，历史只有真实。在新疆辛亥革命中，由于他的存在，使伊犁、喀什，乃至新疆，在全国大放异彩。

张之洞之树

唐宋以来，中国对外交往的格局渐成扇面展开，沿海与中原的外来技术与文化主要来自海上，西域的外来技术与文化则主要来自陆路，其中，一条丝绸之路又使得中国东西方相互受益。1840年以来，海风渐强，资本主义大潮由海上呼啸而至中原，但到了西域，早已是强弩之末。新疆尤其是喀什的资本主义因素则来自欧亚大陆。

20世纪初叶，中国民族资本初具规模的地区，一是江浙，二是广东，三是湖北。湖北之所以成为辛亥革命的"首义之区"，与湖北民族资本的形成，有着内在联系。而推动湖北洋务运动发展的始作俑者，便是湖广总督张之洞。

张之洞（1837年~1909年），字孝达，号香涛，别号壶公、抱冰，直隶南皮（今河北南皮）人，生于贵筑县（今贵阳市），7岁时随父到兴义府城就读，13岁始回河北原籍应试，考取秀才；15岁时赴顺天府乡试中举人第一名，成"解元"；26岁考取进士第三名，成为"探花"，授翰林院编修。1867~1873

▲ 洋务运动领袖张之洞　（作者翻拍）

年任湖北学政。1874年起任四川学政、山西巡抚。1883年中法战争爆发，因力主抗争擢升两广总督，主政中国最开放的地区。

1889年7月，张之洞调任湖广总督，坐镇武汉，先后督鄂17年，拉开了华中轰轰烈烈洋务运动的大幕。张之洞主持"湖北新政"，主要在工、教、军三方面大有建树：兴办近代军事工业和民用工业；建设现代文教设施，大量派遣留学生；改革军制，组建新式军队。①

上任伊始，张之洞即提出修筑卢汉铁路计划。他以"一路可控八九省之冲，人货辐辏，贸易必胜……经纬纵横，各省旁通"等八条利国利民理由，上奏朝廷准修卢汉铁路。1905年9月，卢汉铁路南北两段在河南詹店车站附近接轨贯通。张之洞与袁世凯参加验收，次年4月16日全线通车，定名为京汉铁路。京汉铁路和粤汉铁路——中国最长的两条铁路由此在武汉交汇，铁路与船运的立体交通格局随之形成。四通八达的交通，既可人货辐辏，繁荣商业，形成商业大都会，又是兴办重工业的基础。张之洞主政期间，在汉阳龟山下建有湖北枪炮厂，后易名湖北兵工厂，大量生产"汉阳造"枪炮，其创办经费之巨、机器之新，"较津局既逾数倍，较沪局亦复加多"。与之毗连的湖北炼铁厂，加上大冶、江夏、江西萍乡等地的铁矿、煤矿，为亚洲第一家"以采铁、炼钢、开煤三事合而为一"的近代化钢铁联合企业。"左岸是钢铁，右岸是纺织。"还在武昌文昌门、望山门外建有湖北织布官局、纺纱官局、缫丝局、制麻局等，另外还有白沙洲造纸厂、武胜门外毡呢厂、保安门外制革厂、汉阳赫山针钉厂、官砖厂等，武汉大小近20家近代工厂出现，一时占全国官办工厂数量的首位。②

光绪二十一年（1895年），大清在甲午海战中战败，被迫签署《马关条约》割台湾及澎湖列岛，赔付巨款，举国呜咽。张之洞遂由两江总督返任湖广总督，以练兵图强为请，开始裁撤绿营、编练新军。

清廷新军最早出现，且实力又较强的，是袁世凯（1859～1916年）的"新建陆军"和张之洞在两江总督任内编练的"自强军"。

张之洞从两江自强军中带回洋操护军前后两营五百人，张彪、岳嗣义分任管带，聘德国人贝伦司多大为总教习。又成立工程队一营。这便构成湖北新军的雏形。湖北新军的操法营规，征募、训练和管理诸方法，"均参照德、日两国最新军制"。③湖北新军在招募、训练、管理方面都有别于旧军。在招募方面，对入伍者的年龄、体格、籍贯、出身、文化程度都有一定要求。张之洞认为江北德安、安陆、荆门、襄阳、郧阳数府之人较魁梧强劲，故多从上述地方募兵。为提高官兵的荣誉感，士兵退伍时，督抚亲自到营中奖勉，享以羊酒，用红花鼓吹送出营门，到家时地方官吏如法欢迎。为便于士兵的管理控制，后又规定募兵对象为士农工商之"安分子弟"，或素有恒产者。④

大批知识青年踊跃加入湖北新军，与清末科举制渐趋式微有关，尤其是1905年废除科举，使大批读书人断绝了"学优登仕"的路径，"投笔从戎"便成为一条出路。湖北新军招募青年士兵，尤其注意文化水平，"实能识字、写，并略通文理之人"。1902年，湖北新军中"识字者约可得半，至营官、哨官、哨长，绝无不识字者"。如工程营，规定入伍者为二十岁以下的识字者。其他各营的入营士兵，也必须有一半识字。又规定募兵以本省人为主要对象。⑤

在管理方面，新军设立营务处，下设参谋所、执法所、督操所、经理所，分别由藩司、臬司、粮道、盐道兼任。为了培养军事人才，还创办了武备学堂、将弁学堂、武高理学堂、武普通中学、陆军第三中学、湖北陆军特别小学、湖北陆军测绘学堂、湖北陆军小学

▲ 朝气蓬勃的学生兵　（作者翻拍）

堂等教育机构，俨然形成现代较完整的军事体系。

湖北新军虽训练有素，但湖北毕竟只是中国的一个行省。光绪三十二年（1906年），清陆军部的统一编制下达，湖北只准编一镇一混成协（清末新军编制，"镇"相当于师，"协"相当于旅，"标"相当于团，"营"即营，"队"相当于连、"排"即排，"棚"相当于班）。原来的第一镇改为第八镇（兵额11204人），镇统张彪，辖第十五、十六两协，第一、二、三、四各标改第二十九，三十，三十一、三十二标。马队第一标改马队第八标，炮队第一标改炮队第八标。工程第一营改工程第八营。辎重第一营改辎重第八营。

第二十一混成协（兵额4896人），协统黎元洪，辖第四十一、四十二两标。马队第二标第一营改马队第十一营。炮队第二标第一营改炮队第十一营。工程第二营改工程第十一营。辎重第二营改辎重第十一营。[⑥]正是这个黎元洪，几年后即作出震惊全国的一番大事。

经过张之洞的一番苦心经营，迄至1906年，鄂军总兵力达15000余人。湖北新军与旧式武装的区别主要表现在五方面：第一，废戈矛土枪，代之以新式后膛炮、克虏伯大炮；第二，训练、编制仿效欧、日；第三，淘汰老弱和兵痞，补充新的成分；第四，指挥官多由军事学堂出身者担任；第五，士兵文化水准显著提高，如1905年新军在黄陂募兵，入伍的"九十六人中，就有十二个廪生，二十四个秀才"，知识青年占有如此高的比例，是以往任何旧式军队所没有的。这就为军人接受新思潮提供了条件。[⑦]

南洋湖北新军与北洋六镇相比，也有自己的特点：北洋军是清政府的中央军，主持者袁世凯又力图将其造成宗法一体专制色彩浓厚的私家武装，这种素质决定了它在辛亥革命中，以及在此后若干年内，一直是一支反动的武装力量。而作为地方部队的湖北新军，受清政府控制则比较松弛，张之洞等湖北当权派虽然也注意防范革命者潜入新军，但为了不致引起朝廷指责和干预湖北事务，他们对党人的活动往往采取息事宁人的态度。加之张之洞毕竟不是军阀型人物，并未孜孜于将湖北新军建成一种私家武装。凡此种种，使得湖北新军成为清末反清革命运动的一个良好温床。

组练新军是张之洞的"身心性命之学"，他整军经武，为的是"执干戈以卫社稷"，这里包含着保卫祖国的意义，但更主要的是企图用近代军事技术维护君主专制制度和清王朝，使之在"内忧外患"交迫中不致倾倒崩溃。但最终事与愿违。

湖北新军一镇（第八镇）、一混成协（第二十一混成协）各标营大多驻扎在武昌城内及城郊。而武汉三镇作为现代都会所带来的新的思想文化信息可以迅速传递到军营内部，这与袁世凯的北洋六镇驻扎乡村大不相同。此外，上海这样的现代都会，驻扎旧式武装巡防营（俗称"防军"），不具备接受新思想的基础。湖北新军是清末唯一兼具两方面条件的部队：既是文化水准较高的新式军队，又驻扎在现代都会，加之主管者（如张之洞）相对开明，这便使其成为清末军队的最大异数。⑧

"清末新军四次大规模会操，虽然一次草草收场，一次取消，但是，留日学生在新军中的地位和作用已经得到明显的反映。会操也在一定程度上展示了军事改革的成效，表明中国军事近代化在军事留日生的推动下，已经取得了长足的进步。中国军队的素质已大大提高，正如鲍威尔所言：'一支小小的外国军队能够在中国登陆，要想夺获任何重要目标的日子已经过去了。'"⑨

清末新军战斗力增强了，反而引起老谋深算的慈禧太后（1835～1908年）的隐忧。1907年，端方（1861～1911年）由湖北巡抚调任直隶总督，入京晋见时，慈禧对端方说："造就人才的是湖北，我所虑的也在湖北。"而几年后的事实，证明了慈禧的嗅觉是十分敏锐的。⑩

由于湖北练兵较早，各省在建立新军时，多向湖北调用"代练新军"的军事干部。调往贵州的有袁汉三、曾广开、施化龙、萧鸿斌、袁定国等二十余人。调往新疆的有杨缵绪、徐建国、张英杰、陈全胜、邹浩如、桑长清、周福成等五十余人。南京成立第九镇，除王遇甲、敖正邦调往。安徽成立混成协，余大鸿往任协统，李效纲、周锦卿、任振鹏、摩国藩、杨荣胜等十余人，亦调赴皖。高芸田、吴云藻、沈蹬鑫、周全山等十人调江西充任队官。湖南新军是黄埕鸣去筹办的。广西成立新军，调吴元泽、云洪胜等多人。苏州成立混成协，调陈得龙、曹进、周鸿胜、仇俊斑、赵义振、蔡工亭等。第五镇的萧耀南和后来回湖北任统制的黎本唐，原是湖北工程营的士兵。奉天混成协统领蓝天蔚系鄂军标统调升。一时间，张之洞的弟子散布军中。

辛亥革命发动后，湖北新军派往各省的军官，许多人成为该省响应武昌起义的重要人物。杨缵绪在伊犁起义不是孤例。东北有蓝天蔚（1878～1921年），贵州有赵德全（1881～1912年），陕西有李载煦，广西有吴元掸，云南有梅治逸等。⑪

张之洞一贯主张中学为体，西学为用的中庸之道，殊不知传统的中学，抵不住渗透于西学中的科学民主，正如大清的盾牌挡不住西方的洋枪洋炮，亦不知世界潮流浩浩荡荡，顺之者昌，逆之者亡，更不知科学民主之树，必结科学民主之果。国门一开，中国传统社会发生生物学的异化之变则不以统治者的意志为转移。

张之洞宣统元年（1909年）死于北京大清军机处任上，享年72岁。毛泽东曾说过："提起中国民族工业，重工业不能忘记张之洞。"

黎元洪之异果

张之洞所栽下的科学民主之树，所结的最大异果，就是鄂军将领黎元洪。黎元洪（1864～1928年）字宋卿，汉族，后因其父经商湖北，遂入籍湖北黄陂县。黎元洪14岁随父移家北上，寓居天津。1883年入天津北洋水师学堂学习，1884年编入北洋水师。1888年入海军服役。1894年，参加中日甲午海战。战后投靠两江总督张之洞，曾三次遭赴日本考察军事、政治，学习引进练军之法，颇受器重。

黎元洪是大清军人中最早看世界的。甲午海战他参加了，侥幸生还。李鸿章被迫签订《马关条约》的屈辱过程他目睹了，败军之盟，这是军人最大的耻辱。黎元洪不是木瓜，他总结中国战败之原因，不会仅仅来之纸上，亦不会仅仅局限于军事，他有直接经验，更有痛苦深入的思考。他三次赴日考察军事、政治，想必一次次被洗脑，一次次更看清大清帝国衰亡之势不可逆转。嘴上不说科学民主，不等于心中没有，更不等于没有行动。

光绪三十三年（1907年），伊犁将军长庚编练伊犁新军，即从黎元洪任协统的第二十一混成协下辖第四十二标，抽调部分官兵，作为伊犁新军的种子军，开赴天山。黎元洪与下辖管带杨缵绪的关系由此可知。

武汉是革命党人活动的中心地区，而湖北新军又是他们争取的主要对象。大批因贫困、落魄投军的下层民众，对清政府怀有一种反抗情结。湖北革命志士根据有利条件，积极投身军队，做新军改造工作。他们通过散发书刊、开演讲会、个别谈心等途径宣传革命思想，通过组织团体编排营队、严格纪律等方法团结新军。因为军官在军队中从事革命活动比士兵方便且容易掩护革命行动，日知会专门以发展军官为主，该会100多名会员中，多为督队官、队官。经过湖北志士的广泛发动，"在新军两万人中，倾向革命的已达十分之一"。⑫振武学社在新军中发展会员近千名，散布于新军第八镇和第二十一混成协各标营，其中以混成协第四十一标、四十二标最多。

湖北新军中的革命分子成为武昌首义的发动者，士兵多半在起义爆发后站到革命党一边。在一定意义上，辛亥武昌首义是一次革命党人发动的新军起义。武昌首义由军人发动，各地军人纷纷响应，殊非偶然。武昌起义的革命军人，在首义成功后，不推举第八镇镇统张彪担任湖北省都督，而推举黎元洪，自有其理，自有其因，亦绝非偶然。

黎元洪在辛亥革命武昌首义中，被革命党人和社会各界推举为湖北军政府首任都督，不仅说明他当时有很高的威望，他的为人处世令人称道，更说明他确有过人的文武韬略。黎元洪既是辛亥革命的一面旗帜，又是各方政治势力都愿意接受的人物。他至死坚守中华民国宪法，对袁世凯称帝表示不屑，他是中国议会制度的守护神，是军阀干政的克星。因此，他才可以成为中国历史上唯一一个两任大总统和三任副总统的人。

1928年6月3日，黎元洪因为脑溢血在天津去世，享年64岁。1935年11月24日，中华民国国民政府于武昌为黎元洪举行国葬典礼，遗体归葬于武昌卓刀泉。

· **留日优等生**

十年树木、百年树人。黎元洪、杨缵绪均是张之洞军事之树上的异果，只是果大果小而已。

杨缵绪（1873～1956年），字述周，绰号杨麻子，湖北鄂城段店人。湖北将弁学堂优等生，1892年南京水师学堂肄业，被选送

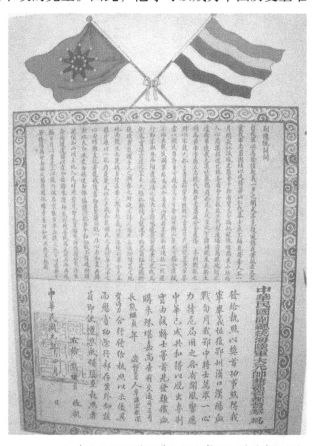
▲ 中华民国副总统黎元洪宣誓词 （作者翻拍）

日本户山陆军大学。遍学步、骑、炮、工、缁五科，每科6个月，3年后毕业回国，任武汉两湖书院与讲武堂的兵操教习，黄兴、吴禄祯当时是两校学生，受教其门下。1900年通州会操，杨指挥湖北兵操练成绩优异，被赏穿黄马褂，得识长庚，以后历任湖北各营教官、管带、标统。

　　上述简历表明，杨缵绪无论就读湖北将弁学堂，南京水师学堂，或被选送日本户山陆军大学，其后都可窥见张之洞之手。湖北将弁学堂为张之洞所办，专门轮训遭裁汰的绿营、防营的无兵之官，由洋教习讲习各种兵法。新军中的队官（连长），以将弁学堂毕业者为多。⑬

　　光绪二十八年（1902年），张之洞将武备学堂和将弁学堂合并，改为武高等学堂。教习之法先德式，后改从日式。据张之洞奏称：此项学堂，日本名为士官学校，在此学堂毕业者乃得为武官。兹湖北所设其武高等学，一所名武备学堂，……课目凡十：曰战法、曰舆地、曰测绘、曰算学、曰体操、曰军械、曰台垒、曰步队学、曰马操、曰炮队学，日课凡八点钟。目前以旧班学生，分习马、炮、工三科专门高等学，在堂一年，入营一年，……共二年毕业。新班学生，……在堂三年，入营一年，……共四年毕业。……一所名将弁学堂，……略仿日本户山学校，专取在营已有阅历之武职官弁队目，而又文理明顺者充选，使之研求学术，增进智略。募日本教习五员。教之课目凡十三：曰军制、曰战术、曰兵器、曰数学、曰卫生、曰操法、曰筑城、曰野操、曰兵棋、曰测图、曰战术实施、曰技击、曰军医。日课凡八点钟。三年毕业。

　　光绪壬寅（1902年）冬，张之洞自作"学堂歌"，颁发各校。歌词中讲到湖北兴办教育及派遣留学生的盛况："湖北省，二百堂，武汉学生五千强；派出洋，学外邦，各省官费数湖广；湖北省，采众长，四百余人东西洋。"

▲ 杨缵绪戎装像 　（作者翻拍）

　　张之洞所说的"四百余人东西洋"，仅指1902年以前官费留学生数字，加上自费留学生，数字当然大得多。到1905、1906年，湖北留日学生更达高峰。据估计，清末湖北留日学生共计五千余人，名列各省前茅。[⑭]

　　湖北留日学生大凡学军事者，许多进入日本陆军士官学校学习。日本陆军士官学校，为大日本帝国陆军军官养成之军校。其前身为创建于1868年的京都兵学校，至1874年根据《陆军士官学校条例》正式创立。陆军士官学校，实际上是一所初级的"军官学校"，并非培养士官的学校。日语所谓"士官"实际上等于汉语的"军官"，俗称"将校"。

　　日本陆军士官学校以教学严谨科学，教授的课程繁多而且复杂著称。想要在该校毕业，首先要通过以下课程：战术学（战术学）；战史（战争史）；军制学（编制学）；兵器学（武器学）；射击学（射击学）；航空学；筑城学（工程学）；交通学；测图学（绘图学）；马学；卫生学；教育学；军队教育；一般教育；外国语。学生在校期间，需在部队服役半年，譬如，学员根据所选之科目分别进入日本近卫步兵第四联队、日本近卫野战炮兵联队、日本近卫骑兵联队、日本近卫工兵联队实习，获得实战经验。

　　由于该校文理兼修，以理为主，对招生对象有较高的文化和素质要求。1875年，第一期学员入学，招生对象为初中毕业生，学制3年，下设步、骑、炮、工4个专业，至1887年共招收11期，培养军官1285名。1889年，该校进行教学改革，实行士官候补生制度，招生对象改为高中毕业生，至1945年共招收61期，培养军官36900名。1896年增设后勤专业。1898年，日本陆军设立教育总监部，学校转属教育总监领导。1917年起扩大招生对象，除招收高中毕业生外，还从部队招收经考试合格的军士入学。1920年分设预科和本科，学制延长，预科两年，本科1年10个月，中间需在部队服役半年。1924年增设航空专业。1937年，预科和本科分别成立分校。1938年在埼玉县丰冈设立航空分校。1941年，为提高军官的合成军队指挥能力，学员入学后不再分专业，进行各兵种专业课程兼顾的综合训练。该校不断调整课程、学制、对象，基本上适应了现代战争变化的需要。

　　该校在军事技术上注重学员的全面发展，在思想上则进行军国主义精神教育，强调提高学员的文化水平和战术素养，该学校的毕业生是日本近代军队的骨干，近代日本四处发动的侵略战争中的陆军军官无论将军还是少尉，几乎都曾在这里学习过，其中6人曾担任内阁首相。1945年日本投降后，陆军士官学校

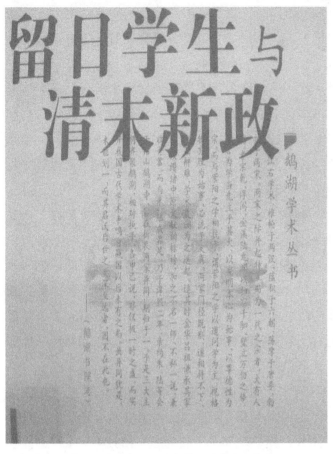

▲ 研究留日学生影响清末政治的专著　（作者翻拍）

被撤销。

从当时湖北军校与日本陆军士官学校比较而言，彼此在学制、科目、教学方法上已相当接近了。

近代中国军事人才的最主要来源可以分为四个部分，即留日士官生，保定军校生，黄埔军校生，此外还有一些地方讲武堂毕业生。其中以留日士官生发端最早，时间也较长，从1898年第一批留日士官生赴日到1937年全面抗战爆发，前后计有29期、1600余人。虽然中国留日士官生数量较少，但其历史作用却不容忽视。清末至民国，留日士官学成归国，在中国军队近代化过程中扮演了重要角色，这一群体使中国旧军队不仅从装备上，而且从编制、训练、体制和思想上由中世纪走向了近代。无论是孙中山创办的黄埔军校，还是各省创办的地方讲武堂，留日士官生的影响力如影相随。

有意味的是，清皇朝所资助的日本陆军士官学校中国留学生，最终却成了清王朝的掘墓者。如蔡锷、黄兴、刘静庵、杨缵绪、冯特民、刘先俊等。更有意思的是，昔日毕业于日本陆军士官学校的留学生，在抗日战争中大都站在日本的对立面，许多人成为抗日名将，如蒋百里、张孝淮、许崇智、孙传芳、阎锡山、尹昌衡、蒋作宾、何应钦、汤恩伯、朱绍良、程潜等。

由此看来，张之洞之树异果累累，世事变迁与现代科学民主教育是其果突变之基因。

远戍天山

杨缵绪是以标统身份调戍伊犁，他所带的从南洋二十一混成协所辖的四十一、四十二标选拔的八百子弟兵，作为训练伊犁新军的模范团，器宇轩昂地开赴伊犁。"适有光绪三十三年（1907年）伊犁将军长庚奏调南、北洋陆军为练兵基础，继湖南总督赵尔巽委任统带杨缵绪，由湖北陆军第八镇挑选官长、学兵、士兵等，计八百员名编成赴伊犁。陆军步队、小炮队、野炮队、工程队于是年十二月初四日（1908年1月7日）由武昌出发，至光绪三十四年六月十七日（1908年7月15日）抵伊，为模范训练。"⑮

在已知的材料中，鲜有湖北新军开赴新疆途中的细节记录，使后人很难领略这支具有近代化特征的部队开赴边疆、保家卫国的风采。难能可贵的是，笔者在武汉找到了辛亥革命前夜传唱大江南北军营的军歌《从军乐》⑯。通过军歌，我们可以品读出这支以知识分子为主组成的新军队与旧军队的显著不同，他们不但斗志昂扬，救国扶危的精神亦气吞山河。

湖北学生军歌
（一）

愿同胞，团结个，

英雄气，唱军歌，

一腔热血儿，意绪多。

怎能够坐视国步蹉跎，

准备指日挥戈。

好收拾，旧河山。

从军乐，乐如何！

对天演，烈风潮，

与物竞，同探讨，

擘破混元色，精神好。

为国民重新铸个头脑。

争得神州天晓。

纪念碑，立云表。

操操操，休草草。

齐昂昂，整顿了，

好身手，讲兵韬，

任他千钧担，一肩挑。

新世界能够造得坚牢，

便是绝代人豪。

身价儿，比天高。

　　（二）

向前向前，奋勇争先！

向前向前，伸我自主权！

抖擞精神，唤起国魂，

思独立，心如百炼金坚。

把微躯为捐国！

羞偷生，怕神州瓦解难全。

向前向前，登山极巅；

向前向前，涉水极重渊。

军国主义，战胜天演；

是英雄，当仁休让昔贤。

且猛着祖生鞭！

使血性，竞争个国脉绵延。

向前向前，步武高骞；

向前向前，任重休息肩！

慷慨从军，恢复中原，

誓同仇，好将大力回天。

中国美少年！

唱凯歌，一齐都画上凌烟。

民国精神，革命理念，军人豪情壮志，均体现在军歌之中。

中国美少年，此典出自维新大师梁启超之口，他扬言：少年强，则中国强！

歌曲是特定时代社会精神风貌的记录和反映，它能真实地传达出那个时代

▲ 翻越天山途中只能睡山洞 （作者翻拍）

的脉搏和追求。《湖北学生军歌》首唱武汉，很快传遍大江南北，印证了武汉在近代革命中拯救中华的引领作用。学生军歌唱的是国家兴亡匹夫有责，目的是唤醒民众的责任。

"怎能够坐视国步蹉跎"、"为国民重新铸个头脑"、"新世界能够造得坚牢"、"使血性，竞争个国脉绵延"，站得高，看得远，学生哥已经率先觉醒了。

"齐昂昂，整顿了，好身手，讲兵韬，任他千钧担，一肩挑。"我们从中似乎看到了时隔20多年后，中国军民以血肉之躯抗击日寇侵略救国存亡的怒吼，听到了40多年后，百万中国人民志愿军将士唱着"雄赳赳，气昂昂，跨过鸭绿江；保和平，卫祖国，就是保家乡"的豪迈军歌，三者词异意同，表现的都是一种大无畏的时代风貌，一种向上奋发的阳刚之气，一种为国捐躯大力回天的精神。因为无论是推翻清廷，抗击日本侵华战争，还是赴朝与世界实力最强的美军作战，都要有一种历史使命感，有一种气吞山河的大精神。

这些中国美少年，新式中国军人，就是唱着这支气壮山河的歌曲，向前向前，恢复中原；向前向前，是英雄，当仁休让昔贤；向前向前，西去征程漫漫，跨过长江，跨过黄河；向前向前，翻过秦岭，直逼祁连山！向前向前，挥戈西进，驻扎天山，挡住沙俄东进，保我国土安全！

鄂军西进，给新疆带来了前所未有的冲击。俄国军官马达汉记录了一些细节："新兵大部分来自新疆省不同地区，小部分还来自'关内'（关内指中国长城城墙以内的地方）（占部队实力的20%～25%）。特别强调注意的是，这些新军要保持足额满员。据说，有两名军官已经为此服毒自杀了，原因是他们让自己的部队实力出现空缺，从而受到了将军的训斥。就在最近几天，士兵数量减少到了10%～12%：所有吸鸦片的士兵，凡是不愿在规定期间戒毒的话，一律开除；还有就是小于20岁以下的士兵也已退伍。已经派了两名军官去内地招募士兵来填补空缺。"⑰

中国有句俗话：兵熊熊一个，将熊熊一窝。新军军官如何培养呢？马达汉写道："设立了名叫'陆军学校'的士官学校。教官们已经到了，不久就可以开学。学习期限三年。教学课程包括：地形学和其他军事学科，中文，英文，俄文，体操和军事操练。学员可能招收70名（可能是一个班），学员年龄为14～30岁，他们的薪水为每月5两（实际是8两），其中已刨去了伙食费31.9钱。服装由国家供应。最有天赋的学员让担任学校内部的工作，并获得特殊津贴。迄今为止学堂已经选拔了30名学员，其中2人要求离学，但未获批准。学期结束后，最差的学员获最低级别的军衔。而优秀的学员被送到兰州的为期3年的军校，然后再送到北京学两年，最后还可能送到国外学习。经过长时间的培训之后，他们最佳的情况将获得上尉军衔。据说，这样的学堂，不久的将来，将在伊犁、喀什噶尔和阿克苏设立。但为了每年都能招收280名士官生，就得要求这个省的军队数量和人口都要增长。"⑱

英国伦敦《泰晤士报》驻北京记者莫理循1910年1月15日，带着仆人与两辆骡车西行，踏上了丝绸古道，准备横跨中国西北直至俄国与欧洲。他对伊犁将军的驻地绥定作了详细的考察，对那里的新

▲ 操练中的伊犁混成协 （莫里循摄于1910年）

政改革，特别是军事新气象给予称赞。他写道：

> 绥定县距俄国边境有30英里。距县城东南5英里的地方是15年前新建的一座城镇，叫新城。这个城镇设计得很好，有宽阔的街道，但没有铺碎石子路；衙门很宏伟；城里还有明显的买卖生意。这里是伊犁将军的驻地。建了一所新式武备学堂和一支新建陆军的训练场。绥定县是这一地区的要地，但其设施缺乏防御性。全城充满了尚武精神，天天可以听到号角声、士兵们一边唱着爱国歌曲一边行进的踏步声以及教官的声音。军官们穿着精干的军服，挎着刀剑，在街上昂首阔步而行。他们对于自己的军服和武器深感自豪。这是一个新式的运动，大有希望。[19]

军事家蒋百里有言道："十年中央治兵之成绩，可以一言以蔽之，准备革命而已。"[20]

湖北新军开赴伊犁，不仅带来了新式武器，更重要的是带来了新组织、新文化、新精神、新气象。

《伊犁白话报》的主笔们

新军人与旧军人、经济中心与边疆之差异之一，不在枪炮，而在文化。从技术层面讲，即军人会不会办报，能不能读报。报纸是共和体制的产物，开放报禁是改革开放的先声。说起辛亥伊犁革命，必言《伊犁白话报》、《新报》，因为它们是孪生姐妹，血脉相通，互为因果，命运相连。就学术而言，研究《伊犁白话报》就是研究伊犁革命。

"1910年3月25日创办《伊犁白话报》，冯特民任主笔，以汉满蒙维四种文字发行。报纸内容丰富，文字清新活泼，为近代新疆首家新型报刊。1911年9月25日，新授伊犁将军志锐抵任，勒令于10月27日停办《伊犁白话报》。"[21]

这段加上标点符号也不过百字的简介，既为我们提供了丰富的信息，同时也留下了诸多悬念。譬如，为什么《伊犁白话报》由冯特民创办并任主笔？为什么《伊犁白话报》能以汉满蒙维四种文字发行？为什么近代新疆首家新型报刊《伊犁白话报》诞生在伊犁？为什么志锐要勒令停办《伊犁白话报》？《伊犁白话报》在伊犁革命中起了什么作用？

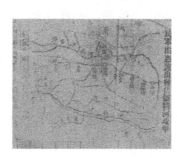

不可否认，单就寿命而言，《伊犁白话报》是张短命的报纸，前后办了一年半。但就影响而言，这张报纸是伊犁革命的吹鼓手，在民间有着巨大的影响力，官府视之如虎，强令停办。

近代中国报纸（时称新闻纸）的诞生，是伴随着中国洋务运动带来的政治变革、思想解放、市场开放和近代都市的出现应运而生的。报纸将割裂的社会各阶层、士农工商各职业连接起来。清代前期只有官报，舆论被政府垄

▲ 伊犁革命机关报——新报 （作者翻拍）

断。清末，舆论垄断被打破，民报陆续出现，这无疑是一种社会进步。民报的盛衰可以作为衡量一个地区经济文化开放程度的标志。

办报毕竟是一项专业性很强、分工很细的社会事务，对办报人的素质和社会环境都有一定要求，这也就是在《伊犁白话报》之前，新疆没有新型报刊的原因。从南北洋到伊犁从军的知识分子、留学生不少，为什么创办《伊犁白话报》并任主编的偏偏是冯特民而不是别人？"冯特民毕业于湖北自强学堂，工书能文，曾任《申报》访员（记者），为湖北科学补习所、日知会和同盟会等革命团体的骨干成员。他主办《楚报》，以鲜民为笔名，著文立说，纵论鄂省政治，不避嫌忌。对湖广总督张之洞等人出卖粤汉铁路主权，撰文抨击，遭到张之洞的嫉恨。"[22]在专制体制下，执政者最忌者即唱反调的民报。

1910年3月，在惠远城北大街创办了《伊犁白话报》。但冯特民一个人办

不了报纸，必须有一个团队组成报馆，才能保证报纸的按时出版发行。"冯特民任主笔，郑方鲁、李啸风等参与编辑、排印、发行。并吸收当地倾向革命的各族知识分子，到各县采访撰稿。在新疆迪化、塔城、宁远（今伊宁市）、绥定、霍尔果斯和北京、天津、上海、汉口等地，设有'代派处'。"㉓网络建立之后，信息闭塞的伊犁变得消息灵通了。

"《伊犁白话报》的主笔为张维直。张维直（1885～1945年），字愚生，陕西省临潼县人。年未冠，入本县横渠书院就读，陕西名宿张扶万任教于横渠书院，以经世致用之学引导学生，张以文名噪一时。县令李生阅读了张维直的文章也很赞赏，将他送往西安师范学堂学习，毕业后选任临潼县学堂教习。光绪三十四年（1908年）初，张维直投杨缵绪的军中，出玉门关，抵迪化。张维直上书新疆当局，主张中国维新自强，保卫巩固边陲。新疆布政使王树楠为当时学界首领，甚是欣赏张的文字，聘为家庭教师。不久，张维直辞去教职，西去伊犁，积极参与创办《伊犁白话报》，指导社会舆论。他所写的文章，有如长江大河，一泻千里，深受读者欢迎。伊犁光复，也有赖于《伊犁白话报》的鼓吹之力。伊犁革命中，一些文告也多由张维直缮写。"㉔

由张维直担任主笔，《伊犁白话报》犹如神助，纸张虽粗糙，版式简单，但内容有了精气神，令读者耳目一新，对开启民智，宣传革命，助力最多。民国34年（1945年），张维直在家乡病卒，终年60岁。

曾在《伊犁白话报》担任编辑的还有大名鼎鼎的李梦彪。李梦彪（1879～1952年）字啸风，幼名进军，外号李胡子。祖籍洵阳县赵家湾，后移居县城。世代读书，家道富裕。父李树林，清光绪十一年（1885年）拔贡，光绪己丑（1889年）科举人。李梦彪幼时聪颖，过目成诵，援笔成文，出口成章。一日，县署红笔师爷路遇梦彪，知其被称为"神童"，遂突出一联令对："吏户礼、兵刑工，六房六个良吏"，梦彪沉思片刻，不无讥讽地对道："羊马牛、鸡犬豕，一圈一头牲畜。"弄得师爷瞠目结舌，哭笑不得，只讪讪地说："对得好，只'畜'对'吏'不妥。"后以府学生员入陕西高等学堂读书，光绪二十八年（1902年）洵阳知县刘德全主持续修《洵阳县志》时，聘李为记录。光绪三十四年（1908年）从军新疆伊犁，因向陕甘总督上书言边事及不良之政治，被委为伊犁参谋处谋略股委员兼调查股委员，兼任伊犁两等学堂教员。伊犁军政府成立，李梦彪被推为军政司长。李以大局未定，内部倾轧之

风已起，愤然辞职离去。㉕

李啸风同年7月返西安。适逢原高等学堂同学创立三秦公学，邀他担任教师，陕西第一师范学校闻讯，亦争延之，李梦彪慨然应允。两校一在城外，一在城内，相去约六七里，他每日徒步往来其间，寒暑不避，日授课达七小时，亦无倦容，深得两校师生敬重。

李梦彪可谓是执行孙中山先生"革命尚未成功，同志仍须努力"遗训的典范，一生奔忙于护法革命。1913年7月，"二次革命"爆发，李梦彪辞去教职，秘密南下参加讨袁革命。"二次革命"失败后，遭到袁世凯通缉，即东渡日本避难。此间，有友人劝他说，不必如此受苦，返陕后有同乡陈树藩等在陆建章（时为袁世凯政府威武将军，督理陕西军务）面前说情，定能让他归返田间。他以书谢绝道："奔走国事，吾之职也。叛共和者无罪，卫共和者反有罪乎？无罪而自谓有罪，岂非自诬！且吾不可归，归则受制于人。不出三年，国将有变。吾若还乡，不去则束手待毙，去则累及他人。吾宁老死天涯，不为贼屈，而累及他人也！"

1915年12月，袁世凯宣布恢复帝制，激起全国人民反对，蔡锷、唐继尧、戴戡等通电全国，宣告云南独立，组织护国军，讨伐袁世凯。1916年初，李梦彪与流亡上海之革命党人井勿幕、郝可权一道，由上海至云南，加入护国军。井、郝随熊克武入蜀后，李梦彪返秦，去陕北镇守使陈树藩部活动，策动陈树藩响应护国军。1925年3月孙中山逝世后，他曾敬送挽联。

抗日战争爆发后，李已年近花甲，始结束在外漂泊生涯，携眷回到洵阳。1939年7月，陕西省临时参议会成立，当选候补参议员。1944年6月，梦彪当选为陕西省临时参议会议员。1946年1月5日，陕西省参议会成立，李梦彪以66票（比议长王宗山多两票）当选副议长。1947年12月，李梦彪与于右任等人一道，被选为行宪第一届监察院监察委员。1949年9月，由重庆逃往台湾。据台湾《民国大事日志》载，1950年5月18日，监察委员李梦彪等46人，以西南绥靖主任兼西南军政副长官胡宗南丧师失地，贻误军国，向监察院提案弹劾，经监察院通过。1952年在台北市病逝。著有《劫余剩稿》。㉖

由冯特民、张维直、李梦彪等几位才子做报馆主笔，《伊犁白话报》如虎添翼。

《伊犁白话报》用汉满蒙维四种文字出版，即使放在采用电脑照排技术的今天，也是一项难度很高的工作。其难度主要在于有没有通晓多种文字的各民族的人才共同参与办报。韩玉书曾是《伊犁白话报》的工作人员，是杨缵绪、冯特民在伊犁筹还国债大会上发现的人才。"回族知识分子韩玉书，上台悲痛陈词：历史上的勾践不忘会稽之耻，卧薪尝胆，生聚教训，终于灭吴。我国甲午之役，虽受挫于日本，但民气不馁，自有奋起图强之日……"㉗韩玉书的侄子韩希良在一篇回忆录中记述："杨（缵绪）等初讶其哈族人何以能讲汉话，继则知系回族中不第秀才，废读入山和哈族人交道，衣着外貌一如哈族，乃握手交谈，以致热泪盈眶。晚间，冯特民、李亚权、郝可权等人来家访问，与先伯促膝长谈，直到深夜。从此常来访问，有时下榻。后先伯父又被邀至惠远《伊犁白话报》馆工作，奔走革命活动。"㉘总之，我们在有关新疆辛亥革命的资料中发现了《伊犁白话报》的主笔、编辑、记者、战地记者、特聘记者和翻译等明确的分工，这是办报所必需的。

《伊犁白话报》代表民意，介入外交事务，为中国边民争取权益。1911年夏季，沙俄属民违背条约，霸占霍尔果斯河水源，引起纠纷。新疆地方政府派绥定县令黄石瑛会同俄方查处。当事件平息后，沙俄却节外生枝地提出"约会定界"。中国伊犁当局迫于沙俄的淫威，又派危姓官员前往边界会商。消息传出，舆论哗然，《伊犁白话报》即代表社会舆论，认为"按向例，水归两国公用，分得其平则公，分得不平则不公，一言可决。两国有司（政府）之秉公规，复旧例，自能永诀争端。定界，两字关系至重且大，是万万退让不得，万万含糊不得的咧！寄语危君，此去只可照前约办理，万万不得与他重新定界，自贻后患"。在群众有力支持下，伊犁当局拒绝了沙俄重新定界的要求。对沙俄不断扩大经济侵略、控制新疆财政金融、丧心病狂地偷运鸦片毒害新疆各族人民的罪行，《伊犁白话报》也予以揭露。说明以冯特民为代表的伊犁革命党人，反帝思想较农民运动有进一步发展，在全国资产阶级革命派中是少有的。他们在反动势力的重重高压下，勇敢地喊出了各族人民的呼声，符合了历史的发展趋势，有利于抗俄斗争的发展。1911年，《伊犁白话报》五、六月第77号、79号刊就登有"帝国主义之可怕"、"俄国东方铁路之计划"、"俄国反对中国"等内容。

《伊犁白话报》亦大胆干预政治，甚至向伊犁将军志锐建言献策。第402号"国事要闻"一栏刊登"志将军保伊四策"一文，"伊犁将军志留守，抵就后与政府筹商，谓伊犁应举办之事甚多，一时难以普及，应择其重要者，提前赶办，一联络交通，二改练新军，三振兴学务，四扩充农矿……"各方势力角

逐，伊犁一时处于复杂多变的情势，可谓"山雨欲来风满楼"。㉙

具有长期办报经验的冯特民，把《伊犁白话报》办得内容新颖，十分生动活泼，得到了各族各界的支持。他们自动捐助经费，在财力上给报馆以援助。具有浓厚资产阶级民主革命思想的《伊犁白话报》已成为新疆辛亥革命的先导。㉚

在《伊犁白话报》被勒令停办月5个月后，伊犁革命取得胜利。"为了大造革命舆论，1912年2月22日，又以汉、维文开办了《新报》。它是《伊犁白话报》的继续。《新报》的宗旨是'开通民智，融化畛域。清除专制旧习，进策共和。它联络上下声气，是群众监督政府的工具，是新时代的呐喊者，是新时代的忠实记录者。《新报》作为新伊大都督府机关的喉舌，起了宣传政策，鼓舞群众，打击敌人的作用。当时袁大化'有三畏：畏民军，畏炸弹，畏报馆之言。'"㉛

革命难，革命成功后治理地方更难。如果说《伊犁白话报》是启蒙思想、鼓动革命的利器，以反清救国、唤醒民众为宗旨，那么《新报》便是革命成功后的政府机关报，以维护新生政权，引导舆论，上下沟通，指导社会工作为宗旨，其主要功能也发生了转变。一张报纸反映了伊犁共和后的新风、新事、新气象。

作为政府的机关报，其立场发生变化，报纸的内容相应变化，办报风格也由犀利转向稳健。与《伊犁白话报》相比，革命的言论少了，稳定的政令多了，伊犁大都督府的政令、公告、外交文告、商会文告、新闻都通过《新报》发布。文告代表政府立场，有的具有强制性，具有法律效力。

《新报》毕竟不是政府公告，它还是一张新闻纸，因此其新闻功能不能削弱。《新报》创办不久，新伊战事爆发，新报即派出特派记者赴前线观察，并发回战地消息。

本馆派出特别观战员战地实事记㉜：

　　余于二月十八号（即阴历正月初一日）上午抵精河，住西关外车店，是日人极疲倦，未及外出，即在店掌柜卧房歇宿。店内人极混乱，各客房尽为军队辎重车夫所住，人声嘈杂，骡马嘶鸣，简直夜不成寐，迨大甫明亮，余即访友进城，因友移徙不遇，仍回店中，自取携带之干粮以备早餐。

　　饭后余才往各标营队，探防军情。而军机甚为秘密，殊难详悉。幸军中多余识者，故少滋人疑窦盘诘之处。是晚余宿工程营友人处，时近二更，该营即奉到预备东进之命令，余即计划随队前进。至初三早起，往店中检点行李，仅披雨衣一具，未带被褥，单骑随车队出发，一时城关居民人等，争看队伍开拔，敬慕交加之状，流溢于外，然商民甚为镇静。

▲ 国外杂志关注中国混成新军　（作者翻拍）

　　是日晓起犹晴，旋变阴天，追出精城，阴风飒飒，削人面目，余知此去必有一番恶战。晚宿沙泉驿，因该处仅有驿站一所，以外房屋十数间，尽为军队所占，余即合雨衣宿于驿站之廊檐下，因连日疲乏，精神恍惚，一瞑眩即梦见民军与敌人对阵。余在高山远见两方相攻击，炮曲累累，惊天动地，旋见敌军密集成团，民军轰以巨炮，击毙敌人数百名，正酣战间，忽哗啦一声，敌军遂溃，由是民军勇猛追击，众亦兴高采烈，策马齐进。马忽自高岗一跃，余跌马下，一惊而醒。始识依马睡于廊檐之下。过后未及睡觉，即听军中点呼，余亦起而整顿鞍马，食以干粮，仍随队前行。是日天仍阴雨，至晚始抵托多，随队驻下。军中命令，传下极紧，余亦不敢乱行。是晚大雨如注，天黑如漆，傍睡马槽之下，至四更时猛见火光一道，知战事快开，余即起早食收拾一切，以备前去观战。

先是前卫马队指挥官钱贼广汉，暗通敌人，约率部投诚，并告先行袭杀民军，冒贪敌赏。钱本前卫指挥，为民军耳目，遂为所诱。所有步炮工各大队，于初三日全行开拔离精，初四日暮抵托多驿驻扎，因过两站沙窝，人马俱乏，是夜风雨大作，至四更时候，忽然该驿草房内火起，民军知有奸细，即传令戒备造饭。天甫明，即拔队前行，并传令步兵前卫，且探且行。行不到二十里，忽闻前面远来炮声，隆隆不绝，民军即将大炮在道左之高岗驻列，瞥见敌军漫山遍野而来，急传令各营布阵对敌，恰好民军炮位占住地势，忙攻列开花弹，射敌之马队，数弹即将敌之马队击溃。其步工各队，尤属勇猛向前，挡者披靡，正血战时，忽又报有敌军马多数从山后面抄来，有人认得钱贼在内。民军又将大炮转移线路，迎头痛击。敌又溃败。直至下午三时，敌全军始败退，民军乘势追击，大获胜仗，民军追至塌桥子，有步兵二十名，夺敌之大炮四尊，因无马队，又被敌军之骑兵追夺转去，二十步兵均被害，此初五战事之实在情况也。

总计记余随民军行数日，然有时精神疲倦，苦不能堪，转视民军行伍整齐，始终如一，毫无一点惰容，咸谓不得敌首不安寝食。噫：民军坚忍之心如此，又何有敌不摧，攻不克之虑哉。

《伊犁白话报》办得好，记者素质高是重要因素。而《新报》记者经历也不简单。譬如贾鸿钧（1878~1912年），字汉三，湖北长阳县人。早年入湖北讲武堂，毕业后随军西调伊犁，充炮队排长。后到省城迪化，任工程营书记长，督练公所随员。十一月初九，参加迪化起义失败后，逃往伊犁。十九日，伊犁起义胜利后，充伊犁民军东进支队一等参谋，兼《新报》记者。③

中华民国元年3月8日（阴历壬子年正月二十日）《新报》第十六号，刊登了"本馆派出特别观战员战地实事记"③不知是否出自贾鸿钧手笔？如果是，那也可能是他最后一篇绝笔。因为不久他即在战地被俘遇害，时年34岁。

旅俄日记

　　从1907年秋至1911年春，伊犁新军总教官杨缵绪率部驻扎惠远新城，秣马厉兵，日夜操练新军。边境线上，伊犁河畔，中俄军队筑城对垒，炮口相对，民之老死不相往来。

　　伊犁河经惠远蜿蜒西去，滋养着50年前尚属于大清的草原和土地。杨缵绪不会忘记，那是光绪五年（1879年），他的恩师张之洞补国子监司业，补授詹事府左春坊中允，转司经局洗马。同年，清廷因俄国侵占新疆伊犁，派左都御史崇厚赴俄国交涉索还伊犁。崇厚昏庸无知，与俄国签订了丧权辱国的《里瓦几亚条约》。这一条约名义上收回伊犁，但西境、南境被沙俄宰割，伊犁处于俄国包围的危险境地。

　　消息传至京城，引起舆论大哗。群臣们激愤上疏，直陈利弊。善作文奏言的张之洞上《熟权俄约利害折》、《筹议交涉伊犁事宜折》，分析俄约有十不可许，坚持必改此议，宜修武备，缓立约，并要求治崇厚罪。张之洞一折成名，旋被慈禧、慈安太后召见，特许其随时赴总理衙门以备咨询。

　　受之鼓舞，张之洞会同张佩纶、陈宝琛共同起草奏折19件，提出了筹兵筹饷、筹防边备的积极建议。光绪六年（1880年），清政府派曾纪泽赴俄，左宗棠精武备战，使得伊犁条约重订，收回部分失地。在中俄交涉事件中，张之洞执笔声援伊犁，提高了其在清政府上层的政治声望。

　　日俄战争爆发，俄国战败，失去东三省，清政府恐沙俄在新疆反咬一口，即派兵部尚

▲ 俄国驻新疆境内士兵　（作者翻拍）

书长庚出任伊犁将军，率先在伊犁推行新政，编练新军，以防沙俄东犯。

自伊犁失土回归至辛亥革命之前一段时间，沙俄在边境集结大量军队，不断寻衅，严重威胁伊犁安全。1907年4月20日，马达汉在固尔扎（现伊宁市）的日记中写道："自义和团运动以来，除了保卫领事馆的半个哥萨克特遣队而外，还有配备大炮的陆军加强分遣队驻扎在固尔扎。陆军部队驻在城墙附近租来的兵营里。兵营四周有壕沟，但这种壕沟对防守阵地来说，只有坏处没有好处。这个军事区被称为守备军团；最年长的军官被称为守备军司令。在中国的领土上驻扎着这样一支配备大炮的俄国军队，实属特殊。不可想象，现在正处于民族觉醒时期的中国对于伤害其主权的行为究竟能容忍多久！"[35]大清的软弱，令马达汉不可思议。

杨缵绪所率鄂军二十一混成协第四十一、第四十二标官兵，即是在此背景下调戍伊犁的。沙俄密切关注正在操练的伊犁"新军"。这支"新军"聘请日本教官，按德国、日本军事教法训练。德国一直是沙俄的夙敌，而日本在不久前爆发的日俄战争中战胜了沙俄，令沙俄心有余悸。当下的问题在于，沙俄面临的对手，不再是几十年前的大烟兵，也不是3年前马达汉笔下的旧军队，而是一支训练有素的、多兵种的现代化军队，许多中下级军官留学日本。

不过，1911年的春夏之交，中俄边境至少在表面上看还是平静的。"中历三月下，时任伊犁教练处总办兼统步炮工辎等营队的杨缵绪，接到俄驻萨玛勒哥萨克骑兵总兵喀里亭的邀请函，请杨缵绪出席其女儿的婚礼。"杨缵绪与喀里亭总兵曾有一面之缘，他认为："两国仍归于好之后函约余赴会者，以私人交际而隐示和睦也。"为稳定双方关系，同时增加对俄方的了解，遂禀明伊犁将军。恰好伊犁将军也接到喀总兵函约，派索伦营总管哈萨处总办福善都护（福善都护通俄语），前往致贺。中历四月初七，杨缵绪带随员陈克中提调、冯超委员并护员两名，约福善都护早晨由惠远城乘车结伴西行，于俄历四月二十四日（即中历四月初九）前往俄国，往返6天。[36]

军人为战争而生，知己知彼，百战不殆，借机侦查对手的机会，军人不会错过。因此，参加一场喜庆的婚礼，便成为杨缵绪了解这个未来战场对手的契机。婚礼是公开的，热闹的，侦查则是隐秘的，寂静的，心照不宣的。在俄境6天的访问时间里，杨缵绪表面上显得若无其事，但心中却涌动着惊涛巨澜。返回伊犁后许久，杨缵绪的内心依然难以平静。他应约写下了近6000字的旅俄日记，于当年夏季发表在《伊犁白话报》上。

旅俄日记从出行第一天写起。出行首日，杨缵绪一行到达中方边界哨所——卡伦，那里"驻镇标马兵一哨，哨官一员，卡设委员一员，巡兵二名"。"卡伦等悉华式，断墙颓垣，不堪入目。国体所系，亦殊今人愧怍也"。俄方，"过河至俄卡，卡员招待如礼，卡洋式清洁无尘壁，挂三尺余俄帝御影"。"北百余步驻马兵

▲ 沙俄士兵占我国土、劫我边民 （作者翻拍）

两队，时俄新派来之统兵大臣"。并注解："从前驻萨仅有哥萨克骑兵一协统兵，大臣系此次增兵派来，译意统兵大臣当系军统，后均称军统"。^㉛对于中方卡伦的破败之相，杨缵绪尴尬不已，对沙俄突然增兵换将，本能地保持着警觉。

杨缵绪脚踏的土地，曾经属于中国。他行至一个个小村落，所见到的民众，亦曾是清帝国的臣民。遇见身着新式军服的清帝国边防军官，民众们甚觉稀罕，"缠回编氓见余等，皆知脱帽为礼，回念我国"。杨缵绪心中痛楚，"能不怃然？"

1881年至1884年间，俄国侵略者在被迫交还伊犁的过程中，胁迫当地居民约十万多人离开祖国，占当时伊犁居民总数的3/4。至今屯民间流传着移民歌谣："正值六月肉孜节，离开伊犁哭声咽。举目无亲谁相助，一遇困难想起爹。""离开伊犁向西走，移民一步一回头。我们这些不幸的人啊，去为别人当牛马。长途跋涉我不怕，生活艰难任由他，唯有一件事放不下，家中留下了老妈妈。"^㉙

杨缵绪到俄国后，受到礼遇甚隆。俄高级军官"阿军统"以盛大阵势接

待，使他顿时醒悟，喀总兵名为东道主，真正的主人是这位"阿军统"。杨缵绪认为，"醉翁之意或不在酒耳。余于是更留神于举动，以重我国国体"。[40]军人之间的较量无时无刻不在进行。

杨缵绪在与俄"阿军统"交谈中被告知，俄"襄闻塔什干总督云参谋昆罗福赴贵国参观军队归后，于伊犁之练兵情形，颇为赞赏，昆参谋深悉伊犁之困难，不料其进步迅速，曾将此项情形报告兵部，奏知俄皇"。由此看来，沙俄军官邀请杨缵绪访俄，并非无缘无故，而是有意要摸摸这位未来对手的虚实。况且，知兵莫如知帅，此兵法对中俄双方同样适用。

在俄驿馆休息时，杨缵绪看到早晨出操的俄方军队，"罗夫土尔斯坦步队二十标，标统波罗夫，二十一标，标统巴拉妥夫，马队一、二标，标统喀诺夫希若夫，喀总兵参谋果列罗夫，以及炮队标统各统带等"，军容强大。作为军人，杨缵绪很注意对方的治军。看到俄方军队礼仪严格，深感我军国民"有以礼为虚文，而故为忽之者数见不鲜"，"不敬法制，不重人格，安得为良好之军人乎"，"凌乱之军其本已不立，又安能望保国而卫民乎？"[41]有留学经历的军人才能看到治军的实质。

杨缵绪虽然不满大清王朝的统治，但能做到内外有别，他以清朝军官的身份出访，处处要维护国家尊严。在俄方官员举办的欢迎盛宴上，俄"阿军统"大谈两国皇帝之友谊，有中俄两国"素敦睦谊，凡我边地臣民又极和谐"等溢美之词，辩说"但前月，忽有中俄失和之言，以致两国边民心有所疑"，以此掩盖侵略野心。又谈及"中国军队进步之速，诚为世界之福"等语，称赞"杨统领暨各将校均能效忠保国，为一代伟人"。杨缵绪当然知道高帽子的作用，欲要胜之，必先痹之。作为堂堂中国军人，婚礼也是"战场"。杨缵绪在答谢中慷慨陈词："中国现在民智已开，在官者于义牲生命，谋国家之幸福及忠君报国之义，亦尚知分所应尔，今承贵军统美意，当益为奋勉"，[42]表达了不惜生命保卫国家的坚定意志。

在与俄喀里亭总兵叙谈友谊时，杨缵绪同意其观点："战则为敌人，战后则仍是朋友"，表示"我辈军人听政府之命令，朝不计夕，战不力，不但对不过国民，亦对不过朋友，且战争愈烈，愈增预战人员之价值，已有价值得，友亦有价值，亦我辈之荣施也"，[43]军人的天职是保卫国家领土安全，军人的荣誉是战胜对手，为此而不惜牺牲生命。这是中俄军人皆有的信念和情怀。

有比较才有鉴别。杨缵绪一路走一路比，心中忧患愈深。

比交通。去时"中国道路不修，车式又笨，一展轮则红尘十丈，然辕驹吃力而进仍行九十里，道路匪遥，费九小时始达，因之，人困马乏，亦可怜也"。返时，"分抵惠远，沿途颠簸不堪之苦，状不暇述，亦不忍述"。对比俄方，"所乘之车宽约常车之半，马四头，盖申最尊敬之意也"，"萨地道平如掌，土质亦似较坚，水草肥美，多以人力使然。车行甚速，灰尘亦少"。^④车辆的优劣，还是道路的好坏，中俄双方差距最终要体现在军事效率上。

▲ 以双头鹰自喻的沙俄军队占领中亚后觊觎东方（作者翻拍）

比建设。中方边境，"沿途无一章之树，白草黄沙仍是洪荒"。杨缵绪不禁感慨："慨自隶版图以来，何以任其草莱而不开，殊索解人难得也"。意思是：这片土地隶属中国版图时间弥久（上溯可至公元前60年西汉宣帝神爵二年，至近清政府于1762年建立伊犁将军府，全面统治巴尔喀什湖以东以南，包括天山南北的广大区域），为什么任其杂草丛生而不开垦，令人费解。"出卡即霍尔果斯河，河宽约五里，无巨流，乱石纵横。殆萨玛勒本系戈壁，自割归俄辖，俄人苦心经营，竟成镇市，霍尔果斯上流已导作萨地，棋布之渠矣"。^{④⑤}同样一片土地，到了俄方，用途迥然，国体是决定一国停滞与发展，倒退与进步的关键因素。明知此理，无力改变，唯有叹息！

比边贸稽查。杨缵绪看到，商贸双方稽查"出入中俄商民往来"。"中民以宁远之中俄交涉局票为凭，俄民以俄萨玛勒之乌牙孜（地方官，相当于县令）票为凭，无票不能随意出入两国"。各查有无票之人，违法者"可径送各人该管地方官"，"然年来，仅俄能实行耳"。^{④⑥}俄人一丝不苟与中方漫不经心形成鲜明对比。如此一来，中方在贸易战中焉有不败之理？杨缵绪在因病购买药品时，发现市场有日本商品，立刻感到"日本货品已及伊犁"，期望"我国商界同胞其亦知警心"，不然，"前途否也"。[47]

比边防管理。杨缵绪返程时，俄派"施参谋奉命专送至阿克肯图"，"俄之马兵一大排，官一员来接"。因风较大，抵界河边时"已五点半矣"，因时间已过，"惟官车不能过境，另雇民车包送至霍城"。与施参谋等分手过界河后，看到我方的哨所一片黑暗，"破裂之门已虚应故事关闭，幸人尚未睡得，免几度唤不开也"。[48]中国边防松懈，可见一斑。

一国军队的武器装备、边防哨卡的道路、营房，无不体现国家的综合国力；而一国军队的军容、军纪和士气，无不表现为国家的软实力。旅俄之行不过一周，带给杨缵绪精神刺激却强烈难喻。他以一句"唯有付之一饮，以结我六日游记耳"[49]作为最终的结语，更是耐人寻味。

饮，当然是饮酒。中国人向有饮酒浇愁之积习，但国力衰弱，清廷不争，英雄无能为力，让他心如刀绞，心中如焚，借酒浇愁，唯有更愁矣。

我们不难想象，《六日旅行记》在《伊犁白话报》连载后，会在读者尤其是新军人中激起何种反响。无疑，《伊犁白话报》的主编们，是借杨缵绪的《六日旅行记》之檄文，作为鞭挞清王朝腐朽统治的长鞭。有意味的是，在这篇《六日旅行记》刊印3个月后，即1911年10月10日，辛亥革命武昌起义获得成功，继而伊犁革命上演。

以今日眼光观之，《六日旅行记》，实为杨缵绪积极从事革命、果敢领导伊犁起义的信念和动机之源。

志杨较量

辛亥1911年10月，就在中国旧国体分崩离析之际，末代伊犁将军志锐到任伊犁。不是冤家不聚头。志锐与杨缵绪狭路相逢，试看鹿死谁手。

志锐生于1853年，其时已年近花甲。杨缵绪生于1873年，刚好年近不惑。应该承认，志锐与杨缵绪都是那个时代的精英，由于20年的龄差等诸多因素，使他们走上了不同的人生道路。志锐进士及第，是典型的科举制度下的俊杰。杨缵绪留学日本军校，回国后出任两湖军官学校教官，因通州操练出色，被光绪皇帝赐穿黄马褂，可谓新中有旧。尽管戍防伊犁，防范沙俄，护佑疆土，是他们的共同目的，但在一场新旧国体的决战中，他们不得不各持大义，兵戎相见。志锐与杨缵绪之间的路线分野，只是那个时代许多人、许多家庭和家族悲欢离合的缩影而已。

长庚二次出任伊犁将军，逾时4年（1905年7月～1909年6月），卸任后出任陕甘总督。广福当年先署后任伊犁将军，1911年2月调任杭州将军（未到任）。

宣统三年（1911年）将军广福推荐杨缵绪（日本陆军大学毕业）为协统，兼管"武备学堂"。六月十五日获批复，九月九日，混成协步队统带官杨缵绪升署统领官。[50]

从辛亥年九月九日至二十五日，杨缵绪正式升任伊犁混成协协统仅两周时间，板凳尚未坐热，他的冤家志锐就到任了。志锐身居高位，历练丰富，消息灵通，在清王朝多事之秋，他自然十分清楚谁是清王朝的掘墓人。

"1911年11月15日（宣统三年九月二十五日），志锐来到伊犁。为了防止革命爆发，首先就拿伊犁新军开刀。一次新军士兵和武备学堂学生发生斗殴，双方都拿出了武器。志锐以此为借口，将新军的弹药全部收回入库，甚至连操练用的弹药也扣留不发，同时也迅速撤销了武备速成学堂。继而决定遣散新军，下令将遣回牧地的新军士兵所穿的皮衣皮裤，全数缴存入库；被赶回关内的官兵，恳请志锐暂允士兵穿回牧地后再上缴入库。志锐表面上同意，暗地却召回领队大臣，带队于其必经的各要道路口，将皮衣皮裤强行剥去，致使各旗士兵忍冻返回军营。被遣散的新军官兵全部坐困伊犁，贫怨交集。"[51]

志锐到任伊始，果断地祭出四招，问斩新军官兵：第一招，收回弹药，使枪沦为棍棒；第二招，撤销武备速成学堂，防范学生反水；第三招，遣散新军士兵，使协统杨缵绪成为光杆司令；第四招更损，当面斥责羞辱杨缵绪。

"新任将军志锐，自恃骄贵，盛气凌人，视事之初，对杨缵绪尤为苛刻。一日杨谒见时，志锐一见便问：'此次武昌叛徒杨开甲（湖北都督府参谋部副部长）系你何人？'杨愕然，竟以家兄为对（盖其兄在武昌为志锐微闻）。志锐闻声变色。厉声'送客'，自此不予接见。一次因要事求见，竟被守门者所拒，并掷其名刺于地以辱之。杨遂决意辞职，料理东归，怎奈以亏欠饷银3000两，不得离去，请以行囊作抵又不允许且逼益急。"[52]志锐四招，招招见血，立竿见影。志锐当面羞辱杨缵绪，情有可原，因其胞兄杨开甲要夺取大清江山。

但不料官逼将反，反而促成革命党人和军人们卸掉包袱，丢掉幻想，团结一致。既然任人宰割是死路一条，起义造反兴许还能开辟一条生路。秀才官兵们准备造反了。

造反能否求得一条生路，杨缵绪与革命党人心中无底。他们面临的风险是，一旦起义失败，起义者与迪化起义者一样，将身首异处，头颅会被胜利者挂在城门上示众。

作为伊犁新军高级军官，杨缵绪当然熟知此时的军力对比。宣统元年（1909）四月十三日长庚奏[③]：伊犁陆军已成一协之数。自宣统元年正月初一起支饷项。先练步队3营合成一标，马队3营合成一标。于陆路炮队一营外，并练过山炮队一队。将应设工程队一队，添足一营。仍立辎重队一队，军乐半队。暂名伊犁混成协，至辛亥革命未授予番号。官167员，兵2322名，共2500余人。

伊犁混成协人数不过2500余人。由于杨缵绪刚刚出任协统，还来不及培植自己的亲信，一些过去与他同级的军官不一定听他指挥。

宣统元年（1909年）伊犁混成协主官名单为：

> 署协统陈甲福（记名总兵，伊犁军标中军副将）
> 步队标统杨缵绪（湖北陆军41标第2营管带）
> 教练官陈金胜（曾任第8镇炮队排长）
> 步队第1营管带双奎（曾任第2镇步队排长）
> 步队第2营王题云（曾任北洋炮队排长）
> 步队第3营管带郑局川（前湖北常备军炮队督操官、第1镇1标3营军需长）
> 马队标统姜国胜（游击衔，山西宁武营都司）
> 教练官严寿民（湖北武备将弁学堂毕业）
> 马队第1营管带钱广汉（曾任北洋哨官）
> 马队第2营管带蔡乐善（前山西大同马队教习）
> 马队第3营管带李仁同（前山西大同续备军马三旗教习）
> 陆路炮队管带许章林（曾任武卫前军前营炮队炮官）
> 工程营管带周振魁（曾任湖北常备军第1镇工程营副队长）

从地域、政治倾向、派系看，伊犁新军并非铁板一块，清政府早已打入楔

▲ 伊犁将军府在辛亥革命后寿终正寝　（作者摄）

子，让北洋与南洋互相掣肘，此种矛盾非杨缵绪可以调和。伊犁起义成功后，在起义军乘胜开赴迪化途中，马队第1营管带钱广汉（曾任北洋哨官），时任标统，马队第2营管带蔡乐善（前山西大同马队教习），时任标统，阵前倒戈省军，几乎断送伊犁起义的成果。伊犁革命成功后，伊犁革命军的领导团队全部换成南洋背景的军官，这也是北洋军官临阵倒戈的一个原因。

再看伊犁新军与伊犁驻军的军事力量对比：⑭

惠远城驻军：兵约5000人。其城内满兵8旗，锡伯8旗、汉旗1军标（团），约4000人。城外4个营盘驻8旗，约1500人。全城军民约13000余人。

伊犁将军下有2个副都统，4大领队大臣，正副总管各1名，协领4名、佐领8名。伊犁满蒙各旗数千人，尚有各军标、镇标、绿营各盟旗练军，总数不下几万人，右翼副都统锡（希）贤，驻惠远城。

伊犁镇总兵周玉魁（安徽人）驻绥定，兼辖塔尔巴哈台协（协统杨金榜）。

左翼副都统富勒浑即塔尔巴哈台参赞大臣驻绥靖（塔城）。

塔尔巴哈台帮办领队大臣驻塔尔巴哈台；塔尔巴哈台领队大臣文琦驻塔尔巴哈台。

塔城参赞所属参标及旗营：满营兵720名，锡伯营兵130名，索伦（达斡尔）营兵130名，察哈尔（蒙古）营兵170名，厄鲁特（蒙古）营兵160名，绿营兵800名。

伊犁将军节制一镇，统辖军标二营（军标中营、左营）。军标协统陈金甲（副将陈甲福）

锡伯营领队大臣富勒祜伦（副都统衔），驻惠远城，锡伯营总管爱新泰。

索伦营领队大臣奎禄（魁联），驻惠远城，索伦营总管伊勒噶春。

察哈尔营领队大臣博贵，驻惠远城，左右翼两翼共四旗。

额鲁特营领队大臣穆得春，驻惠远城，左翼三旗，右翼五旗。

旧满营左右两翼协领：旧满营左翼协领乌勒西春（名嘎尔达）、右翼协领德克吐奇旧满营八旗。

新满营左右两翼协领：新满营左翼协领蒙库泰、右翼协领诺尼春——新满营八旗。

惠宁城领队大臣，驻惠宁城。⑤

包括伊犁混成协在内，上述驻军同归伊犁将军调遣，由此不难理解，志锐为什么一开始漫不经心，他认为小泥鳅翻不了大浪。伊犁驻军与伊犁新军在数量上相比，为5∶1或6∶1。再从军队驻防分布看，在惠远城内，新军夹在一个小包围圈里；而在惠远城外，还有一个中包围圈，在塔城、伊宁诸地，还有一个更大的包围圈。即使混成协可听从他的调遣，而锡伯营、索伦营、察哈尔营、额鲁特营、旧满营、新满营的领队大臣却不归他指挥，没有伊犁将军法令，休想调动一兵一卒。如此情势，构成志锐刚愎自用的资本，亦令杨缵绪犹豫不决，不敢轻举妄动。因为在力量对比悬殊之下，贸然发动起义，可谓拼死一搏，胜算机微。

迪化起义爆发后，志锐心急如焚，他知道没有人会听有权无钱将军的话，于是不顾清政府屡次训斥，仍频频发电请求拨饷："前因伊犁钱票尽归外人，曾电奏乞援。奉旨交度支迅筹，至今无耗。年关将近，饷债交逼，万无援法。明知内事危机，何敢渎烦。惟昨因新省匪乱，伊更无援，现在能保一处安全，即为幸事。伊虽无忧，然坐困待毙，亦势将属人。万分急迫，特冒斧钺，乞速救拯。请代奏。"⑥此时，清政府中枢尚且泥菩萨过河自身难保，有何力救拯伊犁？此电可视作志锐最后的哀鸣矣！

杨缵绪是训练有素的军人，不是街头莽夫，他不想送死，也不能让官兵们不白送死，因此才有起义当晚在前伊犁将军广福面前一跪不起的一幕，他当众泪水纵横，请求广福担任新伊大都督，避免军队火并，死伤无辜。杨缵绪这一跪，价值无算，不但使诸军队化敌为友，亦使新军化险为夷。杨缵绪的过人之处在于，能屈能伸，能跪能战，在伊犁革命军东征途中，钱广汉、蔡乐善临阵投敌后，东征军处境艰难，杨缵绪率军奔袭，一举扭转了危局。可以这样说，没有杨缵绪临机应变，没有杨缵绪奋勇当先，伊犁革命成败尚难定论。

在后来的新伊谈判中，革命党人之所以对杨增新作出妥协，拱手让出新疆都督的大位，恐怕与新伊临时都督府成员鱼龙混杂、利益严重分歧有关，内部不团结，外交就硬不起来！杨增新利用的正是伊方的内部矛盾。这是后话。

"经杨缵绪正式提名，广福被伊犁军政商民各界推举为'中华民国军政府新伊大都督'。杨缵绪亲自去广福家中，敦请广福拥护共和，接印就职。一听要他当民国都督，广福即痛哭流涕，不愿接任。杨缵绪等以利害相胁迫，广福才勉强接印。"[57]此一幕，与武昌首义成功后，革命军推举黎元洪为鄂军大都督之经过，何其相似乃尔。

十一月二十日，广福出任新伊大都督，即向清政府内阁发电奏称伊犁事变经过："伊犁陆军，因志锐到任后久未发饷，又纷纷裁撤，边地天寒，窘迫无计，与十一月十九日夜二更后全协多数库兵群起反对，先攻军器库夺取弹药，分扑将军副都统署，均被焚，时黎明尚与新满营相持。广福虽已交卸请假，因事机紧迫，万难坐视，出为排解，幸即停战。查两方共伤毙三十人。志锐已被戕，印信遗失。中外商民均未扰及，现正筹商善后方法。惟待饷殷迫，恳饬部由道胜银行拨二十万济急。广福，二十日。"[58]广福电文向清政府内阁报告伊犁事变因果后，落脚点还是向上要钱，要急钱！军政府揭不开锅，并不因换个牌子就饿汉变富翁了。远水解不了近渴，不惜从俄国道胜银行借款，以救燃眉之急。

推举广福出山，实为伊犁革命党人无奈之举，舍此没有更好的办法。凡事不能一蹴而就，革命也不能一夜成功，要一步步螺旋前行。无论结果如何，广福出面，化解了军队内部纷争，避免了血战，至少在表面上巩固了军民团结，安定了民心。对于广福，当地的商人曾有过这样的评语："广将军虽不识字（系行伍出身），可人倒好，没架子，常常端着一个烟袋，在街上走来走去。要是老百姓向他行个大礼，就笑呵呵地问长问短。遇到穷人，散衣散面，还赏钱……，是个和善的将军。"[59]

"民国3年（1914年）2月1日广福病故，袁世凯曾在民国3年2月8日令照陆军上将例优恤，并给治丧费一万两，灵柩回籍时，应由沿途地方官妥为照料。"⑥

伊犁革命党人感念广福的恩泽,在《塔城协商条件》第六款商定:"广都督系经各界公推,此次对于伊新保全不少,实于地方人民,大有功德,将来筹备完全,辞职之时,应照最优之典报酬。"

第七款则是惩罚叛徒:"……惟钱广汉、蔡乐善、李益顺、王永兴、郭锦章等反复无常,视为公敌,不得再留于新疆军界。"⑥

二杨斗法

就伊犁革命军政府而言,前伊犁将军广福只是象征,杨缵绪才是真正的核心人物。伊犁革命成功后,袁大化奉命进剿,伊犁革命军乘胜东进,剑指迪化,军队总司令正是杨缵绪。对于这一表里结构,杨增新岂能不知。伊犁革命造就了杨缵绪,他已成为挑战新疆都督大位的人物之一。

杨增新要坐稳新疆都督大位,仅凭袁世凯的一张任命书还远远不够,唯有斗垮杨缵绪,才能如愿以偿。二杨之间的较量不可回避。

民国元年春夏之交,新疆政坛很热闹。4月25日,喀什道尹袁鸿祐被民国大总统袁世凯任命为首任新疆都督,5月7日被戕身亡。5月13日,经中华民国大总统袁世凯任命,杨缵绪出任伊犁镇总兵。5月18日,杨增新被任命为新疆都督。杨增新抢到了权力斗争的制高点。此时,至少在名义上,杨缵绪归杨增新统辖。新伊和平谈判由此开始,焦点还是新疆最高统治权的归属。

▲ 喀什噶尔回城城门 （作者翻拍）

7月28日，新伊双方最终签署《塔城协商条件》，即会呈大总统查照立案。由此，杨缵绪归杨增新管辖，已成既定事实。民国元年（1912年）10月8日，杨缵绪被授予陆军中将，10月27日调任喀什提督兼外交特派员。这是杨缵绪个人事业的辉煌顶点，亦是伊犁革命党人势衰的转折点。

喀什是新疆的南大门，自古是大国角逐的战略要地。1912年夏天，沙俄为抢占中国领土，滥发侨民证，强赋刁民商贸特权，在于阗境内策勒村，一个约1000户3000余人的村庄，引起村民冲突，斗殴死伤多人。策勒村冲突被俄国媒体歪曲和放大，在首都圣彼得堡发酵开来。由此，普通的民间冲突上升为国家外交事件。

沙俄此时乃世界强国，气焰自然十分嚣张，驻喀什俄军甚至炸开喀什北门，300多人一举入城，将机枪架在道署门前，威逼道尹王炳堃，要求中国赔偿抚恤金80万两，并欲将所谓与事件有关的和阗（田）州牧唐允中、于阗知事沈永清及苏普尔格和熊高升等180人处以死刑。沙俄抬高司法筹码，意在制造混乱，趁火打劫。

《塔城协商条件》第十一款"南疆现在纷扰，伊新合一之后，应设法联络，早定大局，免致再生枝节"就指这件事。

喀什形势紧迫复杂，亟须选择能人前往处理。杨增新自然不会离开新疆都督的大位，赴喀亲办，但他可以发号施令，借喀什危机，调走伊犁革命主要领导人杨缵绪，以达到分化瓦解伊方实力的目的，可谓一石二鸟。

伊新和谈条约签署后，杨增新举荐杨缵绪出任喀什提督。10月27日，袁世凯签发的任命书下达，调任伊犁镇总兵杨缵绪任喀什提督兼外交特派员。由此，杨缵绪由地区司令擢升为新疆军队总司令，但他仍受陆军上将杨增新调遣。

伊犁革命党人对杨增新并不信任，表现在杨缵绪拒不赴任，杨增新发电晓以大理，反复催行。[②]

杨增新给杨缵绪的电文：

"尊处军队，增新岂不愿其到新藉资震慑，并于各军队联络融洽意见，巩固边陲。无如时尚未至势有难行，故电请缓议。兹接来电，谓恐彼此误会，反生疑虑，有不敢于实行之苦等语，面面研求，体察周至，爱国热情，溢于言表，诚民国之栋梁，增新之知己，何幸如之，造福新疆惟公是赖矣。喀什焦提督辞职，拟请以我公借重。原意本因南疆初定，交涉频繁，以后治安未可逆料，非得卓越时贤，从根本上大加整顿，则隐忧外患不知伊于胡底。兹幸不我遐弃，承认宣抚，即先由增新备正式公文作为署理喀什提缺兼宣抚事宜，由邮呈递，公文至日，即请就道，速将南疆镇抚平定，则公之功，增新之福，大局之幸也。至于此次联合伊新，总期彼此勿争政权为第一要着，盖无争则平，平则地方即可相安无事。具各有权限义务，只须于此四字。设定范围无或侵越，各尽职守，不惟国利民福，而道德名誉当亦继长增高，似此为个人计，为国家计，无不利益。至双方人才，惟贤是用，不分畛域，自是增新初志。但此时军队人员，尚未敢过事通融，以免冲突，是又增新力顾大局，保全双方名誉之苦衷，难以明言，而不能不受尊处将弁所指摘者也。然于各处员缺亦当渐渐次位置，不使向隅，谨布腹心，统希垂鉴，元年八月十九日。"⑥③

在此份电文中，杨增新称杨缵绪为公，公为敬称，表明彼此距离较远。杨增新以国家利益为名，晓之以理，动之以情，让杨缵绪不得不为国家利益而赴喀什就职。事后证明，杨增新那些近似肉麻的话语均是虚言套语，口蜜腹剑。杨增新久历官场，老谋深算，杨缵绪及革命党人也不会轻易上当。

民国元年十月二十七日北京政府公报称："任命杨缵绪署理喀什提督，未到任前着杨得胜暂行兼护此令。"但到元年十一月仍未到任。杨增新迭次催促前往，在同年十一月十一日电中，劝其勿信浮言，速赴南疆就任有云：真电（按系十一月十一日）敬悉，伊军起义大功告成，此际于组织上少有未谐，祭于蛆蛾上少有表船，不过个人之私于大局毫无妨碍。一切枝节之言，总宜置之度外，况弟此次对兄本属相见以诚，是以设法借重，其意实以南疆重要非兄不可胜任，不然财赋之区，弟虽至愚方不注意。而其所以相信者，以兄向具爱国热忱，岂有置大局于不顾，而与个人为难之理。具威望素著，镇慑南疆必资得力，区区之心当能共谅。至电内所嘱弟当相机电达政府力为解释，然尤有进者，弟与伊犁诸君，感情不恶，近因组织小有微隙，遂竟浮言四起，然求根本上之解决，不如双方勿启猜疑，互相原谅，则风浪自平。而又于一切举动之所为皆互相提倡，力求恬静，使异倡异说者无所借口。拟请吾兄此次起节南行，轻骑简从，略带马队数十名，外带晓通俄语者一二人，一为沿途保护，一为交涉应用。现在俄兵已撤回两队，余亦不日全撤，交涉不至棘手，地方亦极安静，至于到喀应办一切，和衷共济，决不掣肘，祈勿过虑。如起程有期，仍祈电示为盼。元年十一月十一日。"[64]

不足百日，杨增新对杨缵绪的称谓忽然变了，已不称公而直接称兄了。杨增新生于1864年，杨缵绪生于1873年，是时，杨增新48岁，杨缵绪39岁，是故，杨增新兄，杨缵绪为弟。杨增新反弹琵琶，自降身段，可见手段老辣。

此时，从大局观之，国家实现了共和，《塔城和谈条件》已签字生效，杨缵绪已是民国命官，就连他的老上级黎元洪亦出任中华民国副总统，再拖延下去，杨缵绪理据不足，有失道义。

民国元年十二月十三日，杨缵绪即将伊犁陆军师长及伊犁镇总兵各印信及文案卷宗一并备文移交至广福。于当日起程取道冰岭南行喀什就职。观乎前函言词恳切，真情流露，确系杨增新笔下生花，投之以荣誉，继之以利诱，杨缵绪虽铁石心肠亦难免不为其所感动。杨氏不去南疆未必不可以，无如伊犁情况艰险，终于踏上征程。[65]

其时，杨缵绪在伊犁军民中的威望亦达到顶峰。几十年后，一个叫斯德克依明的维吾尔族知识分子，还著文回忆亲历的杨缵绪的往事："杨缵绪由伊犁调往喀什时，全伊犁、惠远地区的人民群众集合进行欢送，多数人啼哭流泪，群众还编了颂扬杨缵绪的歌曲。杨统领在欢送的群众中热泪盈眶地走着，同各族人民群众、军队、各阶层人士及学校师生们一一告别，率领着自己的骑兵离开了伊犁。"[66]

在杨缵绪赴喀什就任

▲ 驿马翻越天山　（作者翻拍）

之前，新任新疆都督杨增新要他先轻装到迪化"面商军政大事"，杨缵绪即以"南疆政局混乱，宜先去喀什，待南疆大局稳定后，再赴迪化"为借口，谢绝了"邀请"。杨缵绪率领部分伊犁新军官兵翻越天山冰达坂，由小路秘密地直奔喀什。

伊犁辛亥革命主要领导人杨缵绪喀什之行，看似飞黄腾达，其实这将凶多吉少，一去不返，恐怕杨缵绪亦心知肚明。

民国初年，最具军政实力的新疆两杨，政治较量的一个回合由此开始。

夫子曰：听其言，观其行，以识君子与小人。杨缵绪离开伊犁，只是杨增新一环环阴谋开启的序幕。杨缵绪离开伊犁后不过一年，留在伊犁坚持斗争的革命党人冯特民和李辅黄被杀害于伊犁惠远城，人头被挂在城墙上示众。不久，继任伊犁镇边使的杨飞霞闻之杨缵绪避难经过，叹曰："大丈夫进退有度，智慧啊！"

用今天的眼光看，刚刚脱胎皇权政体易帜共和的中国，并不具备建立民主共和国的条件。以冯特民为首的伊犁革命党人，亦没有脱离国家建设新新疆的资本，尽管他们志向高远，理想崇高，代表着社会进步的方向。因为，中国乃至新疆的历史规定性和社会的特殊结构与矛盾，决定了民主共和之路是漫长的、曲折的、反复的、渐进的。

杨缵绪于1913年初抵达喀什噶尔，从暂代职务的回城副将杨得胜手中接过印信，正式就任了喀什噶尔提督。是年2月下旬，喀什特设审判厅，处理"策勒村事件"，由杨缵绪和喀什噶尔道尹、疏附县知事等人为审判官。沙俄为在法庭上讨得便宜，遂向喀什增兵1000人，妄图以军事优势压服杨缵绪。杨缵绪亦是久经沙场之人，并不惧沙俄的武装挑衅。事先从喀什、莎车、和阗（田）等地招收维汉青年，编练新军一旅。所属部队有步兵一团两营，马队一团两营，警卫马队一连，炮队一营，军乐队一队。新军训练完毕（主要训练会操），杨缵绪即约俄国驻喀什噶尔总领事索柯夫同去检阅新军操练，彼此打起心理战。索柯夫见喀什噶尔兵力骤增，且军容整齐，只得收敛嚣张气焰，降低原先喊出的筹码。

民国初立，弱国无外交，弱国更需外交。"策勒村事件"本因沙俄有意炒作而扩大化，袁世凯、杨增新主张大事化小，息事宁人，赔款罚人，从速了结。不料，杨缵绪干得漂亮，中方在审判中争取到最大利益，赔款额降至原要价的十分之一，且没有一个中国人被判死刑，并将俄侨首犯驱逐出境，永远不许来华。

杨缵绪啃下"策勒村"事件这块硬骨头，既在喀什获得了名望，又通过编练新军立稳了脚跟。杨增新得知喀什扩兵的情报，自然会惊出一身冷汗。喀什与伊犁一南一北，现拥有两旅兵马，杨缵绪均可调动，杨缵绪一旦拥兵自雄，南北夹击，迪化政局将岌岌可危。杨增新为防意外，即派其亲信马福兴率回队20营前往喀什"查办"。为避免生灵涂炭，渔人得利，在马尚未抵达喀什时，杨缵绪借为母尽孝挂冠辞职。为防备杨增新暗杀，杨缵绪改装易服，经俄国西伯利亚直接返回湖北。

尽管杨缵绪远离了新疆，因其非一般武夫，文武双全，谋略过人，在新疆享有很高的威望，此人不除，杨增新难于安枕，于是便使出借刀杀人之计。1913年12月5日，杨增新控告杨缵绪在喀什噶尔募兵、加赋、滥用库款，响应黄兴、李烈钧等而欲独立。经陆军部呈报大总统，批交军法司讯办，并电咨杨增新查复。翌年5月，宣判杨增新控告无据，受到明令申戒。杨缵绪被宣判无罪。⑥

杨增新借刀杀人之计再次落空，兴许还有更深的原因。时任中华民国副总统的黎元洪曾是杨缵绪的顶头上司，其胞兄杨开甲是黎元洪贴身幕僚。朝中有人袒护，要扳倒杨缵绪并非易事。"杨缵绪当年回北京后，在国会和其他地方攻击杨增新的政治措施，并且出版过小册子，鼓吹自己的治新意见。"⑧这不过是隔靴搔痒之术，已难以伤着远隔千里羽翼渐丰的杨增新了。

也许出于投桃报李的目的，1915年，杨投靠袁世凯，任总统府高等顾问。翌年2月25日，他参与上表劝袁世凯登极作皇帝。由主张共和到攀附皇权，杨缵绪写下了不光彩的一笔。

民国是一个大变革、大分化、大动荡的时代。时代的特征必然烙印在个人身上。杨缵绪从小生活在洋务运动和对外开放的中心地带武汉，有机会上现代学堂而非传统私塾，更有赴日本深造军事的经历，思想新颖，观念开放，救国抚难，势所必然。辛亥革命爆发时，他审时度势，由同情革命到投身革命，站在推翻清廷、建立共和的最前线，出生入死，立下大功。

杨缵绪既是革命者，又是朝廷命官，他受益于朝廷，天生具有摇摆性。杨缵绪从军队士官做起，营长、团长、旅长、师长、总司令，再出任地方行政长官喀什提督，一生没有离开军队。1900年，因训练新军有功，杨缵绪被光绪赏穿黄马褂，被他视作无上光荣。在伊犁起义关键时刻，杨缵绪跪求卸任将军广福调解停战，并荐举广福为新伊大都督府都督。这是一把双刃剑，一方面保证了起义成功，同时又为之后谈判妥协埋下隐患。

杨缵绪斗不过杨增新，也有其性格方面的原因。就性格而言，杨增新外柔内刚，关键之处决不妥协，处事果断，甚至心狠手辣。而杨缵绪外刚内柔，关键时候犹疑彷徨，患得患失，不敢拼死一搏。

关于湖北人的性格，相关论述很少。湖北人的总体性格古来就是"躁强"、"剽悍"、"劲悍"。"荆狄之也，圣人立，必后至；天子弱，必先乱"；"其人率多劲悍、决裂，盖天性然"；湖北人"不蔽人之善，不隐人之恶，则其质末"。[69]由此可知，湖北地区的士人从古代就有任侠的风尚，只是这种隐藏的潜质并没有像湖南人发展得那样充分完美。近代以来，湖北群体性格又有所演进，多少带有一些"隐士"作风，带有商业习气和书卷气息。湖北人杨缵绪在骨子里缺乏敢为天下先的勇气，关键时刻缺乏以命血拼的霸气，没有像湖南人那样将刚愎，果敢、负气推向极致，处事曲折迂回，优柔寡断，待到坐失良机，反受人困时，则悔断肝肠。

杨缵绪个人的软弱动摇性，还屡次表现在以后的生涯中。1918年初，杨缵绪投靠张敬尧，充密查队长、清乡总司令，前防指挥官等职，与护法军作战中惨败，逃离湖南。抗日战争期间，杨投敌叛国，以红帮头子名义组织漕运团，出任武昌维持会长。

杨缵绪是一个具有文韬武略的政治家。民国初年，他有机会登上新疆都督的大位，施展自己的政治抱负，落实自己的治疆方略。但历史没有选择他而选择了杨增新。通过杨缵绪当时写给中央政府的奏折，后以《新疆刍议》[70]出版，我们既可以了解杨缵绪的抱负，也可以了解当时有关新疆内政的情形。

平心而论，杨缵绪写给大总统袁世凯的6000余字、涉及八个方面的治疆奏折，不仅有新意，有内容，有措施，有见地，而且有野心，即强烈表达了他不甘空挂北洋政府高级顾问虚名，想重返新疆大干一番，建功立业，青史留名。杨缵绪毕竟留学东洋，且在北京上层走动，故其视野开阔，同时他在新疆游宦于南北疆，熟悉边情，使其奏折能够认清形势，知巨见微，对症下药，良策颇多。但中央政府兴边务是要掏银子的，无论是军事、团练、吏治、教育、交通，哪一项动辄便要数十万或上百万两银子，数百万两银子在杨缵绪看来不多，但在南北对立的局面下，中央政府断了东南数省的饷银，自己都要靠借洋债度日，开发保卫边疆，自然心有余而力不足。杨缵绪向袁世凯要钱维持新疆稳定，杨增新不向袁世凯要钱能够维持新疆大局，单从此一角度观察，新疆的都督只能是杨增新，而不是杨缵绪。杨缵绪的治疆良策，只能束之高阁，迨后人来实施了。

众说杨缵绪

就新疆伊犁革命而言，杨缵绪是举足轻重的人物；就处理策勒村事件来说，杨缵绪是中流砥柱的角色；就治疆方略而论，杨缵绪是一个文韬武略的帅才；就晚节大义而看，杨缵绪又是一个染有污点的懦夫。总之，杨缵绪是一个复杂多变的人物，他的复杂多变正如他所处的那个时代，究竟是时代之过，还是杨缵绪之过，有时还真难分得清楚。

百年以来，有许多人评价过杨缵绪，从不同侧面勾勒出杨缵绪的全貌。笔者仅按时间排序如下。

少数民族知识分子斯德克依明在遗作中描写过杨缵绪："杨缵绪，人称杨统领，又名协统。统领是上校军衔，他的外号叫杨麻子，其实有点麻子，身材矮壮，面容黑、严肃、行动快，很朴素，与士兵多时住宿在兵营里，还常深入的人民群众中，在礼拜寺里进行宣讲。他的官兵着装同清兵的帽子、帽檐、帽徽上有差别。他同军官们穿着灰色毛呢军装，脚穿靴子。五色布织成的旗帜，并为改善士兵居住条件，维修了旧营房和改善生活，整顿了军队组织纪律，组织士兵唱歌练操。并在郊区新建了一所可容纳五千人的大营房（又叫大校场）。在推翻志将军的战争中，他在前线亲自指挥，在攻克将军府的战斗中，他骑着战马指挥部队。广大人民群众非常拥护杨缵绪，群众称颂杨统领是皇帝，认为是他把我们解放出来的，当时还流传着赞颂杨缵绪的诗歌。"[7]此段描写虽不精彩，但感情朴素，亲历真实。杨缵绪对伊犁辛亥革命有激情，对辛亥志士有感情，伊犁的人民对杨缵绪也充满感激怀恋之情。

伊犁起义取得胜利之后，伊犁举行了庆祝大会，"参加大会的起义军首领有原将军府统领、参赞、四领队等地方官吏、部落头目、各界知名人士、商人、宗教界人士、农牧民、学校和骑兵步兵、炮兵、警察部队和人民群众一万人。会由前任将军广福主持。大会开始，乐队奏着当时的革命歌曲，并打响二十一发礼炮……。广福作了简单的讲话，当他讲到：'以杨缵绪为首的革命党人响应武昌起义，推翻清王朝在新疆伊犁的统治，成立了伊犁临时政府'时，'打倒清王朝''乌啦''万岁'声充满了全城"⑦。

新伊战争期间，即1912年2月3日，英国驻北京公使馆武官乔·柏来乐少校（1865～1923年），在乌鲁木齐给他的朋友莫里循写信。

亲爱的莫里循：

关于伊犁叛乱的情形，你大概比我这里知道的多一些。然而，事实上新任伊犁将军（志锐）发现杨缵绪准将（伊犁陆军协统）的账目和绥定县知府（贺家栋）的账目，错了数千两之多。这显然是引起叛乱的原因，结果这位伊犁将军被杀掉。锡伯族、满洲人最初倾向于同开始围攻他们的陆军打一仗，我们共同的朋友广福（前任伊犁将军），卸任后被拉出来劝说锡伯人讲和，此后他们与陆军便和睦相处了。接着，老广福——我相信极不情愿——成为当地共和政府的都督，这件事显然是"要么掉脑袋，要么当都督"的问题。

杨将军，你会记起来他的，我在8月里与他相识，36岁，湖北人。我觉得他是我在中国遇到的最精明的将领之一。皮雷斯·莱姆唐克和斯坦恩曼当时受到他极尊敬的接待。他们说杨将军正携带大炮向这里进军，大概不过是马克沁式机关枪，但是我说恐怕是一些老式的37毫米的机关炮。这里的巡抚（袁大化）不得人心，这场戏实际上是藩台导演的，人

▲ 杨缵绪1915年撰写的治疆方略《新疆刍议》　（作者翻拍）

家说他是有实权的人。他们除巡防队外还派去所有当地的陆军（包括一些从哈密调来的）去抵抗杨将军。报告说他们在西湖（即塞里木湖）附近吃了败仗，昨天的报告说在精河附近又吃了败仗，这些都是不可信的。这时臬台正准备上前线！然而当地的陆军学堂仍然留在乌鲁木齐。他很明显是巡抚的追随者。我们期待着杨将军在八天或十天里率领他的得胜大军到达这里。他的兵力，先说是一万人，这是荒唐的；现在说是五千人，我认为这还有点谱，很可能包括陆军、锡伯人和巡防队（我的看法，后者是这一批当中的精华）。据说乌鲁木齐是同情保皇派的。

我读过了上一期《泰晤士报周刊》上刊载你访问袁的谈话。正向我预言的那样——当革命到来时，满洲人注定完蛋——王朝必须滚蛋。这应该是走向共和的第一步。在中国建立共和是荒谬可笑的。在目前也许可能实现，但是不能持久。只要外国列强能够置身于这件事之外，让中国去拯救自己，那么就会出现一个中国的拿破仑，不过我担心在那以前会流很多血。我相信我们只不过是处于正餐前的小吃阶段。我害怕的是外国干涉带来的毫无希望的混乱——最怕的日本插手进来，在这种情况下俄国也将闯进来，接着旁的国家一定会接踵而来，整个的大混乱。㉓

乔·柏来乐少校相当于现在外国驻中国的政治、军事观察员，他们当时在中国很活跃，上可见朝廷高官，中可见维新革命的知识分子，下可在中国各地自由旅行，深入接触百姓。更重要的是他们的国际视野，对世界及各列强国家的了解和把握。今天看来，乔·柏来乐少校的预言都应验了，后人不得不佩服他们的政治智慧和锐利的眼光。

伊犁辛亥革命二年后，杨缵绪作七古长诗，《吊阵亡将士》：

东望战云连大陆，拔剑砍地吞哭声。惨矣同胞为国殇，黄沙白骨自封筑。
心如日月气如虹，欲盖班超万里功。平定西域忧余事，乾坤旋转义旗中。
溯自黄帝迄今四千有余岁，政体纯然尚专制。间有夷人握主权，民情郁郁剧可怜。
大好山河黯无色，英雄争着祖生鞭。爱新觉罗僭帝位，文禽武兽为指臂。
神明华胄清廷奴，敲骨吸髓吐作饵。光绪虽假立宪名，国中铁路与民争。
讵知天心祚汉族，一声棒喝睡狮惊。怒吼如雷天地裂，茫茫四海横流血。
长风破浪辛亥秋，旌帆光导神州路。天下苍生庆自由，万众一心易帝基。

百三十日清盱歇，逊位之诏电飞来。汉腊光明燃劫灰，莽莽西陲风气塞。
危安时局谁窥测，报纸宣传觉议和。鼓吹端赖同人力，革命风潮起陆军，
枕戈待旦意欣欣。拯民水火登衽席，寸心可向鬼神白。大树义声应武昌，
肝胆涂地复何惜。犹忆柝声逐风高，更筹如点着战袍。戎马仓皇人影乱，
日光掩映雁翎刀。力如虎兮志如鹄，相见腹心同手足，朔风凛凛白旗飘，
漫天冰雪火光烛。纵横驰骤捉满奴，誓探骊龙颔下珠。志锐成禽民气吐，
舍生取义自千古。从此改弦政治良，颂声不绝谁右武。五族一家告共和，
邻邦中立偃干戈。新抚自恃衣冠兽，驱使爪牙来与斗，欲假狐威逼臣虎，
悍然不改江山旧。劳我义师事东征，豪气盖世志成城，高张汉帜明恢复，
箪食壶浆处处迎。[74]

杨缵绪是通东洋文的军人，其中国古典诗词如此出色，实令人惊异。过去
因为鲜有这方面的资料，我们对杨缵绪的认识失于肤浅。

1933 年，史学家曾问吾在撰写《中国经营西域史》过程中，曾就处理策勒
村事件在南京访问过杨缵绪。他在书中写道："杨提督召集各族领袖，密商办
法。将各族壮丁招集数千人，秘密训练，时仅一周，专教报名、立正、向左右
转、骑马、托枪等姿势，发给全套武装，以备交涉之日陈列点验，示威俄领。
布置就绪，于某日约索领事会议，并约索领事到操场参观点验。索领事见喀叶
骤增如许武装士兵，且其整齐，大为惊异。交涉结果将参加事变之人分别处罚
监禁，改罚苦工，赔偿俄民死者每名二千卢布。"（解决条件未见于《补过斋
文牍》内，此段纪事，是著者晋谒杨缵绪先生于京寓，亲聘杨氏口述者。条件
原文，须在北京政府档案中方能求得之。编练民兵一则，《补过斋文牍》乙集
三亦云："在杨提台缵绪任内，添练陆军一旅，不特汉人之游民，尽招为兵；
即缠民之夙无职业者亦尽编入军队；甚至远在和阗，莎车等属之缠民，亦招来
喀什当兵。"云云。由此可证杨氏之言为不虚也。）案既解决，俄兵亦撤退。
卷首第二十八图是《杨提督与俄领谈判策勒村案件交涉词》原本之一页。该书
亦承杨氏所赠。[75]

当年因杨增新追逼，杨缵绪被迫离开了新疆，但心里一直没有忘怀新
疆。1928 年杨增新被杀后，杨缵绪曾春心萌动，起了回新疆的念头。新疆发
生 1933 年"四·一二"政变后，杨缵绪觉得时机已到，到南京政府活动要求
抚疆。[76]

花甲之年的杨缵绪思疆归疆之情仍溢于言表。可惜，民国实行的是政党政治，杨缵绪非国民党员，又非蒋介石嫡系，统治新疆的机会自然轮不到他。加之，1928年黎元洪、樊耀南相继去世，杨缵绪上失靠山，下失内应，亢龙有悔。

从1913年到此时，杨缵绪已离疆20年，他也到了志锐当年任伊犁将军时的花甲之年。他在新疆留下的空缺，早已被另一位同样毕业于日本大学、颇有野心、掌握军队、懂得外交，且心狠手辣的盛世才学弟占据了。是年，盛世才36岁，正是杨缵绪从湖北开赴伊犁的年龄，历史真是无巧不成书。

20世纪50年代中，还有人在杨缵绪弥留之际访问过他。"武昌辛亥革命老人贺觉非，一生致力于辛亥革命史研究。他于1956年9月17日访问杨缵绪于汉口海寿里杨宅。这时，杨缵绪卧病在床，犹强打精神讲述自己一生的梗概。自称他与革命无关，但对革命抱不干涉主义。并说1905年同盟会成立，他已于8年前回国任管带，从未进入同盟会。贺先生恐杨缵绪体力不支，约定隔日再谈，不料第三日杨缵绪即病殁。"[⑰]贺觉非感觉杨缵绪是个诚实的人。

杨缵绪比杨增新仁，仁者长寿；杨增新比杨缵绪狠，狠者早夭。1928年7月7日，杨增新被另一个留学日本与黎元洪有特殊关系的政敌樊耀南所刺杀，终年64岁。1956年9月19日，杨缵绪病死于汉口海寿里故宅，享年83岁。他生前留有《旅俄六日记》《新疆刍议》《现在的新疆》等著作，成为我们今天研究杨缵绪暨新疆民国初年的宝贵资料。

注　释

①② 罗时汉著《城市英雄——武昌首义世纪读本》，长江文艺出版社，2010，第15～16页。

③④⑤⑥⑦⑧ 贺觉非、冯天瑜：《辛亥武昌首义史》，武汉大学出版社，2006，第41～49页。

⑨ 尚小明：《留日学生与清末新政》，江西教育出版社，2002，第99页。

⑩⑪⑫⑬⑭⑯ 贺觉非、冯天瑜：《辛亥武昌首义史》，武汉大学出版社，2006，第38～41页。

⑮ 张大军著《新疆风暴七十年》，台湾兰溪出版有限公司，1980，第47页。

⑰⑱ 《马达汉西域考察日记·1906~1908》，中国民族摄影艺术出版社，2004，第269~270页。

⑲ 《莫里循西域照片集》，福建美术出版社，2010，第9页。

⑳ 尚小明：《留日学生与清末新政》，江西教育出版社，2002，第100页。

㉑㉒㉓ 魏长洪：《辛亥革命在新疆》，新疆人民出版社，1981，第119~120，23~25页[注：魏长洪（1935~2008年）20世纪60年代初毕业于华东师范大学历史系，主要著作有《西域佛教史》《中国西北少数民族通史》（南北朝卷）《外国探险家西域游记》《辛亥革命在新疆》《新疆辛亥革命史料汇编》《和田简史》《新疆通史简明读本》等学术论著；魏长洪教授还写有《辛亥塔城和谈钩沉》《伊犁九城的兴衰》《近代西方传教士在新疆》等学术论文。]

㉔ 《新疆辛亥革命史料选编——纪念辛亥革命80周年专辑》，新疆人民出版社，1991，第137~138页。

㉕ 《西北论衡》第九卷，第69~72页。

㉖ 《陕西省志·人物传》。

㉗ 魏长洪：《辛亥革命在新疆》，新疆人民出版社，1981，第26页。

㉘ 《新疆辛亥革命史料选编——纪念辛亥革命80周年专辑》，新疆区政协文史资料委员会编，新疆人民出版社，1991，第40~41页。

㉙㉚㉛ 魏长洪编著《辛亥革命在新疆》，新疆人民出版社，1981，第26~28，52页。

㉜㉝㉞ 《新疆辛亥革命史料选编——纪念辛亥革命80周年专辑》，新疆区政协文史资料委员会编，新疆人民出版社，1991，第133~134页。

㉟ 《马达汉西域考察日记1906~1908》，中国民族摄影艺术出版社，2004，第178页。

㊴ 赵嘉麒、翟新菊主编《伊犁研究》，新疆人民出版社，2006，第22页。

㊱㊲㊳㊵㊶㊷㊸㊹㊺㊻㊼㊽㊾ 《伊犁日报》，2011年4月1日，甄敬亭："辛亥革命时期的杨缵绪及其旅俄日记"。

(50)(51) 魏长洪：《辛亥革命在新疆》，新疆人民出版社，1981，第42页。

(52) 《新疆辛亥革命史料选编——纪念辛亥革命80周年专辑》新疆区政协文史资料委员会编，新疆人民出版社，1991，第41页。

(53) 《宣统纪政》卷十五，宣统元年六月乙酉条。

(54)(55) 《伊犁哈萨克自治州志》，新疆人民出版社，2004，第300页。

(57) 魏长洪：《辛亥革命在新疆》，新疆人民出版社，1981，第48页。

(56)(58) 张大军：《新疆风暴七十年》，台湾兰溪出版有限公司，1980，第57～58页。

(59) 《新疆文史资料选辑·辛亥革命伊犁专辑（第九辑）惠远城史话》，新疆人民出版社，1981，第48页。

(60) 张大军：《新疆风暴七十年》，台湾兰溪出版有限公司，第109页。

(61) 曾问吾著《中国经营西域史》，商务印书馆，1936，第491～493页。

(62) 《新疆辛亥革命史料选编——纪念辛亥革命80周年专辑》，新疆区政协文史资料委员会编，新疆人民出版社，1991，第121页。

(63)(64)(65)(66)(67) 张大军：《新疆风暴七十年》，台湾兰溪出版有限公司，1980，第90～98页，第561～562页。

(68) 包尔汉：《新疆五十年》，民族出版社，1984，第104页注。

(69) 《湖北通志》二十一卷，1922。

(70) 谨拟整理新疆内政情形恭折呈请

谨按新疆开置行省，始于光绪八年，由左文襄建议于前，刘襄勤踵成于后。于是，军府之制一变而为郡县。损益因革，因时制宜，盖有鉴于军府之制易设而难久。内政之急应修明，以收道一风同之效也。第是该省人民，种族庞杂，礼俗既多，互异言语，又复不同。溯自有清底定之初，类皆宣扬威德，怀柔远人，得其地不变其民，因其政不易其俗，酋长伯克官秩依然。即自该省以还，废伯克而为乡约，亦本古乡官之制。今为自治之规，无如有法无人，成效莫睹，榛莽之地长此荒芜，狉獉之民终于野陋，内政之不修，其所以外侮之易入也。谨将新疆内政亟宜整理者分条列左：

第一，正朔亟应颁定也。

新疆人民除蒙古崇尚佛教外，其余如缠、如布鲁特、如哈萨克、如甘回等，均奉穆罕默德为宗教，七日礼拜，入寺诵经，岁法以三百六十日为一年。有清抚有西域，虽历年颁示正朔，无如民知固陋，积习难除。官吏复视，以化外毋强使同，然声教暨讫之乡，容有不奉中朝之正朔，况年以月为纬，日以月为经，民事所系尤为之钜。然于正朔之有定，而裨益于民生者不鲜也。否则浑浑噩噩，内政固诸形脞，且新疆腹地随处皆有外人贸易，今于此编年纪月之要，民皆不知，不独贻笑邻邦，而交涉尤多纠葛也。

第二，族见亟宜化除也。

新疆人类分庞，各为礼俗，自成风气，厥初本数十部。然考其种族，曰蒙古、曰布鲁特、曰哈萨克、曰甘回，中俄划界，布哈两种各有分民，蒙则北路居多，南路则缠头为甚，甘回则南北散处。今论新疆情势，外患则强邻逼处，内患则族见难融，木蛀虫生，故化族见尤为当务之急。至于根本之谋，尤宜设立学堂，当以汉回两文并课，聘请邃于回经之士发明教理，化导愚顽。盖天方、性理、礼法诸书，其敕五典，正五常，谆谆以教忠教孝为重，其与儒道无异。今以汉文儒书并教，则涵濡有自默化潜移，教育兼施，偏私自泯，其效自不能一蹴而就，数十年后，自臻大同之治也。若夫各族通婚，在上者应即力提倡，固不独消融族见，而侨寓汉民得有家室，斯生齿渐繁，边民日众，而种族且因以混合矣。

第三，吏治亟应整顿也。

知县为亲民之官，政治之良窳民情之向背系焉。清季官吏之流品极杂，新疆远在西域，地方广袤，道路迢遥，不独政府之耳目难周，即省城大吏视察亦有不及。故官场之奢侈，莫如新疆官吏之贪渎，亦莫如新疆，而漏规，尤以新疆为多。第念改省以还，其间三十余年，岂无一二廉吏？然为时势所迫，事实所趋。即如有省赴任，近则千余里，远或数千里，随携眷幕仆役，川资已属不赀，迨及卸任回省，情亦如之。况一县之治，大于内省一府，其间，差使之供张，僚属之酬应，衙署之支用，俱有难言之隐。凡在迪化首县一年，莫不负累数万金之多，其情可见矣。故平时苟能恪守成规，不事外求者，已属良吏。若贪婪者方且额外苛敛，虐民自肥，此新疆吏治所以日坏也。近年来，各县漏规均经提净而费用如故，在自好者视县缺为畏途，裹足不至，而不肖者窃恐别开生面，取偿于民，则吏治将益不堪问。今为整顿计，应请重禄以养其廉，夫而后责以勤政爱民，恪尽厥职，所有知事月俸应较内地为优。盖万里服官，其为国宣劳倍殷于内省也。赴任川资分别远近由公家发给，以示礼恤，所须佐理人员并征税司事，准其开支。至于上官过境，供应所需，应即厘定章程，俾可遵守，且案关详报，彼此均有顾忌。如此，则知事既足自瞻，力可尽于政治。按月事实，应分别民事、刑事、外交、税务，分类详报省吏，以凭考核成绩，倘查有不法之贪渎，即行尽法以绳，劝以重禄，惩以严法，人知好善，谁不如我？况十步之内必有芳草，十室之邑必有忠信。新疆吏治容讵有不蒸蒸日上者，是在省中大吏，有以整饬而督率之也。

第四，人才亟宜培植也。

吏治之盛衰全恃人才为消长。新疆地处荒徼辟处边陲，中土人民几皆目为异域，即经商远贾，亦各视为畏途。自军府改为郡县，守牧之官多取材于戎幕，一官出守，阅历殊深，万里服官，经验愈富，乃越时渐久，老成凋零，绝塞遐荒，硕彦裹足，人才愈乏，吏治愈衰。考察该省候补各班以及历年分发人员类，皆在新日久纳粟入官，其由幕而仕，已属杰出。流品之杂，不堪过问。平时习于巧滑，工于心计，以狡诈为才，以钻营为能，道德沦亡，廉耻丧尽，封疆重臣以及监司大员，尤各养尊处优，习成骄态，属员之贤否，黜陟全以逢迎之工拙，为衡上下披靡，积重难返，病国殃民，行若无事，政府则暌隔太远，视察难周，闾阎则言语不通，冤痛莫诉，纵遇贤良大吏，然滋蔓已甚，势难将全省官吏一律劾罢，且日久亦渐为滑吏所蒙。故整饬吏治要以培植人才为先也。新疆种族分庞，性情各别，况强邻接壤，交涉繁多，外攘内安，需才尤急。方今新疆知事曾经特试，且准就该省，考取我。

大总统洞烛边情，广罗贤俊，俾西陲绝域，克跻升平，惟是特试者多半改发他省，而该省所取者岂无滥竽其间。然人才培植而成吏才，尤以经验为要，应请我。

大总统令饬该省巡按使拣择候补人员之朴实耐劳者，饬赴各道各县当差，考察民情，研求政治，所有政见分析条陈，而疆吏即于此中，念其学识，观其人品，量才录用，自可得人。尤须久于其位，以尽其长，至原有之仕学馆，应即实力办理。盖内政贵通，民隐而谙，习缠言庶，无隔阂外交要在肆，应而熟悉条约，方免欺蒙。至于政治得失之林，尤在稽古思今，变通尽力，则学问岂容荒疏，学优则仕，仕优则学，其关于人才消长者之巨，即关于吏治盛衰者为不浅也。

第五，教育亟应振兴也。

新疆土著，咸奉回教，言语不同，文教各异，自左文襄规复全疆后，改建行省，各县设有汉文义学以兴教育。嗣以办法不善，而县署则以言语不通，所有通事悉取材于义学，薪资极薄，名为当差，遂致缠民疑虑学习汉语即为异日当差之用，相率裹足不至。知县迫于功令，只得强迫从事，而富户遂各出赀，雇一贫民之子就义学肄业。故办理数十年，不独教育不见进化，且复渐退。迨及开办学堂，科目繁多，施之于新疆人民，尤为扞格。今而振兴教育，必由强迫始能普。应先令各县教授回文教习，必须熟悉汉文汉语，方可授徒。倘有不遵，查出严罚。惟自令开始之初，务从简易入手，应请教育部订定国文国语极显极浅课本，俾该省人民得知时局大势，既可开通民知，且语皆白话，又得循缠语而学汉言；至于成年壮丁，不能入学堂学习，实为教育之枢纽。盖壮丁汉语文字，则子弟皆愿就学矣。而教育壮丁之法，先从小民入手。缵绪前次条陈军政寓征于募设立学堂，教以兵学，授以汉文，且汉缠回同处，语言易化，轮流退伍，凡属应征之兵，如届退伍之后，已各粗知汉语汉文矣。讲武之中，施以教育，最为便捷。果能认真办理，十年之后，将见教育大兴，而语言文字断不致如前之锥鍪不纳矣。

第六，弊政亟应革除也。

新疆弊政不自改建行省始。然以建省后为甚。弊政一日不能除净，吏治一日不克澄清。闾里小民茹苦忍痛于此者有年矣！查新省弊政，莫甚于征收粮草，而徭役牧政为次之。故缵绪条陈整顿财政有改收折色之请。盖从前州县经征粮石或以运供军需或即存仓堆积，然辗转载运，日久堆储，飞洒陈腐，难免耗折。收入之数不敷，发出倍遭赔累，于是责取于民，每石正供之外，加收一五耗粮，遂为岁入漏规，大宗嗣经提取归公，又复加一征收，至此竟变为二五耗矣。况斗斛堆尖为官所得，斛外余粒，斛手所有，是名虽纳粮一石，势必有两石而后能以完清，此征粮之弊也。草之弊，尤为暗无天日，凡驼马驮负少亦百数十斤，经收者任意抑勒，虽经粮民再四恳求，百斤之草只能完纳十斤八斤而已。故粮民每多含泪告天，痛恨驼马之不能负重，甚至忿极将驼马击毙者，此征草之弊也。采办粮柴，州县年有常额发出官价，半为吏役乡约朋分。粮柴责令民户摊徵，验收者又复挑剔抑勒，必至加多数倍，名为采办，实同课征，从采办粮柴之弊也。新疆徭役繁多，重为民累，如拜城铜厂使民入山采铜，谓之铜户，继又令各庄户帮助采费，谓之帮户；后又令帮户出夫采铜，而铜户之外，且加炭夫，民不堪命，怨苦实深。今虽改章，民困较苏，而工由轮派流弊易滋。炭由民供，仍多余害。

于阗金矿自经裁撤金课局后，改为听民自采，由官定价收买，官则责成乡约，乡约责成民间，官价既一再克扣，乡约又复染指。金砂交官吏胥，乡约相率吞噬，官又抑秤，以是交官之金，必须加二，领得官价仅有七成一两之金在，民实得五钱之价，民多不肯采挖。由乡约强迫驱遣，然交公之数十不得一。和田之玉，尤为著名。不独地方官之使民采取，即道经该处之员，亦莫不求玉，又复抑勒价值。至于平时凡有矿产出现，本地人民必须设法掩没，惧于人知。盖恐矿由官采，则就近居民皆须于役，岁无宁日矣。他若车马之应役，人民之当差，间阎之间，几无宁处，此徭役之弊也。

北疆为游牧之区，清初牧政极盛，迭遭变乱，荡然无存。民又日贫，牧事愈废。前经伊犁将军筹款兴牧，借资于民，周年归还本息，徒以经理者不善，转为民困。其有届期不克清偿者，则利益加利，辗转加增民累益重，以数万金之官本，未及十年除本利早经收回外，而民之积欠竟至二三十万两之多。且官吏乡约私款盘剥，实多于官款数倍。前奉大总统令，将民欠一律恩免，德泽于民至周且渥。惟恩令未经颁到之前，官吏追呼急于星火，此牧政之弊也。

若夫民间之弊，擢发难数，惟汉人重利放债，剥啄缠民。至缠回民至迷信朝汗，每岁金钱之流出无穷，应请严申禁令，革除积弊，以厚民生。（原注：）

第七，交通亟宜筹办也。

新疆山川修阻，不独商旅往来綦难，即政治之要，军务之重，亦多梗阻。方今俄国铁道与我新疆已成包围之势，倘我诸势不能建筑铁路以利交通，而揆度情形则修治土路，实有不容或缓者，况所费有限，获益无穷。缵绪前次条陈兴筑土路、改良驿站、置备马车等项，曾经附图具陈，所有计划分南北两干路，出嘉峪关而抵哈密，为南北之总汇，由安西经哈密南行以抵和田，止计干路6455里，共79站；北行抵伊犁，止计干路3558里，共47站；又南路之分路，如吐鲁番西北至迪化计五站，约490里；阿克苏至乌什计3站，约360里；叶尔羌至喀什噶尔计6站，约440里。北路之分路，如奎屯至塔城计8站，约700里；伊犁至阿克苏计15站，约1200里。今将南北干路分时修筑，南路以百站计，北路以70站计每站修驿舍一区，约500两，置车5辆，约250两，备马20匹，约600两，共约需银22万两。其马车仿造俄国四轮车，按站接递进行不停，每日以行道12时，每时以能行30里计之，则一日可行300余里，是往日由安西须60~70天始到和田，40~50天始到伊犁者，今仅须半月旬日可达矣。如在仿驶行大汽车，南北两路置汽车四乘，沙地平坦，尤为迅速。倘再修复敦煌阳关经若羌而至于阗之古道，尤为便捷。若南路与中路联络，尤宜辟和田至阿克苏之沙道，若羌至库尔勒之支道，北路与中路贯串，则伊犁、喀喇沙尔（即今焉耆）间之那喇特山及玛拉巴什与喀什噶尔，和田之与于阗，奎屯之与塔尔巴哈台，其间分支要道，一律修治，并置驿，备车，喂马，需费亦不过20余万，合之平治道途凿山架桥、挖井等费，统计不出70万以上，即添置汽车，亦不过百万左右，而风驰电掣较之从前濡滞迂缓者，何谛千倍！倘有事征调，而路径修筑只需添置车马，而运送之捷亦得缓急有资。其平时则商贾往还，输送货物车价盈余，殊属不赀。若由归化（即今呼和浩特旧城）经北草地以直抵奇台，计程5000余里，驶行汽车七日可达，其间一路坦荡，惟旱海百里浮沙易陷，应铺卵石。试购汽车三十乘并及修路费，统不过20万，缩道便捷，商贾之往还甚众，即此20万之成本，不需两年即可收回，尤为国家岁入大宗矣。

第八，团练亟宜举行也。

团练之法远宗管子，轨里连乡之制，寓兵于农。有清中兴，湘淮各军亦皆由团练而起。新疆远悬关外，强邻逼处，势极颠危，且复会匪蔓延，上而官吏兵弁，下而商贾农工，悉皆在会，虽或由于迫胁，设不早治，后患堪虞。今而绥辑闾阎，则举办团练，势难或缓。查新疆县治，大县十余者有之，小县二三十者有之，昔系一千户设有千户长，即今谓之乡约，其下百户长、十户长之分，建设之始与内省保甲之法相仿。今若筹办团练，最为易举：按户各出壮丁一名，仍以十户长、百户长部勒之，由县聘定教习，专事操练，每一教习管理若干团练，当以道路远近为断，分期演习，如千户长等勤奋从事而团丁操演熟悉，从优奖励；设或虚与委蛇酌与惩罚。知事应即轮流检阅以稽成绩。教民七年可以即戎，固不独振兴缠民之懦而已也。况清乡亦于此兼施十户一长，稽查交易，倘有容隐罪以连坐，民有家室，谁敢为非？且比户联络，互相引援，既不惧受迫胁，又复彼此牵连，则闾阎自安，匪患自灭，是举办团练所废无多，获益其巨，前曾恭阅我。

大总统策令各直省举办团练，洞烛古今内治之本源，然新省实较内地各省尤为重要，倘巡按使能以认真督率于上，各知事实力经营于下，不数年间，团练之效当可使全疆之民一变成为全疆皆兵矣。固不独内清匪患，不幸而一旦边疆有事，则缓急有恃，荷锄执杖皆干城也。"——摘自杨缵绪著《新疆刍议》民国四年（1915），第27～36页（本文有删节）。

⑦①⑦② 《霍城文史资料》第一辑，1990，第63～65页（第65页）。

⑦③ 乔·厄·莫里循：《清末民初政情内幕》，知识出版社，1986，第857～860页，知识出版社，1986。

⑦④ 《霍城文史资料》第一辑，1990，第63～64页。

㊆ 曾问吾：《中国经营西域史》，商务印书馆，1936，第552～553页。

㊆ 《新疆辛亥革命史料选编——纪念辛亥革命80周年专辑》新疆区政协文史资料委员会编，新疆人民出版社，1991，第49页。

㊆ 魏长洪：《论杨缵绪的一生》，《新疆大学学报》（哲学社会科学版）1991年第19卷第1期（总第61期）。

第六章
杨增新——"逆"挽狂澜

在新疆辛亥、壬子年的风云人物中，均与杨增新有着或疏或密的关系。既然不愿做民国都督的袁大化匆匆东归，继任者袁鸿祐因麻痹大意而一命呜呼，强势的伊犁将军志锐死于枪下，只要维护回王制度不变，就能安抚沙亲王，守住东大门，今后真正能和他叫板的只有伊犁革命党人和杨缵绪了。杨缵绪等伊犁革命党人，既是杨增新的对头，亦是他的恩人，如果没有他们振臂一呼闹起革命，杨增新上台的机会恐怕不会出现，而不挤走或除掉他们，又难实现他一统新疆的抱负。无论从出身、知识、经历或立场看，杨缵绪、冯特民、李辅黄等革命党人与他都不是同路人，他们之间的较量，似乎无法回避。

正是在民国初年处理错综复杂的新疆问题，解决国内外相互缠绕的矛盾中，磨炼了杨增新，造就了杨增新，亦证实了杨增新。杨增新很少写诗言志，他铁腕柔笔治疆17年，至少实现了"力障狂澜三万里，莫教祸水向西流"的执政目标。他在大变局中侥幸主政，继而逆挽狂澜，战胜所有对手，使三山一统，偏安西隅，最终悲壮身亡，百姓恸哭巷陌，舍此难有第二人。

和谈暗隐玄机

辛亥革命的政治目标，就是推翻帝制，建立共和国体，以民权至上取代君权至上。这一政治目标，不是中国的发明创造，而是一种浩浩荡荡的世界大势。"近二百多年来，民权思想极发达，君权退步，世界上的国家，许多已经变成了共和，其中没有改变共和的国家，也把君主专制改为立宪，限制君主权力的范围……专制制度差不多要绝迹了。"[①]"乃天不弃此优秀众大之民族。其始也，得欧风美雨之吹沐；其继也，得东邻维新之唤起；其终也，得革命风潮之震荡。遂一举而推覆异族之专制，光复祖宗之故业，又能循世界进化之潮流，而创立中华民国。"②

自辛亥年武昌起义以来，在中国的南北方形成两个政治阵营，松散的南方政治集团拥孙中山为领袖，握有兵权的北方政治集团拥袁世凯为首领。两股政治力量在推翻帝制，建立民国上达成一致，为避免国内战争，防止列强乘机渔利，南北方政治力量通过谈判达成协议，只要袁世凯拥护共和，结束清朝封建统治，孙中山即辞去民国临时大总统，拥袁世凯出任中华民国首任大总统。

自此，在多种政治力量的共同作用下，中国形势一夕数变。1912

▲ 逊位与继位的时代人物　（作者翻拍）

年2月12日，清帝正式退位。次日，袁世凯声明赞助共和。继而，按照协约，孙中山宣布辞去临时大总统职务，临时参议院选举袁世凯、黎元洪为临时中华民国正副总统。由此，一场推翻已执政268年的清朝王朝的革命，竟以不流血的方式结束，这充分体现了中国人的大局意识和政治智慧。

民国元年（1912年）3月12日，清帝逊位承认国体共和诏至迪化。由此，伊犁革命党人旨在推翻帝制建立共和的革命，就由非法变为合法，袁大化围剿伊犁革命的行为，亦变得师出无名。末代巡抚袁大化即刻遵旨承认。承认国体共和，意味着必须结束战争。国体变更给新伊谈判创造了范例，亦提供了契机。

3月15日，南北政治集团双方认可、清帝承认的中央临时政府电令：新疆将巡抚改为都督，袁大化自然是新疆首任都督。由于新伊战争还在胶着状态，3月27日，中央政府又电令新伊双方速停战争。此电令具有法律效力，身为新疆都督，袁大化不得不执行。以此为大背景，新伊双方决定停战议和。自辛亥革命爆发起，新疆的节奏总是比内地慢半拍，但总是受国家大势左右，跟着慢慢前行。

辛亥革命后，袁大化匆匆出走，将一个千疮百孔的新疆扔给了杨增新。民国初立，国内外各种势力都在寻找机会，以图在乱中获取自己的利益。从历史经验看，新疆一旦陷入无政府主义，极端宗教势力势必抬头，必然伴随着一场民族仇杀，将新疆拉回政教合一的中世纪。更为危殆的是，新疆大乱一旦发生，就会给早已虎视新疆的英俄日德势力提供借口，在武力干预和威胁下签署割地赔款的不平等条约。那时，左宗棠用兵收复新疆的成果，将重入英、俄帝国的虎口。

新伊双方停战议和，开始于1912年4月。议和期间，虽无大的战事，但各地戕官事件时有发生，农民起义暗潮涌动。由于袁大化曾是屠杀迪化起义革命党人的罪魁祸首，又是围剿伊犁起义的元凶，便成为新伊和谈的障碍。袁大化是聪明人，自知血债太多，新疆都督大位难坐，遂向中央政府提出辞呈，秘密举荐袁鸿祐出任新疆都督。不料，中央政府4月25日发布命令，5月7日袁鸿祐即被哥老会戕害于衙门寓所。袁大化要脱身，在与杨增新达成平安出境的协议后，再举荐杨增新担任新疆都督。

民国元年（1912年）5月18日，即袁鸿祐被戕11天后，经孙中山推荐，北京袁世凯政府任命杨增新为新疆都督。杨增新这个曾留着山羊胡子、梳过大辫子、颧骨高凸、身穿旧式服装的晚清官员，改穿都督戎装，由此露出一张民国的脸庞。

伊犁革命党人的谈判对手，就成了披有合法外衣的民国新疆都督杨增新。杨增新生于1864年，云南蒙自人，清光绪朝进士，先后在甘肃、新疆等地做官。杨增新曾在甘肃回民聚居区县州两治中长期任职，使他对伊斯兰教有清醒的认识。这些都为他以后治疆积累了必不可少的经验。张弛有度地处理好宗教与民族关系，是稳定新疆必不可少的条件。杨增新1907年进疆，开始任新疆陆军学堂督办，次年经新疆巡抚联魁保荐入京，在北京经袁世凯引见受到慈禧、光绪召见，调任阿克苏道尹。杨增新自科举入仕后，几乎是一步一个脚印地走完了所有官阶。他是文人、地方官、执法官，同时又是军校督办，可谓文武双全。

早在辛亥革命爆发之前，杨增新实际上就一度掌握了新疆的实权。1910年8月，王高升放火案之后，时任巡抚联魁与布政使王树楠互相参劾，口诛笔伐，闹得满城风雨，结果均被清廷革职离任。为了不使权力出现真空，随即任命甘肃布政使何彦升为甘肃新疆巡抚，不料何又死于上任途中。清政府再任命袁大化出任甘肃新疆巡抚。如此反复折腾，新疆政坛出现了约8个月的巡抚、布政使双空缺期，时任镇迪道和提法使的杨增新已成为新疆有实无名的主人。天津乡绅温世霖在其《昆仑旅行日记》中记录了有关细节："新任巡抚袁大化尚未到任，须休息两天，见过臬宪杨增新再说。三日，拜会杨增新，杨颜色谦和，笑云：'既已到此，即无事了。只要不出城，随便可以居住。昨闻已商定借寓全科长公馆，老友同居，当不寂寞，我们亦可常常领教。'余在臬署，见发遣之各官吏无不翎顶辉煌，照常上衙门当差事，俨如候补人员。"③新巡抚未到任，杨增新主政新疆，官府内俨然有序。

在新疆辛亥革命中，杨增新虽担任镇迪道和提法使，但因不掌握军队，一直置之度外，手上因无血债，所以获孙中山推荐，新疆革命党人、哥老会对其亦无恶感，至少在谈判前无情绪对立。

如果用"攘外必先安内"来形容杨增新的治疆方略，也许再恰当不过了。因为在历史的千钧一发之际，一个偶然的内部事件就会改变历史。治大国若烹小鲜。杨增新做了新疆都督，犹如坐在火山口上，稍有不慎，就会在各种力量的火并中化为灰烬。

新伊双方谈判的焦点，与内地南北政治集团谈判的关注点是一致的，即新疆是合治还是分治？如果合治，谁将担任新疆都督？应该说，新伊和谈之前，起码有两个条件是预先设定的：第一，新疆不可能分治，若实现分治，中央政府不会答应，新疆民众不会赞成，分治亦非伊犁革命党人、哥老会的本意，而且各方都明白，分治只会对虎视眈眈的沙俄、英国列强有利，谁也负不起丧失国土的历史责任。第二，杨增新在谈判中占有强势地位，他得到了中央政府的正式任命，把持着与中央政府沟通的管道，况且，杨增新与袁世凯同出一门，均为前清朝政府官员，袁世凯曾举荐杨增新觐见慈禧太后和光绪皇帝，私交甚不一般。杨增新既掌握名正言顺与中央政府的大通道，又暗度与袁世凯结党之陈仓，而上述公私条件伊犁革命党人都不具备。一旦和谈陷入僵局，杨增新就可以挟天子以令诸侯，用中央政府的权威压制伊方，伊方则无处申诉。总之，在新伊谈判中，伊方除拥有一支战斗力强的军队和哥老会支持外，在天时（民国已立，新疆已承认共和，革命失去对象）地利（伊犁偏安一隅，非政治中心）人和（内部分歧难弥合）上均处于下风。

在革命党阵营中，无论学历、资历或经验，都难有人与杨增新匹敌。革命党人遇到了真正强劲的谈判对手。

新伊谈判曲曲折折，明争暗斗，讨价还价，最终于1912年7月8日达成一致，亦称《塔城协商条件》④，共十一条：新伊双方协商条件于7月28日经伊方签字后递交杨增新，即会呈大总统查照立案。

第一款是关于国体和宪法的："新疆应实行承认共和，总在不违背共和宪法原则下，凡伊犁首倡共和之军队及再事各人员，新疆均应确认为中华民国共和党员。"

第二款是关于新疆统一的："新伊关于内外政策，均宜合作，不宜分治；一切建设仍应以省垣全疆行政立法之最高机关地点，以归统一。阿尔泰、塔城应在全疆范围以内。"

第三款是关于新疆都督人选的："新伊既商定和洽后，须由都督执行一省之最高行政权。新任杨增新既经大总统任命，应由双方公认，俾得主持一切，早策进行，限期将省议会成立，再开正式选举，请国务院转呈大总统正式任命。"

第四款是关于设置新疆政府机构原则的："都督以下所有办事机关，应暂照内地建设完全省份，并参酌边地情形，分别组织，以便实现共和诸要政。仍候政府颁到统一章制如有应行再更改者，再行酌改。"

第五款是关于设新去旧机构人选程序的："边地人才缺乏，所有组织各项机关，两方人员均应共同推荐呈候大总统任命以资融洽，俟组织完成，两方原有机关，同时取消。"

第六款是关于褒奖伊犁军政府临时大都督广福的："广都督系经各界公推，此次对于伊新保全不少，实于地方人民，大有功德，将来筹备完全，辞职之时，应照最优之典报酬。"

第七款是关于军队的安排："伊新军队撤退后，应照全国军界统一联合会章程，互相联络，共保和平，惟钱广汉、蔡乐善、李益顺、王永兴、郭锦章等反复无常，视为公敌，不得再留于新疆军界。"

第八款是关于金融财政安排："伊新协饷来源久断，相持数月，支发浩繁，全恃钞票周转，统一后应切实调查，通盘筹计，一面设法维持；一面请政府拨款相助。所有伊新钞票，暂照旧通行，以免交融阻滞。"

第九款是关于抚恤伊方辛亥革命烈士的："伊军死事之人，均不惜牺牲生命为中华民国构成共和，所有应得恤典，将来应照新政府办理以慰英灵。"

第十款是关于特赦令："凡因谋建共和事业，在新省被嫌疑拘禁者，均遵照大总统赦令，一律释放。"

第十一款是关于安定南疆的决议："南疆现在纷扰，伊新合一之后，应设法联络，早定大局，免致再生枝节。"

在《塔城协商条件》十一款中，第一条是国家认同，即承认民国国体、宪法，统一军队。第二条是新疆认同，新疆和则利国家、利新疆，分则利沙俄，利分裂势力。实际上，新疆在地理上就是一个完整的单元，伊犁处于战略要地，与迪化指臂相连，两地互相拱卫，才能控制南疆，挟制阿尔泰，震慑沙俄、蒙古，一旦有事，两地驰援合围，方能化解危机，转危为安。此款乃新疆之大战略，杨增新之大谋略，已为择机收复阿尔泰埋下伏笔。

大战略既定，便是领导权的归属，是延续有清一代"一疆三治"（新疆巡抚、伊犁将军、科布多参赞大臣），还是终结大清历史，克服各自为政，相互掣肘之弊，权力归于一地一人，形成高度统一的行

▲ 辛亥革命三大伟人：从左到右黎元洪、孙中山、黄兴（作者翻拍）

政体制。杨增新后来所以在新疆有所作为，此为关键一条。新疆后来屡经大乱，终能化险为夷，此款是基本保障。

《塔城协商条件》，表面上看满足了伊方的所有小条件，但作为交换确立了杨增新在新疆政坛的绝对权力。"以当时冯特民、李辅黄、杨缵绪等人的聪明才智，也并非察觉不到此种策略，惜由于前面所述，伊犁地小，财政困难，外力胁迫，宣传战略上失败，不得不藉杨力量图谋再举，但终于未逃脱杨增新的分割与摧残。"[⑤]

应该说，在经过辛亥年的武力较量后，新疆两股政治力量最终在壬子年通过政治协商达成和平协议，双方的共同点是以民族和国家利益为重。化干戈为玉帛，用和平代替战争，避免了生灵涂炭，有利于实现党派和解、民族和解，有利于解除列强威胁，为化解社会新旧矛盾创造了条件。与大清帝国与民国、孙中山与袁世凯达成的协议一样，《塔城协商条件》同样体现了中国人顾大局、识大体的智慧，通过谈判解决政治争端，避免内战和国家分裂，是辛亥革

命带来的新鲜事，其正面意义是值得肯定的。

与伊新谈判双方纠缠细节相比，中央政府则站在更高层面看待新疆问题：首先新疆不能独立，更不能被列强割占；其次，新疆问题不是孤立的，新疆统一有利于内部政治稳定，新疆稳定，方有利于中央政府解决西藏问题、蒙古问题、东北问题。在地理构造上，新、藏、蒙格局不过是迪、伊、阿地理关系的放大而已。

铁腕治政

经孙中山推荐，由袁世凯任命，再加上《塔城协商条件》的承认，杨增新至少在名义上巩固了在新疆的领导地位。然而，一旦坐上新疆都督的大位，列强、历史、国家、民族、宗教、经济诸多压力接踵而至，执政者必须一肩担起。最大的压力来自境外。"若论中国领土，如安南、如高丽、如缅甸、如西藏、如台湾等，或为中国属国，或为中国属地。要而言之，前此皆中国领土也，乃今入外国版图，中国对于各土地之主权，亦同时随之丧失矣。诸君尽管各通商口岸地方，最目击伤心者，为外国人管理海关一事。海关乃中国政治机关，质言之，中国之金库也。金库锁钥，操诸外国人之手，国安得而不危？救危之法，御外侮先自平内乱始。"[6]自救方能救外，内平才能平外，道理虽然浅显，行之却不易。

▲ 当年叱咤新疆政坛的杨飞霞隐身于道观
（作者翻拍）

《新疆风暴七十年》的作者张大军是对杨增新着墨最多的研究者，他称，民国初年的杨增新，是在新疆各种矛盾旋涡中奋斗。政治、军事、经济、交通、外交、内政及宗教、民族问题交织在一起，当政者弄好了就可以缓和或化解矛盾，否则就会困死在矛盾的旋涡中。张大军的研究，能设身处地为当政者着想，字里行间无不流露出对杨增新的同情和感佩。实际上，杨增新一个人的孤军奋斗是一种苦斗，苦是一种状态的形容，实质还是斗。斗不赢不仅心苦，恐怕身家性命都会搭上。斗赢了也心苦，孤心寡意之苦，不为人理解之苦，为后世误解之苦，等等。

综合史家观点，杨增新外斗之智慧与计谋多为后辈赞叹和敬服，而其内斗手段多因失德被后人诟病和指责。

杨增新在《题镇边楼》中，最能印证他心中的百味杂陈："山关何必望封侯，白发筹边几度秋；四海无家归未得，看山一醉镇边楼。居夷已惯不知愁，北维南回一望收；却怪当年班定远，生还只为一身谋。丈夫耻为一身谋，饥溺难忘禹被忧；力障狂澜三万里，莫教祸水向西流！未肯休，风涛万里一孤舟！但期四海澄清日，我亦躬耕学买牛。"⑦

"莫教祸水向西流"，祸水借指连绵不断的军阀混战。"杨氏针对当时国内军阀混战，十分愤慨，在《读西铭日记》中指桑骂槐说：'穷兵黩武，寡人之妻，孤人之子，独人父母；争地以战，杀人盈野，争城以战，杀人盈城，是真不仁之甚者也。今之人开口言同胞，而无日不戕杀同胞，读此能无自愧？'"在杨增新眼里，远离纷争，过恬淡的桃园生活才是百姓的福祉。

时逢乱世，杨增新自命不凡，抱定圣贤之道，"圣人才全德备，能使极乱之世，转为极治之世。如非圣人，则惟有修身以俟命，挽回一分便算一分，鞠躬尽瘁，死而后已。"⑧

为消除内乱，避免战祸西流，杨增新长袖善舞，甚至不惜施展种种极端手段。实践证明，杨增新不愧为斗争高手，其斗争手段可归结为杀、撵、挤、限、抄、诱、骗、用八字诀。对此，既可解读为杨增新以赢为目的而不择手段；亦可解读为杨增新斗的目的是治乱，即实现新疆和平。

杀。屠戮革命党人，追剿哥老会，暗杀违背其意志者，亦痛杀贪官污吏。譬如，1916年正月十五日，杨增新摆下酒席，席间当众斩杀夏鼎、李寅两滇籍军官，血溅四壁，杨增新依然谈笑风生。

撵。千方百计撵走政见不合者。譬如，主动发放路费，令贺家栋、郝可权东归。

挤。设计挤走竞争对手杨飞霞。（详见附录新疆辛亥人物卒年录）

限。杨增新时代有一条新疆谚语："文有樊耀南，武有杨飞霞"。樊耀南留学日本，文武双全，在杨增新手下身兼军务、外交、行政三职，看似是杨增新的左膀右臂，同时又是其重点防范限制对象。

诱。对小人诱之以利，令其陷害贤良。譬如，匡时、马福兴等。利诱目的一旦达到，杨增新即根除这些无德的势利小人，不留后患。

骗。骗取君子信任，继而翻手为云，覆手为雨。譬如，冯特民、李辅黄、海力帕·铁木耳等（详见附录新疆辛亥人物卒年录）。

用。选用内地有科举功名、新学堂毕业之士，取代新疆旧式低能官僚。

抄。抄没和查处贪官污吏的财产，以充捉襟见肘的新省财政。

民国初年，新疆政坛积弊已久，吏风败坏，贪腐成风，纲纪松弛，不出重拳，不用重典，不足以扭转乾坤。以整肃吏治作为安疆之策，杨增新上台伊始即大开杀戒。

"杨氏在治理新疆17年的过程中，特别是民国元年至7年，为了安定社会秩序，统一政令，据已公布的文件统计，曾枪毙、遣送出境、戕杀官吏17名，会党成员178名（其中大部分被枪毙），以后还陆续杀过一些人。"⑨杨增新谴责杀人，痛恨战争，但他也枪杀人，而且毫不手软。在《读西铭日记》中，他持这样理论："'违曰悖德，害仁曰贼，济恶者不才，其践形惟肖者也。'在这段文字背后，杨氏有段注释说：'为悖德、害仁、济恶之不肖子，则以同胞杀同胞；为践形之肖子，则以同胞救同胞，诛一二不肖之子，以救天下无量数之同胞亦仁人君子之所不得已而为之者也。'"⑩言下之意，杨某从不滥杀人，所杀之人也是那些悖德、害仁、济恶之人，杀恶人，是为了救好人，诛个人，是为了救众人。除恶扬善，相辅相成。

民国4年4月，即1915年春天，杨增新给内务部发出了"呈覆整顿新疆内政情形文"，此文可以视为杨增新整肃吏治的一篇檄文：

"案准内务部咨开、准政事堂、钞交陆军部谘议：杨缵绪所呈整顿新疆内政情形条陈一件，奉相国谕，交各主管衙门采择等因，相应钞录该谘议条陈三节，咨行查酌地方情形，采择办理准此。……至若考核属吏，增新未敢稍为宽假，即如喀什一道计十二属，前因亏欠公款，呈请惩戒之知事至十一员之多，其贪渎尤甚。如迪化县知事谢维兴、伊宁县知事廖焱，均经施以极刑。余则因案被劾而去者踵相接也。新疆开省以来，光绪三十年前牧令被参者并无一人。自吴引荪、联魁、袁大化巡抚新疆，而后有破除情面参劾属僚之事。增新当国体变更之际，受事于全疆糜烂之时，非慎选地方官，不足以资抚驭而期补助。虽边地乏才，而于任用知事实未尝稍有迁就也。又该谘议条陈设仕学馆，以培养人才及将各知事分发道县听差各节，查新疆大吏以潘效苏抚新之时为最坏。真有如该谘议所云：官吏以钻营为能，以狡诈为才，长官用人以属员之逢迎为衡者，其余历任巡抚皆不敢如潘效苏之肆无忌惮，为所欲为。潘效苏抚新之时，任迪化首县者无不亏空巨款，即如前次枪毙亏空八万余金之谢维兴，在迪化首县任内，极为潘效苏所器重。今虽死于民国之法，其实死于潘效苏之手也。增新起家州县，深悉仕途甘苦，断不敢受属吏之逢迎，即以迪化一县言之，民国成立委署，此缺者数人，一曰张华龄仅调署吐鲁番县；一曰卢殿魁仅调署巴楚县，均非向来之所谓优缺。一曰吴翰章交卸后至今赋闲，各该员对于行政长官并无丝毫之供给，而长官对于属吏只知因才器使，亦无以优缺调剂之说。至该谘议拟将候补人员分赴道县听差一节，现值裁减政费，各道县均有科长、科员、办事，此项人员各道县无事可派，无薪可筹，长途往返多费川资，兼之熏犹不齐，发往各属，不能为地方官分劳，而反为地方官生事。从前各属戕官之案，多有候补人员暗中主持，多一官即多一扰。该谘议原呈所称，'会匪蔓延，上而官、吏、兵、弁，下而商、贾、农、工，悉皆在会，虽或由于胁迫，设不早治后患堪虞等语'，夫候补人员未必悉皆在会，然入会者未尝无人。若辈布散省外，尚宜设法调回，不宜概令出省，此又新疆特别情形，实为内地所无者也。又查新疆向设法政学堂，久已停办，令欲开办仕学馆，亦遽无的款可筹。而边地人才多不好学，自各衙署改科以来，各科办事人员尚不能因事为学，以求增长阅历，至于候补人员并无薪资津贴，尤未便强令入仕学馆，唯有分日传见，令其学办公牍，以觇[（chan），观测。]其才识，量为差遣。庶有志者或能自奋于学问之途。增新忝膺疆寄，于用人一端，深为注意。该谘议条陈各节，自当酌量采择如医之用药，当师其意而不必尽泥其方。再查原条陈有举办团练一节，业已于呈请缓办保卫团案内，另文呈咨。所有整

▲ 迪化南郊的清真寺　（作者翻拍）

顿新疆内政情形缘由，理合，呈请鉴核施行。民国四年四月二十五日。"⑪

　　杨增新历数新疆吏风败坏现象：官吏以钻营为能，以狡诈为才，长官用人以属员之逢迎为衡者。钻营狡诈可以成功，使边地人才多不好学，自各衙署改科以来，各科办事人员尚不能因事为学，以求增长阅历。为了谋得一职，一些候补官员甚至买通杀手戕官，而案件总是不了了之。杨增新特别指出，喀什一道共辖十二属县，因亏欠公款，呈请惩戒之知事至十一员之多。为什么官员贪渎如此盛行？新疆开省以来，光绪三十年前牧令被参者并无一人。贪腐不受惩戒，廉政难得褒奖，亏空无人追缴，做坏事没有风险。对此，杨增新深恶痛绝，痛开杀戒，对迪化县知事谢维兴、伊宁县知事廖焱，均施以极刑。

　　民国4年12月8日，杨增新通令各知事呈报任内政绩："照得吏治污隆为国连盛衰所系，民情苦乐与邦本安危攸关；操进退人才之权，首宜扬清激浊；行考绩黜陟之典，必在举贤惩贪。查新疆州县自开省以至前清末年，积习之深甚于内地，浮征苛派，缠民受其鱼肉；买案私和人命，有同儿戏；甚至私亏公款，贻害地方不一而足。本省长深悉此弊，是以理念来劳怨不辞，苦心整顿，无非为国为民起见。与其参革追缴于事后，何如杜渐防微于未然，监察无妨从严，而存心为当不宽也。进来积弊虽渐廓清，同官尚知奋勉，然新疆地面辽阔，各属知事辖地去省数百里，或数千里不等，访问既未可凭，视察岂尽所周。各该道尹为视临监司，有稽核财政，考察属吏之权，见闻较为亲切，该知事等到任，或时经年或官历数任，为官不为不久，果于地方所兴何利，所处何弊，应即自行缕陈，以便考察成绩，分别等差以为殿最，庶优劣不致混淆，而泾渭可以立分。各该知事等以操守贞固，听断才长，惩办匪首，消患未萌。"⑫

　　杨增新特别制定了区别良莠知事的标准："任内经手征收正什款目，无丝毫浮收情弊，更能创办实业，垦牧等政，实心爱民者为甲等；蹈矩循规，抚宇心劳，虽无卓异政绩，而能清理积案，廉公自持，尚无过咎者为乙等；此外如浮征粮草，私和命案，或滥刑仓储，私收诸捐，巧立名目以为罔利行为者，一经查实或被告，定行依律严惩不贷。"⑬甲等奖、乙等留、末等惩，奖罚分明，民国初年新疆吏治由浊澄清。

　　为了对付官吏弄虚作假，串通一气，颠倒是非，瞒天过海，杨增新直接发动群众，对现任官吏督察考核："提倡人民控告，凡有贪污失职者，准人民邮运呈控，邮秉朝飞，查令夕至，委员调查，至再至三，而派赴各地明察暗访之委员，络绎于途。一经查实，轻则解任去职，重则徒刑枪毙。凡官吏受赃五百元以上者均判以死刑。民国3年6月5日北京政府颁布之《官吏犯赃治罪条例》，即规定枉法贪赃，至五百元以上者，处死刑，不枉法贪赃至一千元以上者处无期徒刑，并规定极严。"⑭杨增新在《补过斋日记》中写道："纵一人生而千万人不免于死，是生者死之根；杀一人而千万人得遂其生，是死者生之根。故渠魁首所当诛，而无恶不宜轻纵。"后来盛世才、李溶主政新疆时期，亦依循贪污公款500元为死刑红线。

民国2、3年间，凡杨增新接获人民控告则先将被告者撤职调省，然后查办，如无犯罪情事则委以优缺，对控者亦不反坐。如是基层官吏人人自危，以为三分邮票，可抵一张任命状也。

杨增新于民国4年1月30日呈报北京政府内务部、财政部及高等文官惩戒委员会略称："查新疆地方前清时每岁由各省协拨二百四十万，部拨伊犁饷尚不在内。民国成立以来，协饷断绝，专恃纸币撑持，而目前本省收入，北路镇迪、伊塔各道著名瘠苦，精华所萃，所赖以筹济饷源者，惟喀什一道。无如民国成立以来，人心愈坏，镇迪、伊塔、阿克苏三道亏空公款实尚不多见，惟喀什一道，各知事几于无人不亏公款，且无人不亏巨款，实属不顾大局。查喀什各属为全疆著名最优之缺，前清时代，南路署事人员，以一年半为期满，其陋规入私囊者为数甚巨，上则攘夺于公，下则刻薄于民，南疆回缠纷纷投入外籍，其原因虽极复杂，然多由官吏之虐民所致。查前清中国吏治以新疆极为腐败，而新疆吏治又以南疆极为腐败，因新疆距京城万里，而南疆喀什和于一带距新疆亦将及万里，而各省之官于斯者，又皆万里远来，无不各挟一发财之思想，既欲发财之速，又欲发财之多，以穷极无聊之官，临种类各别之民，无肉，求其无愧父母斯民之选者，实不多观。"⑮

杨增新出任新疆都督后，为保新疆长治久安，即在新疆政坛刮起一场廉政风暴。为了整肃久已废弛的吏治，禁止司空见惯的贪赃枉法，杨增新不惜动用极刑。所谓乱世用重典，这是古今治世之圭臬。杨增新整肃吏治打的是一套组合拳：借用贪官的人头祭反贪之旗，震慑官场；高薪养廉，施以关怀；体谅甘苦，改革制度；在升降调遣中考察官吏；督促官吏学习，培训干部；以身作则，改变官场任人唯亲的不良风气。无论杨增新整肃吏治出于什么动机，整肃彻底与否，都给当时新疆政坛官吏带来极大的心理震慑。深谙儒道之法的杨增新自知，只有官员秉公执法，不与民众争利，不与商人合谋，不与外商勾结，才能缓解各种社会矛盾，让老百姓看到社会的新气象、新希望。

裁员弱兵

杨增新要在新疆站住脚，除管束官吏外，还要管住物价。官吏事关民权，物价事关民生。物价稳，民心安。

除其卓越的统治手腕外，维持新疆财政平衡，保持物价基本稳定，是其成功治疆的主要原因之一。

民国初年，各地军阀各自为政，国家统一徒有虚名，政令不通，边疆难保。新疆失去前清各省协拨的补助款240万两，新疆要在中央和各省协饷断绝情况下，不举外债，靠新疆一省之力，实现自己财政收支基本平衡，方能稳住物价和人心。财经问题对杨增新是一大考验。

杨增新明白，平衡财政收支，要一手开源，一手节流。开源需要投入，事缓效慢，节流可立竿见影。古今节流的有效办法就是精兵简政，精兵的前提是不打仗，不打仗就可以少养兵，弱兵之政即节流之道，节流可以纾减民负。杨增新熟悉西北政情，新疆不能打仗，也打不起仗。

当然，杨增新的精兵之策是有目的，即裁减他控制不了的军队（如伊犁新军），同时增加忠于他的回队。再用回队镇压遍布全疆的哥老会党。

精兵并不能完全解决新疆的财政危机，简政之策便齐头并进。简政无非是裁停机关，裁撤冗员。前清从政人员本多，民国成立以来由内地出关亦复不少。杨增新认为："为官一事害人殊深，过去以升官可发财，但到民国时代之新疆，一切规定极严，就是升到官亦不易发财。万不可人人存做官之心，时时挟得差之望。无论现在官制已定，非经考试保免无有入官资格，就令博得一

▲ 杨增新戎装像 （作者翻拍）

官，而公费月仅三四百金，其自能操笔办公者，撙节用途，或犹可以自给，若仍从前官场习气，或限于笔不能文，势必事事需人，则仆从工资，幕宾薪水当已耗去大半，加之饮食衣服车马应酬尽数开支尚虞不足，有何厚利可图乎？设用人不慎，稍事贪婪，现在民智已开，人心日险，民智开虽愚缠亦不甘受其鱼肉，人心险则司事亦得持其短长。迨至邮禀朝飞，查办夕至，一经得实，轻则解任祛职，重则枪毙从刑，伊宁叶城可为前鉴。人生斯世，谋食之道甚多，明知罟获陷阱之当前，何苦以身试验险乎？县佐官缺，既省管狱薪俸尤微，至若统税各差，现以中饱太多，大半改为商办主计事，同赞设渐亦裁撤各署科长科员，非娴习法令政治者不能滥竽其间。尤各机关改组以来，除科长科员之外，再无多余位置可资安插，且知县均考验合格方能任用，佐班亦均撤裁，由部分发新疆之考验人员纷至沓来，较前清尤为拥挤，所以旧新候补人员，欲留而补署难期，欲归而资斧难措，竟有饥饿而不能出门者；皆因财政困难，差委寥寥，谋生不易，故至如此。"⑯

民国2年初，杨增新对新疆省各道、县行政机构实行了一系列改革。具体做法是：把原设镇迪、喀什噶尔、阿克苏、伊塔各巡道均改称观察使，观察使月薪银800两。

清朝时期原所设的府、厅、州、县，一律改为县治。原迪化、伊犁两府及霍尔果斯通判，因原无管辖区域，所以全部裁撤。温宿府改为阿克苏县，库尔喀喇乌苏厅改为乌苏县；莎车、疏勒、焉耆各府，和田、库车、巴楚各州，吐鲁番、乌什、塔城、精河、镇西、英吉沙尔、哈密、蒲犁各厅均改为县。

经过改组后，新疆省共设县37个，具体情况如下：

一等县6个：焉耆、阿克苏、迪化、莎车、疏勒、和田；

二等县17个：塔城、精河、哈密、奇台、乌什、库车、巴楚、绥定（1965年更名水定县、1966年2月，撤销水定县并入秀城县）、宁远（今伊宁县）、伽师、于阗、皮山、洛浦、叶城、疏附、英吉沙尔、吐鲁番。

三等县14个：绥来（今玛纳斯县）、乌苏、镇西（今巴里坤哈萨克自治县）、鄯善、拜城、蒲犁（今塔什库尔干塔吉克自治县）、新平（今尉犁县）、昌吉、阜康、孚远（今吉木萨尔县）、温宿、轮台、沙雅、若羌。

改组后的县属机构及人员配备如下：

一等县设3个科，分别办理总务、财政、民政。每科设科长1名，科员3名，雇员6名，每科共计10名。

二、三等县设2个科，一科办总务兼财政，二科办民政。每科设科长1名，科员2名，雇员4名，每年共计7名。

每月薪俸：科长银14两，科员银10两，雇员银6两。一等县每科月支银计80两，二、三等县每科月支银计58两。

原设的府经历、州吏目、照磨、巡检、典史、教授、教谕等职一律取消。

随着杨增新整肃吏治措施的执行，省署及各县官员名额受限，百姓税赋减轻了。另一方面，官吏权力受限，做官难以发财，若发不义之财，轻则被百姓控告，重则被抄家杀头，一旦当官成为高危职业，且利源如食鸡肋，官府自然就由趋之若鹜变为门庭冷落，客观上达到了简政的效果。

裁撤大批政府冗员，当政者要为他们找到养家糊口的稳妥出路，否则他们将会成为社会新的不安因素。杨增新施以开源之策对之："今欲求补救之法，唯有注重垦务，查明各属荒地招人承垦，安插一户可养十人，安插千户可养万人，所以生财者在此，所以殖民者在此，所以弥乱者在此。惟开垦荒地必资工力，若概招穷民必须由公家借给工具、牛种、库无此款。无论官民，只要能缴纳地租者准其承领，可以体恤穷员使之谋裕衣食。此一办法不能不谓之解决官缺荒办法，换言之，亦解决候补人员只饥饿不能出门之现象。同时通告政界各员，从速自谋生计，不要存做官之心。欲求各得一事，其势断有不能，故欲预计前途之安全，不可不谋方针之变易。其在家资素裕者，去留可以自如；即或囊橐不充而稍等有余资者，亦可改营商业；如实在贫穷一无所有，家人公同作苦，何事不可谋生。倘或有志归田，苦无资斧，果系曾经到省注册，公家亦可量给川资，时势所趋范围日狭，举凡游于政界者，既无巨鱼纵壑之势，更无鼹鼠入角之困，倘不改弦更张，而犹挟守株待兔之谋，冀遂缘木求鱼之顾，此必不可得也。诸君实逼处此，本巡按使爱莫能助，其亦奈之何哉。况非合格人员，自揣既无希望，尤不如趁此时临崖勒马，遇风转舵，毋贻讥于高等游民，以各图其固有之职业。在诸君身家既得所，而国家财力亦可以稍纾矣。岂不两得其道欤？掬诚奉观，善自为谋，续有投函欲来，尤望临河返驾，将此通告知之，四年十月十六日。"[17]能官亦能民，昔朝之官，今日之民，官民之间若能保持正常流动，方能流水不腐，纾缓社会风险。

精兵简政，开源节流，冗官卸任从商，军士解甲归田，流民屯田生产，市民安居乐业，官吏廉洁自律，这也许就是杨增新心中的世外桃源。杨增新的一系列革新政策，促使新疆地亩增加，税基扩大，收支基本平衡，物价趋于稳定，成功化解了新疆的社会矛盾，使新疆渡过了财政危机。

正己束吏

杨增新生于一个多代书香勤读之家。其祖重乔，岁贡生；父纪元，道光丙午举人；兄增龄，以举人官云南宣威州学正；弟增炳，邑庠生，四川候补道，历充参议院议员。杨增新家族世代为官，他与兄弟同朝为官，可见家训家教之严，修身齐家功夫不辍。

杨增新是清末民初相当典型的知识官僚。与一般官僚不同，知识是杨增新为官的指南针。杨增新所谓的知识即被誉为中国圣贤的黄老孔孟之道。

《论语》是科举士子必读必考之经典。孔子在《论语》中，以对话的形式，向弟子们传道解惑。孔子曾说："政者，正也。子帅以正，孰敢不正。"政治要义，正为精髓。民国政治家孙文、蒋中正，各取一半，合而为政。孔子还在另一个场合解释正的功效："其身正，不令而行；其身不正，虽令不从。"即正己可以束人。

孔子所说政的标准即儒家提倡的道德体系，在《论语》中发挥得淋漓尽致。概而言之，孔子倡导政治家以德治国，克己修德。"为政以德，譬如北辰，居其所而众星共之。"共即拱，德治，有众星捧月之效。

在《读西铭日记》中，杨增新特别强调"心法"和"养性"，他说："有心法而后有治法，故要存心；有性功而后可以语事功，故要养性，故曰一日克己复礼，天下归仁焉。"而"心术一坏，虽言法治，不过虚文，徒法不能以自行，如何能为百姓造福？"君子寻修齐治平之途，根基在于修身，而修身必从修心做起。心不正，身焉能正？[18]正人先正己，正己先正心。

身为封疆大吏，肩负保境安民之责，仅仅正己还不够，政乃众人之事，治政之关键在于要能正百官，选廉吏，共同为国家担责尽力。为教化百官，杨增新编纂一套丛书，作为新疆官吏案头必备读物。"《学治要言续编》是组成《四编》的最后一部分。所谓续编，是杨氏此前已编出过一部《学治要言》，此属重编，重印的另一部。此辑有前贤沈峻、王植、于成龙、李绂、沈起元、陈宏谋、田文镜、袁守定、袁枚、谢金銮、陈含章、朱性斋、汪祖辉、王凤生、何士祁、胡衍虞等16人的学治文论26篇，除梁时曾为武康令的沈峻的《折狱论》一篇以外，余多为清季长期任过知州、知县、政绩卓著的官吏所作，专及知州、知县的州治、县治诸事，杨氏以此代表自己的意见用'以规属吏'，文后还偶有评论。"杨氏在王植的《尝试语二则》文后评注说："凡在一邑，心以洁己爱民、实心办事八字为根底。"这可以说是杨增新治理县、州的心得：洁己，即无私欲，方能爱民；实心为百姓办事，才能保境安民，受到百姓拥戴。

天下第一廉吏于成龙的《示亲民官自省六戒》一文亦收录于《学治要言续编》中。"杨氏在文后批注曰：盥读六戒，以菩萨之婆心，作宦途之宝训，清端之所以生为名臣，没为神明也。"[⑧]于成龙的自省六戒指：一曰勤抚恤。二曰慎刑罚。三曰绝贿赂。四曰杜私派。五曰严征收。六曰崇节俭。百余年前的这些官箴，今天依然是一面镜子，可以明廉耻，正衣冠，知兴替。

作为当代人，不读杨增新的《补过斋文牍四编》，就难以了解其内心世界和价值观，故难以识察杨增新其人其事。

杨增新为约束下属，凡官员上任之前，必亲带至孔庙夫子像前，拈香跪拜发誓，要以圣贤言为座右铭，做好百姓父母官。此为他束人的办法之一。

有一次杨增新正在用餐，这时门生桂芬拜见。杨很是高兴："你来了，一同用饭吧。"饭极其朴素，因有客人到来又加两碗肉菜。其间，杨增新说道："我一生对待别人较为宽厚，而对自己却比较刻薄，武侯说：'淡泊以明志'有深刻的意义在里面啊。古人有'十不''九不'的言论，不用说你也了解。但我也有十不，你想知道吗？我可以对你说，但千万别向外人传播。即是：'不求温饱、不修边幅、不喜阿谀、不爱游艺、不信谗言、不蓄姬妾、不受行贿、不积珍宝、用人不分地域、为学不耻下问。'愿你也共勉之。"杨增新传给下属的"十不"，即是正己之秘诀，又是束人之圭臬。

身为堂堂朝廷命官，如此节俭刻薄自己，是不是太吃亏了？子贡曾问学孔子："贫而无谄，富而无骄，何如？"子曰："可也，未若贫而乐，富而好礼者也。"在现实社会中，贫富为相对概念，而乐与礼则是绝对的。贫而能乐，富而能礼，关键在于读书达理。孟子有言：贫贱不能移，富贵不能淫，威武不能屈，是为君子。

儒家提倡学以致用，与时俱进。杨增新生性只好读书，但"君子不器"，他不会将自己锁闭在一个领域，而是博览群书，并与现实紧密结合。杨为了发展与苏联的友好关系，曾精心研究苏联的政治思想和社会制度，每周两次邀请领事翻译官金科维奇到督军公署帮助翻译马克思著作《资本论》，使他更加深了对苏联的认识。当列宁逝世的消息传到迪化时，杨赞叹说："列宁真可称一个伟大人物，他首创的国家，改变了世界历史。"[20]一个政治家，不理解世界大局，何以治世？由此可见杨增新眼光并不短浅。

杨增新尊孔，更崇尚道家。老子在《道德经》中曰：吾有三宝：曰慈，曰俭，不敢为天下先。在财富方面，杨将军不起贪念，对钱财看得很透。"杨增新有个特点，那就是节俭，不喜铺张，厌恶排场。这一点与内地、甚至西北其他穷寒之地的一些军阀的穷奢极欲形成了鲜明对照。杨将军没有任何不良嗜好，也没有讨小老婆。据其身边的人回忆，他不修边幅，一件棉袍穿了十几年，没有第二件。他最见不得奢侈，手下的人，穿戴朴素一点，他即便知道你有钱，也将委以重任，给予提拔。如果发现有人摆阔气、穿上绸缎之类，他就看不顺眼，就不给你好差使。如果有求于他，他的口头禅是：缓两天嘛，不忙嘛！总之就是不给你好事。"[21]

以现在的眼光看待杨增新，他固然节俭得几近于病态，用人之道也不乏个人好恶。但在他那个恃强凌弱的年代里，作为一方霸主的他，保持着清廉节俭的作风，不攀权附贵，不爱慕虚荣，实为难得。尤其是对积弱积贫的新疆来说，他的清心寡欲，难道不是当时人民的期望吗？杨增新之为官，靠的是"学而优则仕"。所以，他虽贵为一方霸主，却有别于同时期许多地方草寇土匪出身的军阀政客。在长期的政治生涯中，依然保持着儒家知识分子特有的爱好和气质，稍有空闲，便手不释卷，大声吟诵诗歌词赋，陶醉其中而旁若无人。平时言谈举止，也尽显胸中底蕴。

杨增新"对待子女亲属，虽较宽厚，但

▲ 戴瓜皮帽穿皮鞋的新旧混合的杨增新（作者翻拍）

决不令居省城或左右，遇机委派差使至多不过两年，即遣之回籍。其长女杨应恒，嫁给山西文水王学增之子王乃慰。民国13年前后，王来新被委任为和田知事，并令副官长王履谦伴送到任，将满一年，即令其婿交卸返京。"

又"民国10年冬，伊犁某部支队长杨式中与东路巡防司令杨应宽，积有夙怨。杨应宽为杨增新之侄，捏词控告杨式中煽动士兵哗变，图谋不轨。杨增新与杨式中关系极密，因其案头有杨式中所赠大铜墨盒，下款题为沐恩杨式中敬上字样。杨即调杨应宽回省，资遣进关。"②

在当时政治体制和世风之下，杨增新使用子女亲属合理合法，无人敢言，但杨增新深知历史上无数外戚干政的教训，袒护子女失掉几许江山社稷，裙带关系毁掉多少英雄豪杰。为镇西陲疆域，杨增新虽做不到大公无私，至少做到了大公小私，守住了中庸之道。

邓缵先曾作诗赞颂杨将军："仙鸾丰骨赤虬髯，手挽银河学识兼。嶰谷高风山比寿，鉴湖灵境水能廉。"

杨增新喜欢在宴会上开一个玩笑："我的幕僚朋友，各有所好。今天有'十多'告诉大家：'民政厅长易抱一好弄麻雀，赌瘾多；财政厅长潘震好施舍，慈悲多；建设厅长阎毓善无病呻吟，诗词多；教育厅长刘文龙唯利是图，生意多；参赞汪步瑞③东涂西抹，书画债多；师长蒋松林④出身行伍，经验多；外交员樊耀南礼节多；伊犁的镇守使杨太虚喜禅悦，经卷多；喀什提督马福兴⑤好渔色，姬妾多；我好读书，案牍多'。呵呵，联想到头戴将军头衔的莽汉武夫，这个杨将军却是儒雅得很。"⑥

官场为鱼龙混杂之地，水浊且深。老子说：水至清则无鱼，人至察则无友。你可以正己束人，但很难让龙变成鱼，让鱼变成龙。对下属的爱好喜恶，只要无碍大政，主政者难得糊涂，睁一只眼察其德，闭一只眼容其欲。杨增新常说，对部下应"趋之以事而观其行，临之以利而察其廉。"⑦

杨增新幕僚中不乏高人。湖南人易抱一曾在甘肃武备学堂任地理学教员，原为甘肃武备学堂总办杨增新下属，后随杨增新来新。从易抱一的名字中就可以读出道家的信息来。抱一，一乃元也，此名出于道家，为阴阳之道。南粤道士葛洪自称抱朴子。朴子乃水也。《道德经》云："上善若水。水善利万物而不争，处众人之所恶，故几于道。夫唯不争，故无忧。"榻下岂容强敌，好在易抱一是友非敌。易抱一喜爱麻将，可以说是一种嗜好，也可以说是韬光养晦，深藏不露。以奢赌而示弱，表示对权力没有野心，以便在刀光剑影的官场上，化险为夷，化凶为吉。杨增新本身也是太极高手，深通道学，他们二人可能心照不宣，心心相印。在新疆省署，易抱一身兼民政厅长、教育厅长双职，深获杨增新信赖。而最终归隐道门的杨飞霞，其智慧亦不在杨增新之下。[28]

官要读书作，心如为政纯。这不但符合儒家精神，孔孟之道，亦是杨增新正己束人的绳墨，更是天下大治的法宝。放之今天，依然熠熠生辉。

杨增新治疆，没有空概念，或描绘未来的乌托邦，他的目的是克己复礼，让老百姓过上鸡犬之声相闻，民至老死不相往来的太古式生活。

作为当时新疆颇有名气的诗人，邓缵先通过诗词记录了那时的社会时态。邓缵先生活在省城，依他诗人的性格不能不对迪化触景生情。他曾写过数量不少的有关迪化的诗词，譬如《乌鲁木齐》[29]："西北有福地，佳哉冠中原。烟靖苜蓿烽，林深大羊村。西郊无豹虎，永夜不扃门。种田通涧水，禾嫁如云屯。熙熙太平民，不识兵甲烦。初因避秦来，息躯边塞垣。风雨慰夕晨，屡思归故园。世事随转烛，生儿还抱孙。栖迟即为家，日计在饱温。欣言得我所，贻谋裕后昆。欢为戚之基，优乃乐之根。盈虚相倚伏，沕穆天何言。荒巢集鸾凤，平陛生蛟龟。达人性自适，冲虚道味存。存心辟灵境，随处皆桃园。"

迪化虽然是邓缵先客居之地，在他眼里，乌鲁木齐是西北福地，边塞桃园，路不拾遗，夜不闭户，百姓不识兵甲为何物，远胜战争连绵不绝的中原。

民国本是一种建立在法治基础上的制度。但几千年来，中国人只知皇权，只认皇权，皇权之下必是人治。民国初立，皇权被废，法治未立，人治仍大行其道。杨增新治理新疆，既然没有法律准绳，必然带有个人的独断专行，而大部分人因不知法治，而对人治习以为常。这是时代特征，不能怪杨增新。

史学家的使命不是批判历史，而是要有将历史场景展现还原并移情进去的本领。对于杨增新正己束人的真假之辨，在妄下结论和细节具体生动之间，笔者更相信后者。因为细节只要不是虚构的，更接近于真实。即使作历史批判，也要依据于细节，而非主观臆断。

斯文·赫定的印象

　　说起新疆民初的历史，说起对杨增新直接独到的观察和记录，不能不谈到一个外国人——瑞典人斯文·赫定。

　　斯文·赫定是以探险家而享誉中外的历史文化名人。其实，斯文·赫定不单单是一个探险家，他还是一个历史地理学者，历史文化的发掘者，现实社会的建设者。他生于1865年。1886年进大学学习地理学，受教于李希霍芬教授。我们今天频繁使用的"丝绸之路（Seiden strasse）"一词，就是李教授首创的。李希霍芬是亚洲的探险家，旅行家，几乎走遍中国各行省，并于1895年到过台湾，著有名著《中国》。斯文·赫定五次到过中国，第一次是1890年，第二次是1894年，第三次是1899年，第四次是1907年，第五次是1927年参加中国西北科学考察团的野外工作，一直坚持到1935年，这也是他最后一次到中国考察。

　　从斯文·赫定的经历中（1890～1935年长达45年，几乎经历了新疆建省到抗战前夕的所有年份），从其著作中，不仅可以看到新疆统治者的音容笑貌，看到政治斗争的刀光剑影，同时看到新疆的治世与乱世，看到新疆的落后与进步。斯文·赫定本人便是那时新疆历史的一部分。

　　1935年之后，斯文·赫定因战乱原因再未到过中国，但他在瑞典全力主持《中瑞科学考察报告》的结集、修订、出版事宜。该丛书多达55卷，从不同学科，不同角度，对西北科考工作作了科学总结，是中国近代科学史上的一宗重要遗产。从这点意义上讲，斯文·赫定无疑也是一位科学家。

　　斯文·赫定的思想和著作对中国、对新疆所以重要，是因为他能用全新的视角，全新的方法观察新疆。对于新疆，不同人有不同的看法和立场。问题在于，谁能超越个人狭隘的立场，客观中立地看问题，谁就能看到问题的症结，事实的真相，并能经得起历史检验，影响日久弥广。

　　斯文·赫定1928年和1934年在新疆时，均处于新疆近代史发生重大事变与转折的时刻。他有幸成为见证这段历史瞬间的外国人之一。

　　1928年2月29日，位于天山脚下的乌鲁木齐依然寒风刺骨。这天中午，已抵达乌鲁木齐的斯文·赫定一行，受邀到杨督军府上晋见杨增新。"一长溜蓝色的别克轿车载着我们穿过像无底泥潭一般的街道，从我们到这儿以后的这段时

▲ 斯文·赫定在罗布泊乘独木舟考察　（作者翻拍）

间里，曾见到两匹马和一个小孩陷在泥里难以自拔。车队沿着俄式建筑与维吾尔式建筑混杂的街道向前走，穿过汉城的巨大的城门，来到了杨督军的衙署。这是一片红砖房建筑，中间有个院子。到会客厅前要穿过两个大场院。门外的士兵手持武器。新疆的君主在门厅接见了我们，他身边是两位官员樊耀南和刘文龙，还有一些护卫军官和士兵。"⑳樊耀南时任外交署长，刘文龙时任教育厅长。

　　"我们终于脸对脸地站到了这位独裁者的面前，他在其属地的东部边境给我们安排下一个冰冷的接待。而且，如果他真采取最初的那种策略，我们的计划早就给毁了，我们也不得不掉头东返。"

　　"带着一种岩石般严肃的神情和直通人心的目光，他一一巡视着眼前的每个人，握手向我们问好，并几乎令人难以觉察地点点头。不过我们显然能感觉出，正是眼前的这个人拥有新疆的大权，我们完全处于他那哪怕是最微小的念头的支配之下。他个子挺高，身板硬朗，脸上显出尊贵倨傲的神情，头高昂着，给人一种威严的印象。从他的目光里，你能发现某种迷惘、忧郁和冥思；他长着高挺的鼻梁和雪白的山羊胡子。一句话，他令人难以忘怀，甚至心驰神往。人总是很有兴趣在近处观察一个凭借着自身的意愿和权术有效地攫取了无边的权力以控制他人的人。"㉛与民初相比，杨增新老矣，胡须如雪，但威严依然。见多识广的斯文·赫定似乎从杨增新的眼睛中看出了他的焦虑与迷茫。他已深陷新疆政治的泥潭，不能自拔。

"对这个令人难忘的人我早有不少耳闻。他于1862年生于云南，在甘肃他曾担任过不同的军职，并一点点升迁，直至担任了新疆督军。在此地他曾镇压过东干人、柯尔克孜人和蒙古人在阿尔泰和伊犁的暴动和骚乱。他于1911年担任现职，那年在中国爆发了辛亥革命，至今已17个年头了。在这期间，他用铁腕镇压了任何敢于反抗他统治的叛乱。在治疆过程中，他鼓励商业，修建道路，进口汽车，创置了电站和一个工业作坊，现在还在忙于新的建设计划。我还知道，自从中国的内战爆发以来，他一直将新疆置于战事之外。杨督军真正敬畏的人是人称'基督将军'的冯玉祥。杨督军治下的王国从北到南约1200公里，从西到东约2000公里。这片广袤土地的总面积约1600000平方公里，约为瑞典的3倍；但它那无边的大沙漠使得这片土地上只居住着约300万维吾尔人、蒙古人、柯尔克孜人、东干人、塔兰奇人、塔吉克人、刀郎人、塔塔尔人和汉人——不过杨将军自己说，从总税收的情况看，这个省住着约800万人。"㉜斯文·赫定不愧是大家，他能在极短的文字中给读者尽可能多的信息。

"我们知道杨将军是个博学多才的人，他已出版30卷个人回忆录，现在仍每天记下个人生活及省政府里的一些事，因此他对所有写书的人都极为尊敬，特别还对我专门恭维了几句，说他知道我已出版7本书，其中还有一本是有关新疆地理的。"㉝

颂完杨增新的功绩后，斯文·赫定笔锋一转："听说杨将军是个残忍的人，不经审讯和判决，仅凭怀疑就枪毙了不少东干人。甚至在我离开北京以前，还听说曾有两个在乌鲁木齐的外国人被邀到督军衙门，刚到外边院落中间，突然一个军官止住了他们，让他们在这儿等一会。接着，从外面带来了3个罪犯，军人让他们靠墙站着，然后当着白人访客的面将他们枪毙了。先前的那个军官又做了个谦恭谦让的手势，让那两个外国人继续往里走，直走到宴请他们的客厅。杨将军一般被认为不太待见白人，他用这种方式向这些陌生人证明他手中权力的强大。"

"也有人觉得他是个公正的人，在他那支2000多恶棍组成的部队中，施行绝对严格的纪律。就在我们到这里不久前，一天早上，他像往常一样在城里的街道上散步，身后跟着两个卫兵。他看到手下的一个士兵站在一家鞋店的外面，手里拿着一根铁包头棍，正从另一个人的身后偷一双鞋。杨将军一直站在那儿看着，然后冲手下的人做了个手势，士兵们冲上去当场把那个贼打死在现场。有个士兵拿过来一个小笼子，另外一个人割下了贼的头颅，放进笼子里挂在鞋店旁边，作为对其他盗贼的警告，一直挂了几个星期。"③④用现在的眼光看，杨增新的杀人把戏确令人毛骨悚然。

杨将军也有幽默的时候，"杨将军虽然举止严

▲ 旅途中的斯文·赫定　　（作者翻拍）

肃，但并非不会开玩笑。他对我说：'你们干什么费那么大劲跑到沙漠找什么古迹呢？在早这衙门里就有丰富的考古研究内容。你们瞧，这里的一切都摇摇欲坠，屋里的墙皮也一大块一大块地脱落了。'③⑤督军府如此寒酸，看来将军不愿耗费民财，为自己大兴土木。"

4月5日，是中国传统的清明节。清明时节雨纷纷，那是内地的景色。此时，如果天气骤变，乌鲁木齐还可能飘起漫天雪花，即使如此，大地已经回暖了，只要几天时间积雪就会化尽。暖风和煦，人们纷纷走上街头。

这一天，斯文·赫定宴请杨将军："4月5日，我们为杨将军以及樊耀南、刘文龙、喀喇沙尔的蒙古王爷、卢伦、希柏林涅尔、潘季庐（一个会说英语的中国人，他从多方面极大地帮助过我们）和其他几位要人举行了一个盛大的宴会。包尔汉为宴会上的祝词及私人谈话做翻译。这次宴会很成功，看上去杨将军很高兴，自始至终兴致极高。他立刻就注意到席上没有赫默尔，我忙向他解释说：大夫去给阿克苏的一位将军治病。杨也觉出，这是一种非常具有牺牲精

神的职业。

只要这位当权者出席别人的宴请，他总是随身带着一支50人的卫队，主人也得为这拨儿人准备饭。"③⑥乱世将至，君子不立危墙之下，杨增新警惕性很高。

"4月29日，我又邀请杨将军及樊耀南、刘文龙和其他几位高贵的客人来赴告别宴会，他们都曾帮助过我们。同时邀请的还有俄国领事馆的几位先生。告别宴会在同乐公园里的大纪念厅举行。

乌鲁木齐这个公园是杨督军的一件德政，它的建成不仅是为了百姓的娱乐，也是为了给他自己增光。园子里有一片种植着高大树木的墓地，那是一块私人领地，它坐落在一条小河的边上，小河沿着城的西侧流走了。公园的主建筑被设计成稀奇古怪的汉族风格，其他地方有几座俄式风格的房子。主大厅和招待厅设在楼上，门廊底下立着几根大木柱子。在这幢楼对面的一个小岛上还有个小亭子，红色的大圆木柱支顶，站在亭子的回廊下远望，但见周围的景致极佳，四面环绕着不少繁茂的树木，这亭子名叫鉴湖亭。

真正的纪念大厅里正面墙边有个祭台，上面排列着一般的装饰物和祭品。墙上挂着一幅杨将军身着制服的全身画像，从正面看上去好像是一幅圣像，就如同他已经过世了似的。无疑，他的明显用心是让人们时刻纪念他和他在新疆功绩。正门前的一块空场上建有一个小亭子，亭子里面立有一尊富丽堂皇的杨将军塑像。"③⑦4月末，斯文·赫定一行即将离开乌鲁木齐，专门请杨增新出席告别宴会。此时，距"七七"政变不到70天了。

在耳闻目睹的判断中，斯文·赫定心中似乎有了一种不祥的预感。

1934年，斯文·赫定再次来到新疆时，政坛上早已物是人非。金树仁不久前被赶下台，正在南京接受法庭审判，军人出身的盛世才已登上历史舞台，他借助东北军和苏联的力量与马仲英的较量，即将分出胜负，新疆历史上又一个强人政治统治时期即将来临。

斯文·赫定虽然是外国人，但他对中国人民和革命充满了同情。斯文·赫定一方面担忧新疆被沙皇俄国吞并，一方面坚信中国人能赢得对日战争。他最终对新疆的前途充满了信心："落后的亚洲也会再次进入文明和发展的新时代。中国政府如能使丝绸之路重新复苏，必将对人类有所贡献，同时也为自己树起一座丰碑。"③⑧

1952年，这位终身不娶，并声称"我已经和中国结了婚"的斯文·赫定，病逝于斯德哥尔摩的寓所中，享年87岁。

终结者樊耀南

在中原、中亚两头变乱的局面下，杨增新能稳住新疆，实属不易。能稳住新疆，并不说明新疆内部没有斗争，即使杨增新能一手遮天，阳光也会从指缝里透出来。

神机妙算的杨增新对新疆潜伏的危机看得比谁都清楚，因此他预言：我死后新疆必乱。阅人无数的杨增新对乱源也心知肚明，因此他说：我养了一只虎。这只虎就是樊耀南。

樊耀南（1879～1928年），亦名纯炳，字早襄。湖北公安涂郭港人，生于一个农民家庭，父亲种田为主，兼捕鱼虾，以补生活。樊自小帮助家中扫地，喂猪，抹洗桌凳，吃粗茶淡饭，穿毛兰大布。做了新衣服，要走人家过节才穿，这种俭朴习惯，一直到长大还保持不变。

樊耀南自幼天资聪慧，抱负不凡。8岁从私塾田世禄发蒙读书，学习《四书》《五经》，过目就能记住。他尊敬老师，团结同学，但性情刚直，好打抱不平，主持正义。同学们都说："樊耀南将来大有作为"。樊18岁（1897年）考取了秀才。不久，被推荐到武昌荆南中学当教习。1904年（光绪三十年），湖广总督张之洞看中了樊耀南的才华，选送樊留学日本。

樊耀南"在早稻田大学学习期间，他不仅自奉谨饬，品学兼优，而且表现出多方面的才能：工诗词、善度曲、弹得一手好钢

▲ 宣统年间礼聘樊耀南进疆传授西方法律的新疆按察史荣霈 （莫里循摄于1910年）

琴，而且还能拍摄出好的人相和风光艺术照片，并以此获得于课外长于声乐的日本女同学福武喜多子的青睐。"③

"1908年（光绪三十四年），樊从日本早稻田大学法科毕业回国，但在这时正值光绪驾崩，宣统继位，上下官吏，争权夺利。樊只好回家，开馆教学。有人问他说：'以先生之人品学问，何不做官？'樊笑着说：'不为道（盗），宁作教。'（原注：'讨米无人笑，饿死不做盗'。樊耀南一语双关，讽刺时政，实指官为盗。）"④

这段提供了许多新的信息和细节的文字，是由樊明孝、湖北公安县志办公室唐昌泰、涂福星撰写的，现存于新疆维吾尔自治区档案馆（编号资1-7-157）。这是笔者读到的关于樊耀南青少年时期最生动细腻的描写。对于樊耀南的功过，尽管新疆争论不休，但他在家乡人眼里，是出类拔萃的大才子，是公安县声名远播的大人物，无论政治风云如何变幻，至少其族人、家乡人不会忘记他。我们今天对于樊耀南的再认识，应该让史料说话，而不是以感情用事，靠主观判断定论。

相比之下，新疆文史学者罗绍文对樊耀南的研究更为深入，资料更为翔实。

"宣统二年（1910），联魁任新疆巡抚时的新疆提法使（宣统二年由按察使改）荣霈，为加强和办好于光绪二十八年（1902）在迪化创办的法政学堂，知樊精通法学，愿意办学，于是邀请他来新疆法政学堂任教兼新疆迪化地方审判厅厅长。当时法政学堂开的课程有各国政治、宪法、国际公法、国际私法、刑法、民法及国文、经史等。樊以为藉此职可以改革时政，于是欣然应命，撇下一家老小，只身远道跋涉，取道西伯利亚经塔城来到迪化。"

"宣统三年（1911），袁大化正式就任新疆巡抚，新疆提法使也于宣统三年由镇迪道杨增新兼，荣霈改任山西河东道，迪化地方审判厅奉命裁撤，审判职能仍归县衙，政法学堂也行将停办。樊在新疆已无所作为，故辞职东归。"④

"樊第一次来新，时间虽不及两年，自己在日本所学的法学专业知识也没有得到应有的发挥，但他却在迪化拍摄到很多人物和风光照片。据广禄先生说，樊为新疆一些知识青年所摄的人相照以及他们与樊的合影，常被视为珍贵的纪念物。这些摄影作品，开创了除外国人以外中国人自己在新疆进行摄影艺术创作的历史首页。"这是樊耀南第一次到新疆的短暂经历。

从樊耀南的学历和经历看，他确是新建立的中华民国不可或缺的人才。樊耀南离新返回关内途中，武昌首义爆发，继而南北议和，清帝退位，袁世凯出任中华民国大总统，武昌首义成功后推举的湖北军政府都督黎元洪出任中华民国副总统。樊耀南是湖北杰出的法学人才，由此他调往北京政府国务院工作，出任黎元洪的政治顾问。

"樊在总统府任职期间，其父樊贞瑞和原配夫人李氏在原籍相继去世。此时，前在日本早稻田大学同学日女福武喜多子仍矢志从樊，樊从此将其迎来北京同居，作为继室。原配李氏，生有二男一女，长子名希松，字茂如，号筠青，女希安，次子希林，字琼如，号葆青，仍在湖北老家。"

"袁世凯此时正在多方面笼络人才，但樊耀南既不愿与袁沆瀣一气，也不敢与袁翻脸而树敌，敬鬼神而远之。可袁对樊仍时有馈赠，所赠古玩，樊不便坚拒。至袁署名多次馈赠的礼金，每次1000元至5000元不等，樊仅致函谨谢，从不兑领。当袁紧锣密鼓准备登极时，樊决心与袁公开决裂，为保证已怀孕的福武的安全，他携福武并携胡鄂公等一起避居上海以示反对。后福武在上海产一子，取名沪生。"

"盖新疆自民国以来，杨增新虽历次表示归属中央，但军政事权完全独立，今既表示与黎结好，黎当然也想借此机会改善中央与新疆的关系……后考虑到樊是最合适的人选，因樊熟悉新疆，与杨又一度有同僚之缘，遂与段祺瑞商量派

▲ 曾任中华民国大总统的黎元洪是樊耀南的后台（作者翻拍）

樊出任阿克苏道尹，以担负起巩固中央与新疆关系的重任。樊与段亦具私谊，自无异言，在征得杨增新的同意和表示欢迎后，黎还为此给杨增新以亲笔书函交樊带去新疆履任。"

"他在接到任命以后，未即西去。2月28日，请假3月安顿家小及返里省亲，至是年5月30日，又续假2月，直至初秋8月，方携带照顾其生活的小星——一个知书达理的逊清宫女曹氏启程去新。这时客居上海的福武，以新疆交通不便，遂借此机会由樊安排其携幼子沪生回日本探亲。这时离樊被任命为阿克苏道尹的时间已过去了七个多月。"樊耀南盘桓数月，迟迟不到任，一方面是因家事繁多，尤其在感情上割舍不下刚刚生育不久的福武喜多子，另一方面亦反映出他二次进疆时的犹豫不决，国与家犹如钟摆在他心中来回摆动。

"樊在省亲离开湖北老家时，曾与他同时考中秀才的廖焕亭先生曾赋诗一首以赠，题为《送早襄之新道任》，诗曰：

秋风送雪满胡天，壮士长征猛着鞭；袄被一肩通朔漠，轮蹄万里绕祁连。志存军国容身健，力挽神州仗节坚；会看群酋同化日，喁喁共话使君贤。"他的同乡对其西行之使命——力挽神州，和睦群酋，以及百年之声誉期许很高。

"从樊耀南被任命到抵新履职，时间已过了一年。此时，北京发生了'府院之争'，并演出了张勋复辟的闹剧，黎元洪已于7月间下台。而杨增新已任命同乡、儿女亲家刘长炳代理阿克苏道尹。"季节时过境迁，官场夜长梦多，樊耀南坐失了任职的最佳机会。

1916年，袁世凯在复辟帝制83天后病逝。"1917年，黎元洪出任大总统。又分发樊耀南到新疆为阿克苏道尹。正当樊动身去新疆时，新疆都督驻北京的密探报告说：'北京政府派樊耀南来新疆，目的是了解情况，意图插手新疆，相机赶走你下台。'因此，1918年，樊到乌鲁木齐后被杨留下，不让上任。"[42] 这个杨就是新疆都督杨增新。

杨增新本属北洋军阀体系的人物，他违心拥袁世凯复辟帝制，亦是一种无奈。内地的南北议和并非真和，袁世凯复辟引起了南派发动的讨袁护法战争。政出二门，"樊在杨的眼里是不受欢迎的，樊耀南在省城等了很久，才安排为迪化道尹。自此，杨、樊之间彼此存有戒心，不过樊耀南十分谨慎。杨增新又很自负，认为总能羁縻住樊，甚至可以把樊'改造'过来，所以暂时尚能相安无事。"[43]

罗绍文的说法是，"樊耀南与杨增新曾于宣统年间同寅共事达两年之久，两人的人品学问，互有了解。樊第二次到达新疆时，杨增新对其特别优待，恳切陈词，请樊'借重帮忙'，就近改派暂代迪化道尹。"

对于樊耀南的使用，也许杨增新心中充满了矛盾。一方面樊耀南才华过人，熟悉法律与外交，人才难得，"借重帮忙"并非虚言；另一方面，杨增新对于这个阅历复杂的能人不能不存有疑心。曾任过杨增新秘书的桂芬曾说："一日，杨得密函告樊谋反，立召樊入面诘，樊阅函惶恐，力辩其诬，杨将密函掷入炉中以示不疑。"用人不疑，疑人不用，以心换心，杨增新深谙御人之道。

"民国12年（1923年），樊母在湖北老家病逝，复职不久的黎元洪总统，尚且亲书巨幅镶黄边的白绫'慈竹风凄'挽额，派专使代表自己前往湖北致祭。"

"樊母在湖北病逝，杨即令财政从薪俸以外拨出4000元汇去湖北作治丧费，并急电驻北京办事处派人赴樊家进行吊唁并慰问。杨又请樊的长子、正计划去法国留学的樊希松任职于新疆驻京办事处。从此，樊的家小除日籍妻子福武及所生沪生仍在日本探亲未归外，举家北上，迁往北京宣武门内天仙庵8号一所旧式王府内。"[44]樊抵迪化，杨增新督军拒而不见，樊则朝朝请谒，如是月余，始在省城另委一事。

"樊曾留学日本，有相当才具学识，渐为杨所器重，身兼交涉署迪化道军务厅长数差。樊居恒抑郁不乐，屡次乞归内地杨督皆未之许，实则无时不暗予监视，当对人言：'我养一只虎。'阎屡向杨警告，不如令樊归去以免将来两败俱伤。杨应之曰：'任凭孙行者如何善变，不能出我手掌之外。'言外若有得色。"[44]阎即阎毓善，曾在北京国务院与樊耀南共事，时任新疆建设厅厅长。旁观者清，加之阎毓善浸淫官场多年，他最先洞察了樊耀南怨恨杨增新，并有可能铤而走险的行止，他"同樊氏好互相挖苦，他就作了一联四六嘲笑他；文为：'谨慎小心，未觊霍光之过；谦恭下士，颇有王莽之风'，"借助历史典故，可谓一语道破天机。[45]

1910年，樊耀南是从俄国西伯利亚经塔城入新疆的。当樊到达斜米时，旅费用光，求助于帝俄斜米省省长。该省长将樊耀南介绍给经营中俄新疆贸易的斜米商人伊斯哈克。伊斯哈克慷慨招待，并给樊路费，还派人送到塔城。据包尔汉回忆："1919年，由于俄国革命，伊斯哈克全家从俄国搬到乌鲁木齐来了。樊耀南不忘旧谊，亲自来拜访伊斯哈克；伊斯哈克当然愿意结交这位高官，请樊到自己家里吃饭。他俩来往接谈，一直由我做翻译，我也同樊熟识了。樊很器重我，认为我是个比较进步的青年。随樊同来的蓝肇华更常常主动来找我。蓝肇华是我接触到的一个思想作风值得敬佩的汉族人，不久，我俩就成了可以互相谈心的朋友，而且换了金兰谱。由蓝的关系，我同樊耀南也成了朋友。"[46]

对于身边这只虎，杨增新小心提防。尤其是"随同樊去的还有一个参加过伊犁革命的湖北人蓝肇华，更引起杨增新的警惕"。但樊耀南一直小心谨慎，未让杨增新抓住把柄。但正是这个蓝肇华，使杨樊隐蔽的矛盾公开化了。

在内地军阀割据征战的背景下，新疆不断有人向杨增新统治发起挑战。"1921年2月3日，驻奇台的伊犁马步两营营长宋金山、高士豪发动兵变。高、宋两人都是内地人，他们的部下，一大部分是伊犁当地的锡伯族和蒙古族人。兵变的真相杨增新没有宣布，但后来听人们传说同内地的革命党（不知道是属于哪一类的革命党）有关系；也有人说，同甘肃的军阀有关系。兵变当时，情况十分严重，但是杨增新通过高、宋部的锡伯、蒙古官兵，把兵变平息了，高被击毙，宋被生擒后也丢了性命。奇台兵变牵连到我的朋友蓝肇华。杨增新根据他掌握的材料，说蓝肇华与宋金山等有关系，准备把蓝杀掉。经过樊耀南向杨力保，最后把蓝肇华驱逐出新疆了事。从此，杨对樊更加警惕了，但是他不放樊走。他认为，樊在内地政治上关系颇多，而且有奥援，如果回去同他捣乱，便难以对付了。杨增新从杨缵绪等当年回北京后在国会里不停地攻击他这件事汲取教训，一直不放他所谓的'特别人物'回内地去。"[47]

欲归不准，欲施不能，樊耀南苦闷不堪，他赋诗道："辜负光阴又一年，频将来日问青天；干戈搅扰客成恨，骨肉流离我戍边；每夜三更常有梦，一生报国总无缘。何得不为斯人计，余当出家去学仙。"罗绍文在注释中写道："此诗为樊耀南排行第五、现年已过八旬的小姨李克珍女士所记，李居湖北沙市。笔者有李手录复印件。"[48]境外列强窥视，中原干戈搅扰，为国即无力顾家，既然报国无缘，不如出家学仙，像弘一法师（李叔同）、铁冠道士（杨飞霞），樊耀南内心冲突与日俱增。

樊耀南是有政治抱负的人。他并不是个如一般官吏那样专以做官发财为目的的人，像他这样的人在当年的新疆是罕见的。“樊耀南决心振兴新疆，廉洁奉公，曾经与诸弟写信说：‘余薪俸无多，聊供一家衣食，实无余资置恒产，待中国富强，后世子孙可不乏衣食矣。’”㊾

“他在给长子希松的诸多函电中，多次表明他的态度：‘不许发财置产，发财置产足以腐化后代。我辈饮食、衣着、居室，一概应求俭朴。’”达此境界者，历史上又有几人？

“当时还流传着新疆官场显要中有四气的趣闻：阔气、骄气、暮气、客气。阔气是指当时的教育厅长刘文龙，家产多，有钱。骄气是指当时的政务厅长金树仁，对人不理不睬，官气十足。暮气是指当时的建设厅长阎毓善，他和金树仁一样，是个瘾君子，做事态度得过且过，好吟咏诗词，无病呻吟，喜说长道短，暗中伤人。客气，指的是樊耀南，穿着朴实，和蔼谦虚，待人以诚以礼。”㊿

樊氏“比较有新知识，总能与杨将军立异同的，可以说只有樊君一人，所以新疆较新的人全很恭维樊君。”(51)广禄在《新疆卅年动乱亲历》中谈：樊耀南“新旧学问都非常好，尤其接人待物，和蔼谦恭，无论谁去见他，一概接见，临走送到大门，才鞠躬而退，新疆人都称他为樊圣人”(52)。

杨增新在心中视樊耀南为一只虎，同时委以他三个要职，在他治下仅此一例，等于承认了樊耀南卓越超群的才干。对于羁縻驾驭能力，杨增新自信得很，他自认为樊会为他所用。“当杨增新知道樊耀南家中子女多，‘负债约3万金’（原注：见金树仁《新疆省主席蒙自杨公行状》）时，就于1922年，派包尔汉给樊送去一万两省币，值几百两黄金。樊考虑很久才收下。后来又派人送了几次钱。除了送钱之外，还用加官的办法来羁縻樊耀南。樊当时任迪化道尹，又加兼都署军务厅长、外交特派员。尽管如此，但樊的政治主张仍然不变。”(53)

樊耀南在杨增新身边韬光养晦，忍辱负重，当建立了一定人脉关系，并在人民中树立了一定威望后，渐渐对杨增新的愚民政策不能容忍，不断在背后放出微词来。

“在一次乌鲁木齐为我们举行的宴会上，樊耀南曾经私下对一位著名的外国客人说：杨增新不可能活万岁（中国人通常用万岁这个词表示长寿）。”(54)

"他常常说，杨将军的政策是黑暗政策，天山南北到处是贪官污吏，吮吸老百姓的血汗，不给老百姓办一件好事。又说，新疆没有一所像样的学校，文化教育不发达，这都是杨将军的愚民政策造成的。他认为想给老百姓做事的人，在新疆是站不住脚的。他还指责杨增新说，杨将军利用新疆民族复杂，用制造民族间的仇恨来巩固他个人的地盘。比如今天用回族人，就说别的民族不可靠；明天用维族人，又说回族人不可靠；再过些天，又说哈萨克、蒙古人好……这样人为地在各民族之间砌墙、挖沟。如此下去，新疆的前途是十分危险的。他常常表示，对待各民族应该绝对平等，一视同仁。"⑤

"在政治思想上我赞成樊耀南的主张。有一次樊对我说，要挽救新疆，应该尽速办好五件事，这就是民族平等，整理财政，铲除贪污，发展教育，整顿军队。这些事情，都是当年新疆比较进步的人士所渴望办到的。"㊱

"记得就是在1927年，有一次我把省议会议长肉孜特别介绍给樊耀南。肉孜对樊说：'樊大人，假如您换上普通老百姓的服装，到县里看一看，您也会忍受不了的。'樊耀南回答他：'将来总有一天会消灭这个现象的，一下子不行，但是，为期不远了。我们今后互相帮助吧！'肉孜对樊表示，有朝一日樊做了省长，他担保全新疆的维吾尔会拥护他的。"㊲那些年来，樊在乌鲁木齐认识了一些开明人士和政界官吏，有赵得寿、张馨、包尔汉、张纯熙、袁廷耀等人，他们大都赞成樊耀南的政治主张。樊认为在政治上有了资本。

"1928年，内地局势急转直下。6月12日，得到奉军退出北京的详细。杨增新看到张作霖被日本人炸死，阎锡山、冯玉祥又同蒋介石暂时合流，并保有原有地盘和实力。因此，杨本着对中央'认庙不认人'的一贯做法，准备承认南京政府。樊耀南在新疆已有10年，他认为在这次北伐战争中，自己在边疆应当有所作为。因此，杨增新召集各厅及军队首脑讨论承认南京政府时，樊表示'宜审慎，不可预行'，但杨仍按自己的打算，于7月1日通电承认南京政府，并宣告新疆省政府已于6月20日成立，杨所内定之新省府委员无樊，樊恐杨将害己乃决心除杨。"㊳

7月2日，杨增新又电告南京，新疆省政府已于6月20日成立。新疆督办善后事宜公署，同日暂改为新疆总司令部。

1928年7月6日，包尔汉去官署见樊耀南。"这一次樊耀南同我谈了个把钟头，都是有关整顿新疆政治的事。他表示，现在老一派是不行了，要把新疆治理好，就必须在政治上进行改革，否则，新疆的前途是十分危险的，新疆太落后了……从这一次的谈话中，他充分地表现出，是要把新疆这副担子放在自己肩上的。"⑤⑨

"我离开他那里时，他依依不舍地把我送到大门口，我几次请他留步，他都不依。这是我俩成了熟朋友后，在日常来往中第一次他表现得这样殷切。他对我

▲ 新疆外交署长樊耀南（右一）　　（作者翻拍）

说：'你这是出远门，应该多送你几步。' '祝你一路平安，快去快回。'哪知道，这就是我俩最后的一次晤别。"⑥⑩

可惜的是，杨增新聪明一世，疏忽一时，竟把阎毓善的告诫当做耳旁风。樊耀南多次请辞回内地，杨增新"总之让我们这些游魂孤鬼，在这样的戈壁滩上，想回去总是一块儿回去"。⑥①1928年7月7日，樊耀南事先设下陷阱，利用俄文法政专门学校第一期学生举行毕业典礼宴席间将杨刺死。

也许，杨增新被刺背后还有更深的内幕，但他过于自信，终于导致应发生的事终于发生了。对着持枪射击的枪手，他只能喝到：你们要干什么！便身中七弹，在血泊中当场毙命。为稳定新疆，杨增新杀人无数，甚至嗜杀成性，最终逃不出因果定律，暗害者被人暗害，杀人者被人戕杀。

樊耀南本属新疆一流人才，屈居杨增新之下忍辱负重十一载，以清廉勤政形象面世，博得了人民的信赖。也许，他挟着这种民意，最终决定铤而走险，一举成名。

"樊耀南是个平时异常谨慎的人，为什么竟突然干起这样不考虑后果的事呢？樊耀南对杨增新是既警惕而又深恨的，但是杀机则肇于杨通电承认南

京政府的前后。樊耀南呢，在新疆也十年了，久抑的仇恨总是要爆发的。他认为北伐革命是个最好的机会，如果在这一次全国性的大变动中他不能在边疆有所作为或者回内地去，那么，他的毕生抱负便将与岁月俱逝。同时，他也相信，在这次大变动中他会有所作为的。他的这种心情曾经向我吐露过。"[62]

包尔汉对樊耀南的好感倍胜杨增新。"比起杨增新来，樊耀南也许真想扫除新疆官场的积弊，而杨增新只是偶尔说说罢了。樊耀南策划刺杀杨的密谋，从来没有同我谈过。但是如果他成功地取得了政权，我们是会拥护他的。"[63]

瑞典探险家斯文·赫定记载了樊耀南被残害的细节："关于樊耀南的命运，外界传闻很多，据说他在被俘当天便受到严刑拷打直至深夜。胜利者逼他供出同谋，但樊拒不招供，于是被割掉上唇、鼻子和耳朵，剜掉双眼，最后用绳索套住他的脖子，两个人像拔河一样将他勒死。樊的尸体被抛在府衙墙外，暴尸数日。后来，人们将他埋到了无线电台附近，还有几名他的同伙也于当夜被处死。"

"尸骨由樊之女佣金氏收葬于当时的两湖会馆后之荒郊，其幼女迪生逃流街头，不知所终；在北京的家属迁返南方的旅费，尚为段祺瑞所馈送。"[64]可谓树倒家庭散，大难当头各自飞矣。这是西域做官不得不面对的风险。

不过，由于功败垂成，死后导致金树仁上台，继而带来新疆连绵不断的动乱，加之他无党无派，死后无人替他辩护，一直背负着难以洗刷的"恶名"。

"6年后的1934年，我又到了新疆。在乌鲁木齐得知，樊耀南已经得到彻底昭雪。据说事件发生后，他立即赶赴督军公署，是为了在暴徒之前掌握关防印信，以防暴徒盗用，而事件的真正策划者，这时人们猜测是金树仁和张培元将军。虽然不能否认，杀害杨增新符合樊耀南的个人利益，但是据我对樊、金各自性情的了解，我更倾向于金树仁是这次事件的真正凶手。然而这一血案之谜，现在已很难解开，因为与案件有牵连的人，几乎都没有逃脱死亡的命运。"[65]

新疆人对杨增新复杂的感情，多少折射到樊耀南身上。喜欢崇拜杨增新者，必对樊耀南恨之入骨；怀恋杨增新时期"桃花源"胜景者，必怨恨樊耀南。对樊耀南有好感者，只有那些眼界开阔、思想进步的人士，以及辛亥革命党人。但据斯文·赫定观察："杨增新的惨死，没有得到他周围人的真心同情，甚至于亲信。这位专横的独裁者几乎惹恼了所有人。"

关于杨增新是否由樊耀南主谋刺杀，樊耀南的家人一直持否定观点。"7月8日，金树仁以临时省主席兼总司令名义，向南京政府和迪化民众公告刺杨事件系樊所为，闻者莫不惊疑惋惜，消息传到北京在报端披露后，时樊长子筠青立即发函各报要求更正，谓乃父随杨近20年，情同骨肉，绝无此事，民国22年（1933年）又控告金树仁滥杀无辜于南京江苏高等法院。刺杨时曾在新疆外交署工作的张少丹、张幼丹兄弟曾亲笔写有证词。'七七'政变后，国民政府曾令甘督刘郁芬就近彻查真相，结果刘对真相含糊其辞，而只说金某并非主新合适人选。"⑯实际上，"七七"政变的当事人未经审判已被处死，已无活口，即使彻查亦困难重重。要想如此，春秋之笔自会判别是非，扬善抑恶，不冤枉好人，亦不放过坏人。就制度层面来说，只要军人干政，独夫当朝，暗杀则不已。暗杀实为个人专制制度孕育之怪胎。

樊耀南与杨增新的关系如何？暗杀杨增新的幕后凶手是谁？至今仍是新疆民国史中的一个谜。

杨樊之争

公允地说，在民国初年，尚有袁大化、袁鸿祐、杨缵绪能与杨增新争新疆第一把交椅，到了民国中，新疆能与杨增新一争高下的还非樊耀南莫属。对此，北京政府知晓，杨增新也不糊涂，樊耀南和众幕僚心中亦明白。樊耀南私下结党时也暗中发誓，上台后一定要改变杨增新保守的、落后的愚民政策。

第一，樊耀南出生农家，是典型的耕读并重的农家子弟，完全靠自己的天资和勤奋跻身官场。第二，樊耀南是官派赴日留学生，且入读名校早稻田大学，专业是清朝新政和民国最急需的法科，为此他才有资格做黎元洪副总统的顾问，在北京政府国务院工作。第三，樊耀南是中央政府的空降兵，其学历、学识、眼界、做派自然高新疆官吏一头，其一身兼三职（迪化道、军务厅、外交署）并非杨增新恩赐，其确实有能力。为此，樊耀南光环耀眼，大有盖过杨增新的势头。樊耀南不满杨增新的治疆政策，是因其参照物与新疆旧官僚或视野狭窄的官吏不同，他有心按新目标（如三民主义）进行再改革，使新疆迈向

▲ 杨增新稳定新疆的官僚班底，右三为樊耀南　　（作者翻拍）

现代化。第四，从出身看，杨增新是旧体制的受益者，代表封建官僚阶层的利益，樊耀南出生农家，留学日本，服务新体制，代表新兴资产阶级的立场，站在农家的立场。杨是保皇派，樊是造反派，保皇派的小恩小惠，拢不住造反派的大智大勇。可惜，历史没有给樊耀南机会，他只能饮恨黄泉之下了。

　　杨樊之争，有着更深远的背景。在北京政府内阁中，向分南北两派，袁世凯代表北洋系，黎元洪代表南洋系，彼此政治理念和而不同，既合作又斗争。由此，投靠北派的杨增新与隶属南派的樊耀南的分歧，不仅仅是政治理念的分歧，更有党派分野。杨增新担心被樊耀南取代，必然要提高警觉；而樊耀南亦确有替代之意、替代之才，因此谨慎行事，静待时机。而南北两派一直在暗暗争夺新疆的控制权。革命军北伐成功后，南派开始占上风，失去北派靠山的杨增新感到前所未有的危机，而樊耀南感到采取行动的时机终于等到了，他要拼死表现一下。在此大背景下，杨、樊心中长期的芥蒂要摊在桌面上了。

　　兴许，北伐胜利来得太快，樊耀南还没有准备好。他身为军务厅长，并不握军权，也没有机会培植地方势力，他一直高高在上，鲜与民众接触，他的影响力被杨增新限制在省公署的机关和学校里。他的几个亲信如张纯熙，湖北人，时任法校监学；张馨，湖北人，眼睛高度近视的文弱书生，时任外交署科长；包尔汉虽有新思想，但懂得明哲保身；赵得寿为新疆人[67]，属辛亥革命时期"漏网之鱼"。他们的造反属于小圈子里的秀才造反，与民国辛亥年刘先俊领导的辛亥迪化起义有相似之处，仓促行事，只能以失败告终。杨增新所以不惧樊耀南的原因正在于此。

　　樊耀南生于1879年，杨增新生于1864年，二人整整相差15岁。樊耀南进疆被委以阿克苏道时，尚不到40岁，但其人生经历已十分丰富。樊耀南曾留学日本，而日本是辛亥革命的海外策源地之一，留日学生又是辛亥革命的急先锋。辛亥革命爆发前夕，1910年樊耀南已来到新疆任新疆法政学堂教员，1911年出任新疆审判厅厅长，因母去世赶回家中，错过了辛亥革命。辛亥革命后，樊耀南赴京投靠辛亥革命功臣黎元洪，并出任副总统顾问，其政治倾向是反对清朝专制、拥护共和的，这点毋庸置疑。由此可以推测，樊耀南上台后，很可能推行辛亥革命党人的治疆政策，促进新疆的民主进步。新疆的一些进步人士也对

他寄予厚望。樊耀南身上，不仅体现了民族精神，也体现了民国精神——民族、民权、民生的三民主义，这是杨、樊之间显著的不同之处。

　　杨樊之间能不能不起冲突呢？历史不能假设。广禄（锡伯族）因在杨增新手下做事，他对杨增新的评价充满感情，十分贴切，在此不一一引录。他曾借用斯文·赫定的话说："杨增新学问渊博，眼光远大，心胸恢宏，手腕灵活，他如果生长在欧洲的社会，必是一个伟大的人物。他是一个代表中国旧社会、旧文化、旧道德、旧传统的最后一个典型人物。"⑧樊耀南代表中国新社会、新文化、新道德、新方向，二人之间的冲突可视作新旧体制和事物的冲突，似是不可避免的。

　　不管怎么说，杨增新、樊耀南之死，既牺牲了新疆的稳定，也错

▲ 位于北京昌平县沙河镇的杨增新墓　（作者翻拍）

失了新疆改革的一次机会，可谓两败俱伤。"一天的工夫，新疆的两个头面人物同归于尽，这真是出人意料！"⑥樊耀南被诛，使南京政府在新疆失去了代理人，南京政府要拿回新疆的控制权，只有再待时机。

铁腕统治新疆17年的杨增新突然被杀，在新疆引起轩然大波实属必然，媒体竞相报道、探讨原因也是理之常情。

孙中山先生曾说："从前孟子说：'不患贫而患不均'。如果有了不均，三十年之后不革命，五十年一百年之后一定是要革命的。我们要防止永远不再革命，一定要实现三民主义，那么，才可以替子子孙孙谋永久的幸福。"⑩杨增新治疆，只部分解决了民族问题，没有条件解决或无力解决民权和民生问题，然而，新疆解决民权和民生的革命迟早会再来，这是不以个人的意志为转移的。杨增新看不到这一点，这是他的历史局限性决定的。

新疆孤悬塞外，与内陆省份最大不同，就是面临棘手的外交问题。处理敏感复杂的外交问题，需要智慧，更需要专才。樊氏"军务厅长是有名无实，实权操在杨增新。外交署倒是樊耀南发挥了才能的处所。新疆对俄国外交，从民国元年一直到民国17年，杨樊两败俱伤同归于尽为止，都居主动地位，未曾失败过一次，未曾签过一次丧权辱国的条约。"⑪原因是"杨樊二人的智慧经验手段作风，应付那个时候内战正殷，外患未除，再加饥馑遍地的苏联，自然游刃有余。凡遇外交问题例由杨樊先研究对策，第二步再唱双簧，杨增新在表面上概不干涉外交，说这是中央的权限，苏联派来代表与外交署相持不下的时候，还得去请杨增新从中斡旋。杨增新也就顺水推舟宴请双方，假向樊耀南说什么新苏比邻，自应友好相处，并请樊耀南设法让步，增进邦交，樊耀南才装腔作势允予考虑。比如这般，胜利终是我方的"⑫。

樊耀南藏书多，杨增新读书多，在新疆很出名。"有人说杨增新素笃'老庄之学'，善弄'无为'权术，其实杨增新什么学问都'研究'，只是他研究的目的，为他'反其道而用之'。杨自己说：'本省长对回教内容研究已数十年'，目的在于'以回教之义，制回教之民'。⑬杨增新捕捉思潮的信息也很灵通，俄国十月革命后，得知马克思的《资本论》是共产党人学习的经典著作，于是1926年聘请苏联驻乌鲁木齐总领事馆的翻译官金科维奇每周两次去衙署为他讲说《资本论》要义，其目的与研究《古兰经》无异。这话不是凭空臆造，杨氏早有自白：'现俄乱方殷，我国沿边境数千里，处处与俄接壤。过激派之主义，社会党之潮流，已骎骎乎输入我国，驯至有不可遏之势。（1923年1月4日给各地方官的密令）显然，杨氏'研究'《资本论》原为遏制共产主义之潮流矣。"⑭

　　"1928年新疆爆发'七七'政变，金树仁上台镇压了樊耀南，没收了樊耀南的大批藏书，利用教育厅长刘文龙在书院巷的一所公寓成立了新疆图书馆。"⑮这应视作樊耀南身后对新疆文化的贡献。

民族主义

　　如前所述，新疆在中国由封建帝制向共和国体转型时期，袁大化走了，杨增新不但留下来了，而且开创了一段惊心动魄、有声有色的历史。在已有的评价中，有人把杨增新形容为脑筋陈旧、狡猾奸诈、杀人如麻的旧官吏，也有人说杨增新智慧过人、文武双全、清正廉洁，在内地军阀混战内外关系错综复杂的局面中，游刃有余地化解了新疆危机，为中国保住了一方疆土。杨增新整肃

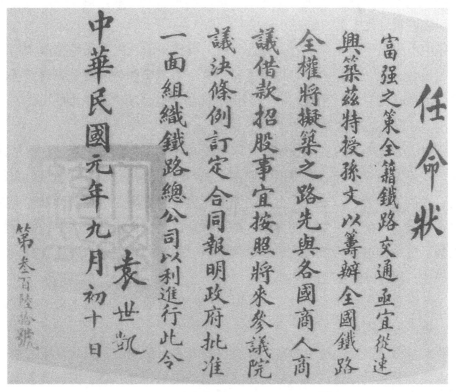

▲ 袁世凯任命孙文筹办全国铁路全权　（作者翻拍）

吏治是否有效？是真是假？杨增新是好人还是坏人？近百年来众说纷纭，莫衷一是，甚至自相矛盾。

杨增新为什么选择留在新疆？为什么不像袁大化一样生入玉门关，一走了之？留下了只有两种结局：要么力挽狂澜，要么死无葬身之地。杨增新能力挽狂澜，这与他的个人能力和智慧有关。杨增新为什么要力挽狂澜？其动因何在？笔者拟回到历史起点，从民族性切入作一番探讨。

历史学不是政治学，历史学的目的不在于批判，而是要追寻和还原真相。追寻杨增新的真相，只有就回到他所处的时代中去寻觅线索。

杨增新处在一个什么样的时代呢？简言之，随着中国近代以来发生的五大对外战争——鸦片战争、英法联军战争、中法战争、中日战争、八国联军战争，在割地、赔款、丧失主权的屈辱中，中国一步步走向殖民地半殖民地国家，而这"三千年未遇之大变局"，在国内引起太平天国革命和辛亥革命，革命狂飙席卷全国，最终使丧权辱国的大清王朝退出历史舞台。

这个时代既造就了李鸿章、袁世凯、杨增新，也诞生了孙中山、黎元洪、樊耀南。孙中山不仅是坚定的革命家，也是卓越的思想家，他提出的三民主义一直引领着近现代中国的前进方向。

孙中山先生生前一直不遗余力地向国人推销他的三民主义思想："三民主义就是民族主义、民权主义、民生主义。这三个主义和美国大总统林肯所说的民有、民治、民享三层意思，完全是相同的。"[76]这说明，孙中山的三民主义来自美国，一开始就与世界接轨。

孙中山结合中国的实际，解释民族主义的内涵："民有的意思，就是民族主义。我们革命党为什么要提倡民族主义呢？因为清朝专制二百多年，我们汉族受过亡国的痛苦，后来又受世界潮流的压迫，恐怕还要灭种，所以有少数人出来提倡鼓吹，要除去专制的异族。到后来全国觉悟，便把征服中国的清朝根本推翻，把中国的统治权，收回到汉人手里，中国领土完全为汉族所有。十年前的成功，就是民族主义的成功。"[77]

三民主义要从民族主义做起。孙中山与时俱进地演进民族主义："三民主义中，第一为民族主义。"[78]

中国自秦汉以来就是一个多民族组成的国家，孙中山所说的五族共和是那个时期民族关系的概括。汉族作为最多数民族要领导藏、蒙、回、满各族，共同建设一最大之民族国家者，是三民主义的奋斗目标。对此，拥护共和的杨增

▲ 孙中山督办铁路依然受到外媒的关注　（作者翻拍）

新恐怕不仅没有异议，而且是身体力行的。

　　孙中山生于1850年，杨增新生于1864年，可以说是同一时代的人。作为读书人，他们都是在列强倚强凌弱的屈辱中度过童年、少年时光，他们对中国文化具有天然的自豪感，而在列强肆虐、山河破碎的现实下，民族的屈辱感只会与日俱增。只不过孙中山生活在岭南沿海，感受更直接，屈辱更深痛，救国救亡之心更迫切，反抗行为更激烈。孙中山所以成为孙中山，是因为他出国留学的经历，杨增新还是杨增新，是因为他缺少这段经验。杨增新是旧体制的受益者，他不会像孙中山那样成为旧体制坚定的掘墓者，但也不能由此推断他是旧体制的完全维护者。他毕竟与袁大化不同，因此才能作为伊犁革命党人的谈判对手，为他们所接受，并达成结束战争、共同建设新疆的和平协议。孙中山所以推荐杨增新出任新疆都督，也许看中的就是杨增新身上的民族主义。

杨增新的民族主义首先体现在外交上。苏联十月革命后，英、日、美、法等帝国主义妄图乘虚而入，向新疆伸展它们的侵略势力，施展各种政治阴谋，通过控制新疆地方政府，把新疆作为反苏基地。英、日为了实现这一政治阴谋，曾多次派间谍游说杨增新，唆使他援助流窜新疆的白匪军回击苏联红军，日本甚至要求允许他派一个师团的兵力驻扎在伊犁和塔城。在外交上，杨增新有着清醒的头脑。他确信俄国"新党必胜"，拒绝执行北京政府关于支持俄国旧政权的指令。通过谈判，使新疆收回了丧失数十年的关税权，沙俄强夺的治外法权，领事裁判权、贸易权等。新疆一直与苏联保持着平等友好的关系，并与苏联红军合作成功地化解俄国白匪和难民危机，并强力镇压英帝国主义支持策动的宗教叛乱。

杨增新的民族主义在民族政策上也有明智表现。杨增新认为，新疆少数民族占绝大多数，"欲求新疆长安久治，不外利用新疆各民族之人以合力治新疆，实为万全之策"。"增新不能利用回疆，便不能立足于新疆"。[79]在对待宗教问题上，杨的观点颇有辩证法：新疆绝大多数百姓笃信宗教，"共愚处在此，其好处也在此。假使缠回不信宗教，不敬阿訇，便不免无所忌惮，非专恃法官所能维持。"[80]他对宗教界人士，采取笼络、分化、限制措施，综合治理。

御外必先安内。杨增新稳定新疆的内政措施也体现出民族主义因素。杨增新执政新疆后，坚持爱国主义的原则，深谙稳定新疆复杂局面的诀窍，通过统辖伊犁、塔城、阿尔泰行政，整顿吏治、裁减军队、鼓励修渠垦荒，安置冗员与流民，恢复和发展农业生产等一系列改革措施，使新疆在乱局中偏安一隅，若无大智慧和大手腕则难以为之。政策只是达到目的的手段。不管杨增新用什

▲ 数量众多的孙中山铜像是一个城市精神的象征 （作者摄）

么办法，在内外交困中，能稳定新疆17年，不失一寸国土，让帝国主义无机可乘，功莫大焉！

世界是矛盾的，生活在世界上的人必然充满矛盾，杨增新不能例外。对于袁世凯称帝，杨增新的思想中亦充满着矛盾，他认为不合时宜，是昏聩之举，却又通电襄赞，是因为大多数行省都通电拥护，新疆要靠中央协饷度日，靠国家统一的力量维护安全，新疆没有独立的资本。杨增新一直采取"认庙不认人"的策略，一方面是其民族主义意识、国家认同的表现，另一方面是对各地军阀争权夺利、祸乱国家行为的不认同。新疆虽离北京中枢遥远，但北京的每一次政变易帜，皆会对新疆造成一定外交压力。这种压力要靠杨增新的智谋来消化。北京乱不乱、变不变，杨增新管不着，但新疆不能乱，新疆一乱就可能导致新疆的丢失，这不仅违背了杨增新的民族主义意识，也会给执政者留下千古骂名。

以三民主义为标准，杨增新实行的政策显然是有明显缺陷的，其在民权、民生方面被后人诟病。孙中山在论述三民主义之间的关系时说过："此三种主义，皆为平等、自由主义，其效力本属相同，故主义虽各分立，仍须同时提倡。民族主义者，打破种族上不平等之阶级也。……民权主义者，打破政治上不平等之阶级也。……若夫民生主义，打破社会上不平等之阶级也。"⑧在杨增新执政时期，新疆人民政治上的不平等没有改变，社会上的不平等没有打破。

进一步而言，杨增新执政时期，打着民国的旗帜，实际上执行的是大清封建王朝的政策。"何为民国？美国总统林肯有言曰：'民之所有，民之所治，民之所享。'此所谓民国也。何为民权？即近来瑞士国所行之制：民有选举官吏之权，民有罢免官吏之权，民有创制法案之权，民有复决法案之权，此之所谓四大民权也。必具有此四大民权，方得谓为纯粹之民国也。"⑧显然，杨增新执政时期，人民是没有四大民权的。

总而言之，若以三民主义为评判标准，在杨增新身上，民族主义很强，民权主义淡漠，民生主义保守。不过，在三民主义中，民族性始终是第一位的，若没有民族独立，领土完整，国家富强，何谈民权、民生？如果有民权、民生，也只能是异族的民权和民生。中国自鸦片战争后逐步沦入殖民地半殖民地，亡国灭种时时威胁着四万万中国人，争民族独立，保领土完整，促国家富强是第一要务。杨增新作为封疆大吏，无可推卸地肩负着这一神圣的政治使命，其使命执行优劣，亦应是我们评价他的主要标准。

我们不能超越时代要求杨增新，也不能忽视民族危亡，而奢谈民权与民生。在一个民族遭遇亡国灭种之际，民族主义便成为社会的主旋律。在评价非共产党执政者时，我们要有一个评判是非的标准。没有这个标准，就跳不出传统教科书的窠臼。我们评价一个历史人物的功过时，主要衡量标准是看他爱国还是卖国，是损害民族利益还是维护民族利益，是收回并保住了国土还是丧失了国土，以及有没有在不公的偏袒下发生种族仇杀。另一个衡量标准，就是看当时新疆的政局是否稳定，是否给经济、文化、教育创造了发展机会，并用数字说话。

收复阿山

杨增新就任新疆都督时，正值外蒙"独立"不久。"1911年12月1日，在俄国的支持下，以活佛哲布尊丹巴为首的外蒙上层集团驱逐清朝驻库伦办事大臣，宣布外蒙独立。紧邻阿尔泰与新疆的外蒙西部局势也紧张起来。1912年春，继清朝驻乌里雅苏台将军被逐后，科布多发生了杜尔伯特王公勾结喇嘛丹必占灿等人发动的叛乱。为此，北京政府一面命新任科布多参赞大臣延年火速带队赴科就任，一面急电阿尔泰办事长官帕勒塔与新疆都督杨增新出兵救援。这样，杨增新一上任，就面临着维护国家主权与领土完整的巨大考

验。" [83]

　　杨增新对于阿尔泰山与新疆的关系有着清醒的认识。"如科阿军事办理未能得手，势必扰及新疆。而且新疆之塔城、精河、乌苏、焉耆等处，多为旧土尔扈特各部落牧地，与科地蒙民极易相通。万一各处蒙民被其煽惑，相率牵动。新疆之事必不可收拾。故经营阿，较之联合新伊，其势尤万不容缓。" [84]由于种种原因，1912年援科之役无果而终，科布多为外蒙占领，新疆与外蒙的边境推至阿尔泰山一带。

　　民国8年（1919年）春天，阿山发生兵变，兵变军官冯继冉劫持阿尔泰特别行政区办事长张庆桐，杀死外交局长、财政局长，抢劫军库及公物，自称统领。杨增新闻讯，立即保举周务学代理阿尔泰特别行政区办事长，并率步马数营日夜兼程赶往承化寺。周务学进城后，召见冯继冉及同伙，先抚慰后诱捕，当即宣布罪状，执行枪决，一场边境危机随之化解。自此，阿山地区改区为道，遂划归新疆省管辖。周务学出任首任道尹。

　　周务学，1869年生于甘肃天水，1889年己丑科举人。民国成立后，周务学先后任甘肃边关、泾原道尹。民国6年（1917年）周务学调任西宁道尹。此时，沙皇俄国爆发"十月革命"，中亚动荡，边关吃紧，周务学赴疆调查俄国扰乱新疆边事，未任。时任新疆省长的杨增新电请北洋政府，挽留周务学为新疆军事顾问。

　　大约两个月后，邓

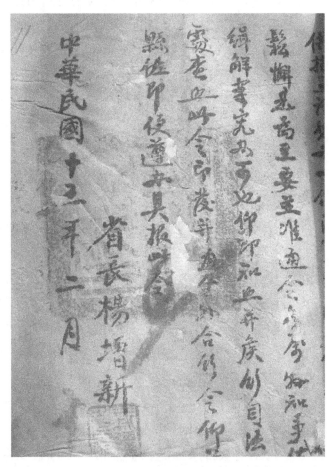

▲ 杨增新署名公文　（李雁提供）

缵先写下一首七古诗词《喜闻官军收复阿尔泰山辛酉六月》："妖星半夜出复没，隐患渐萌人所忽。飞刍挽粟备秋防，铁骑雕弓练边卒。居民未喻疆场情，驼马候粮纷囤积。耕耘不辍商贾安，十年何曾见兵革。孤城日落猎火红，百夫守陴皆哭泣。狼奔豕突骇见闻，蹂躏边陲烽火急。将军料事真如神，雍容坐镇旁无人。事极明断羽书发，令严军士咸凛遵。彼将竭蹶我静待，未可仓卒驰戎轮。烛照边情握胜算，胸中成竹无纤尘。恩威镇叠敌感被，降幡高竖胡尘里。面缚元凶献辕门，不烦一兵折一矢。逶迤降卒四千人，涤荡烟氛万余里。赢俘尚欲燃寒灰，遗蛮奚能翻祸水。河山收复庆完全，凯歌声欢万人喜。万人欢喜将军忧，外患方炽何时休。中原多故强邻伺，危机四伏杀气浮。奔驹朽索世纷扰，积薪厝火人优游。况乃一区悬塞外，准回杂处五戎侔。白云苍狗多迁变，奠安边圉贻远谋。"[85]

邓缵先的这首诗词，既可以视为是对阿山道尹周务学英魂的告慰："阿山收复后，立马望残烽"，也可以视为是对主帅杨增新处变不惊大将风度的由衷赞叹。笔者不妨妄推之，此时邓缵先就在杨增新身边，负责各种电文的起草收发工作，耳闻目睹了阿山事件的全过程。不然，他写不出如此生动的辞章："将军料事真如神，雍容坐镇旁无人。事极明断羽书发，令严军士咸凛遵。彼将竭蹶我静待，未可仓卒驰戎轮。烛照边情握胜算，胸中成竹无纤尘。"而当"河山收复庆完全，凯歌声欢万人喜。万人欢喜将军忧，外患方炽何时休。"之时，政治家总是深谋远虑，杞人忧天，不会因一仗胜利，而忘乎所以。

阿山地区地处中、苏、蒙交界地，边事多舛。时值苏联十月革命爆发，大批白俄军队云集边境。1921年5月10日，俄旧党军队两千余骑突由塔城边卡强行入境，与上年解卸武装后安置在额敏"露营"的俄旧党将领巴奇赤部六千官兵汇合后，遂大举入侵新疆腹地。是日夜，在阿山道署办公地——承化寺举行的紧急会议上，面对敌强我弱、战守两难的局面，多数人主张退避布尔津，再从长计议。对此，周务学语出铿锵："我有守土责，城亡与亡。今日之事，唯有一死报国耳，緫何逃为？"

"6月14日上午，周务学到街上安抚人民，当他看到市民争相逃难的情景时，潜然泪下，回道尹公署后，绕屋踱行数巡，恋恋不舍，回到屋内，即以手枪击前额自杀殉国，壁上书有'毋毁我室，毋伤我民，尽责守土，取义成仁'16个大字。"[86]三军可夺帅，匹夫不可夺志。宁杀身成仁亦不甘受外辱，将军战死沙场方不辱其名。周务学一生光明磊落，足可宣载国史。

　　1921年春天，当阿山道尹以身殉国的噩耗传到迪化后，邓缵先写下一首五言诗词《挽周道尹阿山殉难》："犯塞妖氛急，捐躯热血浓。半生多感慨，一死竟从容。浩气霄冲鹤。英魂剑化龙。阿山收复后，立马望残烽。"⑧周务学虽死犹荣。杨增新安排其家眷从天水来疆，当面安抚，重金抚恤，并奏报追抚周务学国家烈士，建祠堂以祀之。邓缵先作《周义士祠》记述此事："公名，务学，阿山道尹。民国十年，俄败兵窜入阿境，公以手枪自击死之。事祥新疆公报：身可杀寇不可避，家可忘城不可弃。万里荷戈烈士心，百年殉难英雄事。金山八月秋气高，困兽犹挟天狼骄。数声胡笳泪如雨，回看戍卒皆潜逃。从容赴义异仓促，一片丹心满腔血。壁间遗句恳且诚，毋伤我民毁我室。恢复河山羽檄飞，英风千载震余威。虏奴城外烟氛净，只恐殇魂犹未归。"⑧作此诗词时，也许邓缵先悲恸不已，不管平仄，不顾韵脚，直抒胸臆。

　　民国初年，列强窥伺，国土危在旦夕。一个涉外事件不仅能检验一个人忠奸，也能成就了一个人的历史地位，并测试出执政者的是非善恶。

　　邓缵先是民国时期新疆杰出的边塞诗人，他所著的《毳庐诗草》，收录了"恭祝杨鼎帅六帙晋二寿辰四首"，这是那个年代仅见的直接夸赞杨增新的诗词：

　　"风云莽莽拓胡天，半壁金汤策万全。治洽羌酋归镈铚，⑧霜清虏塞静风烟。郑侨威爱频遭谤，蜀相经纶在抚边。窃喜疆陲春画永，感恩知己寸心镌。"邓缵先叙事：经纶羽扇，抚边有功，虽频遭诽谤，但恩情铭刻。

　　"诚信由来化四夷，受降城外卷雕旗。天骄此日瞻麟凤，云虎当年拥虎貔。屏翰藩垣培国本，文章经济作人师。绸缪阴雨苞桑繁，大树轮囷⑨百尺枝。"邓缵先赞誉：诚信安邦，未雨绸缪，文章妙笔，经济人师。

　　"仙鸾丰骨赤虹⑫髯，手挽银河学识兼。嶰谷高风山比寿，鉴湖灵境水能廉。槎回星汉天能补，壤接氐羌令转严。试剪芳春堤畔柳，万株权作海寿添。"

　　邓缵先祝寿：高山比寿，鉴湖明镜，飞龙在天，大海添寿。

　　"补过连篇笔有神，梅花明月认前身。云霞城郭昆仑晓，笳鼓楼台苜蓿春。漠北龙头风落落，关西麟趾瑞振振。曾闻回纥私相议，道是中朝第一

▲ 杨增新一直是家乡人眼中的英雄 （作者翻拍）

人。"[93]邓缵先作为局内人，从心中由衷发出对杨增新的敬佩之情。邓缵先在诗词落笔之处，巧用民间议论，夸杨增新是治疆第一人。

杨增新弱兵治疆，自喻一支秃笔治新疆，实现了"阿尔泰、塔城应在全疆范围以内"的政治抱负，使新疆三山一统，构成今天之地理格局。邓缵先90年前之赞语，如今已印证并非虚言。

"吾国新疆，为西域最要区域，吾国得之，足以保障中原，控制蒙古；俄国得之，可以东取中国，南略印度；英国得之，可以囊括中亚细亚，纵断西伯利亚。"[94]由此观察，杨增新统一新疆，功莫大焉！

时人观察

对杨增新的研读，可以有不同的角度和方法。譬如选择谢彬，他是同时代不受杨增新管辖、有独立立场的学者；譬如邓缵先，他是来自广东在杨增新手下工作并深得信任的清廉文官，相较而言，谢彬的观察重理，邓缵先的感受多情。

谢彬1887年出生，湖南衡阳人，曾留学日本，属无党派学者。谢彬于1915年以特派员身份由北京政府财政部派往新疆考察财政。他在新疆依靠古老的交通工具：马车、车、马、骆驼，行走427天，行程4.6万里。在那个年代，他有特殊的身份、特殊的经历，且具有国际视野，他不拿杨增新的俸禄，直接对中央负责，不必看杨增新的脸色，他的分析评价大都来自自己观察，收集官场和民间的反映，故他在《新疆游记》中记述的事实比较理性中肯客观。谢彬与杨增新曾有过深谈。事后，谢是这样评价杨增新的"杨之为人，才识干练，能大有为。惟惜脑筋太旧，成见太深，服官西北太久，世界思潮太弱。未能为向上之发展耳。"㊄同时他认为，不要中央政府财政补贴，而能维持新疆局面，杨增新是第一人。

谢彬在肯定杨增新整肃吏治成绩的同时，也指出肃贪运动有矫枉过正之嫌："惟是一意孤行，拘守成见，矫枉过正。民国而后，杨省长痛清末官吏之贪残，动谓'有坏官无坏百姓'。遇民控官，轻则立予查办，重则撤任后查。仅凭呈词，风行雷厉。查无实据，亦不罪民。有时传讯，并无主体。好讼之风，于以大启。汉回奸民，落魄游幕，习知其然，往往挟以要求知事。稍有不遂，捏控随之。公呈私诉，连篇累牍，务去其官而后已。说者谓新疆知事，只值邮票三分。（缠民上控皆用邮禀，不须躬递。）枉曲之情，可以概见。今不亟定知事保障条例，于民控官失实，治以相当反坐之罪，奸人捏名诬控，惩以匿名揭帖之律，则刚直知事，又无特别奥援，将受无穷之委曲。奸狡之徒，势必联络乡约阿浑，结纳游幕莠民，朋比为奸，相倚牟利，胝膏削脂，暴敛横征，无恶而不作矣。"因此，他建议"宜厘定知事保障条例，勿任奸民捏控无罪。"㊅

谢彬通过环游新疆各县的实地调查，提出新疆开发书，建言新疆建设，孙中山先生为《新疆游记》一书出版作序言。杨增新是何等聪明之人，对于这个有新思想、视野宽广的专家，他接见多次，深谈多次，对部属不能言说的苦衷对谢彬并不隐瞒。事后看来，谢彬在《开发新疆计划书》中的建议，许多被杨增新采纳。

杨增新究竟是什么样的人？从来自广东的邓缵先的经历中可以间接验证一二。邓缵先作为那个时代的精英，在任上编纂《续修乌苏县志》、《叶城县志》两部新疆县志。编纂中杨增新给予具体训示，《乌苏县志》要注意民族团结问题，《叶城县志》要确保国家利益和领土安全。

1920年，邓缵先出任叶城县知事，当时有坎巨提边民越界种植，与边民发生水源争执，邓缵先奉杨增新之命到边境视察。由叶城进入喀喇昆仑山的道路十分险要，有人以天寒路险为由，劝告知事邓缵先不要亲身前往边卡。邓缵先正义凛然地答曰："危险者境也，处境者心也，常存此处处有危机之心，则恐惧修省，自可转危为安；常存此时时有险象之心，则思患预防自能履险如夷。况该处并非人迹所不能到者，何虑焉。"有人说前官员从未到过边卡，邓再答曰："此卡既为中国土地，主权所在，安得任听坎人越界偷种。此次我为实地查勘而来，不能半途而止也。"⑨

　　作为边境县知事，邓缵先在实地考察后对划界有一番宏论："谨按中坎分界当以星峡为限，水流出坎巨提者属饮地，水流入县河者属中地。星峡分界中外，分明诚天然界线也。检阅旧卷，光绪二十五年有以玉河为界之议。如果斯言实行是不啻将玉河流域断送于人，更不啻将玉河两岸地方断送于人。玉河水源不一，支派分歧，若以玉河为界，纠葛愈多，得寸进尺越占无厌。且玉河为叶尔羌河，莎、叶、皮、巴等县人民命运攸关，若以玉河为界，始则占我河西南土地，继必占我河东北土地，甚成秦泾水毒赵堰遏流，将莎、叶、皮、巴等县数十万生灵受制于人，其贻害曷有极哉。"⑩

　　杨增新是民国新疆首任行政长官，邓缵先是他麾下的幕僚。杨增新好，邓缵先坏不到哪里去；杨增新坏，邓缵先好不到哪里去。所谓近朱者赤，近墨者黑也。杨增新重用读书人，邓缵先不读书何以重用？杨增新以廉治吏，邓缵先不廉何以为吏？对于杨增新的评价问题，一直成为如何评价民国时期治理新疆官员的障碍。坏人不知好人有多好，好人不知坏人有多坏。物以类聚，人以群分，彼此可以反证。

从历史人物处

▲ 谢彬与曾问吾著作

理一些重大历史事件的态度中，最易一窥其善恶。所幸的是，邓缵先用诗词记载了新疆民国初年皮山知事父子投塘报国的悲壮事迹，由此可观杨增新民族主义、爱国主义的政治倾向。

民国6年（1917年），谢彬途径帕米尔高原下的皮山县时，得知了一件令他动容的事件。民国2年（1913年），蔡周甫来宰皮山，深为痛恨。遇有托庇外人刁民交涉，据理严办，不稍瞻徇。刁民乃诉之驻喀英、俄领事，领事据以咨责道尹，严令惩戒。其时张应选护道篆，一味媚外，径将此项命令，交该刁民转蔡收阅。该刁民更强横凶悍，令人不堪。周甫愤不能忍，因以跳溺捐生。其情可悯，其志足嘉。余以为事迹不可没也，当嘱蒋君记其事于碑，立之池上，以风懦吏。"[9]1919年末，邓缵先来到与皮山县相邻的叶城县任知事，他在所著的《毳庐续吟》诗集中，以"蔡孝子祠"为题写道：

"祠在皮山县署侧。民国2年，皮山令蔡公漱涛因交涉事气闷，乘夜赴水，时其子某痛不欲生，亦赴水殉之。省长杨公请旌孝行，建祠，列入地方祀典。

父生我兮，劬苦恩深兮莫如父。思酬报兮，何时无父兮何怙父？将从彭咸之所居，余焉能忍？与此终古寂寂兮，无人魑魅兮，为怜父一去兮在何处，奚敢顾惜？亲所遗之一身，父曰嗟汝胡为乎来哉得，毋重吾之悲哀，予小子奉养未能竭力，欲再进盘匜不可得。视死忽如归，承欢永侍侧。泉路茫茫似可闻，天容惨淡愁黄昏，平地风波竟如此，一家骨肉宁复沦。岁华既改事犹昨，抔土虽干心恒存。呜呼！孝子之心昭日月，海枯石烂弥芳烈。"[10]

邓缵先是诗人，他悲悯感天，呜呼憾地，唱出屈原失国之痛，号出离骚千古之愤！杨增新是政治家，他已接受谢彬的提议，在皮山建祠、立碑纪念蔡氏父子精忠报国的精神。

在已见的史料中，张大军披露杨增新的资料最丰，也最舍得在杨增新身上挥毫着墨。"杨氏一生除公务外，在公余之暇手不释卷，学宗宋五子，晚年则致力于玄学，喜周易老庄。又好作小诗。多不留稿，触机偶发，适性而已。惟不乐汉儒考据之学，以为饾饤繁碎，徒耗自力。盖其所志，务在经世有用之学，为文不拘绳墨，而谈谐恣肆，瀚海汪洋，使观者首肯心折，然未尝以文章自居。平时读书有得，辄作笔记，时有所议能发前人所不能发。著有补过斋文牍初续三集共五十四卷。补过斋日记三十卷。阴符经补注一卷，两铭集解一卷，读易学记六卷，读老子笔记七卷，学治要言续编一卷皆行于世。其外记学术政事之作尚数十卷，未成书，藏于家。嫡配谢氏、继配冯氏、崔氏、陈氏，遗三子，女二，享年六十有五。殁后全省人民巷哭街祭，虽妇人孺子皆想向相而哭。十八年二月杨氏枢由西伯利亚铁路东归，苏俄政府特派专车，复派军警卫送于境上。后下葬于北平之昌平，亦一代之伟人。"[⑩]张大军乃杨增新一知己也。

反观杨增新政敌樊耀南之死，"樊耀南的同党除战死外，他和何光兴等21人被拘捕，由军法会判处死刑。樊被处决前，绑在拴马桩上，刽子手边骂边拔他的短须，挖他的眼睛，死得很惨。这年他49岁"。[⑩]

在历史舞台上，杨增新毕竟是比樊耀南更为显要的人物，人贵言重，他留于后世的文献亦较多，为后人研究新疆民国史提供了第一手资料。由杨增新撰、刘文龙、郑履亨、汪阳等编写的《补过斋文牍》历史文献集，1921年成书，以杨氏书斋"补过斋"名之，收集了杨氏主政新疆17年之呈文、电报、公牍、信札、告示等文献资料，内容包括瓦解革命党人、阿尔泰改隶新疆、发展农业生产、缓解财政危机、消除异己力量、禁阻进步思想传播、出兵救援科布多（今蒙古国境内）、处理俄国哈萨克和柯尔克孜逃民、驱逐俄国白匪帮、改善对苏关系等诸多方面，是研究民国前期新疆历史的重要资料。全书分正编32卷，续编14卷，三编6卷，有刻本及影印本。此外，杨增新还著有《补过斋日记》，写尽其研究道家理论的心得。研究杨增新和他主政新疆的年代，其所著的《补过斋文牍》是必读之书。欲知杨增新，不可不读此书。在杨增新留给后人的史籍中，总是可以从中发现或复原那段错综复杂且惊心动魄的历史。

杨增新死后，在当时的迪化民间，流传着一则"义马救主"的传闻："杨增新每次出府都要坐专用车，是用两匹黑色的高头大马拉着的四轮马车，用黑色羊皮包着车篷子，非常威风。那天去参加毕业典礼，杨增新走出大堂坐到皮包车上后，号头（车把式）即扬鞭赶车，可是两匹马只是原地踏步不走，号头急忙抽了一鞭子，只见两匹马扬起前蹄嘶叫，还是不走。杨增新吃惊地问：'怎么回事？'号头忙回答：'报告将军，不知道这两匹马犯了啥病，就是不走，从来没有这样过。'杨增新又问：'马喂了吗？''喂好了。'杨增新听完感觉很奇怪。随车护驾的副官高联魁说：'将军今天不去好吧！'杨增新听见沉思了片刻说道：'今天已经答应了，怎好不去呢？'随即吩咐号头：'走吧！'号头即扬鞭大喊一声，这两匹马才勉强拉着皮包车出了大衙门（现东风路自治区党委）。车一进书院巷（现市公安局后身一带），两匹马又不走了，并大声嘶叫不停。杨增新急问：'又出了什么事了！'号头说：'路上没有挡道的，马就是不走了，真是见鬼了！'高副官说：'将军今天不能去，事出有因是不祥之兆！'杨增新又沉思了片刻接着说：'不能失信，我看还是去吧！有我大将军的威严没啥事！'结果去了杨增新果然身亡。这段奇闻流传至今，现在七八十岁的老乌鲁木齐人，差不多的都知道此事。"⑩

民间的传说总是生动有趣，活灵活现。民间传说免不了有些添油加醋的作料，但流传至今，总有它的道理。一是，杨增新当时在民间本身就是一尊神，因此就会上演神马救主的故事。乌鲁木齐是一个宜农宜牧的城市，人们对马很有感情。二是，杨增新死后，并没有被民间忘记，坊间流传他的故事，说明人们对他的怀念。三是，杨增新当时已坐上了进口汽车（斯文·赫定记载），但新疆省公署距书院巷实在太近，不过七百八米，说明杨增新当时是汽车马车并用。四是，这一传说最可靠的就是杨增新被刺的地点，就在如今繁花似锦的小十字以西。另外，这则传说可能对后来主政新疆的盛世才产生了影响，本有一些疑神疑鬼的他，听到该传说，自然会杯弓蛇影。如果硬为民间传闻套一谶语的话，书院巷的笔杆子，终究斗不过枪杆子，因为樊耀南被时任军务科长的张培元率兵围捕，后来盛世才的枪杆子又驱走了善文案的金树仁。在民国初期，真正把枪杆子与笔杆子都玩转的人，唯有杨增新一人而已。

20世纪20年代，迪化同乐公园中竖有一尊杨增新戎装持刀铜像，后为盛世才毁掉。后来，杨增新建造的镇边楼亦被拆除，与杨增新有关的文物大都荡然无存，但杨增新始终是新疆民间津津乐道的话题，亦是新疆近代史研究中无法绕过的焦点人物。

不言而喻，杨增新是新疆民国史中最富传奇色彩、最复杂、最难解读，也最有争议的政治家。杨增新治疆功过褒贬不一，一直持续至今。哈密龙王庙大舞台有长联作结：⑪

往事几千年，君相师儒，此日仅留陈迹，慨山河犹旧，姓氏频更，天地长存，英雄安在，传疑传信，只供后世清谈，丰功伟业总成空，徒想象三代衣冠，六朝裙展。

奇观数十部，悲欢离合，登场绘出全神，叹宵小弄权，虽荣亦辱，忠贞仗义，有苦而甘，是幻是真，堪作斯时炯戒，福善祸淫不爽，莫单看绮罗霞灿，弦管风流。

注　释

①② 《孙中山全集》第六卷，中华书局，1985，第4页，第412页。

③ 周轩：《清代新疆流放研究》，新疆大学出版社，2004，第400～401页。

④ 曾问吾：《中国经营西域史》，商务印书馆，1936，第491～493页。

⑤ 张大军：《新疆风暴七十年》，台湾兰溪出版有限公司，1980，第88～89页。

⑥ 《孙中山全集》第六卷，中华书局，1985，第16页。

⑦ 王子钝：《杨增新轶闻》新疆文史资料第三辑，第79页。

⑧⑨ 罗绍文著《西域钩玄·研究杨增新治新政策的重要文献》，兰州大学出版社，2002，第206～207页。

⑩ 罗绍文著《西域钩玄·研究杨增新治新政策的重要文献》，兰州大学出版社，2002，第207页。

⑪⑫⑬⑭⑮ 张大军：《新疆风暴七十年》，台湾兰溪出版有限公司，1980，第756～808页。

⑯⑰⑱ 杨增新著《补过斋文牍》。

⑲ 罗绍文著《西域钩玄·研究杨增新治新政策的重要文献》，兰州大学出版社，2002，第209页。

⑳ 《文史资料选辑》第四十六辑，第71页。

㉑ 《新疆文史资料选辑》二十辑，新疆人民出版社，1987，伯声：《杨增新治新种种》，第16页。

㉒ 《新疆文史资料选辑》十四辑，新疆人民出版社，1987，第24～27页。

㉓ 汪步端，清末曾任莎车知府，塔城参赞、道尹等职，善诗画。

㉔ 蒋松林，安徽泾县人，行伍出身，曾任新疆陆军第卅五混成旅旅长，1916年1月15日被绥民国陆军中将。

㉕ 马福兴（1864～1924年），回族，经名穆罕默德·尤努斯，云南省建水县人。早年中过武举，后在云南提督马福禄下任参将。民国北京政府喀什噶尔提督。北洋政府（军）加上将衔陆军中将。杨增新因与其是云南人，有军事经验，且

为伊斯兰教中老教的一个领袖，故让其统领回队，负责指挥5个营的回兵，后来扩充为15个营，是杨增新上台维稳的"嫡系"军队。马福兴后有谋反之意被杨增新诛杀。

㉖㉘㉙　崔保新著《沉默的胡杨——邓缵先戍边纪事1915~1933》，社会科学文献出版社，2010，第263~264页。

㉗　杨增新：《补过斋日记》。

㉚㉛㉜㉝㉞㉟㊱　〔瑞典〕斯文·赫定：《亚洲腹地探险八年1927~1935》，新疆人民出版社，1992，第221~235页。

㊲　参看《西域探险考古大系之——丝绸之路》，http://www.hi. baidu. com/ilovetibet/blog/item/7af85c229f35a2f7d7cae288. html。

㊳　参看《斯文·赫定：我已经和中国结了婚》http://www. nxnews. net/1168/2005~5~8/13@85657. htm。

㊴　罗绍文著《西域钩玄·樊耀南传略》，兰州大学出版社，2002，第463页。

㊵㊷　新疆维吾尔自治区档案馆（编号资1-7-157）原注：见《东方杂志》，1928，二十五卷17号，第125页。

㊶　罗绍文著《西域钩玄·樊耀南传略》，兰州大学出版社，2002，第464页。

㊸　吴蔼宸：《边城蒙难记》，新疆人民出版社，2010，第22页。

㊹　罗绍文著《西域钩玄·樊耀南传略》，兰州大学出版社，2002，第481页。

㊺　徐旭升：《西游日记》附录，第5~7页。

㊻㊼　包尔汉：《新疆五十年》，民族出版社，1984，第101~102页。

㊽　罗绍文著《西域钩玄·樊耀南传略》，兰州大学出版社，2002，第476页。

㊾　新疆维吾尔自治区档案馆（编号资1-7-157）。

㊿　罗绍文著《西域钩玄·樊耀南传略》，兰州大学出版社，2002，第477页。

51　张大军：《新疆风暴七十年》，台湾兰溪出版有限公司，1980，第2637页。

52　包尔汉：《新疆五十年》，民族出版社，1984，第101~102页。

53　〔瑞典〕斯文·赫定：《亚洲腹地探险八年1927~1935》，新疆人民出版社，1992，第245页。

54 55 56 57 58 59　包尔汉：《新疆五十年》，民族出版社，1984，第111~114。

60　原注见《文史资料选辑》四十六辑，包尔汉：《杨增新统治时期的新疆》——新疆回忆录之一。

61 62 63　包尔汉：《新疆五十年》，民族出版社，1984，第109页。

(64) 罗绍文著《西域钩玄·樊耀南传略》，兰州大学出版社，2002，第485页。

(65) 〔瑞典〕斯文·赫定：《亚洲腹地探险八年1927～1935》，新疆人民出版社，1992，第245页。

(66) 罗绍文著《西域钩玄·樊耀南传略》，兰州大学出版社，2002，第484页。

(67) 赵得寿（1891～1941年），新疆人。参与1933年“四一二”政变，被选为临时委员会委员。受盛世才指派到塔城武装归化军伊凡诺夫团，逮捕东北军总指挥姚华亭，软禁塔城行政长陈继善。旋任塔城行政长，迎接苏联阿尔泰军入境，任总指挥，率军南下。为巩固盛世才政权立下汗马功劳。1937年，盛世才以“阴谋暴动案”罪名逮捕，1941年被杀害。

(68) 张大军：《新疆风暴七十年》，台湾兰溪出版有限公司，1980，第2637页。

(69) 包尔汉：《新疆五十年》，民族出版社，1984，第111～114页。

(70) 《孙中山全集》第六卷，中华书局，1985，第8页。

(71)(72) 张大军：《新疆风暴七十年》，台湾兰溪出版有限公司，1980，第2637～2638页。

(73)(74)(75) 《乌鲁木齐文史资料》第13辑，新疆人民出版社，1986，第40～42页。

(76)(77)(78) 《孙中山全集》第六卷，中华书局，1985，第3页，24～25页。

(79) 参看《中国新疆——历史与现状》http://www.showchina.org/dfmzxl/zgxjlsyxz/03/200706/t116723.htm。

(80)(81)(82) 《孙中山全集》第六卷，中华书局，1985，第273，412～413页。

(83) 新疆社会科学院历史研究所：《新疆历史与文化》，新疆人民出版社，2007，第170～171页。

(84) 吕一燃编《北洋政府时期的蒙古地区历史资料》，黑龙江人民出版社，1999，第262页。

(85) 崔保新著《沉默的胡杨——邓缵先戍边纪事1915～1933》，社会科学文献出版社，2010，第263～264页。

(86) 《阿尔泰地区史志》，新疆人民出版社，2004，第1202～1204页。

(87)(88)(89) 崔保新著《沉默的胡杨——邓缵先戍边纪事1915～1933》，社会科学文献出版社，2010，第263～264页。

(90) 镈铚，乐器大钟。

(91) 囷（qun），圆形谷仓。

(92) 虬，指小龙。

㊝ 崔保新著《沉默的胡杨——邓缵先戍边纪事1915～1933》，社会科学文献出版社，2010，第263～264页。

㊞ 《中国经营西域史》朱希祖序，商务印书馆，1936，新疆维吾尔自治区地方志总编办翻印，1986，第1页。

㊟㊠ 谢彬著《新疆游记》，杨镰、张颐青校注，新疆人民出版社，2000，第305页。

㊡㊢ 《叶城县志·附录》，新疆人民出版社，2004，第672～678页。

㊣ 谢彬著《新疆游记》，杨镰、张颐青校注，新疆人民出版社，2000，第156～157页。

⑩ 崔保新著《沉默的胡杨——邓缵先戍边纪事1915～1933》，社会科学文献出版社，2010，第263～264页。

⑩ 张大军：《新疆风暴七十年》，台湾兰溪出版有限公司，1980，第2630～2631页。

⑩ 见《东方杂志》1928年二十五卷17号，第125页。

⑩ 刘荫楠：《乌鲁木齐掌故二》，新疆人民出版社，2003，第279～280页。

⑩ 《新疆文史资料选辑》，王子钝辑，新疆人民出版社，1984，第144页。

第七章
李溶——本土贤人

在新疆民国初年的风云人物中，真正能在波云诡谲的新疆政治舞台上寿终正寝，恐怕只有李溶一人了。李溶既是新疆辛亥伊犁革命者的同盟军，又是中华民国边疆的建设者，从1911年到1940年，他由幕而官，跨越了从袁大化到盛世才四朝统治期，历时近30年。

只有认真地对李溶的出生地巴里坤、求学地兰州、成长地伊犁、成功地乌鲁木齐，乃至沙雅、吐鲁番、北京等地作田野调查、资料检索和理性分析，才能重新审视戴在李溶头上的那顶"草包"帽子的真伪，一睹李溶的真面目。

辛亥说客

李溶进入笔者的视野，并不是因为他后来官至新疆省主席，而是他与新疆辛亥革命的特殊关系。

"民国初期，伊犁杨缵绪、冯特民等响应辛亥革命，李溶表示拥护，并专程赴迪化鼓动杨增新响应辛亥革命，遭杨拒绝。"①

这则史料太简单，也太武断。还有一则文献记载了李溶与杨增新的首次会面。"杨增新闻原伊犁府训导兼两等学堂堂长李溶来见，耐心听取了李对伊犁情况的介绍和对新疆政局的看法。李溶力主对伊犁和其他地方的起义和动乱以和平方法解决，免使同胞兄弟互相残杀；对沙俄的入侵和煽惑外蒙古要求自治进而独立，则力主坚决反击。杨增新当即请李溶入幕都署为科员。都署科员，是杨氏储备、观察、考核和使用人才的转运站。杨氏随即利用北梁原书院旧址，请李溶筹办师资训练班，作为日后开办师范学校的骨干。经李溶一番努力后，师范教育基础从此开始奠定。"②

这两则史料告诉我们，李溶是拥护辛亥革命的，他与发动伊犁起义的杨缵绪、冯特民是同盟者，他自愿前往迪化见新疆都督杨增新，促他看清革命大势，响应共和，以国土安全为重，以和谈方法解决动乱。以国土安全为重，用和谈方法解决动乱，应该这样说，杨增新对李溶的建议，有拒绝，拒绝投降伊犁革命党人，有采纳，同意新伊通过和谈解决纷争，以顾国家大局，以识黎民大体。对李溶而言，此次说客之行，有遗憾，未完全说服杨增新，有收获，被杨增新发现并揽入新疆公署。

虽然李溶官做得很大，他身上携带着的历史信息也很丰富，但可惜留给后世的很少。史料不足增加了全面认识李溶的难度，为李溶重新定位亦非易事。

在伊犁起义爆发后，李溶甘愿作为伊犁革命者的说客，鲜明地表明了他当时的政治倾向。然而，常识告诉我们，做两军对垒方的说客，一是要冒风险，二是要具资格，尤其是做一言九鼎之人的说客更是如此。李溶的资格如何呢？

先看李溶的年龄资格。"李溶（1870～1941年）男，汉族，号镜泉，巴里坤县城镇人。"1911年，杨缵绪38岁，冯特民29岁，杨增新47岁，李溶41岁，刚好处于年轻与长者之间，资格足具。

次看李溶的阶层资历。"幼年读私塾，后就读于巴里坤县松峰书院和甘肃秋古书院。清光绪十四年（1888年），赴甘肃兰州乡试，中优贡生。"③杨增新进士出身，杨缵绪、冯特民留学日本，李溶是秀才中的佼佼者，均属知识阶层。

▲ 革命军在街头剪辫子 （作者翻拍）

三看李溶的社会地位。"返新疆后任伊犁惠远两等学堂堂长。"④堂长即校长，可算社会名流，台面人物。惠远乃伊犁将军府驻锡地，伊犁将军之品级高于甘肃新疆巡抚，惠远两等学堂为伊犁将军督办，无形中抬高了李溶的身价。

做说客的另一个条件就是社会关系，若自己不是官场中人，起码是与高官来往密切的社会名流。惠远两等学堂说白了即贵族学校，伊犁九城的达官贵人才有资格入校。再说，尊师重教是中国的传统，伊犁将军尚给校长放礼炮、做主祭、走中门的礼遇，社会各界对李溶的尊崇自不待言。

然而，历史如同流淌不息的长河，辛亥革命不过是其中的一朵浪花。辛亥革命爆发，有前浪推动，后浪跟进。因此，看待李溶，既要看一点，更要看一线，即他在辛亥革命发展变化中的处世态度、表现和作用。准确地解读和评价李溶，不能凭主观臆断，亦不能凭个人好恶，要回到历史史实中，进入彼时语境中，依史而论。

李溶本身也具有做说客的才能，"李溶工书法，善诗文"。⑤好书法不会从天而降，那既是科举及第的硬功夫，亦是科举取士的硬标准。据说："遂至一画之长短，一点之肥瘦，无不寻瑕索苟。"清末科举取士由此走向极端："专尚楷书，不复问策论之优劣。""举笔偶差，关系毕生之荣辱。"一笔好字，终身受用，是科举制度的真实写照。⑥

一笔好字，一手华文，自然也是官场交往惺惺相惜的媒介。"时伊犁将军志锐，善诗文，工书法，常嫌僚属拟办上报奏折不合心意，有一次请堂长李溶拟办。"志锐阅后。不仅十分满意李溶的文章，又赞"李溶书法有铁笔银钩，横扫千军的气概。⑦"

受伊犁将军志锐青睐，圈内之人便会高看李溶一眼，时任新疆镇迪道的杨增新亦不例外。

在辛亥革命爆发时，李溶同情革命党人，但又不是激进的革命党。对于志锐死在革命党人的枪口之下，李溶一直隐忍不发。"志锐曾为李溶书了一个长条字幅，李溶视为珍宝，临终时，犹告其子含芬说：'家中一切，由你安排，惟这条字幅，应善为留念。'"⑧李溶是深谙中庸和韬晦之道的。

但是，革命不是请客吃饭，革命是暴力，是一个阶级推翻一个阶级的暴力行动。新疆辛亥革命的一页很快就翻过去了，但围绕着新疆最高权力的斗争一直在进行。当老谋深算的杨增新做了新疆都督后，杨缵绪、贺家栋、郝可权等被挤走，冯特民、冯大树、李辅黄等被杀掉，全疆的哥老会亦被追杀殆尽。革命斗争的血腥与惨烈，给教书先生李溶上了终身难忘的一课。

李溶的游说虽没起作用，但他拥护辛亥革命是事实，反对没落的清王朝是事实，冒死做说客亦是事实，故不能说李溶是新疆辛亥革命的局外人。拥护辛亥革命，投身辛亥革命，是李溶思想体系形成和政治倾向的一个基点，这将影响他的一生，外部环境险恶只能使他改变策略，而很难让他彻底放弃这一基点。此为研究李溶的政治意义。

在辛亥革命的洪流中，混杂着形形色色的人物。坚定的革命党人如冯特民、李辅黄一类人，同情襄赞革命的如杨缵绪、贺家栋一类人，既同情革命又牵绊于旧体制的如李溶亦是一类人。这种鱼龙混杂的组织，恰恰为杨增新分化瓦解提供了罅隙。

不管怎么说，在这场大革命中，政治倾向明显的李溶没有死。这一"漏网之鱼"，是有人故意让他漏网，还是他凭智慧破网而出，可供后人推断演绎。

镇西文风甲新疆

在新疆汉族官僚阶层中，以新疆籍考取功名，回到新疆做官，李溶是一特例。形象一些说，操南腔北调的新疆汉族官僚群体中，多了一位说新疆土话的异类。

揭开李溶家乡的面纱，要从一首诗说起：

> 地在乾坤内，人居朔漠间。
> 日寒川上草，松冷雪中山。
> 铁骑嘶沙碛，金戈拥玉关。
> 楼兰诚狡黠，不灭不生还。

这首诗为岳钟琪在镇西（今巴里坤）所作。[9]镇西即李溶的出生地。话说1727年，西域发生准格尔叛乱，雍正皇帝决定分两路兵马讨伐，命陕甘总督岳钟琪为宁远大将军，1729年率西路军，屯驻巴里坤，先后驻扎作战3年。

在诗中，岳钟琪大致描绘了镇西的地理方位：出玉门关，在雪山大漠之间的北方草原，铁骑穿越沙碛，可控西域楼兰。以今日学术语言说，镇西东邻伊吾县，南接哈密市，西毗木垒哈萨克自治县，北界蒙古人民共和国，中蒙国界长达309公里。镇西的地形地貌大体可以分为高中山地、高原、盆地、戈壁荒漠、湖泊五大类。地形特征是三山（巴里坤山、莫钦乌拉山、东准格尔断块山系）夹两盆（巴里坤盆地、三塘湖盆地），是新疆地形特征的一个缩影。[⑩]

历史上，镇西一直充当着中央政权控制或收复西域的桥头堡。此地，有林可伐木筑城，有水可屯兵开荒，有草原可养马驻军，高山为军事屏障，易守难攻，进退自如，真为上天所赐。

岳钟琪为民族英雄岳飞的第21世嫡孙、岳飞三子岳霖系后裔。生于清康熙二十五年（1686年），字东美，号容斋，四川成都人。其父岳升龙为康熙时代的议政大臣、四川提督，当年随康熙皇帝西征噶尔丹，颇有建功，康熙皇帝曾赐予匾联"太平时节本无战，上将功勋在止戈"。岳钟琪颇受父亲教益。自幼熟读经史、博览群书、说剑论兵、天文地理、习武学射，样样精通。[⑪]

为证此言不虚，引文如下：

"宁远将军岳钟琪驻军巴里坤时，在现石人子乡石人子台村发现《裴岑碑》。经擅长诗文的岳将军仔细辨认碑文，只见'文句古典，字画浑朴，断非后人所依拓'，确系汉代真迹，这才认定是东汉敦煌太守裴岑大破匈奴呼衍王的纪功碑。岳钟琪将军将此碑先移至将军府，后又转迁至汉城北门外关帝庙筑亭保护。"[⑫]今日与《裴岑碑》并列的，还有《任尚碑》（东汉永元五年）和《焕彩沟汉碑》（东汉永元五年），为新疆文物三宝。清末民初，岳钟琪当年在镇西阅兵之地，被誉为镇西八景之一。

清同治三年（1864年）后，中亚浩罕国军官阿古柏在英帝国支持下侵犯新疆，推行政教合一的残暴统治，在满目焦土之中，唯有镇西坚守未失，使得中原文脉在镇西喘息绵延。1875年，清政府任命左宗棠为钦差大臣督办新疆事务，拉开收复新疆之战。1880年，为配合伊犁失地谈判，时年69岁的陕甘总督左宗棠"马革铜棺"，移驻镇西、哈密，由此再给镇西历史添上一段佳话。1898年，镇西修建左文襄公祠，门上楹联赞曰：运筹帷幄扫除魑魅乃中流砥柱；大军出关一统边陲其功盖天山。[⑬]

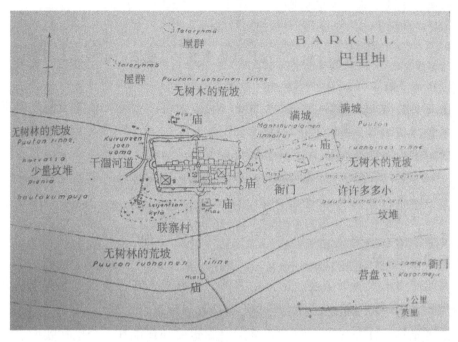

▲ 马达汉手绘镇西（巴里坤）平面地图 （作者翻拍）

不言而喻，无论是汉代三碑的传说，还是体现岳钟琪、左宗棠爱国主义、英雄主义精神的故事，都是李溶儿时的精神食粮。在李溶出生前后，还有像林则徐流戍新疆的文豪骚客，随刘锦棠出征满腹经纶的书生儒将，为镇西留下了诗词、墨迹、楹联、故事，令李溶启蒙阶段弥漫着英雄主义氛围。

哈密龙王庙的佚名长联，就是镇西文脉甲新疆的佐证：

万余里边风奔来眼底，当披风岸帻，直从高处凭栏，看北辙南辕，忍令蹉跎岁月。纵天山雪寒透重衿，瀚海沙迷连大漠，长城窟防秋饮马，阳关柳赠别行人。碌碌忙忙，感慨系之矣！壮怀难自已，抚旌旗壁垒，犹列阵图。幸民物疮痍，尽成都聚。收拾起荷衣黎杖，莫辜负林泉画稿，金石吟笺，旅邸胡琴，野云游履。

二千年往事注到心头，坐贝阙珠宫，好约良朋酌酒，听晨钟暮鼓，敲变几许沧桑。想班定远投笔从戎，张博望乘槎泛斗，赵营平屯田上策，薛总管三箭奇功。轰轰烈烈，而今安在哉？长啸划然来，趁芦荻萧疏，昂藏骋步。任鸢鱼飞跃，俯仰忘机。把那些傀儡葛藤，都付与五夜霜砧，数声樵唱，半湾流水，一派荒烟。

此联238字，比昆明滇池大观楼长联还多56字。此联虽不知谁人所作，但其苍茫绝伦，雄浑浩渺，气势恢宏，空灵盖世，可称一时之绝唱。

在清中晚动荡的局势中，镇西偏安一隅，为耕读并重、私塾启蒙、科举取士一条龙教育体系，提供了相对稳定的环境。

"两年前（1866年）因兰州府所属各州县连年饥荒，靖远县灾民李七逃命新疆镇西，安身立命，开始繁衍后代。"[14]李七即李溶之父。

在《巴里坤哈萨克族自治县志》中，有几处关于李溶的记载：清咸丰年间，在汉城东街文昌宫创立松峰书院，为当时镇西最高学府。李溶先后就读松峰书院和兰州秋古书院。[15]

"他曾对永星所书裕陵圣德神功碑帖十分喜爱，并希望自己能在书法方面有所成就。永星别号镜泉，故李溶也为自己起号镜泉。"[16]

光绪元年（1875年），陕甘总督左宗棠奏请朝廷批准，分别在陕西、甘肃设乡试考场和贡院，从而结束了新疆、甘肃生员要赴西安赶考的惯例。光绪十四年（1888年），李溶赴兰州参加乡试，中优贡生。

自1875年至取消科举制度的1905年130年间，镇西县（即巴里坤）赴甘肃贡院考取文举4人，贡生9人，李溶是正途的贡生之一。当时镇西享有文风甲全疆之誉。[17]返疆后任伊犁惠远两等学堂堂长。李溶无疑是当时新疆土生土长且出类拔萃的人才之一。

文化的作用总是以一种潜移默化的姿态，左右着个人的生活，无论你愿意不愿意，察觉不察觉。镇西文化之厚脉，为李溶涂上的底色胎记，时风势雨亦改变不了。

尊孔校长

在《巴里坤哈萨克族自治县志》李溶简介中，仅仅提到他曾做过伊犁两等学堂堂长。由于没有说明哪一年做校长？做了多少年？如何做？该学堂前世今生如何？这些重要的信息被史学家忽视了。如今旅游者到惠远，对伊犁将军府的沧桑巨变感慨有加，却不知此城有一间具有近代意义的新疆首座官办学堂。官本位至此，令人扼腕。其实，历史演绎之中，一朝君主一朝臣，唯有学校才是百年千年老店。微者久也，显者易夭，但后人的眼光总是盯住显者，并津津乐道。

1990年春天，一个叫阿里侃·定升的老者在《霍城文史资料》上发文，题为"记新疆第一所官办学校——惠远两等学堂"。[18]惠远两等学堂是不是新疆第一所官办学校，笔者没有考证，但这所学校开办较早，迄今已有115年的历史，确为事实。本来，这所学堂的早晚与本章主题无关，但恰恰李溶是这所学校的首任校长，而且一做就是15年。笔者从该文对学堂的详细记载中，找到了李溶的魂与根。

"1864年清朝同治年间，新疆爆发反清农民起义，新疆地区陷入分裂战乱之中。1871年沙俄乘机侵略占领伊犁，惠远老城，毁于战乱，八旗披甲和苏拉逃散于俄国、蒙古、哈萨克诸部落避难，长达十多年之久，很多人无法求学，成为文盲。"

"1882年清政府收复伊犁后，建筑新城（即现在惠远）。八旗子弟纷纷归来，暂设义塾，由将军府笔贴士执教满文汉文。而云集于惠远的内地商贾亦集资办私塾，以孝经、孟子、论语等五经四书为教材。1890年（光绪十六年）以军机大臣署伊犁将军的长庚，深知新疆虽已建省，但伊犁曾遭过沙俄的占领，沙俄仍虎视眈眈这块战略要地。他为训练新军完善军备，曾先后办起武备学堂，陆军小学。并于1897年（光绪二十三年）拨纹银五千两开办惠远两等学堂。"此段讲开办学堂的背景和来龙去脉。

"惠远两等学堂的第一任校长是光绪初年举人李溶，巴里坤人，主持校务历时15年。1912年杨缵绪起义，他从学校水洞逃走，于1935年任新疆省主席，病逝迪化任内。"此段至为关键。但有一意外出入：李溶在伊犁辛亥革命中，究竟持什么态度？伊犁革命的对象是官府统治者，李溶为何要逃走？

学校的主体是教师与学生，两等学堂的教师主要来自哪里？"学校教员多数来自湘军或聘请府内领队、佐领授课，如满族领队大臣鄂保丰等。"[19]1905年科举制度被废，但真正的读书人或有能力教书的人，只能来自科举制度培养的人才。做官要读书，读书为做官，官员代课教书是时代之产物。

那时的学生都学些什么？如何学？"开办初期，学生来自满汉私塾，各族学生平等入学，当时学生约250～260人。分初等、高等两级，学制各为3年。教

▲ 惠远城万寿宫牌楼　（作者翻拍）

材仍以五经四书为主，增算学、珠算、习字、作文。"李溶教学严谨。高等班学生毕业时都能填词赋诗，文学知识亦有一定水平，但自然科学一无所知，此乃清代教育重人文轻理工的极大弊端。注入式的教学方法，学生只知死读书读死书。高等一年级学生都能通篇背诵孟子、论语。每十天休息一日，没有寒暑假。

李溶不仅严谨，其严厉亦有案可查。"长子和李溶侄儿含英，在李溶到伊犁充两等学堂堂长时，随之前往，后因长子酒后失言，李溶盛怒之下，一砖击中要害，不久即身亡，李溶深为懊悔。"[20]

每年农历腊月二十日将军衙门封印，学校亦随之放年假一月。大型课外活动，每年两次，农历三月三日郊外踏青，九月九日登高望远，师生集体野餐。回校后，高年级学生，必须作游记一篇，老师评阅优劣。科举既废，新学未立，只能穿新鞋走老路。

现代学校重视德育，培养学生信仰，近代学校亦如此。从童年起就灌输正统思想，是封建统治者奴役人民的手段。无论哪个民族的学生，步入两等学堂第一天，首先要向"大成至圣先师孔子"牌位叩头烧香，然后向老师行大礼，再注册。每年八月二十六日孔丘诞辰，全校师生列队赴孔庙祭祀。程序是校长为主祭官，将军是陪祭官。祭案上摆满各种祭品。朗读祭文后，端立于大殿两侧的学生唱赞歌曰："大哉孔子，先觉先知，与天祭参，日月同辉……"。礼成后，回校摆筵席一天。老师饮酒赋诗，学生亦作诗词助兴，盛况空前。[21]可称孔子节，形式即内容。

现代人为什么要崇拜祭祀两千多年前的古人？因为重孔子，就是重教育。"全社会对校长老师都很尊重，从学校成立始，每年开学校长都应邀赴将军府。将军开中门迎接，鸣炮三响，造势于尊师重道之风，亦可示将军仕儒风范。"[22]由此可见李溶当年在惠远的社会地位。"其俗相传凡四十年于1930年终止。"[23]终止容易，恢复难矣！教师的地位也一落千丈。

官有衙门，学有校园。"一个世纪前惠远两等学堂，校园建设堪称宏伟壮观。校址占地一万两千余平方米，位于北城门内右侧，沿北大街辟有直通学校巷道一条，巷口建有雕刻栏杆拱形木桥。过桥建有牌楼式大门，上悬'官立惠远两等学堂'金字横匾。越桥门径直向西走一百五十米，就是坐北向南学校正门。隔正门东西约七十余米建有左右边大门。正门是按古庙宇山门式样兼有牌楼式色彩，纵深六米宽十二米，华丽壮观，两扇大门绘有彩色门神两尊，门楣上悬金字校名匾额一块。"[24]

"跨过门槛走二十余米上三层台阶进中门，双扇大门雕刻有'尊师重道，继往开来'八个大金字"。[25]八字方针正是中华文化长盛不衰的秘诀。

"衔接中门东西各建有廊灰筒瓦顶房屋七间。面对正门两侧是花园，称前园。连接中门向北是雕梁飞檐长廊，走长廊十六米进大厅，大厅五间是三明两暗建筑，校长、学监、老师在这里办公。接连长廊分东西每间隔二米有明柱一棵，东西共七十二棵，明柱构成的走廊向北延伸一百四十米。在两边走廊下对等各有拱门三座，是进各教室的入口。"[26]

建筑群不能没有灵魂。"东西走廊向北顶端中央地段，建有孔圣堂，灰瓦重檐，画栋朱柱，雕门绣窗宏伟壮观。共五间亦是三明两暗。正中供奉着'大成至圣先师孔子'牌位，侧墙供奉四人贤颜、曾、孟、思的牌位。"[27]在一定条件下，形式即内容，这些雕像对学生有着潜移默化的影响。

"孔圣堂后是后花园，占地约五亩。这样布局使各教师互不干扰，各班学生有各自的活动场地。教室有夏冬之分，采光良好，夏季教室六十平方米，冬季教室约四十平方米。因为背墙有流水进城涵洞两个，水流进城首先通过学校，学校四周流水潺潺，绿树成荫，环境十分优美。沿校院东西墙内，建筑有教职员眷属住宅，宅前种有花草树木，可谓优雅。为学校拉运煤炭和学生膳食的车辆，都走左右边门，甚至教职员亲戚朋友往访，亦禁忌出入正门。其学校建筑最突出的特点，是学生进校门都走在屋檐下，免受日晒雨淋。"

按现在眼光，校园占地面积不大，亦没有高楼大厦，但校园设计精巧布局合理几近完美。

这是谁之杰作呢？"据说设计者日本人袁尚志曾任惠远武备学堂教习。"㉘日本人在短短二三十年中，通过"明治维新"，即完成农业国向工业国的转变，成为与欧美列强并驾齐驱的强国，国民教育起着基础作用。日本人袁尚志不但尚武，而且崇文，其对惠远两等学堂的设计中，就体现出中国大唐时代的风格与气象。值得注意的是，惠远两等学堂创办于1897年，两年前中日之间爆发甲午海战，北洋水师全军覆没，清朝政府被迫签《马关条约》，割让台湾及澎湖列岛。在奇耻大辱之下，中国人尚向日本人学军事，学技术，重教育，而且边及西陲，其胸怀和精神难能可贵。

这篇文章虽对李溶着墨不多，但有心人会发现，李溶在伊犁两等学堂的经验，先后应用于省府迪化，譬如，杨增新在迪化文庙每年举办祭孔仪式；迪化同乐公园（现人民公园）的设计与修建等等。

在伊犁起义前，李溶还有一个职务，"光绪三十二年（1906年）杜彤任新疆首任提学使。当即委任年富力强的李溶为伊犁府的学官训导。"㉙

续写尊师重道，继往开来的篇章。㉚

忠信为本

李溶后来渐获杨增新的信任，官职节节攀升，这与其忠信为本的品行是分不开的。民国4年（1915年），李溶任沙雅县知事。民国5年（1916年），调任吐鲁番县知事，开办吐鲁番毛纺厂任经理，并被选为驻京议员。民国8年（1919年），任新疆省参议长。民国6年至17年（1917~1928年），任省政府委员。

"民国2年，第一届国会组织成立，杨增新为了和关内互通声息，表达新疆意见，选派李溶等10人为参议院的新疆议员。其中李溶，杨氏认为是最能体会自己意图的人，让他去北京代表新疆民意和立法最为合适。国会议员是个待遇优厚的闲差，岁俸5000元（约合黄金百两），相当于一个县知事包括公费在内的年俸，一般人是谋不到这个差事的。李溶与民国2年春抵达北京。作为参议院议员，李溶在北京结识了许多政界名流，如张继、王正廷、林森、居正等。民国3年1月10日，袁世凯下令解散国会，停止两院议员职务，一律资遣回籍。李溶也因此回到新疆。"③

沙雅在阿克苏，在南疆算一肥缺。吐鲁番距迪化不到200公里，乃富庶之地。李溶在知事任上，在兴修水利、开垦荒地、兴办实业与教育方面颇有建树。

"1916年7月30日，李溶在沙雅县任满卸任。时袁世凯已死，黎元洪继任大总统，国会恢复。第一届国会成立时的新疆议员原班人马再度去北京任职。"③ 好景不长，由于军人干政，"黎元洪不得不于1917年6月12日下令再度解散国会。"这是李溶二次进京。

各省驻京议员，亦是当政者的联络员、情报员，非心腹不能胜任。新疆省参议长，在新疆更是有名无实，是个招牌，李溶多次驻京，广结政界名士，已有招牌的效用了。

李溶后来为何为当政者杨增新重用？有小因素，亦有大背景。小因素就是杨增新在甘肃做过督学，李溶在兰州书院读过书，二人都从事过教育，感情上容易接近。再就是李溶具有办事能力，为人忠厚。

而从时代和新疆大背景视之，杨增新要治理新疆，急需县治英才。得人才者，方能治新疆。杨增新杀一批人不假，用一批人亦真。中国古贤曰：用人之道，要任人唯贤，而非任人唯亲。历史一再证明，就治国而言，护己者或害己者常自亲。

也许李溶此人既颇有才能，又能保持士人气节，贫贱不能移，富贵不能淫，不贪，不越权，小心谨慎，伸缩有度，方得杨增新欣赏和信任。总之，他由外放遥远的南疆，一步步回到权力中心，回到独裁者身边，进入省政府委员行列。

在新疆省议长安允升病故后，由副议长饶孜阿古（维族）暂代议长职务后，杨增新调派李溶为议长。

"1924年，在同乐公园竣工后，李溶又以新疆省议会议长的身份列席北京参议院会议第三次入京。在此时期，还有一项特殊任务，那就是争取国人支持新疆反对西北边防督办冯玉祥依靠其军事力量将新疆划入其势力范围，当时李溶次子含荃也正任众议院议员驻京。1925年7月30日，段祺瑞临时政府任命李溶为参议院参政。"[33]

　　李溶是会投桃报李的。在担任议长职务时，他大造舆论，讨好杨增新，且颇有技巧。他认为：国内军阀混乱，民不聊生，独有新疆人民，过着太平生活。他假借镇边楼上的对联，"边庭有桃源胜境"，便把新疆说成是"世外桃源"，并建议将鉴湖再向南发展，改修为"杨公园"，按照北京太和殿的形式，修建丹凤朝阳阁，并在阁楼前，修建杨增新铜像台。利用继孚去内地购办新疆阜民纺织公司机器之便，铸造杨增新铜像一具。在1924年动工建园，由李溶负总责，还邀请杨绍周、苗沛然二人襄助。李又派他的亲信安守仁、张惠丞二人，住在工地，督工修建。在楼阁和铜像台完工后，又修了围墙大门。大门两边，修了平房各一间。并在大门前边，修了长亭，靠长亭一边，开辟了花园，特请有经验的花工胡开俊经管。花园西边，修了三间小平房，安置了花工胡开俊的家属。在工程全部告峻后，铜像台的周围挂起了刻有省议会和假借各族人民名义，为杨增新歌功颂德的石碑。又在靠近现黄河路部分，修了头门，头门上李溶原想刻制"杨公园"三字，杨未同意，改为"同乐公园"四字，由李溶亲笔题写。[34]公园是民国后带来的新气象，"杨公园"则夹杂着私家园林的因素，杨增新不允许李溶搞个人崇拜，过媚反弄巧成拙，而"同乐"可取悦民心，免遭人诘。不过，与民同乐之中，已有了民主共和的因素了。

　　杨增新杀人如麻，行事传统保守，官僚们表面上对他毕恭毕敬，但反对他的暗流亦在涌动。1928年7月7日，军务厅长樊耀南在俄文法政专门学校设下陷阱，杨增新携带新疆政要出席并午宴，李溶时任迪化道尹、省

▲ 杨增新背后白须老者为迪化道尹李溶　　（作者翻拍）

▲ 1922年李溶督造的迪化朝阳阁　（作者摄）

参议会议长，与杨增新同席用餐，霎时枪声响起，杨增新身中7弹而亡，同席者杜守荣旅长被毙，建设厅长阎毓善中弹受伤，唯李溶命大，毫发无损。但此顿惊吓，可谓危在分秒之间。

　　杨增新死后，李溶对杨的崇拜依然五体投地。1932年，也就是杨增新死后第四年，对新到任新疆省政府顾问吴蔼宸，谈及杨增新仍津津乐道。"李镜泉行政长招宴，席间谈及杨督军处理古城子兵变，用调虎离山计，不数日即解决。又中亚细亚白俄总司令阿连阔夫退入新省时，大局岌岌可危，杨卒将其军队拆散分遣内地，计诱阿来省，交县看守，故派一副官有烟瘾者为伴，阿方盛年，被拘抑郁无聊，遂亦染阿芙蓉癖。厥后送至陇省，由某当道交与苏联。又去年哈密之乱，蒙古王多盟长响应，启视子弹箱而所装子弹不合其枪之用，始知为杨督军所赐，遂致伏法。盖杨逆知多盟长必变，而予以不适用之子弹也。"㉟

　　李溶乃性情中人，忠是他的本色，信是忠的回馈。李溶在许多公开的场合毫不掩饰对杨增新的个人崇拜。不过，他的崇拜亦非完全盲目，因杨增新确有超人之处。

金李同朝

　　杨增新在世之时，金树仁、李溶同是杨增新身边红人，职位不分伯仲，资历李溶略高一些。金树仁（1880～1941年），字德庵，甘肃河州（今甘肃临夏）人，1909年科拔贡，与杨增新在署河州知州及任甘肃提学使期间有过师生之谊。辛亥革命后，金曾任导河县（今甘肃临夏）高等学校校长、师范校长等职。这与李溶出仕前的经历并无二途，只是时间要晚12年左右。

　　民国5年（1916年），金树仁、李溶一同受训于杨增新举办的政治研究所，一同参加结业考试，据称金树仁的文章拔得头筹。之后，金树仁外放新疆第一大县疏附。李溶外放吐鲁番。

　　应该说，对于金树仁与李溶，杨增新并未厚此薄彼。民国6年6月20日（1917年），杨增新第一次筹组省政府委员会时，金树仁、李溶同为省政府委员。到民国17年7月1日（1928年），二次改组省府时，二人依然榜上有名。李溶时为省政府委员、省议会会长、迪化道尹。李溶在"七七"政变中侥幸活下来。政务厅长金树仁因平叛有功，在甘陕集团簇拥下，成了杨增新的继任者，其中亦有侥幸因素。

　　金树仁执政后，实行"三同主义"（同学、同乡、同族）用人政策，对老臣李溶即使不得重用，也不敢裁撤，李溶继续做他的迪化区行政长（由道尹改称），权力并未削弱。任人唯亲是一把双刃剑，可以获得势利小人的逢迎巴结，亦可使才华出众的君子疏而远之，并最终因小人们的胡作非为而痛失大业。

　　李溶与金树仁同朝为官，均得到杨增新的赏识，可谓知根知底。李溶何不知道金树仁有几斤几两，其才能、智谋、手段、为人，岂能与杨增新同日而语。"七七"政变后，李溶推举杨飞霞主政新疆，已隐含对金树仁能力的不认可。时势造英雄，金树仁平叛有功，背后有甘肃帮撑腰，该金树仁做老大；但时势既造就英雄，亦检验狗熊。自1928年至1933年近5年的执政期间，金的执政智慧远不如杨，应付复杂的外交、民族、宗教问题也不如杨游刃有余。他缺乏杨增新的公正，更缺乏杨的霸气，他搞家天下，扩军备武，引起通货膨胀，动用公权为家族和甘肃老乡谋利益，结果首先在哈密引起民乱。

晚清以来，哈密一直是新疆动乱的导火索，这与它特殊的地理位置有关。哈密农民起义自知抵不过官军镇压，便从河西引来马仲英，使大火蔓延全疆。迪化城被马仲英军队所围。

"1933年2月，马全禄在迪化西大桥倡乱，阜民纺织公司机器被毁，金树仁派归化军由'积骨寺'向红山挺进，民团出小西门向西大桥围剿，将小西门外通往西大桥的私人水磨和民房放火焚烧，居民横遭涂炭。事态平息后，李溶提出春耕的重要性，要积极恢复农业生产，以重民食。金树仁认为迪化

▲ 着中式装的金树仁　（作者翻拍）

附近各县，治安尚成问题，所以不负责任地说：你是迪化专区道尹，就请你处理吧。但金又强调当时的困境，一不给耕牛种子，二不拨救济费用。李溶只好徒手到各县，进行了一番宣传动员工作。"㊱

官方放火烧民房，战后理应赔偿，才能安定民心。战争耽误了农时，更应及时补救，尽快恢复生产，方能稳定物价与人心。星星之火，可以燎原，一旦形成燎原之势，便会火烧连营。深谙此道的李溶心急火燎，懵懵懂懂的金树仁却漠不关心。在这件事上，金树仁的轻民，李溶的重民，可谓泾渭分明。

善于公文案牍的金树仁，不懂得水能载舟亦能覆舟的道理。他竟将宣统二年迪化大火案中，新疆巡抚联魁、布政使王树楠双双被免职的教训，忘得一干二净！失民心者失天下，这是千古恒常之理，金树仁岂能例外！马仲英没有打败金树仁，而是朝中进步人士携手归化军，发动了推翻金树仁的"四一二"政变。失道寡助，金政权竟不堪一击！金树仁失掉新疆，实在是

自作自受。

"金树仁于10月29日由赣到南京。30日晨谒总理陵。当日晚行政院派一官员带来宪兵在中央饭店将金树仁逮捕，押送警察厅。……最后仍以金树仁擅自订立'新苏临时通商协定'判处有期徒刑3年6个月。"

平心而论，金树仁治疆5年中，做过诸多好事。"1929年陕甘大旱，人民在水深火热之中，但军阀却在相争，全国唯有新疆三次拨赈灾白银4万多元。当时京沪沿线电线杆上贴有'一块银元救一条命'的标语口号。甘肃人思念往日金树仁的深情，亦纷纷去电营救。中央为笼络西北马家（金树仁与青海省主席马麒有金兰之交）、绅士和群众，与1935年9月10日，下令将金树仁特赦。"㊲

金树仁乃读书人，岂不知立功、立德、立言青史留名之道。金树仁没有把握好历史赋予他的机会，晚年闲居时常露忏悔之意。"金树仁在兰州闲居时，往往同友人谈及往事。他佩服杨增新的先见之明，因为杨生前说过，他死后新疆恐怕要大乱。他悔恨自己用人不当，乏知人之明，没有把老将军留下的事业弄好。"㊳金树仁不是不想做好官，而是自身无德、无才、无力。此外，没有一个统一清廉的中央政府亦是外在原因。

早在1897年，孙中山先生就指出："中国人民遭到四种巨大的长久的苦难：饥荒、水患、疾病、生命和财产的毫无保障……中国所有一切的灾难只有一个原因，那就是普遍的又是有系统的贪污。这种贪污是产生饥荒、水患、疾病的主要原因，同时也是武装盗匪常年猖獗的主要原因。……然则何以为贫弱至是也？曰：官吏贪污、政治腐败之害也。"㊴铲除官吏贪污、政治腐败的原因，毫无疑问是民国自立的基石。

有意思的是，年龄相差10岁的李溶与金树仁死于同一年，不仅寿命长短不一，而且一个在新疆省主席的任上风光无限而终，一个于家乡在郁闷中孤独而卒。大凡人身后之果，无论甜酸，皆源于生前之因。

金树仁统治新疆期间，人民生活一年比一年苦，社会一年比一年乱，平民出身的李溶免不了心里苦，心里乱。谁能替代这个贪官庸才，使新疆拨乱反正？新疆人民翘首期盼，李溶何尝不期盼呢？

杨增新65岁被刺身亡，樊耀南同归于尽，其身边的亲信和幕僚亦已垂垂老矣。教育厅长刘文龙生于1869年，64岁；迪化道尹李溶63岁；民政厅长李荣年过花甲，体弱多病；元老派与少壮派之间的矛盾，少壮派联合元老派中进步力量。金树仁算年轻的，生于1879年，54岁；省政府委员朱瑞墀是金树仁岳丈，年龄当过60岁以上。高等法院院长屠文沛为陶明樾丈人，被枪击伤的建设厅长阎毓善，年龄都在60开外了。此为典型的老人政治集团。

年龄差异即是代沟。杨增新身边的官僚们，大多是清末民初的骄子，在民国中期被视为落伍者。无形之中，在朝内就会形成元老派与少壮派的分野。除年龄因素外，新学与旧学，进步与保守，观念与技能，向上的野心与改变的目标，都会大相径庭。元老派认为，新疆复杂，改变难；少壮派认为，没有什么不可以改变的；元老派有既得利益，怕失去；少壮派两袖清风，要获得。这种分歧自然存在，如不做及时修补调整，积累至一定程度必发生严重冲突。"四一二"政变即是明证。

1933年，陶明樾联合迪化要求政治变革的青年军政官员直接策划了"四一二"政变，时称少壮三杰。同谋者有29岁的李笑天，辽宁籍，日本陆军飞行学校毕业，时任新疆航空学校校长；有25岁的陈中，安徽籍，黄埔军校三期毕业，时任总司令部参谋处长。还有老谋深算的张馨、军队总指挥盛世才等等。这是少壮派文官武将联手向元老派发起的一次挑战。李溶肯定是倒金的支持者，知情者，至少是同情者。

早在1928年7月，"杨增新被刺，李溶恐群龙无首，发生混乱，乃拟拥杨飞霞主政，遭金树仁及其部下张培元等人的极力反对而未果。"[40]同盟会会员，与孙中山有着特殊关系、且有大智大勇的杨飞霞，才是李溶心中的不二人选。但势微语轻，未能如愿。

在"四一二"政变后初次分座次上，"李溶又在临时紧急会议上，提出拥护杨飞霞主政新疆的建议。当时，与会人员以杨赋闲学道，无意政事，且又无军事实力为由，故又未通过。"[41]自知者明，知人者哲，谁说李溶没有定见？

"省政府临时维持会成立于'四一二'之夜，首推刘文龙、郑润成、朱瑞墀、李荣、屠文沛、陈继善、李溶、宫碧澄、白毓秀、陶明樾、赵得寿、陈中、陈得立、鲁伦、李笑天、格米理肯、巴平古特（以上二人归化俄籍代表）、克气格、裘子亨、董光铎、贺德元及余二十二人为委员，公推刘为临时主席，新政权当即成立，公布安民告示，人心为之一定。嗣又陆续增加盛世才、阎毓善、张培元、张馨、张明远、杨学渊、张得善，聂滋尔（哈密王）、胡赛音、满素尔、阿不多哈买提、贾母提恩弟克（以上五人维族代表）、吴钧庭、德木丁车德恩（以上二人哈萨克代表）、赵国梁、马鸿祥、蓝彦寿、马国骏（以上四人回族代表）、巴彦、阿宝（以上二人哈萨克代表）、通宝、广禄（以上二人锡伯族代表）各委员，使各民族皆有参政之权，除刘已任临时主席外，并公推盛世才任临时边防督办，实行军民分治。"[42]

　　"四一二"政变成功后，旋即成立了新疆维持委员会，在37人名单中陶明樾、李笑天、陈中榜上有名。高官厚禄眼看到手，仕途看似蒸蒸日上，但少壮派之间又发生了火并。1933年6月22日，心狠手辣的盛世才借召开紧急会议为名，在会议前对陶明樾、李笑天、陈中逮捕，并五花大绑押到后院的镇边楼下枪决。陶等尸体由东花园后墙掷出，血溅墙头，淋漓可辨。

　　"六二二"政变，导致新疆省军政人员的座次再次分配。第一份名单中，李溶排第7位；在第二份名单中，李溶排名至少在10名之后。新疆省主席的大位似乎离他很远。

湘人刘文龙

　　刘文龙被公推为新疆省临时主席，多少与1928年"七七"政变时的经历有关。

　　"民国17年（1928年）5月9日，刘文龙受杨增新的委派，代表杨前往南京，向国民政府述职。这一天，竟是杨增新、刘文龙永诀的日子。"罗绍文记述较详。

　　"'七七政变'时，刘文龙正作为杨增新的代表在南京述职。由于政变事出蹊跷，金树仁涉嫌重大，国府对金树仁窃据新疆临时主席兼新疆总司令，不但未即正式任命，反于事变得报后的7月22日任命刘文龙为新疆宣慰员，命其立即返新'会同金树仁处理一切善后'。时刘文龙在南京十分担心杨氏被刺后，新疆人心势必涣散，领土堪虞，故在启程返新前立即以宣慰员身份草拟《刘文龙告新疆民众宣言》，告以中央对新疆民众宣慰旨意及对今后新疆的施政方针。殊不料金树仁担心刘听信其参与政变的'谣言'，且陕甘人士和两湖人士素有隔阂，刘的声望又出己之上，虑刘接主新政，对刘昔日对自己的关照和旧账置之不顾，竟扣压刘的宣言，不予公布。不仅如此，金还计划以刘效藜取代刘文龙教育厅长一职，将刘文龙'削职为民'，后只因南京中央政府会议151次会议决定刘文龙仍掌新疆教育厅，才保住原职。至于宣慰员的名义，等于在金的抵制下无形放弃。"刘文龙这次所谓挫折，为他在"四一二"政变后被公推为省主席，埋下了伏笔。

"刘文龙（1870～1950年），字铭三，清同治九年（1870年）生于湖南岳阳一个书香勤读之家。他取名文龙，系其父根据北齐梁愔文章不凡为其从兄梁昱所重，谓'是儿我家文龙也'的典故，盼其日后以文成名也。字铭三，出于《国语·晋语》'民生于三，事之如一。'所谓三，即铭记'君、父、师'，不忘不背之义。古代习俗，以名正体，以字表德。此刘父所期望于其子者是也。"

"清光绪十三年（1887年），新疆首任巡抚刘锦棠以其祖母老病乞归获准，于光绪十五年（1889年）回到原籍湖南湘乡省亲。作为封疆大吏的刘锦棠衣锦还乡，仍有大量湘军戍边在新疆，一时轰动了整个湖南，顿时新疆成了湖南人民议论的焦点。刘文龙就是在这种时论和各种关系的影响下，于光绪十六年（1890年）20岁时毅然西出阳关，来到了当时称为小湖南的新疆。"湖湘弟子满天山，此言不虚。

"宣统年间方以候补道借补迪化知府。宣统三年（1911年）五月又准补莎车知府。后因迪化'王高升纵火案'被革职。刘文龙在清朝末代，始终只是一个仅仅借补过知府的'候不到'候补道。"

"清末被革职的刘文龙到了北京。民初，财政部创办殖边银行，委其为殖边银行新疆招股主任，返新筹备新疆分行，旋任新疆分行行长。当时，新疆将军兼巡按使的杨增新为利用金融资本以振兴新疆经济，又委刘文龙为新组建的水利委员会委员长，并以开复道尹（不是正式道尹）一职使用。"

"由于刘文龙在新疆水利工作方面的突出成绩，北京民国政府大总统徐世昌于民国8年9月22日、民国10年2月先后两次颁给刘文龙二等嘉禾章，民国11年11月20日，黎元洪大总统又传令予以嘉奖。在新疆的行政官吏中受二等嘉禾章殊荣的除刘以外，只有杨增新和曾任司法筹备处长的张正地以及曾任迪化道尹的樊耀南三人。嘉禾章分九等，为民初所定，是专由大总统颁给有勋劳于国家及有功绩于学问事业者的一种最高荣誉。"国家荣誉，为百姓仰慕，为官场护桩。

"当新疆的水利垦殖事业奠定了稳固的基础以后，杨增新于民国11年又改任刘文龙为教育厅长。"水利是农业之命脉，农业是稳定之基石，教育是发展之动力，可见杨增新对刘文龙之倚重。

就刘文龙与杨增新的关系而言，"当时的教育厅长刘文龙，圆通机警，一直为杨增新所重，是杨增新的换帖兄弟。""从不愿以书法炫耀于人的杨增新还亲自为'三多'公司题写牌匾。"[43]

综上所述，无论从刘文龙的资历、为人、业绩看，还是从他与杨增新的关系观察，新疆1933年"四一二"政变后，众人推举刘文龙不是天上掉馅饼，而是众望所归。

话说1933年4月12日，白俄归化军团长巴平古特发动政变，金树仁出逃，"在临时紧急会议上，公推刘文龙为新疆省政府主席，刘提出三个条件：一，保全人民生命财产（主要为自己的财产着想）；二，保全金树仁全家的生命（主要为自己留一条后路），三，保护苏联驻新领事馆。到会人员一致同意了刘文龙的三个条件，并签了字"。

"当时，陈中、陶明樾、李笑天三人为'少壮三杰'，他们也是这次政变的策划者，由他们在会上提议，推选当时在乌鲁木齐的东北义勇军旅长郑润成为新疆临时军事委员会委员长。郑因无意留恋新疆，在4月14日下午，刘文龙主持召开第一次善后会议上，郑润成推荐盛世才为临时军事委员会委员长，当时没有形成决议，会后盛世才自称'边防督办'，并于4月15日逼迫新疆省政府委员朱瑞墀、阎毓善、李棻、李溶、陈继善五人，电请南京政府，要求任命刘文龙为省政府主席，盛世才为新疆边防督办。"

"4月17日，盛世才与刘文龙会衔，拟了电文，向南京政府表示'治理新疆的决心'，刘对电文表示异议，盛世才便自行做主，仍以二人名义将电发出。刘回家后，心情沉重曾吟诗一首：'平生无才慕范蠡，履政多年常布衣；莫料寒上风云变，屈为戎马摇战旗'。"[44]

1933年7月，南京政府派黄慕松以宣慰使名义来乌鲁木齐，住在陶明樾公馆，并与陈中、李笑天等人接触频繁。盛世才去阜康，指挥剿马（仲英）战斗，闻讯后立即返回，将陈中、李笑天、陶明樾三人枪决。刘文龙闻讯后大哭，连喊"冤哉！冤哉！"[45]

盛世才觊觎新疆大位已久，他排挤老官僚刘文龙是必然的。事后盛世才警告刘文龙说，"你不要接近黄慕松，他是汪精卫和日本帝国主义派来的阴谋家"，盛又对黄慕松说："刘文龙、马仲英、张培元结成三角同盟，要发动二次政变"。在一次会议上，黄慕松也在场，刘文龙说："陈李陶三人不该枪毙"，要求黄慕松做主，准其辞去主席职务。盛世才还从旁劝解说，"不要听信谣言。"⑥

不久，盛世才召集临时紧急会议，公开宣布所谓"三角同盟"。刘说："本人是杨金遗老，现已年老昏庸，早已不想在政界上混，不料四月革命后，人家把我推选为主席。盛督办初掌军符，骄恣蛮横，我深感新疆前途无望，决心不再干预政治，自愿交印归商"。⑥并失声痛哭，要求黄慕松做主。黄慕松鉴于新疆情况复杂，手上无一兵一卒，又被盛世才软禁，不敢表态赞同。

黄慕松离新后，"盛世才唯恐刘文龙使用无线电台往内地传递消息，

▲ 新疆省主席刘文龙　（作者翻拍）

即派李俊堂为无线电台台长，原台长王源瀚办完交接手续，准备回陕西，在其未成行前，去见刘文龙，刘说：'派李俊堂为台长，盛在事前并未告诉我。我的处境你很了解，希望到内地以后为我声援。'王源瀚返回西安不久，南京政府又派外交部长兼司法部长罗文干于1933年9月2日到达乌鲁木齐。罗文干此来，明为刘盛就职监誓，实际背景很复象。刘文龙在宣誓就职时，老泪横流，泣不成声，盛世才笑着说：'刘主席今天宣誓就职，感动得流下泪来。'"⑥

"9月10日罗文干去吐鲁番会见马仲英，刘文龙以个人名义，致电南京政府，请求辞职，电文中说：'文龙以教育厅长被推为临时主席，先辞未获允许，现在省政府已正式改组，实以边局难危，非衰老昏庸所能胜任，万恳辞赐予矜全，开去本兼各职，另简贤能接替，俾资退休，而免贻误，无任待命之至。'此电被李俊堂扣压未拍，并报告盛世才。到罗文干由吐鲁番返回乌鲁木齐的当天，刘文龙去会见，盛世才也闻讯赶到现场，刘文龙以痛愤绝望的心情，坚决请求退出政界，不问政事。盛世才故意装腔作势地说：'主席德高望重，不必过分谦虚，今天你见到了罗部长，过分兴奋激动，快请回家休息休息吧！'盛世才把刘文龙送走，单独和罗文干谈了许多'机

密'。"

罗文干9月17日离开乌鲁木齐后，"盛即下令，解散省政府卫队，逮捕刘文龙的卫队长颜廉，又派出督署卫兵四人，闯入刘文龙办公室，将刘文龙拖出推进汽车，送至刘公馆，旋即对爪牙宣布说：'刘文龙受罗文干的指示，要谋杀我，所以把他暂时软禁起来。'第二天盛世才即向南京政府拍电汇报：'刘文龙从官经商，私吞公款，被人揭发，自愿停职反省，已派财政厅长朱瑞墀暂代主席职务。'"⑭

"刘在商业活动中获利至巨，置产不少。他在南山置有牧场，在米泉高家户和青格达湖置有大量稻田地产，在西白杨沟置有一大片林地，还在迪化书院巷、南门里巷置有多处公馆，所在皆建有花园。当时在新疆所有官吏的公馆中，唯有刘文龙的公馆中筑有戏台，和所有迪化首富的花园相比，刘的花园最大。"树大招风，财多招嫉，再赶上盛世才在新疆实现共产制度，刘文龙自然成了被清算的首要对象，财产充公，囚禁关押，在劫难逃。

俗话说，秀才遇到兵，有理说不清，何况遇到心狠手辣、多疑善变的军阀盛世才。"早在盛世才1930年来新时，有钱有势的刘文龙就对其十分淡漠。盛世才在迪化期间，刘文龙又以'文武隔行'为借口，对盛疏远。"⑮因此结下积怨。1933年"四一二"政变后，不是冤家不聚头，刘盛二人走在了一起。在两人的文武之争中，刘文龙明显占下风，民间故有"刘文龙内堂三哭"之文。

第一哭为盛世才篡权。"1933年，爆发了'四一二'政变，金树仁被少壮派赶下政坛，并推举刘文龙以省府委员身份，于政变当天晚上召集紧急会议，讨论善后问题，会上公举刘为临时省主席，暂时维持政局。13日中午，刘以临时省主席名义，贴出安民告示，并亲赴北郊'一炮成功'营地会见按兵观望的盛世才，劝其支持临时政府。刘盛相会，各怀心事，彼此都未绽露形色。盛世才经过一番深思熟虑，于14日下午率兵入城，参加了当天晚上由刘文龙主持的临时省府委员会议，会上公推东北义勇军将领郑润成为临时边防督办，刘文龙为稳定盛世才的情绪，提议增补盛为临时省府委员。会后，盛世才向郑施加压力，促其'挂冠举贤'，禅让督办宝座，郑润成即于第二次临时委员会议上披肝保荐，推盛世才袍笏登台。这时，本想崭露头角的刘文龙感到事有蹊跷，于是，闭门佯病，暗察局势。4月17日，盛世才将自己写好的

'呈中央治新方略'的电报稿，亲手送请刘文龙联署，刘见盛的名字排列在他的前面，不禁肝火大发，但却慑于军权，只得忍气吞声，在自己的名下按了个图章。盛世才走后，刘文龙在内堂哭叫不已，连呼'狼入羊群'，号啕之声，彻夜未息。从此，刘文龙闭门却政，深居简出，新疆军政大权由盛世才独揽。"⑤

第二哭为明哲保身。"刘文龙偷偷地通过无线电台，向南京政府陈情辞职，电文写道：'文龙以教育厅长被推为临时主席……治边重责非衰老昏庸所能胜任，万恳赐予矜全，开去本兼各职……'。南京政府于9月2日派外交部长兼司法部长罗文干来新疆处理问题，他一下飞机先去省府内堂会访刘文龙，刘文龙哭倒在地，紧紧抱住罗的大腿，'恳求罗部长给条活路'。"②

第三哭为保全性命。"罗文干走后不久，盛世才采取断然措施，先以'谋反'罪名逮捕了省府卫队长颜廉，解散了省府卫队，继而于12月9日派兵闯入省府内堂，捉拿刘文龙，刘见形势不妙，哭瘫倒地，被盛的士兵由内堂拖至大堂，直至推入囚牢，简直哭得声嘶力竭。"③

"盛世才将刘文龙软禁在刘公馆马号房内，门口设有岗警，不许与外人往来。先后抄了三、五次家，查封了所有财产，刘的老伴名刘润书，所存金首饰约二十多两，连同她自己留用的鹿茸、羚羊角，以及比较好的衣物，全部搜掠一空。刘文龙被软禁后，开始几天，侍女尚可出外买点日常生活用品，后由门岗代购，连侍女也不准外出，最后，将刘的一套三大院公馆，改为第三监狱，将刘文龙一家，囚禁在内。当时被关在刘公馆的其他'要犯'，还有一百余人。"④

文章作者昝玉林评论道："盛世才从刘文龙内堂三哭，断定他是一个成不了气候的文弱老朽，所以囚禁了十余年未予杀害。于1944年盛世才垮台后，刘之龙获释出狱，人们风趣地说：'刘文龙的老命是用哭声换来的！'"⑤

刘文龙与盛世才的分歧在于，刘文龙是真进步、真民主、真三民主义，盛世才是假进步，真倒退，假民主，真独裁，假三民主义，真军阀割据，一个真戏真演，一个假戏真演，最终不能相容。

从刘文龙上述的表现来看，他不是一个韬光养晦、深藏不露、精于计算的政治家，实际上其志亦不在政治。有关文献上将刘文龙定位为善于经营的商人，而杨增新生前亦说："教育厅长刘文龙唯利是图，生意多。"

刘德贺老人以"经商起家的刘文龙"为题，记录了刘文龙的来龙去脉。"刘文龙号铭三，湖南岳阳人，秀才出身，素慕弃官经商的范蠡。清朝光绪年间，怀'殖边'凤愿来到新疆。当时共和风云急骤，'范蠡遗风'一时难得施展，乃于塔城汪步端参赞大臣属下任一小小公职，尝以当年'范蠡'自居。汪深爱其才，遇事常与刘商讨，刘辄以'生意经'观点，为之出谋划策，因而得到汪的器重。辛亥革命以后，杨增新执掌新疆政权，曾一再电促袁世凯复辟帝制，当时塔城、阿尔泰两地区仍沿旧制，均归北京政府直接管辖，塔城仍由汪步端为办事长官，阿尔泰亦由原办事大臣程克为办事长官。'洪宪'瓦解后，才把塔城、阿尔泰两区划归新疆省政府管辖。杨增新继续留用汪步端为塔城道尹，阿尔泰专区因程克返回内地，杨增新即以周务学为道尹。这时刘文龙奔走在塔城、阿尔泰两区，成为显赫一时的风流人物。"⑯

"俄国十月革命时，沙皇败兵多由塔城过界来新，杨增新特令驻塔营务官刘绳三合同刘文龙负责处理沙皇败兵进疆问题和越境入疆的哈萨克牧民的安置问题。他们都能遵照杨增新意图，妥善加以处理，未曾发生重大问题，所以刘绳三后来步步高升，一直充任师长职务。1917年6月20日省政府改组时，刘文龙被杨增新推荐为教育厅厅长。"⑰

"刘文龙与北洋政府财政部长陆克斌有旧，杨便派刘文龙到北京游说，强调兴办新疆教育的重要性。杨增新认为，民元以后，内地支援新疆协饷断绝，新疆境内"哥老会"十分猖獗，加以沙皇败兵，不断过境，沿边哈萨克牧民，成批进入新疆，侵占草场。为了避免发生纠纷，不得不将沿边中国牧民和牛羊转移到东至木垒河，西至玛纳斯靠近县址地区牧居。同时新疆地处边陲，交通不便，又系多民族地区，为了维持安定局面，应从教育着手。当时一切开支，全靠发行纸币维持，以致物价飞涨，影响人民生活；为此，请求每年在教育经费方面，给予援助，以解急需。结果是人熟好办事，北京政府每年拨给新疆巨额的教育经费和其他资助费用。为了保持这一财源，杨增新便责成刘文龙每年亲自前往北京领取，并顺便对陆克斌暗施利贿。"⑱

"杨增新深知刘文龙有范蠡奇才，遂将北洋政府拨给新疆的教育经费由刘文龙自行安排处理，还由新疆官钱局借给刘文龙省票十万两，月息三分，三年本利还清，按当时折合率计算，计合银元五万余元。由于资金雄厚，他在天津设办事处，责成河北人韩少堂负责业务，另外在肃州、兰州设分处，亦责成韩少堂管理。为了解决往返运输问题，购买了五百多只骆驼，将新疆土产运往内地，内地的京津百货运到归绥，然后由自己骆驼运回新疆。在新疆所收购的土产，指定他的亲信，在打包时，上面装上羊肠子，下面装着羚羊角、黄金，以及鹿茸、葡萄干等，并设有秘密标记，让驼运负责人在装卸时，加以留心注意。按照当时情况，骆驼每年往返转运一次，即能获利三四倍，所以刘文龙借用官钱局十万两省票贷款，在三年期内如数还清。"⑤君子爱财取之以道。

"刘文龙担任教育厅长期间，买了一所私人公馆，每天早饭前后，在公馆内会见主要人员和来宾，早饭之后，便到督军衙门办公。当时督军衙门的重大事件，都是杨增新亲自处理，例行文件，则由刘文龙负责办理。教育厅内的公务，刘文龙委托张全镛、柴震霖、朱佐汉等人处理，因为他们大都是早期各班师范毕业，品学兼优，又是刘亲自选拔的，所以对他们很放心。刘文龙除协助杨增新办理督军衙门的日常公务外，还利用每年上京领取教育经费之便，大肆进行商业活动，先在湖南长沙搞了一个茶庄，据说其中也有财政部长陆克斌的股份。当时美商设在乌鲁木齐的壁利洋行，专在新疆经营流胎羊羔皮、羊肠衣和羚羊角、鹿茸等珍贵土产品，运到天津再转卖给外商。"⑥

"为了便于业务开展，还在天津设了分行，还在乌鲁木齐南门内修了铺房，扩大业务。不久，焉耆蒙古汗王、多盟长（亦称多佛爷）投了资，遂将商号改为'三多公司'，还准备创办殖边银行。刘的亲信张殿臣（陕西人）是刘公馆的管家，也兼管商务，多盟长也派亲信穆特善（锡伯族）经常住在三多公司院内监督业务。后来，刘文龙计划在阿尔泰开挖金矿，由于当时前往阿尔泰采挖金矿者，都是春去秋回，应需粮油，随人带往。刘文龙为了一劳永逸，便把承化布尔津河水引到阿魏滩，既可用以淘金，又可开垦地方灌溉粮田。这样一来，淘金工人口粮，可以就地解决，大大减少生产费用。刘文龙为了实现这一计划，将所需车马、房屋，都准备齐全，刚刚种了一年粮食，1932年新疆发生战乱，马仲英部下马赫英，由塔城到达阿尔泰，将刘文龙经营的农场一火焚之。到1934年，盛世才派张钰为吉木乃县长，景逢杰为承化税务局长，他们到任时，还见到农场库房内被烧毁的小麦尚有残存部分。"

"与刘文龙同袭'范蠡之风'的杨增新，利用乌鲁木齐河与老龙河下游水源引水磨沟北流泉水，在头道坝、二道坝、三道坝等地，大量开垦稻田，并从内地聘请农业专家指导种植水稻。后来杨增新把所开垦的公地，命名为'乾德堂'，不久又改为设治局，派郭成为局长，进行管理。1924年，杨增新指示刘文龙将所开垦的稻田，由当时的'四大厅长'为中证人，卖给教育厅作为学田，刘文龙利用教育厅长职权，将学田收益，滥行开支，其中除向上海商务印书馆订购了一套《四库全书》，又在中学门前，买了一所院落，作为图书馆外，个人从中获得油水不少。"

"刘文龙原配在湖南，来新疆后，聘额敏县任农官之妹为继室。生子绍观，虽有点痴呆，人尚忠厚，1927年刘为他举办婚礼时，却是十分排场。当时省城各界头面人物和各单位官员们，以及绅士商人等，都来祝贺，特别是一些拉拢关系的市侩，把刘公馆挤得水泄不通。刘文龙事先选了一位办红白喜事有经验的人为主东，里里外外大小事务，统由这主东负责。刘公馆前后院，各搭设了临时剧台，秦腔、京剧，分两处表演，省城烟花妓女和伊犁、奇台等处名妓，全部接到刘公馆招待来客。汉餐酒席由鸿升园、三成馆承包，清真酒席由南关老楼馆负责，所有来客和戏班和歌妓们，都以鱼翅席招待。当时，我在师范学校读书，所有法政、中学、师范学生们，分批前往祝贺时，都吃鱼翅宴。每天在来宾席满之后，戏班先演一出《全家福》，然后，戏班负责人拿上戏单，请求男女来宾点戏，戏班负责人事前了解席位上每个人的姓名和官职，给他们打'加官'；所谓打'加官'就是演员穿上红袍，扮成'天官'模样，举着'天官赐福'，'加官晋禄'，'连升三级'之类的旗幡，依次施礼请赏。演一天戏，有一天戏价，点戏有点戏钱，不点戏的人也有酌情赏钱的，打'加官'也另有赏钱。妓女会演戏的，也逢场演出，如名妓杨筱红，曾演出《吊全龟》、《大劈棺》等戏，得了不少赏钱。其他妓女以招待员身份，代主人向宾客敬酒、陪酒，宾客打麻将牌时，妓女们点烟、送茶，既能分得'头儿钱'，还能得到不少的赏钱。茶房人员，也给来宾座位上递手帕从中捞点油水。就这样奢侈豪华地搞了一个多月，才算把儿子婚事办完。这充分说明刘文龙的商业收入是非常丰裕的。"⑥

"刘文龙被盛世才囚禁时年已62岁，好在刘素视生命如蜉蝣，且一对老鸳鸯一直在牢中相偎相依（时继室任氏已亡，再继室为逊清宫廷女官，知书达理，小刘30岁，相伴过牢狱生活，无怨无悔）。1939年，刘文龙全家又被命令迁回其原来公馆马厩，但刘文龙仍时为陪囚的一家老小朗读诗书，专作游戏文字以自娱。"⑥

"刘文龙由1933年12月被关，至1944年9月，盛世才调为重庆政府的农林部长，朱绍良、吴忠信先后来新，才于是年11月被释出狱，除将刘的马号小房院和靠南门东侧一个小房院发还供刘自住外，其余房屋均由财政厅作价付款。南山牧场和地亩，卖与财政厅长贾尼木汗（哈族），米泉高家户和青格达湖稻田亦卖与财政厅作为学田。所得价款，即在兰州买了一所大房院，准备在兰州落户。刘文龙在担任教育厅长时，曾由商务印书馆订购的《四库全书》和《万有文库》及各种老版书籍数量很大，去兰州时，仅这些书籍就装了三、四汽车，全部运到兰州。刘文龙到兰州后，曾亲往重庆控告盛世才，要求发还全部财产，但因国民党司法部门不予受理起诉，只好罢休。"⑥

刘文龙这下尝到国民党政府派系林立、官官相护的滋味。盛世才虽离开了新疆，但他及时抱上了蒋介石的粗腿，多少妻离子散家破人亡者，都拿他奈何不得。蒋介石这个人，总是守小义而失大义，他履行了自己的诺言不假，但失去了民心亦真。结果，蒋介石得到了一堆小情微义，丢掉的却是万

▲ 幸存的乌鲁木齐文庙 　（作者摄）

里河山。

刘文龙虽被监禁11年之久，身心上受尽摧残折磨，但三民主义之心未死，革命志向未泯。

"1945年7月，在吴忠信任新疆省主席时，刘被任为第四届国民参政员，前赴重庆参加7月7日至20日的全国参政会。在参政会上新疆籍参政员对盛世才在新疆的罪恶进行了一次清算和揭露。参政会结束刚半个月盛世才的农林部长被免除了职务。"[64]

"民国34年（1945年），与包尔汉、陶峙岳赴重庆参与国共和谈。抗战胜利后退出政界，先住武汉，后隐居兰州。1949年应包陶之请入疆，参与新疆和平解放。1950年被选为乌鲁木齐第一届人民代表。"

刘文龙不幸于1950年6月病逝于迪化市人民代表会议代表任上。

"以八十高龄寿终正寝，葬于仓房沟。"[65]与曾任新疆省主席且同庚的李溶葬于同一地界。

李溶出山动机分析

如前所述，在迪化"四一二"政变后，省政府临时维持会推出的第二份名单中，李溶大约排名第10位。李溶的排名为什么能后来居上？他出于什么因素决定出山担任新疆省主席？对此，史书中鲜有记载和分析。

从同时代人观察与描写中，李溶似性格天生开朗，兴之所至便口若悬河，信马由缰，语中亦诙亦谐，盎然有趣，具有说客的天生素质。"盛世才在1933年4月窃得新疆政权后，进入新疆的马仲英硬要拼命与盛争权，这年7月，南京政府派外交部长兼司法部长罗文干来新调停，盛马双方同意在吐鲁番进行谈判。盛方的谈判代表为迪化行政长李溶、督办公署参谋长刘斌，盛世才派其弟为个人代表，于7月9日专程前往吐鲁番。受到马的盛情接待，马对部下杀害镇西县长李含荃（李溶次子）一事，深表歉意。"[66]以天下苍生为念，不以私仇嫉恨，李溶具有政治家以大局为重的胸怀。

"几天后，马仲英派其顾问张雅韶、副官长拜自兴、秘书处主任姚治平三人陪同盛方代表返回乌鲁木齐，行车途中，汽车水箱沸腾，李溶见状大惊，高呼一声'汽车要爆炸！'纵身跳下车来，抛出五、六米，趴在地上不能动。弄得同车双方代表啼笑不得，刘斌诙谐地说：'李草包名不虚传'，张雅韶随机应变，接着话茬说：'不、不、不，李举人一举惊人！'张雅韶不愧是莫斯科中山大学的留学生！一句话说得李溶起死回生。"⑥这虽为笑谈，亦反映了李溶身体的敏捷，及处事的当机立断。

"1933年8月，吴蔼宸、李溶、桂芬、胡赛音等人提出一份《整理新疆财政意见书》，后来被采用了。"⑥⑧

到了1933年12月，盛世才将省主席刘文龙逮捕，"擅立财政厅长朱瑞墀为主席，第二年3月，这位任人摆布的朱主席，随风摇晃了不到百日就一命呜呼。"⑦有人说朱瑞墀是被吓死的。而盛世才如何说服李溶继任新疆省主席的过程，未见史料记载。

28日，由新疆省边防盛世才签发的李溶任新疆省主席的电文如下：

"南京国民政府主席林
军事委员会委员长蒋
行政院院长汪
钧鉴：

新疆省政府主席朱瑞墀十三日因出缺，刘主席文龙电请辞职，病势沉重，迄未痊可，省务函关重要，主持不可无人，以委员兼迪化区行政长李溶，现年六十五岁，新疆镇西人，历充参议院议员，新疆省议会议长及迪化道尹，德高素著，舆论攸归，遂公推为代理省主席，已于本日先行就职，理解电量鉴核，并乞明令正式任命，俾专责成边局幸甚。

新疆省政府委员邓聚奎、张馨、盛世才、和加尼牙孜、满楚克扎布、沙里福汉、胡赛音全印寅勘印。

民国二十三年三月二十八日"⑦

"盛世才掌握政权的一周年，即1934年4月，曾召开第一次民众代表大会。那时候南疆还没有安定。召开大会不过是给他的政权点缀一下门面罢了。第二年，新疆全省已基本上恢复了和平，经济生活也开始好转，盛世才又召开了第二次民众代表大会。这次大会是盛世才明确宣布自己的政纲，影响面相当广的大会。大会除了盛世才作政治报告外，李溶及和加尼牙孜副主席也作了报告。专题报告是由盛世才指定各机关首长作的，报告稿也经过筹备会的讨论和盛本人的审定。我记得有关经济的报告是由省银行行长徐廉作的，文教报告是由教育厅厅长张馨作的。"⑦

在《新疆第二次民众全体代表大会告全疆各族民众书》中写道："集中我们的一切力量来拥护全疆各族民众的救星盛督办和新政府的领袖李主席及和副主席，因为他们能把我们从黑暗中引导到光明大道，更只有在他们的领导之下，才能完成和平建设的新任务。"这说明，李溶1934年4月已经出任了新疆省主席，而且得到了代表的认可和人民的拥护。

李溶在省主席任上兼职很多。"1935年7月，新疆民众反帝联合会第一次改组，盛指定李溶和省副主席和加尼牙孜任副会长（盛为会长）。1936年成立县长训练所，盛又指定李溶兼任所长……自苏联专家制定的新疆第一期三年建设规划（1937年至1939年）尚未结束时，省府所设的设计委员会，又开始制订第二期三年计划，李溶任设计委员会委员长。"⑦李溶的招牌作用，远胜前朝。

那么，李溶为什么愿意担任新疆省主席呢？按以往流行的说法，李溶因贪生怕死，慑于盛世才的淫威，做了傀儡主席。历史非单一因素决定，李溶与盛世才的关系恐怕没有那么简单。

我们能不能换一个角度，探讨一下李溶为什么愿意当新疆省主席呢？

"四一二"政变后，临时善后委员会次日发布政纲：①各民族在政治、经济、教育上一律平等。②人民有结社、集会、出版、言论自由之权。③发展交通。④开辟矿产。⑤辅助农民，而以外交、财政两大端归诸中央。⑦用今天的眼光看，这份政纲也是进步的，其内容体现了三民主义的进步思想。如果新政府按此执政，利疆利民，这样的主席李溶为什么不当？

即使退一步说，李溶个人性格上是"傀儡"，但新疆省主席有职、有权、有地位，何言傀儡？操持新疆的大政方针和发展规划的职位何言傀儡？

新疆战事基本平息之后，盛世才、李溶政府为取信于民，发布治疆八大宣言，作为新政府的施政纲领。其总纲为：①实行民族平等；②保障信教自由；③澄清吏治；④改良司法；⑤整理财政；⑥实施农林救济；⑦扩充教育；⑧推行自治政策。为了落实八大宣言，又补充提出了反帝、和平、建设三大政策，以后又增加民族平等、清廉、亲苏三项，合为六大政策。这在新疆人民看来，均是前所未有，耳目一新的举措。同年11月，新政府又提出9项新任务：①彻底厉行清廉。②发展经济和提高文化。③避免战争维持和平。④全省总动员努力春耕。⑤便利交通。⑥保持新疆永久为中国领土。⑦反帝反法西斯和永久维持中苏亲善政策。⑧建设新新疆。⑨绝对保护各族王公阿訇喇嘛的地位和权力。⑭

平心而论，在盛李新政府的施政纲领中，有继承，有变化，有创新，有新意。不但兼顾了国内、各民族、各阶层的利益，下决心整治前朝遗留的社会弊端，而且强调亲苏外交路线，借助苏联援助发展新疆的经济与文化，让新疆告别战争，这自然会使盛世才获得各民族、各阶层人民的拥护。

如果我们追溯到1912年，伊犁革命成功时期，伊犁革命党人通过"敬告各军士六言谕"表明新政府的政治主张：

> 告我同胞军士：此次起义边庭，第一要遵纪律，第二保护外人，第三万勿掳掠，第四切戒奸淫，第五莫贪烟酒，第六买卖公平，若是有心干犯，军法难以容情。平时弹压地面，操练莫惮辛勤。谣言切勿轻听，夜间尤戒虚惊。军械最关紧要，务须爱惜保存。若遇临阵打仗，向前奋不顾身。敌退莫贪小利，贪利贻害匪轻。长官传发命令，进退总宜恪遵。保国何分种族，举动最重文明。汉满蒙回缠哈，均应一视同仁。平日私仇私利，此时概勿存心。同造共和幸福，众志可以成城。将来大局底定，大家何等光荣，为此谆谆告诫，望各听受遵行。

还有体现民族平等的"派员下乡宣抚文"：

> 照得伊犁民起义，力图共和，无论汉满蒙回缠哈，均一视同仁，不分畛域。现城乡附近，安堵如常。惟蒙哈缠民，远近不一，恐或误听谣言，致生疑惧。前曾派汉绅祁存元、缠绅哈的才，下乡宣抚，诚恐地广难周。现再加派马秀文、吕兴海、额牙斯三人为宣抚员。除分行外，合行委任分往各乡，剀切宣慰，以期共享和平，毋得惊扰为要，此札。

还有新政府移风易俗的"新伊民政司警察署韵示"：

> 照得新年已过，允宜禁止赌博。无论居民铺户，大家共谋生活，或照

旧日营业，或备田园东作。当此军事旁午，岂容游荡快乐？谕尔汉满回缠：恶习都宜抛却，倘再仍前藐玩，拿获从重发落。⑦

    1912年初，伊犁革命虽然获得成功，但新伊还处在敌对战争状态，革命党人还没有精力制定系统完整的施政纲领，但就其零散的政府公告看，已体现出三民主义的进步精神。反观22年后盛李政府的施政纲领，应该说基本继承了辛亥革命时期伊犁革命党人主张的精神，但在体系上更为完善，政策上更加全面完整。单就纸面施政纲领言之，新疆的社会是进步了，而非退步。

    在新政府提出的政治纲领中，李溶会起到什么作用？谨以新疆省政府"于民国23年冬又成立了特种刑事法庭，是专为颁布《新疆省惩治官吏条例》而设的。贪污条例之公布惩治贪污官吏条例有十二条如下：

第一条：凡本省官吏有贪赃行为者，皆以本条例处罚。

第二条：本条例称官吏者皆指一切公务人员而言。

第三条：贪赃至500元以上者处死刑，或无期徒刑。

第四条：贪赃400元以上未满500元者处十年以上十五年以下有期徒刑。

第五条：贪赃300元以上未满400元者处五年以上十年以下有期徒刑。

第六条：贪赃100元以上未满300元者处一年以上五年以下有期徒刑。

第七条：本条例无规定者依中华民国刑法处罚。

第八条：本省币值制价额未确定之前，依省银行规定限额折算。

第九条：凡控告官吏贪赃而无实据依中华民国刑法诬告之罪。

第十条：本条例并用于本省军官军佐。

第十一条：本条例如有未尽事宜，得由省政府委员会议修正之。

第十二条：本条例公布之日起施行。"⑦

    应该承认，这是一项十分严厉的惩治贪官的法律，判处死刑的红线为500元（银圆）。为什么不是300元，或1000元，偏偏是500元？笔者从杨增新民国初年整饬吏治的法条中找到理据，贪赃500元官吏即可处死刑。二者之间明显存在继承性。盛世才1930年进疆，他没有经历杨增新执政时期，而李溶则是三朝元老，此法条的制定，可能就是李溶发挥的作用。

    值得注意的是，该条例适用于军官军佐，亦是盛世才的明智之举，治乱先治军，军不治，社会难治。盛世才政府规定贪赃500元以上者即动用极刑，是乱世用重典的典范。贪赃腐败是民国时期社会动乱的根由，民间痛恨至极，盛世才政府所定条例尽管十分严苛，后世恐亦无人非议。

新伊临时军政府与"四一二"政变后成立的临时善后委员会的施政纲领异曲同工，在大方向上一致，只是后者在政治目标上更加明确，行文更条理化，是对金树仁政权的拨乱反正，是辛亥革命精神的回归。

有史学者称盛世才伪装革命，正如有人称李溶为傀儡主席，都需要史料足证，合乎逻辑。1911年，李溶是辛亥革命的同盟军，1933年，李溶是"四一二"政治纲领的参与制定者，此时此刻，他与盛世才改变新疆面貌的志向大同，方法小异。若跳出个人依附的狭隘眼光，站在历史转折高度看，既然李溶早有改变家乡之志，担任省主席又能实现夙志，在历史担当关头，何须让人胁迫，难道李溶不可以当仁不让吗？

李溶64岁时，"报经国民党南京政府批准，李溶于1934年10月宣誓就职，并由南京政府派遣教育部长陈立夫前来新疆监督。陈立夫来到乌鲁木齐（旧名迪化）的时候，特为李溶带来了一套由国府主席林森授赠的军礼服。陈立夫到达乌鲁木齐的第三天，适逢国民党'双十节'，盛世才为了表示他实行新政府的'八项宣言'，特意在两湖会馆前院广场上举行隆重的庆祝大会，陈立夫招摇登台，大讲了一番'教育救国'的空话，李溶也身着礼服，抖抖颤颤地举手行了个军礼。"[7]

这是一段1980年代留下的文字，作者的可贵之处在于留下了一段可视的历史细节，可叹的是先入未见，妄加评论历史人物，不仅难以服人，更遑论经受历史的检验。李溶是见过世面之人，又是堂堂正正科拔贡、校长出生，再说李溶武艺不凡，"抖抖颤颤"恐怕是作者的主观臆断，不像李溶。

笔者在蔡锦松教授写的《盛世才外传》一书中，读到一段关于盛世才与李溶的史料："1938年11月24日，新疆民众联合会发起为抗日而全疆献金运动。这一天，盛世才走上搭在南门的献金台，当场解下武装带上各种金质扣、环和饰物共51件，重7两8钱5分；夫人邱毓芳作为妇女代表随后登台，捐金镯1只，重1两3钱，豹皮4张，黑羊皮筒1件。省主席李溶也不甘落后，由夫人搀扶，献上'大宝'（一种银质元宝，按国家规定和社会习惯，每锭约重52两）4锭，共重208两多，他的夫人献上金镯2件，重8钱8分。在督办夫妇和主席伉俪带动下，新疆各界抗日献金极其踊跃，到1940年为止，新疆募集抗日捐款100余万元，寒衣捐款67.8万余元，现金9.4万余元，防毒捐款7万余元，向前方将士发出慰劳信10万余封……一年后，10架绘有六角星（代表六大政策）图案的'新疆号'新式驱逐机开赴前线。"1938年末，李溶身体已显衰败之兆，老人先老腿，他上台阶已需夫人搀扶了。由此联想起1933年曾敏捷跳车时的李溶，岁月真是不饶人啊！

　　研究和剖析李溶的意义，在于李溶属于地地道道的新疆本土政治家。本土政治家，生于斯，葬于斯，怀恋于斯，既无生入玉门关的强烈夙愿，亦无千里做官只为钱的投机心理，对新疆治理结构的稳定至关重要。李溶在新疆政坛的出现和长盛不衰，其背后是新疆教育环境、政治生态、社会形态、文化场域的一系列变化。

档案中的李溶

　　1934年4月，新疆召开第一次民众代表大会期间，新疆各阶层、各地区、各派别有影响力的实力人物几乎到会。盛世才亦善于利用奖罚手段笼络人心。"大会还给有功的官员和人民颁发了金质奖章。受奖的有盛世才、李溶、和加尼牙孜、满楚克扎布、沙里福汉、陈德立、赵得寿、张馨、马绍武、刘斌、麻木提、别克迭耶夫、土尔逊巴巴、胡赛音等，我也是受奖者之一。这个名单是

▲ 1938年新疆人民为抗战捐献飞机　　（作者翻拍）

经过盛世才与他的亲信多次研究后才确定的。当时盛的目的是以此来笼络这些人，并给他领导下的人树立榜样。"⑱对于新疆的政坛而言，这是一份划时代的政治家群体大名单，它的独到之处和历史意义就在于新疆本地政治家的出现与成长。在这些本土政治家中，既有李溶、赵得寿这样的本地汉族政治家，更多的是像和加尼牙孜、满楚克扎布、沙里福汉、马绍武、麻木提、别克迭耶夫、土尔逊巴巴、胡赛音等代表新疆各民族的政治家。这是新疆告别帝制走向共和后出现的政治新气象，是孙中山三民主义路线在新疆的实践。"吸收少数民族参加政府工作更是辛亥革命以后所未有的。"⑲新疆本地政治家，是新疆走向地方民族自治的人才基础。

为什么这么多新疆本地政治家愿意参与新疆省政府的工作，或者说愿意拥护盛世才、李溶的领袖地位？且看本次会议拉的大旗是什么。

在民族方面："在大会期间，盛世才用大会名义向南京政府及内地各省当局与各大报拍出一则辟谣通电。电文相当长，以新疆的实际情况与政府措施，说明新疆没有脱离中国，而且是在中央的政策指导下，巩固并建设地方，它的中心政策是保障新疆永久为中国领土。"⑳会议始终强调各民族平定，决定成立"新疆民众联合会"，这个会的任务是处理民族与民族间的问题。会议进行了民族识别，通过法律形式修正了民族称谓中带歧视性的含义，规范了民族称谓。

在民权方面：在《新疆第二次民众全体代表大会告新疆各族民众书》中还"强调了保护私人财产和封建上层利益：新疆的建设计划是建筑在各民族一律平等、信教自由以及保障各王公、各掌教权利的基础上，是建筑在保护人民私有财产、自由贸易及奖励个人投资、开发本省农工商业等等基础上。……新政府不断提用各族优秀分子，凡是有才能的人，都取得了政府的信赖，委任他们为行政长、警备司令、厅长、县长及其他官吏。"㉑"此外，少数民族的学校、少数民族文字的报纸相继在各地出现，各地学校除小学外，一律是官费（包括伙食费、书费），政府还资送各民族青年到苏联中亚留学。这些现象使人们把盛政府当成了开明政府。"㉒

在民生方面，盛世才在其政治报告经济部分中提出："1.恢复并改善农牧业生产；2.发展地方工业，满足居民需要；3.发展商业，保护商人的财产、利益，借以鼓励他们协助发展工业；4.只有努力发展交通和通信事业，才能够实现农、商、工业的发展；5.整理财政，铲除贪污。"

在这部分报告里，极力动员商人拿出资金，参加新疆的建设。政府将保证商人的财产和应享有的权利。关于整理财政和铲除贪污方面，报告里说，"新政府已经设立了财政监察委员会，将积极监督财政收支，严惩一切贪污分子，同时精简机构和人员、减裁军队，以减轻人民负担。最后，报告里提到，新政府决定自苏联贷入五百万金卢布，用以改善财政和经济状况。"[83]

当然，军人出身、在日本受军国主义教育并在军阀环境中成长的盛世才，并没有忘记枪杆子在夺取政权和维护政权中的作用，他借助阅兵式耀武扬威，大打心理战。"在大会期间举行了一次阅兵式，盛政府把它的主要武力都摆了出来。以教导团、卫队团为首的部队参加了分列式，配有装甲汽车、山炮、野炮；飞机也出现在省城上空，非撒掷了印在彩色纸上的宣传文告和标语。盛世才陪同代表们在主席台上检阅后，又骑马绕场一周。苏联外宾和顾问、专家也参加了检阅。"[84]

辛亥革命以来，三民主义等现代观念渐为新疆社会大众接受。在三民主义精神中，就含有五族共和、民族平等之义。新疆是多民族聚居的省份，维吾尔族是主体民族，随着民族意识的觉醒，他们要求民族平等的诉求，不仅体现在政治上、经济上，还表现在民族名称上。

清朝以降，人民习惯上称维吾尔族为缠回。新疆巡抚陶模之子陶保廉在其名著《辛卯侍从记》中考证："畏兀儿、哈喇灰同奉摩哈默教，衣服亦同，初以白布束头，故称白帽回。后有用杂色者，称红帽回。各族久无分别，惟通称之为缠头回。"[85]

若现代教育不开展，维人不识汉字，不解字义，改名之说就不会发生，因为"畏兀儿"该名词最初本是一个中性词，只是识别一个民族形象的说法而已，并无带有民族歧视的因素。但随着现代教育的开展，人们望文生义，生搬硬套，硬要将音译与意译联系起来。

随着维吾尔人民族意识的觉醒，有人将"畏兀儿"改为"威武尔"，音虽未变，字义完全相反。更有维吾尔族文化促进会提出改名提案。于是，新疆省政府经过研究，决定发布通告，由官方解释"维吾尔"的含义，以平息民间争论和滥用。

在新疆档案馆中，即保留有当时发布的政府公告，现引用一份为证："查汉（西历前206～219年）、唐（618～905年）居住天山南路的人民给以种种名称。清朝（1644~1911年）都把他们叫做缠回。新疆威武尔教育促进会呈请本省府正式把缠回改用具有雄武意义的威武尔一名称。本省府查关于新疆种种书籍，都用畏兀儿一词。此名称含有畏惧之意，或原名系其种族一部分之称，有以偏赅全之嫌。一个民族改变名称这样的大事，不便随便沿用，兹经本府第三十次会议，通过用维吾尔三字。此名称狭义言之，为保护自己民族之意，广义言之，为保护国家之意，与威武尔一称亦无冲突处，顾名思义，当生爱国家爱民族之观念，且用此三字译维吾尔之音，亦较其他字为妥。故以后改缠回为维吾尔，禁用畏兀儿、威武尔等名称。特此布告全体土耳其人民知悉。"⑯

　　1935年春天在迪化召开的新疆第二次民众全体代表上，还通过了其他民族的标准称呼，以体现民族平等的原则。"柯尔克孜族，当年在新疆的正式汉文公文中，一般写作'布鲁特'，这也是从清代沿袭下来的，汉人口语中把它呼作'黑黑子'。大会开会前不久也经省府确定，改为'柯尔克孜'。对'塔塔尔族'，当时一般汉人把它呼作'脑盖依'，自此确定为'塔塔尔'。对'塔吉克'、'塔兰其'两族的称呼也是在大会期间明确的。"

　　"对于汉族，少数民族把它呼作'基太依'，大会期间一般又把中国译成'基太依'。许多人提出，这样译法很不妥当，后来便把'中国'两个字改用音译。但个别人也曾经把它意译作'当中的国'，到1938年后才一律改为音译。而对'汉族'仍译为'基太依'，把'汉族'名称改用音译是解放以后的事。"⑰

　　一个约定俗成的民族称谓，一度成为社会关注的焦点，说明称谓中有政治学。单以汉语义言，"畏"含有不平等之义，反映了当时满族统治者与其他民族的关系；"威"则走向反面，有要压迫其他民族的倾向。而"维"字中性，维护五族共和，维护和平，民族平等是新疆各民族对等的、共同的责任。"维吾尔"译得好，独具匠心，不然也不会沿用至今。

　　值得注意的是，这份《新疆省政府令改缠回名称为维吾尔公告》发布的时间是1934年12月14日。李溶当年10月担任新疆省主席，为改变维吾尔名称的第30次会议可能就是李溶主持的。但史学者只见盛世才，不见李溶，这是有失公允的。联系到李溶辛亥革命初期及以后的表现，李溶最可能是改变名称的倡导者之一。

　　有人评说盛世才是假革命，李溶与在新疆的共产党人却有着真关系。

"1938年12月8日，新疆省政府成立第二期三年计划设计委员会。李溶任委员长，毛泽民、徐梦秋、王宝乾为副委员长。"

"1938年，周彬（毛泽民的化名）来到新疆，任财政厅副厅长。周新来乍到，知李溶为新疆老吏，常与之过往，以了解新疆过去的财政情况。在和周彬谈过去新疆的财政情况时，李溶头头是道，并从中指出当前财政困难的病症所在和整顿方法。周彬在和李溶的交往中，对李溶所谈过的情况，经核实不虚，方知李溶有才识，并非如有些人说的'草包'。"⑧

"新疆财政厅和省政府在一个院里，毛泽民常和李溶谈天，交流在杨增新和金树仁时期人民生活的见闻及看法。李溶对此是知无不言，言必详尽。毛泽民认为李溶在当时一般高级官吏中还是较好的，常称赞李主席诚恳正直。他认为有人称李溶为"李草包"，是不切合实际的。李溶认为办理新疆财政，前有胡寿康，现有毛泽民，而在经验和一切措施上，有远见，敢负责，毛是优于胡的。所以李溶告诉省政府秘书长刘效藜，对毛泽民有关财政上的一切办法和措施，应大力支持，并说："我们新疆有毛泽民这样的人掌理财政，是新疆人民的幸福。"⑧在大是大非面前，李溶心如明镜。

1937年初，爱国民主人士杜重远来到新疆。当时因上海、南京相继失陷于日寇铁蹄之下，国民精神颓丧，作为新闻记者，他似乎从遥远的新疆看到了中国浴火重生的希望，他激情满怀地写下影响深远的新疆通讯。写通讯离不开人物与事件，在通讯中，杜重远主要描写边防督办盛世才，但李溶是省主席，至少有四五处提到李溶。⑧

1938年10月，杜重远一行重庆来的中央记者团成员，一下飞机，不及洗漱即开赴会场。"本日系10月6日，议程是省政府李主席报告5年来新疆行政之经过。李主席年届70，红颜白须，精神异常壮旺。对于新疆的过去与未来，叙述甚祥，因李系新疆人，做过多年县长、省议会议长、北京国会议员及迪化行政长等职，服官清廉，头脑甚新，对于新省新兴政策，极为努力，颇为一般人所爱戴。"这次大会讨论了盛世才、李溶的报告，并作出决议："大家一致认为督办、主席的报告的结论是完全正确的，并誓以最大的热诚拥护领袖的指示。"

"我们大家往访李主席，李虽70老翁，但精神不减于少年，每日有八段锦的功夫，据云在全省的运动大会上，曾出场表演，博得观众热烈的掌声。"

"省政府的李主席，就是新省第一个清廉的官吏。……于贪腐的环境之中，而能保持清廉的风格，尤属难能可贵。"

杜重远是当时南京政府参政会议员，是社会知名记者，他使用语言可能因职业习惯有些夸张，但他观察事务的角度和判断是非的能力是靠得住的。

在该书关于李溶的注释中，称李溶是"盛世才的傀儡"，应该说这不是杜重远的判断，而是后人的判断。就历史角色而言，"傀儡"亦有其好处。好事有份，坏事无干。盛世才爱国、抗日、支持延安、提倡民族平等、发展教育和经济，这些好事李溶有份。至于盛世才后来干的那些坏事，历史没有记在他这个所谓"傀儡"主席的头上。

李盛关系剖析

史上对李溶的评价，说他好者，羡慕他的荣华富贵，无非是以农家子弟为参照系。说他草包、傀儡者，无非以强势军阀盛世才作参照物。对同一个人物，立场不同，视野不同，定论亦不同。

盛世才在新疆一手遮天，兴风作浪，国际强人斯大林首鼠两端，中国达人蒋介石拿他无可奈何，共产党人在盛世才领导下工作，最能看清盛世才的本

▲ 杜重远与妻子侯御之在新疆最后一张合影　（作者翻拍）

性，称其"狼种猪"，具有狼和猪的双重性格。盛世才在上述大人物面前尚敢施展手段，翻筋斗，耍花招，治理手下小人物更是阴招迭出，杀人不见血。在盛世才执政新疆时期，在盛世才身边工作的高官不是被杀，就是被关，唯独李溶毫发无损，死后还被杀人魔王盛世才誉为"一代完人"。这一特例实在值得研究一番。

从表面上看，李溶是军阀盛世才推向前台的傀儡和演员，是徒有虚名的新疆省主席。但为什么盛世才容不下中央宣慰大员黄慕松、公选省主席刘文龙？偏偏容得下李溶一人？而且李溶死后，盛世才自任省主席，不再放权于他人。史上研究李溶与盛世才关系者，由于跳不出督办与省主席的圈子，或者摆脱不了军阀与傀儡的窠臼，故很难得出令人信服的结论。

先讲李溶与盛世才的社会关系。盛世才夺得新疆督办大位，依靠了两支力量，一是以俄国人为主的归化军，二是"9·18"事变后迁徙新疆的东北军人。盛世才坐稳大位之后，为防止兵变，他将这两支力量的首领都杀害了。杀害了人家的首领，等于彻底得罪了俄国人和东北军人。盛世才急需与新的政治集团结盟。

李溶能坐上并坐稳新疆省主席的位置，是因为他拥有自己的政治势力。李溶的政治势力大致可分三类：一是甘陕政治集团，该政治力量由杨增新培植，金树仁享用，凭借这支政治力量支持而上台，李溶亦是甘陕政治集团的成员之一，金树仁倒台后，他可视为这支力量的代表。二是迪化行政区的大小官僚集团。李溶任迪化道尹、迪化行政长十多年，其安排在各个部门的官吏，不仅数量多，感情倾向如众星拱月。第三是李溶在伊犁两等学堂当校长时，在长达15年中培养的以满族、锡伯族、蒙古族为主的学生们，已分批进入社会，在疆内外政治、军事、教育、经济各个领域崭露头角，并形成不可小觑的实力。像李溶的学生宫碧澄，此时已是国民党驻新疆党部特派员，其背后是虎视眈眈新疆的南京政府；还有迪化城防总指挥白寿之，外交官何定海；等等。第四，李溶是新疆土著主席，是新疆人自治的标杆，是新疆人的骄傲，拥有感情上的软实力。盛世才是精于政治计算之人，得罪李溶，就是得罪上述政治力量；笼络李溶，就是团结这支政治力量；容忍李溶，就是不敢得罪这支政治力量。盛世才在李溶死后的夸张评价，亦有讨好这支政治力量的成分。成语投鼠忌器，俗话打狗要看主人，都可以用于政治计算上。

再说李溶与盛世才的私人关系。以笔者之见，盛世才与李溶的关系，不单纯是边防督办和省主席的关系，深一层看更像主官与师爷的关系。如果能证明后一种关系，就可以理解为什么盛世才对李溶恭敬有加，容忍有度，他们可以长久地和平相处，建立起一种稳定的合作关系，还有利于理解盛世才挽幛称李溶为"一代完人"的真正含义。

话从李溶未发迹前说起。辛亥革命前的李溶，既是伊犁将军志锐的座上宾，又是其奏言的刀笔手。辛亥革命中的李溶，担当着革命党人说客的角色。刀笔手和说客，在封建社会都称之为幕客、幕僚或师爷。要弄清李溶这一角色，先须了解与幕客伴生的幕府制度。

幕府一词最早见于《史记·李牧传》。古代将帅出征，治无常处，以幕为府，故称幕府。幕在西域称帐篷。以后幕府就成为各级军政官署的代称。

清朝流行一句谚语：无幕不成衙。师爷与衙门相得益彰。清朝的地方主官，都要聘请师爷佐理政务。师爷这个特别群体，在中国明清官场幕后活跃了三百余年，他们成为中华帝国史上一个不可忽视的政治群落。师爷的群体不仅数量庞大，其作用也非常巨大。清乾隆时史学家邵晋涵说："今之吏治，三种人为之。官拥虚名而已。三种人者，幕宾、书吏、长随。"[36]师爷，又称幕友、幕宾，是明清时代官署中帮助官员处理社会事务的无官职佐员。

在科举取士的明清两朝，官员职数有限，几百万读书人中只能产生万余左右的官员，读书人入仕道路艰

▲《京话日报》主编彭翼仲在迪化官员梁玉书家任家庭教师兼幕僚 （莫里循摄于1910年）

难。跳不进龙门的读书人，只能走教馆或作幕这两条路。清朝幕学名著《佐治药言》称："士人不得以身出仕，而佐人为治，势非得已。""吾辈以国名未就，转而治生，惟习幕一途，与读书为近，故从事者众焉。"[91]大多数师爷都是功名不就才转而作幕的，虽只能"佐治"而不能"主治"，但毕竟离衙门最近，于心可安，职业体面，收入也较稳定。

师爷职业的兴盛，形成了一个庞大的"无形政府"。清朝是师爷的全盛时期，这些学有专精的智囊团，实际操纵着帝国基层政权的运转。李溶科拔贡出身，先主持官办学堂教学，后在伊犁将军府做幕宾，可算作清末新疆高级幕宾之一。

幕府制度兴盛300余年，必有一种文化作支撑。再说，师爷既然成为一门抢手的职业，就有人对此著书立说，专门研究。名幕汪辉祖在《佐治药言》中对"立品"有过专门论述："信而后谏，惟友亦然。欲主人之必用吾言，必先使主人之不疑吾行，为主人忠谋，大要顾名而不计利。""立品是幕道之本，下文素位、自洁、俭用、慎交皆其条目，而尤重自洁俭用是立品之本，品立而后能尽心、尽言。"[92]师爷是衙门的幕后操盘手，很容易滥用职权，受贿贪赃。因此，职业道德是从事师爷行业的立身之本。师爷更应重视立品，唯有洁身自好，不计名利，取得主人信赖，从业方能长久。

龚萼一生游幕，总结学幕之三昧："幕虽较于读书为易，然亦须胸有经济，通达时务。庶笔确文藻，肆应不穷；又必须二十内外，记诵敏捷，举一而三反；更天生美才，善于酬应，妙于论言。若无此三者，断不能如超群，到处逢仰。"又云："千人学幕，成者不过百人；百人就幕，入幕者不过数十人。"[93]李溶的文章、口才、书法及谦恭态度，极具幕宾条件。

衙门为治世而设，治世需要幕宾掌握的各种专业知识。按幕宾的专业职能分，大体可分为刑名、钱谷、文牍等三种角色。

明清两朝，法律十分复杂，清朝尤其如此。从顺治到同治的两百多年间，《大清律》条文已经发展到一千八百多条，各式判例更是累积无数，没有经过专门的训练和学习根本无从掌握，更谈不上准确适用了。此外，审案还需要专门的刑侦、解剖知识，一般科举出身的官员对此更是一窍不通。司法审判的复杂性与重要性决定了刑名师爷的地位。作为衙门最重要的佐员，刑名师爷所办的案件，几乎包括了所有刑事案件和部分民事案件。因此，"幕客之用律，犹秀才之用四子书也。"[94]引经断狱（以四书五经为理据）一直是中国传统法律文化所认定的司法审判最高境界。更为重要的是，司法审判却是朝廷考察地方官员政绩的头等大事，事关仕途升降，马虎不得。

钱谷师爷是州县官的财神。这些专司会计财务的师爷，不仅要打得一手好算盘，还要经过一段时间的见习，熟悉复杂的税赋征收及财政税务核算中的繁文缛节和成例。斯时，有关土地和债务之类的民间案件及税务纠纷，也由钱谷师爷佐理，因此钱谷师爷也要熟悉经济法律及案例。

就事务的烦琐性而言，文牍师爷比不上刑名、钱谷师爷，但其却位高一筹。尤其在府道以上的衙门里，文牍师爷的地位要高得多。康乾年间，官场对贺禀、贺启的书写要求很高，府道以上的衙门，须重金聘请书写骈体文的高手为书启或书禀师爷。李溶既不是断讼的刑名师爷，也不是征税管账的钱谷师爷，他的特长在书启和应酬方面。

入幕是一种高深的学问。学幕能否成功，则因人而异。清末名幕张廷骧在《入幕须知》中称："习幕而可以佐人者，约有三等：识力俱卓、才品兼优、例案精通、笔墨通达者，上也；人品谨饰、案例精熟、笔下明顺者，次也；人品不苟、案例熟练、而笔墨稍逊者，又其次也。故凡有心习幕者，当先自是其才力而后从事于此，卒不至自误生平。"[95]

在中国封建社会中，幕府如一个蓄水池，为社会储备了大量人才。一旦有机会，他们就会由幕转官，从后台走向前台。到了咸丰、同治以后，随着做官的资格限制放宽，由师爷而做官的逐渐多起来，特别是在曾国藩、李鸿章和张之洞幕府中当师爷的，后来入仕的更是不胜枚举。仅由曾国藩幕府中进入仕途的即有上百人，其中李鸿章、左宗棠、李翰章、钱应溥、郭高焘、刘蓉、陈士杰、李兴锐、李宗曦、倪文薇、许振帏等督抚以上的大员就有20余人。李溶出自志锐幕府，继而进入杨增新官僚集团，最终在盛世才时期坐上了新疆省主席。

由于师爷们都是些有本事、有知识的人，尽管非官非吏、无职无品，但是，主官可以对自己的部下呼来喝去，甚至鞭笞痛责，而对师爷必须低声下气，虚心求教。连主官对师爷支付的报酬，也只能称作聘礼或束脩，而不能叫做俸禄，更不能称作薪水。逢年过节，长官必给师爷送礼；请客吃饭，师爷必在宾位。故师爷称主官为"东翁"、"大人"，主官称师爷为"西席"或"先生"。正因如此，曾给骆秉章作师爷的左宗棠能趾高气扬，为张之洞作幕的辜鸿铭能特立独行，蒋介石对陈布雷以礼相待，都说明师爷的地位不低。⑨⑥如果盛世才视李溶为师爷，或他们暗中说好条件，或心照不宣，盛世才起码表面上要对李溶彬彬有礼。主幕关系相较主从关系要容易处理，也相对稳定。

师爷受聘于主官，属于官员的私人顾问和佐理，其聘礼等项支出由官员自己掏腰包。通常来讲，官员要对聘请的师爷相当了解。如果是初入仕途，延请师爷不当的话，"往往坐受其祸而不自知"，因此，一个从政经验不足的官员，上任之前，"宜向老成同官虚心延访"，才能"庶几遇之"。⑨⑦

选好师爷后，须郑重其事地备好关书，由延聘主官亲自拜送。关书的书写程序是：用大红全柬，面写"关书"二字，内写"敦聘某字某姓老夫子，在某官任内，办理某事，月俸脩金若干，到馆起修，谨订。教弟某（姓名）顿首拜"，另起一行书某年月日，不用印信，不加私章。外用红封套套入，签书"某老夫子惠存"。关书如同现代的聘书，但意义更为尊敬。⑨⑧无论他人推荐，还是亲自延访，知府、知县延聘师爷，其隆重而尊崇的礼节都一样。

阅历是最好的社会老师。李溶在从幕生涯中学到了知识，获得了经验，学会了规矩，也许终身受用呢。盛世才在东北时期，也在军阀麾下做过幕僚，他自然懂得幕宾的行规与文化。说盛世才与李溶之间的关系心照不宣，可能与他们从幕的经历与经验有关。盛世才与李溶在公开的场合下互相打太极拳，外行看不懂却当看懂解释。李溶说："我这个主席是盛督办给的。"盛世才回应："不是我给的，你是民选的。"如果换言之："这个主席是我盛督办聘的"，师爷只为老板出主意，不代老板拍板，再联系盛世才公开夸赞老秀才的书法和文章，对盛李的关系就一目了然了。

李溶于1934年当上新疆省主席，便一展"幕宾"应有的功底。"李溶的书法和诗、文功底都很厚实，1934年，全疆第一次各民族民众代表大会，开幕词由他亲自起草，连盛世才听后也大加嘉许：'真不愧老秀才！'"一声感叹之中，心情颇为复杂。

民国28年（1939年），在新疆第三次各民族民众代表大会上，李溶所作的5年来行政概况报告的序文，是李亲自拟撰的，颇得南京来采访的记者的好评，序文既引经典，又对政治解释有新意。

政治家作秀，除了耀武扬威，还要美文善舞。后者，是盛世才的短项。能弥补自己软肋的，唯有书启师爷。李溶书法遒劲老道，飘逸潇洒，常有官商文人求字。盛世才没这本事，他那几个歪歪字，实在上不了台面，给别人送照片签字时也会生出几分惭愧心。譬如，盛世才送给斯文·赫定博士照片的签字，就是出于他人之手，档案中盛世才批注公文的字迹可印证。

李溶书法好，文章佳，说明他不是科举中的冒牌货。清代是文牍政治，给皇帝写奏文，一是权力，二是升迁的机会。所谓政治才能，首先就是能写好文章。能写好文章者，自然会被延揽在具有奏文资格的官僚身边，不离左右。

有一次李溶和同僚去游天池，有人提议请他为铁瓦寺题门楹联，他略作沉思，即吟咏道："铁笛一声来铁寺，银波万里接银河。"出口成章，飞来妙句，均非一日之功。

▲ 盛世才照片的题字出自谁的手迹？ （作者翻拍）

李溶不仅书文俱佳，体育亦颇出色。在伊犁担任两等学堂堂长时，所教学生大部分是满族和锡伯族。他在任教期间，一直重视体育活动，教学生打"八段锦"，他自己也在每天早晚打八段锦，并在全疆运动会上多次表演获得银质奖章。[99]

在李溶当新疆省主席时，关于他是英雄还是草包的议论就不绝于耳。有《谁是草包》这样一则民间故事。故事说李溶当省主席时，有职无权，被人在背后骂做草包，甚至连他手下的工作人员也不例外。有一回下班前，李溶在办公室门外乘凉，有个秘书以为他已经离开，就说，草包走了吧。李溶听见了，没吭气。那个秘书看见李溶后吓坏了，就趴下给李溶磕头请罪，请求李溶饶恕。李溶却笑嘻嘻地说："你说我是草包，我这个草包却高高地在上坐着，你说你不是草包，你却趴下给我磕头求饶——你说我们两个人中间谁是草包呀？"据说事后，李溶并没有惩罚那个秘书，却语重心长地对那个秘书说："年轻娃，你还年轻，世上的好多事情你不明白，谁做了官不想有所作为呢？可是你要坐在我这个位子上，你又能做什么呢？我敢说你要是坐在我这个位子上，你比我这个草包还要草包得多呢。"[10]这个故事，是李溶韬光养晦性格的一个典型描述，同时也表现了他心胸宽阔、本性善良的另一个侧面。李溶作为前清的秀才，熟读四书五经，正史稗史，自然知道盖棺定论、历史由后人评说的道理。可悲的是，历史已经走过一个多甲子了，我们还没有走出成者王侯败者贼的史观怪圈。

李溶甘做忍者龟，应了一句老话：识时务者为俊杰，人生达练皆文章。

大仲马说：人生就是等待与希望。这是多么普通又多么高深的人间学问！

能忍者，往往能容。能容乃成大器，能忍乃行大事。古往今来，凡能成大事者，哪个不能容？不能忍？小不忍则乱大谋，是也！李溶这个名字，还有一层含义，就是水能克火。盛世才是一把火，李溶是一盆水，因此盛世才要烧李溶，不容易，所以才感叹：一代完人！盛世才疑心重，心眼小且歪，对人刻薄，鸡蛋里挑骨头，宁可我负人，先下手为强。李溶在官场浸淫了几十年，伺候了多少独裁者，难道还看不穿盛世才的花花肠子？他对盛世才可谓是知己知彼，百事无隙，一切都在计算之中，一切都有预判。盛世才也不是傻子，对帮过他、没有野心、没有坏心眼、不握兵权的李溶，也是睁只眼，闭只眼。水火相合，平平安安。李溶去世后，盛世才边防督办和省主席一肩挑，再也不做谦让，其大部分恶事是李溶死后做出来的。

在中国人的古老智慧中，逞强是人的本能，示弱是人运用智慧。

做人要学会示弱，就不会被烦死、累死、气死。示弱是绵里藏针，示弱是大智若愚，示弱避强者锋芒，示弱可化险为夷。示弱则能容乃大。示弱者屏呼吸，敛内气，存实力，因此能行得远，处得久，攀得高。所以，示弱非弱而强。逞强非强而内弱。

自幼熟读四书五经的李溶，难道不懂五行易经之术？溶字中就暗含五行之理。对此，李溶不仅懂得，而且在人间妙用，只是庸人不明，愚人不晓罢了。

"李溶自又有了一个年轻的妻子以后，安于知雄守雌的生活，终日锻炼身体，研

▲ 金口难开之金人像　　（作者摄）

究健身术，并选定青年时期就学习过的八段锦中的武八段日加练习。他还经常向人宣传：你要固肾固腰，就要多做两手攀足的动作；要增加力气，要多做攒拳努目的动作；要使五劳七伤平复，应多做往后瞧的动作；要除心火，应多做摇头摆尾的动作；要百病消除，要多做后七颠的动作。华佗的所谓'熊颈鸱顾，引挽腰体，动诸关节，以求难老'，此之谓也。他一边向人宣传，一边做示范动作，热心得很。他宣传这种健身的武八段，有人说他疯疯癫癫，也有人说他别具苦心。"⑩

在平时讲话中，李溶故弄玄虚，语无伦次，有时插一两句诙谐话，引人发笑。有一次，他以讥讽的口气骂前任教育厅长张馨："张馨那贼娃子天生的好'革命'（言其好乱成性）！"贼娃子是新疆土话，普通话意为小偷小摸。当然，张馨不是要偷东西，而是要窃政。窃政比小偷小摸更危险，小偷行窃被发现了，大多挨一顿暴打，而窃政不成功，那是要掉脑袋的。如果将贼娃子拆开而言，贼指性质，娃子指年龄，李溶在此有些倚老卖老的意味，劝诫后辈张馨要小心谨慎。这种态度推及盛世才，亦依然成立。李溶出任伊犁两等学堂校长那一年（1897年），盛世才刚刚出生呢。中国文化中渗透着敬老的精神，盛世才不得不遵循这一潜规则。不敬老，即无德；无德，难以服众。不论李溶的资历，单凭明摆着的年龄，盛世才也不得不让李溶几分。

李溶平时态度随和，讲话不大注意场合，有时兴之所来，信口开河，不着边际。于是有人认为他不明事理，当省主席不相宜；但也有人认为他有意装糊涂，以表示老而无用。借以躲避盛世才的迫害。这种看法只说出了表浅的道理。

盛李的主幕关系一旦确立，疑心甚重的盛世才就把李溶视为自家人，而不是竞争对手或防范对象。盛世才做官，李溶辅佐做事，李溶便有了自由发挥的空间。"盛世才以军代政，又以亲信郭大鸣（郭松龄之弟）为秘书长，政府文件非经郭的签署不得生效。李溶的名章放在办公桌上，供郭随意使用。办公时间，每天由盛世才酌简单例行公文十数交李溶，李溶从不批阅，只是在空白处签字而已。"⑩

李溶后来提出省政府与督办公署分署办公，在人事安排上，李溶也有自己的主见，他将盛世才安插在省政府的秘书长郭大鸣调走，将和田行政长刘效藜（巴里坤县人）调任省政府秘书长。盛世才所以答应和容忍李溶的要求，只能放在主幕的关系下方能解释。

史书上均说李溶胆小怕事，对此要具体分析，不能一概而论。首先是时点，李溶草包说产生于盛世才时代，而杨增新、金树仁统治时期，未闻李溶是什么草包。李溶既做伊犁将军志锐的幕僚，又充当革命党人的说客，那是招来杀身之祸的角色。实际上，在乱世之中，在军阀治下，敢出头当官，是需要相当胆量的。也许，李溶尚抱有我不下地狱，谁下地狱的历史担当呢！幕宾与幕府知识，给了笔者观察李溶现象的一个视角。

说李溶是傀儡，无非是说他是军事强人盛世才的傀儡。即强与弱的关系也。其实，盛世才也是外强中干，只是一般人只看到盛世才强的一面，看不透其弱的内幕。盛世才是军阀，充其量不过是割据新疆的小军阀，他要在国内大军阀蒋介石和国际强人斯大林的夹缝中求生存；盛世才是独裁者，与独裁者蒋介石和大独裁者斯大林相比，那真是小巫见大巫了。如果说李溶是盛世才的傀儡，那么盛世才则是蒋介石与斯大林的傀儡。既然都有傀儡的角色，历史评价何必厚此薄彼呢？

历史再次证明，暴力是暴力者的通行证，暴力者可以伪装成君子，但最终只会以暴力治天下。包尔汉在《新疆五十年》中写道："但是两年之后，这些人里，除了李溶和麻木提，前者因严守'本分'、后者因发动变乱后逃走外，其余都被盛关进狱里，被关进监狱的又只有我和满楚克扎布活着出来，其余诸人都被秘密杀害在狱里了。"⑩

盛世才容不下百人，独容李溶，的确令人不可思议。至于包尔汉所说"严守本分"，究竟是褒义还是贬义？总之，包尔汉在《新疆五十年》一书中，遍评新疆执政人物，唯独对李溶一笔带过。是因为他不值得评，还是不好评呢？

盖棺前后事

人生无常，生死大事，无人能掌控。1934年立秋后不久，在迪化的斯文·赫定感叹道："乌鲁木齐永远是丑恶与美好并存的地方，人们在这里结婚，也在这里死亡。过去的地方官李溶9月初刚死了夫人，但9月19日，这个矮胖和善的老头就又结婚了，新娘是个相貌丑陋的30岁的寡妇。"⑭

不到一月，李溶即被国民政府正式任命为新疆省主席。7年后，民国29年（1940年）3月21日，李溶病逝在任内。

"重庆民国政府闻讯于4月4日发布命令表示哀悼，发给治丧费5000元，以彰其劳绩。"

盛世才为其组织治丧委员会隆重治丧。当时中共中央毛泽东、朱德、林伯渠等领导人从延安发来唁电，苏联领事馆送了花圈，蒋介石及民国政府各院长均发来了唁电。"⑮

当时，成立了以毛泽民为主任委员的治丧会。李溶灵堂前，有毛泽东和朱德的挽联，有盛世才的挽联，此外还有各厅局、八路军办事处以及各法团的挽联。各单位按规定日期集体参加吊唁，当时驻迪化的苏联领事也前来吊唁。过去杨增新的追悼会，在上帝庙开了将近40天，所以李溶家属要求按照追悼杨增新的先例，也举办公礼，时间至少也不要少于三七二十一天。虽然，毛泽民和李溶无论是工作关系还是私人交情都很好，但他还是再三说服李溶家属，追悼会只开了七天。出殡之日，送葬者达万余人。

新疆民国时期，死于任上的封疆大吏只有杨增新、李溶二人。与杨增新的追悼会相比，李溶的追悼会至少多了两项内容，一是国民政府总统、行政院长发来唁电，二是共产党主席、总司令撰写了挽联，国共两党同悼一人，至少在这一点上李溶的风头盖过了杨增新。

从大背景观察，1940年，正是中国抗日战争的战略相持期，新疆这条国际大通道关系着一个民族的生死存亡。盛世才、李溶治疆时期，交出了新疆现代化建设的靓丽成绩单。

教育方面，1913年，新疆有小学15所，在校学生7162名：其中，师范、俄文法政学校各1所，在校学生300名；到1942年，公立与会立学校增到2463所，在校学生达271000人。1936年还选派各民族留学生300名到苏联中亚留学。

交通方面，1935年初开始修筑迪伊（迪化—伊犁）、迪哈（迪化—哈密）公路，1937年中完成了东至星星峡，西至中苏边境霍尔果斯约2000公里国际交通线。1939年起，开始修筑迪化至南疆阿克苏、喀什、和田的公路，四年间完成了近1600公里。1942年底，新疆省拥有汽车1100多辆。1939年，开辟哈密至阿拉木图的飞机国际航线，重庆与莫斯科实现了联航。全省有电报局31处。

在能源开采方面，1942年全省原油产量达18万吨。独山子油矿由苏联方面主管开采。据1942年7月统计，月可出汽油3.3万加仑，每年可供应汽油40万加仑。汽油是汽车的血液，自产汽油可保障公路运输的畅通。⑯

盛世才、李溶在新疆亦开创了社会建设新纪元。"提倡民族平等，首次在省厅级官员中用少数民族任副职。提倡发展以民族为形式、以六大政策为内容的文化教育。废弃历来对维吾尔等少数民族带有侮辱性的称谓。倡立反帝会、各族文化促进会，大力发展会立学校、蒙哈师范、女子学校等。创办了社会教育，增添了职业教育、技术教育、孤贫教育和幼儿教育以及各种训练班、讲习会，建立了新疆第一个高等学校新疆学院并任命共产党人为院长。建立专门机构编译委员会，用少数民族文字编辑出版教科书和其他书籍，无论哪族小学都能得到本族文字的教科书。在群众集会上使用少数民族语言并翻译讲话。"[17]

盛世才特为李溶送了一个挽幛，上书"一代完人"。有人这样解读"一代完人"："誉傀偏为'完人'，评价何其高也！但也有人以为'完人'一词可作下解，在盛世才的统治下，与死者同一时期的许多显要，身系囹圄，多被拷打得体无完肤；而李溶的混混沌沌，却能保持晚年身家安全，毫毛未损，从这个意义上说他是个'完人'，倒也算切合实际。"[18]这只是一种外议。

在民国历史上还有一个被称为完人者，那就是蒋介石幕僚长陈布雷。陈布雷服安眠药自杀后，蒋介石手书"当代完人"，评价他的笔杆子陈布雷。蒋介石与陈布雷，是真正的主幕关系。陈布雷一直甘居幕宾一角，不到台前出风头。

同被信奉枪杆子的蒋介石与盛世才称为完人，陈布雷与李溶何其相似乃尔！李溶在许多方面与盛世才密切合作，而盛世才对李溶表面上亦表示敬重、依靠。即使如此，伴君如伴虎，李溶的警惕性一刻也不放松。他不贪污，不授人以柄；不争权夺利，凡行政长、县长等官员的任免，均推给盛世才决定，以免盛世才的多疑；不贪功，一切都归功于盛督办领导英明。

▲ 三民主义进入新疆　（李雁提供）

忍辱负重是李溶与盛世才相处的基本功。"他在家中常流着泪对家人说：'难道我不知如何当官为政？但是为了保全我这把老骨头和你们吃饭的家伙，也不得不如此了。'"⑩

李溶之死，要么盛世才真的悲伤，要么他要借此作秀，欺上

▲ 李溶与广东省主席黄慕松的灵堂摆设大同小异　　（作者翻拍）

瞒下，哗众取宠。不过，自李溶死后，盛世才军政独揽，继任了新疆省主席一职，再没有搁给任何人。

李溶死得从容，有充分的时间自行安排后事。然而，地域的根脉，乡土的情怀，开始发挥风向标的作用。"李的坟墓，是他生前特请'风水师'选定的，在仓房沟地区（即现在七三三五部队营区内）。在修建坟墓时，他经常带上儿子含芬前往查看。动工时，先挖一个大涵洞，周围用砖砌成拱形，里面再挖三个小洞，也用砖砌为拱形，中间放着自己棺木，左边放着含芬母亲的棺木，右边放着含芳母亲的棺木。三个棺木，都是用巴里坤天山红松木制成的，棺木下边，放有石条，并用石条将门堵住，然后再用砖砌平。在李溶棺木前，放一个用红松木制成的方桌，桌上放有李溶生前用过的用品，如眼镜、茶壶、茶碗、菜盘、饭碗、象牙筷和小铜勺等。原计划在大涵洞内放一大缸清油，坟上留一小孔，好点燃灯火，说是长寿灯，后未实现。仅放一块石碑墓志铭，是用八分体书写的，谁为之撰文记不清楚。到1966年5月，七三三五部队使用地皮，所以迁到福寿山另一个山沟内。在起坟时，展览馆派人前往，将方桌上陈设物品和墓志铭等全部拿去，作为历史文物保存。"⑪

李溶在世时，为人小心翼翼，处事如履薄冰，白天忍辱负重，天黑夜夜惊心，家人看他活得太累，没有主席的派头，他却说，这样做都是为了你们的安全呐。如此低调做人、勤于做事，才换来一代完人的美名。李溶死后，盛世才手下的官吏却连李溶的孀妻也不肯放过，证明所谓美名不过是虚名而已。

李溶死后不过4年，盛世才被蒋介石挤出了新疆，盛世才执政期间制造的骇人听闻的大量冤狱开始浮出水面。由一些受害家属集资出版的《祸新记》中，详细记载了李溶家属被讹诈的经过。"民国33年8月23日上午约10时，警务处科长李书睿至前省府秘书长刘效藜家向其二太太云：'刘效藜已供认有活动经费20万元交汝手，现有其亲笔条子，要汝交出'，二太太以并无其事，威迫许久，悻悻而去，隔炊许，复引警士多名前来，先翻箱倒柜掘地砖搜索一遍，毫无所得。继将二太太推至门外，以黑布套头，引上汽车，送至天主堂（是刑讯最酷之法庭），临行复留警卫4人，分守前后门，并嘱刘之大侄媳，率领家人，不得外出……"

"二太太至天主堂，即逼其交20万元，无则打手心，不让睡觉，连续5日，逼供信不已，最后与二太太串好口供，栽赃给李溶遗孀。于是下午仍由李书睿将二太太蒙头，乘车至前主席李溶公馆，临行前坚嘱见李夫人时，请将3月9日所存大洋20万元交还即得，二太太见李夫人云'李夫人请救救我们家老头吧，救救我们一家子吧，我这条老命也要完了，老头子要有20万元，才可出来，请你善心借给我们20万元吧'，未及李夫人回答，李书睿大怒，将二太太拉出，仍送回天主堂，重加责打，二太太慌了说，'这叫我怎么办呢'，问官说：'谁叫你说借？你不是亲送给她放在铁床下面吗？你问她取还就是了'。二太太大悟说：'对，明天就是这样说吧'。"

"27日早（省督办公署警务处长）李英奇亲率二太太至李夫人家，见面即请将存款交回，李夫人当即大骂：'我家几时存了你家的钱，怪不得你们一家子都押起来呢，还要来害别人，从此画地绝交，你们再不要来我家吧。'李英奇登时大怒说，'你骂她即骂我，骂我即骂督办'，于是挥手示警云：'带去'，李夫人吓慌了哀告说。'好吧，我们去了，今日无现钱，请限期明日中午交清吧'，于是由李书睿代书限交单，经李夫人盖章后，乃率二太太返天主堂，复以鞭打威吓……送至返家。25日上午李书睿又率警乘车至刘宅……家人吓得东躲西藏，二太太在床上磕头求饶，李书睿云：'昨日李家交来20万元，少100，须补足'，刘之小女娃赶紧从床上爬出，寻到大侄媳，取得100元，面交李，李始离去，而刘之全家，已各个面如土色矣。"⑪

"9月8日，李书睿又至刘宅，须带二太太随往……见盛督办，并再次套好供词'督办问你是真的吗？你说是真的，问你冤不冤枉，你说不冤枉'，教毕即带往另一室，见督办及盛世骥及其他二人在座（按即系朱长官徐次长）。督办发问，果如所教，至存款日期，忽然忘记，期期不能答，督办当拍桌问："是不是3月9日呢？"答'对，对'，问毕即送之返家。"⑫

此段经过虽然详细啰唆，但体现了妇道人家叙事的真实情态。如此，揭开了盛世才及其爪牙肆无忌惮搜刮民财的嘴脸。盛世才无耻至极点，蒋介石还好言袒护，国民党在大陆焉有不倒之理？盛世才不倒，李溶在阴间岂能安宁？

官宦之家，传不过两代。李溶在世时，官运亨通，享尽荣华富贵，到第二代便命运不济。李溶原配是巴里坤人，生二子。长子因酒后失言，为李溶不容，盛怒之下一砖击中要害而毙命。次子名含荃，曾充过北京议员和巴里坤县长，为马仲英部所害。⑬

尽管李溶想通过风水术来改变他们的命运，但似乎无济于事。李溶原配病故后，另娶二房，生含芬一人。二房病故后，李在北京充议员时，又娶了第三房，生含芳、含惠二人。三房林淑容，是李溶任内病故的。

李溶又娶第四房。李溶病故后，她终日吸食鸦片，后来双目失明而病故。李溶为官多年，颇有积蓄，一部分为李含芬在重庆学习时变卖了，大部分是最后的那位夫人，全作为吸鸦片费用。

李溶的部分儿女活到中华人民共和国成立以后，大都成为自食其力的平民百姓。李含芳、李含惠均是李溶在道台任内由三房生的，含芳乳名叫"道生"，现为伊犁州建筑公司工程师；含惠在和田工作。二房生的含芬是留苏生，历充随习领事和副领事，新中国成立后，在一中和八中任俄文教员，现已退休。⑭

从一定意义上说，辛亥革命造就了李溶。辛亥革命的意义，不在于它短时间建设了什么，而在于它对旧制度的彻底打破，以及对新制度的开创奠基。辛亥革命的爆发，改变了李溶的命运，使他从校长、训导、县长、国会议员、议长、行政长、省主席，一步步走向人生大舞台。

注　释

①③④⑦ 《哈密地区志》，新疆大学出版社，1997，第1400页。

② 罗绍文著《西域钩玄·李溶传略》，兰州大学出版社，2002，第503页。

⑤⑧ 《乌鲁木齐文史资料》第四辑，新疆青少年出版社，1982，第70~75页。

⑥ 〔日〕陈舜臣：《鸦片战争实录》，重庆出版社，2008，第22页。

⑦ 罗绍文著《西域钩玄·李溶传略》，兰州大学出版社，2002，第502页。

⑨ 王嵘编著《哈密风物志》，云南人民出版社，2001，第170页。

⑩ 巴里坤县政府网资料。

⑪⑫⑬ 王嵘编著《哈密风物志》，云南人民出版社，2001，第71页，第176~177，158~159页。

⑭⑯㉙ 罗绍文著《西域钩玄·李溶传略》，兰州大学出版社，2002，第501页。

⑮⑰ 《巴里坤哈萨克自治县志》，新疆大学出版社，1993，第587页，437~438页。

⑱⑲㉑㉒㉓㉔㉕㉖㉗㉘ 《霍城文史资料》第一辑。

⑳ 《乌鲁木齐文史资料》第四辑，新疆青少年出版社，1982，第70~75页。

㉚ 伊犁革命成功翌年，大都督府正式任命邓祥麟为两等学堂校长，邓是随南洋军（鄂军）暗萌异志投笔从戎来伊的湖北黄陂县人，虽不能与杨缵绪、李辅黄、冯特民等众望所归，但也可称爱国志士中一人物。其颜真卿体书法，诗词平仄研究亦深，尤其是能通篇背诵孟子、论语，才华出众。1918年时接任伊犁镇边使，因李的书法造诣很深，故两人私交甚笃，为斯时文人墨客。邓任校长20余年，能随时代前进，逐期改进学制和授课内容。确定学制六年，初等分丁丙乙甲班，高等分乙甲班。伊犁惠远城经历了戊戌变法和辛亥革命，读书风气兴盛，当时学生猛增至四百余人。

㉛㉜㉝ 罗绍文著《西域钩玄·李溶传略》，兰州大学出版社，2002，第503~504页。

㉞ 张大军：《新疆风暴七十年》，台湾兰溪出版有限公司，1980，第807页。

㉟ 吴蔼宸：《边城蒙难记》，新疆人民出版社，2010，第27页。

㊱ 《乌鲁木齐文史资料》第六辑，新疆青少年出版社，1983，第125~133页。

㊲ 《乌鲁木齐文史资料》十七辑，新疆人民出版社，1997，第238~239页。

㊳ 包尔汉：《新疆五十年》，民族出版社，1984，第181页。

㊴ 《孙中山全集》第六卷，第223页。

㊵㊶ 《新疆辛亥革命史料选编——纪念辛亥革命八十周年专辑》，新疆人民出版社，1991，第140~141页。

㊷ 吴蔼宸著《边城蒙难记》，新疆人民出版社，2010，第67页。

㊸ 罗绍文著《西域钩玄·刘文龙传略》，兰州大学出版社，2002，第479~495页。

㊹㊺㊻㊼㊽　《乌鲁木齐文史资料》第六辑，新疆青少年出版社，1983，第125~133页。

㊾　注：民国11年3月刘文龙署教育厅长，直到1933年刘文龙任新疆省主席方才辞去，《乌鲁木齐文史资料》第七辑，新疆青少年出版社，1986。

㊿51○52○53○54○55○56○57○　《乌鲁木齐文史资料》第十三辑，新疆青少年出版社，1986，第43~44页。

58○59○60○61○62○63○64○　《乌鲁木齐文史资料》第六辑，新疆青少年出版社，1983，第125~135页。

62○64○65○　罗绍文著《西域钩玄·刘文龙传略》，兰州大学出版社，2002，第498~499页。

66○67○　《乌鲁木齐文史资料》第十三辑，新疆青少年出版社，1986，第41页。

68○70○　《新编新疆文史资料》第七辑，新疆政协文史委编，2010，第200页。

69○　《乌鲁木齐文史资料》第一辑，新疆青少年出版社，1982，第63~82页。

71○　包尔汉：《新疆五十年》，民族出版社，1984，第237~245页。

72○　罗绍文著《西域钩玄·李溶传略》，兰州大学出版社，2002，第514页。

73○　《乌鲁木齐文史资料》第一辑，新疆青少年出版社，1982，第67页。

74○　《新疆社会科学院历史研究所50年文集》，新疆人民出版社，2007。

75○　魏长洪：《辛亥革命在新疆》，新疆人民出版社，1981。

76○　张大军著《新疆风暴七十年》，台湾兰溪出版有限公司，1980，第3504页。

77○　《乌鲁木齐文史资料》第十二辑，新疆青少年出版社，1986，第45页。

78○　蔡锦松著《盛世才外传》，党史文献出版社，2005，第147页。

79○80○81○82○83○84○85○　包尔汉：《新疆五十年》，民族出版社，1984，第237~245页。

86○88○　新疆社会科学院历史研究所：《新疆历史与文化》，新疆人民出版社，2007，第216~219页。

87○　罗绍文著《西域钩玄·李溶传略》，兰州大学出版社，2002，第514页。

89○　杜颖、杜毅编著《杜重远文集》，文汇出版社，1990，第302页，第308页，第352页。

90○91○92○93○94○95○96○97○98○99○100○　张志东：《御座下的众生相》，湖南教育出版社，2009，第137~145页。

101○　罗绍文著《西域钩玄·李溶传略》，兰州大学出版社，2002，第513页。

102○103○　吴孟庆主编《政海拾零》，上海辞书出版社，2006。

105○　包尔汉：《新疆五十年》，民族出版社，1984，第237~245页。

⑩④　〔瑞典〕斯文·赫定：《亚洲腹地探险八年1927～1935》，新疆人民出版社，1992，第683～684页。

⑩⑥⑩⑦　《新疆社会科学院历史研究所50年文集》，新疆人民出版社，2007，第157～158页。

⑩⑧⑩⑨⑩⑩　《乌鲁木齐文史资料》第四辑，新疆青少年出版社，1982，第70～75页。

⑪⑪⑫　张大军：《新疆风暴七十年》，台湾兰溪出版有限公司，1980，第6012～6014页。

⑪③⑪④　《乌鲁木齐文史资料》第四辑，新疆青少年出版社，1982，第70～75页。

第八章
辛亥六俊——民间雄才

在新疆民国史中，有关大人物的争议不绝于耳，史家各持己见。但是刘先俊、边永福、熊高升、苏普尔格、铁木耳这些名不见经传的小人物，他们的英名长留民间。虽然他们在黑暗中仅发出萤火之光，但他们是无可争辩的时代英雄。

宁乡人刘先俊

1911年12月28日（清宣统三年十一月初九日），刘先俊率百余人仓促发动迪化起义。经过一夜较量，终因寡不敌众，起义失败，革命者的头颅被悬挂在城门上示众。

就时间而言，这是新疆真正意义上的"辛亥革命"。因为迪化起义仅有一夜即告失利，其影响力自然不大，可供后世记录和挖掘的东西亦很少。

在新疆辛亥革命的史料中，关于刘先俊的资料是支离破碎的。"刘先俊和他的堂兄刘先任、堂弟刘喆生一起动身赴疆。"[①]

"刘先俊暗中与温世霖取得联系，温世霖欣然表示愿意加入起义队伍。"[②]

"杨增新为安定新疆社会大局，买棺木安葬被杀的民军，又将刘先俊的遗骨运返原籍，发给经费，并拨车辆，购买棺木，交给刘先任亲自入殓护送。"[③]

尽管刘先俊因迪化起义而青史留名，但他只能算一个小人物。因为是小人物，时过境迁，他的尸骨安葬在哪里，从此无人知晓。由此笔者决定做一次田野调查。

100年后的秋天，即2011年9月7日，经新疆维吾尔自治区党委宣传部常务副部长吕焕斌安排，笔者在宁乡市政协文史办公室主任夏时、著名辛亥革命元勋黄钺之后人黄祖同先生陪同下，一起到刘先俊家乡宁乡道林镇河清村作探访，目的有三：一是寻找刘先俊的后人及墓地；二是为其后人可能保留的刘先俊的遗物拍照；三是记录刘先俊后人的口述历史。

河清村党总支书记蒋丙洪身材高大，脸色黝黑，说一口浓浓的宁乡话。他带我们奔忙了一个上午，先后询问了几位七旬老人，都说不知有刘先俊这个人。我们到74岁的刘汉平老人家中探访，他拿出了家里珍藏的《六修泉塘刘氏族谱》，其中也没有找到刘先俊的名字。下午，道林镇党办的办事员又给下辖的村里打了一通电话，只有一种回答：不知有此人，更不知100年前发生在新疆的迪化起义这件事。

湖南宁乡县是名人辈出之地。中华人民共和国主席刘少奇、中国佛教协会会长一诚大师都是宁乡人。夏时主任告诉我，为了重修刘少奇家谱，弄清刘家的来龙去脉，有学者花了整整10年时间，一诚大师的家谱考证作为政府项目也花了5个月时间。这既道出了史学之不易，亦算是对笔者的一种暗示。刘少奇、一诚家谱难寻的原因，一是清中以后社会动荡，战乱频仍，而湖南地处南北的十字路口，长沙一带五省通衢，交通便捷，历来是兵家必争之地，近代兵燹不断，避难迁徙频繁，对宗族文化破坏很大；二是湖南人历来重视耕读传家，读书人往往以报国为己任，最能冲破"父母在不远游"的陈腐观念，入仕成名，从军立功，蔚然成风，较早摆脱了祠堂和寺庙对人精神的束缚，故宁乡乡下祠堂难觅，族谱难寻；三是湖南与广东相邻，知识分子能较早感受外来思想的冲击，看清统治阶级的朽败，具有彻底革命精神，而离开湖南的成功人士大凡少小离家，便以他乡作故乡，如断线风筝，难觅踪影。刘先俊、刘少奇、一诚等正逢乱世，族谱中断，势所难免，而盛

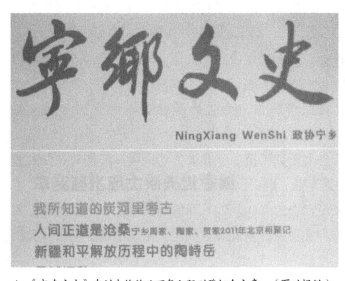

▲《宁乡文史》在刘先俊就义百年之际刊登纪念文章　（夏时提供）

世修志，重续家谱，正合历史规律。

河清村的人不知道刘先俊其人，并不说明刘先俊不存在。笔者在宁乡市档案馆找到了刘先俊的信息。在民国30年（1941年）出版的《宁乡县新志》中，有两处提及刘先俊："在卷三·忠烈表第七（甲）历年战役官兵死事"中，第一个人物就是刘先俊："刘先俊，清军官，起义被害，有传"；在《宁乡县新志·人物传》中记载："刘先俊，字定坤，麟峰乡人，清光绪年间留学日本东京体育学校。回国后，历充江南武备学堂及三江师范教员、镇江巡防营管带。县人陶森甲，官江苏，拔赏之。宣统三年（1911年），推荐新疆巡抚袁大化，委充新军教练官。无何武昌事起，先俊联湘籍军人及巡警谋响应，并结合忠义堂党人同时举事，亲入巡警队任指挥。事泄，大化令新军围捕。或讽逸去，先俊曰：首事者我也，我去如同人何？遂获，从容就义。巡警九十四人同日殉，湘人尤多云。"④

在1993年出版的《宁乡县志》中，也有关于刘先俊的记载："刘先俊（1882～1911年），道林人。日本士官学校毕业。宣统三年（1911年）在迪化（今乌鲁木齐）任新军训导，策动起义，响应武昌起义。12月28日，率100余志士攻占协署衙门后，分兵攻打抚署、陆军炮营等处，被捕牺牲。"⑤

在这两部相差52年的宁乡县志中，都载有刘先俊生平，可见刘先俊在家乡地位不凡。就生平简介内容而言，可谓大同小异，小异之处有三：其一，刘先俊究竟毕业于东京体育学校，还是日本士官学校？或者二者本身就是一所学校？其二，刘先俊充任新军教练官，具体任职为训导；其三，刘先俊到新疆任职，是由"县人陶森甲，官江苏，拔赏之"。陶森甲是刘先俊赴新疆的关键人物。

陶森甲是何许人？在1941年刊印的《宁乡县新志》中，有陶森甲的简介："陶森甲，字矩林，清寿春镇总兵，民国任辰沅永靖观察使。清史志有传。"⑥1993年出版的《宁乡县志》中云："陶森甲（1852～1912年）字矩林，道林人。清光绪副贡。曾赴俄、德、奥、日考察军事，回国后创办武备学堂。民国元年任辰沅永靖观察使。"⑦

陶森甲为什么拔赏刘先俊，并推荐给新疆巡抚袁大化？陶森甲与刘先俊是何关系？1991年新疆大学历史系教授魏长洪的文章，似乎揭开了这个谜："袁大化巡抚新疆，招募将才。刘的舅父陶森甲为袁的旧友。鼓励刘到新疆投袁以施展抱负。1911年10月22日。刘先俊一行抵迪化。袁大化认为刘是留日学生，又是湖南人，路经陕西等地，疑其与各地革命党人有联系，仅委刘为新疆督练公所教练官，不给军权。刘拒绝任职，袁又以金钱收买，也遭拒绝。刘请给驿马东归，袁怕他沿途煽动革命，拒不拨给驿马，使刘等滞留迪化。"⑧

上述史料为我们揭示出以下信息：一是说刘先俊为青年才俊，已在军界崭露头角；二是说刘先俊的舅父为陶森甲（从《宁乡县志》简介中，我们只知道刘先俊与陶森甲是同乡，刘先俊得到陶森甲拔赏，还看不出他们有亲戚关系）；三是说陶森甲与袁大化为旧交；四是说陶森甲向新疆巡抚袁大化推荐自己的外甥；五是袁大化买了旧交陶森甲面子，接受了刘先俊，但不给实权，因为怀疑他是革命党人；六是刘先俊拒绝袁大化任命，显然与他原先预期有较大差距；七是袁大化不愿或得罪不起陶森甲，想用金钱摆平眼前的难题，刘先俊不买账；八是刘先俊滞留迪化，袁大化忧心忡忡。

斯时，袁大化与刘先俊分属两个势不两立的阵营，一方要保皇，一方要造反，针锋相对。一个多月后，迪化起义爆发，因袁大化早有防范，刘先俊起义失败后被捕。据1912年10月1日《民立报》报道称：

　　刘鼎（定）坤被捕时已晚，至翌日早，袁在督练公所问起事理由，刘慨然谓之曰；当武汉举义之日，予曾劝尔反正，不料尔奴心太甚，今晚被执，速杀而已，夫复何言？袁复问党人名目，烈士曰：杀尔者，我也；欲反正者亦我也，此外并无一人，求救我勿株连他人。袁又问何以不跪，烈士勃然大怒曰：我堂堂黄帝子孙，岂跪尔汉族贼子，虏廷走狗。事成则我杀尔，事不成则尔杀我，何必支离屑碎以厌人听闻。袁抚蛙怒，令速杀之，烈士慷慨就义，至死未跪。⑨

▲ 迪化起义阵亡烈士名录

细细品读这段文字，其中透露的信息耐人寻味。刘先俊为什么没有当场被杀？袁大化为什么要亲自审问他？袁大化为什么要刘先俊跪下？刘先俊为何口出狂言，敢对袁大化不敬？其中除了保守与进步、革命与反革命的立场对立之外，或多或少有些个人情感纠葛。以常理推论，袁大化与陶森甲为旧友关系，没有口供便杀了刘先俊，以后不好向陶森甲交代；袁大化与陶森甲是平辈，刘先俊的辈分自然低一辈，袁大化呵斥刘先俊，你晚辈见了长辈如何不跪，成何体统！但他们之间是一场你死我活的革命，是一个阶级推翻另一个阶级的斗争！革命可以大义灭亲，袁大化与刘先俊之间的矛盾是不可调和的。

　　笔者虽然没有找到刘先俊尸骨运回家乡的直接信息与物证，但了解到了刘先俊与陶森甲的关系，即决定从陶森甲入手，迂回发现刘先俊的信息。

　　在宁乡县道林镇河清村，我们找到了陶森甲老宅院的所在地。如今，住在这所普通平房里的主人已不姓陶，年逾七十的老人说，这里就是当年陶家庄园的一部分。他指着一段残存的院墙说，这就是当年陶宅的老院墙。穿过平房的堂屋，后面有半亩方塘掩映在绿树竹影之中，几只鸭子在塘中戏水，几只花鸡惊叫着躲避生人。塘边，堆放着几件百余斤重的石盆、石墩、石槽，长达两米多的两条石柱半卧塘中，它们显然不是普通农家的器物。它们的存在，隐隐显露出当年陶家的显赫地位。

　　关于陶森甲更为详细的信息，宁乡县档案局局长给了我们一些资料，引用如下：在《清代官员履历档案全编》光绪十八年（1892年）引见单中称："陶森甲，现年三十八岁，系湖南宁乡人，由副贡生遵例报捐内阁中书，光绪五年到阁行走；七年经督办新疆军务大臣刘锦棠奏调出关办理营务；十年十月于六载防边案内经刘锦棠保奏，奉旨着以同知归部即选，并赏戴花翎；嗣经钦差大臣、督办福建军务大学士奏调福建军营差委；十三年出使大臣洪钧奏调出洋，派驻德、俄两国；十五年十二月，因前在台湾剿办番社出力，经福建台湾巡抚刘铭传保奏，请以知府选用，奉旨允准；十六年游历英、法，顺道回华；十七年因出洋期满，经出使大臣洪钧保奏，请以道员即选并加二品衔，奏旨允准，遵例报捐分发省份；本年五月赴部验看，签分陕西试用。本月十一日，吏部带领引见，奉旨：照例发往。"⑩

　　在《清代官员履历档案全编》第6册中，收录有光绪二十六年（1900年）陶森甲的另一份引见单，前半部分与光绪十八年引见单基本相同，后半部分记录了陶森甲光绪十九年至二十六年的经历："十九年遵例改指江苏，经署理两江总督张之洞历委会办支应、营务及五河盐厘等差。二十一年丁母忧回籍，二十四年复阙起到省，历委总理两江营务兼管马路工程及江南练将学堂，并派赴日本阅看陆军大操；二十四年八月奉上谕。刘坤一奏保使才一折，江苏试用道陶森甲，着该督抚即饬该员来京预备召见。二十五年委办五河盐厘卡务，是年十二月经两江总督刘坤一奏保，请以沿江沿海各省道员要缺请旨简放。二十六年交卸五河盐差，委随办南洋交涉事务。并于驻沪各国领事商订保护长江内地事宜，旋因经手事件完竣，领咨前赴行在军机处、吏部亲投。遵旨：预备召见。"⑪

陈玉堂主编的《中国近现代人物名号大词典》中，记录了陶森甲分发陕西之后的经历："寻改归江南候补，委赴日本考察军队。八国联军入侵时（1900年），助刘坤一订东南互保约款。旋署常镇道，改寿春镇总兵。民国初，任湖南辰沅永靖观察使。未几卒，年六十。辑有《日本学校章程汇编》。"⑫

陶森甲在晚清不算是一个大人物，但他具有多次留洋经历，且与朝廷多省封疆大吏关系密切，因此在八国联军攻入北京后，能在江南各省与外国驻沪领事间穿针引线，助刘坤一订东南互保约款，为清廷保住了半壁江山，其作用并非无足轻重。

作为刘先俊的舅父，陶森甲对刘先俊的影响不可不察。陶森甲生于1852年，刘先俊生于1882年，两人相差30岁。1892年，陶森甲受光绪皇帝接见时，刘先俊仅10岁。而朝廷委派陶森甲赴日考察军事期间，刘先俊大约17岁，正好是留学日本的最佳年龄。刘先俊赴日学习军事，回国后在江南武备学堂任教，可能都受到了舅父陶森甲的影响。值得注意的是，在晚清面临的大变局中，陶森甲所持有的政治倾向。陶森甲秘密资助并掩护革命党人，与推荐外甥刘先俊远赴新疆投靠巡抚袁大化，其中有何内在关系？就常理而言，不排除陶森甲要袁大化提携外甥的意图，内地人才济济，升迁机微，而边疆则有乌鸡变凤凰的机会。另一种推测是，陶森甲已经知道刘先俊革命党人的身份，或有意助力于外甥刘先俊，支持他马背立功赴新疆奋力一搏。刘先俊死后，依陶森甲的政治立场，可能有两种反应：一是大为震惊和羞愧；一是扼腕叹息，悲痛不已。无论是哪一种情绪，刘先俊与陶森甲之死相差不到一年，很难说刘先俊之死不是陶森甲之死的诱因之一。

湖南人向有破釜沉舟、奋力一搏的勇气与精神。"戊戌变法"中，谭嗣同如此，留日湖南学生陈天华以死唤醒民众如此，革命党人黄兴更是冲锋陷阵、视死如归。在辛亥革命各省光复中，率先响应武昌起义的是湖南浏阳人焦达峰，使湖南成为"首应之区"，湖南邵阳人蔡锷在云南昆明发动起义，湖南安化人李燮和在福建率新军起义，湖南桃园人胡瑛在山东烟台起义，湖南人广西原巡抚沈秉堃反正响应革命，湖南宁乡人黄钺领导秦州（天水）起义。总之，在辛亥革命各省光复中，共有7名湖南人敢于挺身担任都督，一举载入史册。

陪同笔者做田野调查的黄祖同先生是黄钺之子。发动秦州起义的黄钺与发动迪化起义的刘先俊，同为宁乡人，他们之间有何关系？要说明这种关系，必须借助一个中介人周正鳞。

周正鳞（1875～1964年），宁乡东湖塘人，曾与黄兴共事明德学堂，担任教习。在《周正鳞自述》中有以下记载："得秋季新军会操消息，遂买舟南下，与上海同志策划长江发动，并密派同志刘定坤（即刘先俊）、黎兆枚持书至陕甘，促井勿幕、黄幼蟾（钺）准备响应（辛亥夏幼蟾为允升奏调充甘

▲ 随刘锦棠进疆的喀什提督黄万鹏（黄祖同提供）

肃巡警道，余在京曾多方为之定计，谋断满人右臂）。幼蟾复介绍径复迪化起事。"⑬此份自述1950年4月10日写于长沙。文中透漏出几层信息：第一，从行文内容和口气看，此时他并未忘记刘先俊，而且称刘先俊为定坤，可见之前关系相当密切；第二，明确指出黄钺介绍刘先俊赴迪化发动起义。

黄祖同先生向我们提供了父亲黄钺、祖父黄万鹏的资料。黄钺是何人？他有何能耐将刘先俊介绍给新疆新任巡抚袁大化？而袁大化还不得不录用呢？这要从黄钺之父黄万鹏说起。

黄万鹏（1832～1898年）字忠璘，湖南宁乡东湖塘镇方塘桫木塃人。清咸丰五年（1855年）投湘军曾国荃部。六年（1865年）驰赴江西与太平军作战，先后攻克安福、吉安、信丰、景德镇等地。十一年（1861年），他参与围攻安庆，掘地道轰城。后随军攻取巢县、和县、芜湖，进逼天京，以总兵记名简放。时年29岁。同治二年（1863年）春，攻克雨花台，诏补参将。三年（1864年）六月掘地道轰塌南京城墙20余丈。16日，他率前锋从缺口入城登龙广山，与城内太平军力战，随后大队入城拼杀3日，遂将南京城占领，以总兵记名简放。时年32岁。

同治九年（1870年），黄万鹏奉调入陕，任汉中总兵。十一年（1872年）参与进攻西宁，击败起义军马本源。即随刘锦棠围攻大通，俘其头目马长忠

等。十三年（1874年）率部镇压河州闵殿臣起义军。时年42岁。总之，黄万鹏是曾国藩、左宗棠时期能征善战的湘军年轻将领。

光绪二年（1876年），44岁的黄万鹏随左宗棠出关收复新疆，驱除阿古柏侵略军。他几乎参与了所有重要战役。是年8月，挥军进攻古牧地，击败马明、白彦虎部，收复乌鲁木齐。随后支援金顺攻克玛纳斯，平定北疆。翌年4月，随刘锦棠进军南疆，先夺大坂城，再下托克逊、吐鲁番，兵锋直指南疆。小草湖伏击战，阿古柏服毒身亡，白彦虎逃往开都河西。黄万鹏率部乘胜追击，9月驰抵托和奈，再败白彦虎，收复库车、拜城，拔掉乌什重镇，南疆东四城光复。大帅刘锦棠令黄万鹏与余恩虎会师喀什噶尔，黄万鹏率部日夜兼程，沿雪山千里追击，白彦虎逃入俄国境域，匪患即除。新疆平定后，朝廷为黄万鹏加官晋爵，授二等轻车都尉世职。时年45岁。此前，清军在对外作战中，屡战屡败，左宗棠收复新疆，连战连捷，是唯一特例。

光绪四年（1878年），黄万鹏回乡省亲。六年，回疆主持军务，历任喀什噶尔城协副将，阿克苏、巴里坤各镇总兵，新疆提督。晋头品秩，封二等男爵，三代正一品。应该说，清政府将骁勇善战、百战沙场的湘军部署在新疆，有力保障了西部边陲的安全。

光绪二十四年（1898年），在驻守新疆近20年后，黄万鹏奉旨进京陛见，至陕西途中枪伤复发，不幸病逝。他的遗骨葬于宁乡县道林老女塘，算是叶落归根了吧。享年66岁。可以这样说，黄万鹏为收复新疆、保卫新疆立下赫赫战功，奉献了青春年华，亦付出了韶年时光。

黄钺（1869～1943年），是黄万鹏37岁时所得之子。平定太平天国战役之后，黄万鹏以总兵身份简放回家，算是过了几年太平日子。在生下黄钺第二年，黄万鹏离湘入陕，再披战袍，出任汉中总兵。黄万鹏为子取名钺，似有深意。钺是一种古兵器，是否寄寓此儿将来像自己一样为国家操干戈。

黄万鹏收复新疆回乡省亲时，儿子黄钺已近10岁。两年后（1880年），黄万鹏奉命驻守新疆，一驻就是18年。其间，无论是黄钺母亲在丈夫身边或是在老家孝敬公婆，黄钺都不止一次到过新疆，与新疆结下不解之缘。父亲卒后，黄钺袭二等男爵，不仅有一定的社会地位，而且有广泛的社会关系，特别是父亲生前的亲朋好友和诸多部下。

黄钺1906年经黄兴介绍在上海加入同盟会。1910年，中国东南民主革命运动高涨，唯独西北冷冷清清。孙中山和同盟会委派他去西北开辟革命阵地，以与东南成呼应之势，使清廷首尾不能相顾。同盟会委派黄钺赴西北发动革命，自然看中其父黄万鹏在西北留下的社会关系，特别是时任陕甘总督长庚，与黄万鹏在收复保卫新疆时一同共过事。长庚曾任新疆最高军事长官伊犁将军，黄万鹏时任喀什提督（相当于省军区司令），可谓军中挚友。挚友之子在清政府危难之时投奔而来，并有世袭爵位在身，长庚自然不会怠慢。但他料想不到的是，黄钺此时已站在清政府的对立面，立志推翻他父亲以命相护且由他世袭爵位的大清。

经长庚安排，黄钺在军中谋到一合法职位，以此为掩护秘密从事反清活动。

1911年10月22日，陕西革命党人起义成功，陕西军政府宣告成立。陕西为西北门户，长庚急调3万精兵东进，开赴陕西围剿革命军。黄钺乘机请兵500，赴秦州（天水）布防，本意断陕西革命军后路，不料1912年3月黄钺在秦州宣布起义，使长庚东征军后院起火。长庚闻之，携眷逃往内蒙古。黄钺发动秦州起义时，伊犁新军与袁大化率领的政府军正在激战。因此，秦州起义不但解了陕西之围，而且策应了新疆革命军，彻底粉碎了清政府退守新疆以图东山再起之美梦。⑭西北诸省响应共和，对中华民国建立意义重大。

黄钺与续弦夫人生下黄祖同时，黄钺已75岁。黄祖同生于1943年3月，同年11月，其父黄钺卒于家乡。

宁乡与新疆的密切关系始于左宗棠收复新疆时期。从黄万鹏的经历可以推断，湘籍军人不但收复了新疆，同时留下一部分官兵驻守新疆，由此开启了宁乡与新疆的关系史。笔者从周正鳞民国30年（1941年）编修的《宁乡县新志》卷三上人物表中，阅读到以下内容：

> 彭炳文，字云岑，清新疆候补知府，民国署乌什县知事，记名道尹。
> 刘寅光，字润寰，清新疆候补县丞，民国署沙雅县知事。
> 萧学琛，字西荣，清新疆温宿县典史，民国署莎车县知事。
> 汤兆蓉，字子斌，新疆皮山县知事。
> 谢芬，字蓉初，新疆沙雅县知事。
> 廖焱，字谷初，新疆宁远县知事。⑮

上述六人，原籍均为宁乡，至少晚清时已到新疆，清末民初始任一县知事。民国初年，以不完全统计，宁乡人就占到五分之一，可见宁乡与新疆的历史渊源深厚。

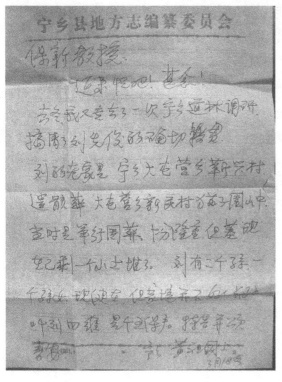

▲ 黄祖同来信

老乡见老乡，他乡遇故知，这些黄万鹏带入新疆的军人，都可以列入刘先俊的关系网。同盟会派遣刘先俊赴新疆前，想必是作了一番调查研究。

刘先俊究竟葬于何方呢？笔者第一次赴宁乡探访没有答案，只能抱憾而归。

2012年春节刚过不久，夏时主任打来电话说，刘先俊的墓地已经找到。旋即，收到黄祖同来信，全文如下：

保新教授：

去冬，我又专去了一次宁乡道林调研，搞清了刘先俊的确切籍贯。刘的老家是宁乡大屯营乡靳兴村，遗骸葬大屯营乡新民村猫子园山中。当时是举行国葬，十分隆重，但墓现在已剩一个小土堆了。

刘有二个孙、一个孙女，现健在，但家境并不好。长孙叫刘四维，是个五保户。

特告，并颂

春安！

宁乡　黄祖同上

3月18日

由此，100年前的一个悬念，迄今水落石出了，尽管结果令人感伤。

商总肉孜阿吉

刘先俊发动迪化起义，是一个人的革命，还是一个汉族帮会"哥老会"的革命？这个问题看起来没有革命本身重要，也没有革命失败悲壮，但仍然不可忽视。世上任何事件必有来龙去脉，不会凭空生灭。针对研究新疆辛亥革命而言，若忽视了革命前的准备阶段，遗漏了革命的支持者、同情者、参与者，不仅使这场革命显得突兀、莽撞，也使革命的目的、性质打上折扣。

100年前，刘先俊发动迪化起义时，有没有各民族的支持者呢？维吾尔族学者谢力甫·胡西塔尔写于20世纪80年代中期的一篇文章，解答了这一问题。

乌鲁木齐的阶级状况和人口分布情况如何呢？"当时，乌鲁木齐的居民只有三四万人，城内居住的绝大部分人是满汉权贵和豪门富商，还有一些满汉手工业者和城垣菜农。占乌鲁木齐人口百分之六十以上的居民住在城外，也就是现在的南门外至二道桥和

▲ 繁华的迪化商业街 （莫里循摄于1910年）

沙依巴克区至西大桥一带。其中绝大多数是小商小贩和一些从事手工业生产的劳动者，还有一部分是出卖劳动力的贫民，他们或当临时雇工或下煤矿挖煤。"

"旧社会对富人来说好比天堂，对穷人来说好比地狱，穷人饿死也没有人过问，挖煤工因事故而成残废也没有人管，而被抛弃。穷人的老弱病残夏天躺在城墙外的沟河边，在酷热的夏天只得渴死或饿死、到了冬天更加悲惨。在乌鲁木齐的马路上夏天饿死，冬天冻死的人经常会出现。那时乌鲁木齐的老弱病残相当多，他们从来得不到政府的帮助与救济。"⑯

"反动腐败的清朝政府根本不管穷人的苦难。他们不但不去解决老百姓的苦难，反而采取残忍的手段，来压迫和剥削人民。比如，要是一个满族官员死了，就向人民捐收一百到五百匹白大布。用这些白大布搭盖丧棚，凡参加送葬人员都要用白大布做孝服穿上，甚至把棺材也用白大布裹起来，剩下的布匹给死人家属留用。"⑰

统治者死得尊贵，生又如何呢？"那些贵族老爷们进出衙门或进出城门时，必须鸣炮，各族人民必须停止一切活动，要就地跪倒，无论是干硬的沙地或是湿污的泥坑。"对这种不人道的情景，一个涉世不深的少年很是看不

惯，就为这件怪事，有一天他问一位老人：'为什么老百姓要给满族老爷跪拜呢？'老人解释道：'满族是我国的统治民族，因此非满族人要给满族老爷跪拜。'除此以外，还有一个非常不公道的法规，假如任何一个满族妇女生了孩子，所生的是男孩，从小孩出生日起就给孩子发工资和口粮；所生的是女孩，从小孩出生日起，发给免费口粮（不发工资）；只要是满族就不交纳一分钱的税；非满族人损害了满族人的利益一定要严厉惩罚，搞坏了他们的东西，一定要加价赔偿；要是满旗人损坏了非满族人民的财物，根本不赔偿。这是清朝政府给满族人的一种特殊权力。"[18]

1870年出生于乌鲁木齐的肉孜阿吉耳濡目染了这一切。"肉孜阿吉的父亲那吾尔巴依，原籍喀什疏附县，正当那吾尔巴依接触社会的时候，南疆各地受压迫的农民，由于太平天国革命和陕甘回民起义的影响，纷纷发动反抗清政府驻地官员和他们的走狗——阿奇木伯克的斗争。那吾尔巴依经历了1854年喀什罕爱里克村的农民反对加征官粮的暴动，1856年由迈买铁力所策动的阿图什铜矿农奴暴动。这两次暴动都在清朝政府和地方封建势力的联合镇压下失败了，千万个受压迫的农民惨死在血泊中，这对有正义感的那吾尔巴依是多么强烈的刺激啊！于是他离开了自己的故乡疏附，漂游南疆各地。1860年前后来到乌鲁木齐定居，从事小手工业，维持自己的生活。那吾尔巴依的生意很红火，他精心苦干，随着时间的推移，积累了一笔相当可观的钱。他就用这笔钱在东梁坡（原东门外无线电一台一带）雇人开荒种地，开始从事农业生产。后来随着农业的发展，又买了一些牛羊，兼营畜牧业。不久，那吾尔巴依便成为乌鲁木齐的殷实富户。那吾尔巴依是一位有爱国思想的人。他聪明理智，说话正直，办事公道，在各族人民群众里有着非常高的威望。"[19]

那吾尔巴依在乌鲁木齐生下肉孜阿吉。"他年幼时受过很好的家庭教育，到上学年龄时，便送到经文学校读书（当时的维吾尔族学校只有传授伊斯兰教的经文学校），到成人年龄时，跟随父亲那吾尔巴依学做买卖。肉孜阿吉从小就很机灵，敏锐好强，爱动脑筋，他所看到的任何一件事物，总是用心探索它的实质。他在学习上从来不怕烦问和请教别人。他经常跟着父亲到社会活动的每个场合，精心地听父亲跟别人交谈时所说的有关历史、文学、宗教、社会生活，以及各种神话故事。有关当时局势的议论，他更是爱听。特别惊人的是，无论在什么场合，对于长辈们的谈论有疑问，就立刻站起来要问个究竟，往往把大人都弄得很惊讶。"[20]

肉孜阿吉的父亲去世以后，他就继承了父业，在社会上出头露面。由于肉孜阿吉有超人的智慧，讲话在理，办事公道，所以在乌鲁木齐经商的各族商民选他为商总。肉孜阿吉当上商总以后，无论在处理买卖或其他纠纷上，都站在真理一边，他做任何一件事都不分民族一视同仁，所以获得了各族人民的爱戴。

"肉孜阿吉走向社会不久，就开始对老弱病残，孤寡穷人进行救济。他把这些人集中起来，供给饭食，对死亡者也用自己的钱葬埋。天长日久，他感到用自己的那么一点资金去救济那么多的孤寡穷人是维持不久的，后来他想出了一个办法，就在清真寺门边挂了一个慈善箱，让自愿施舍者把钱投到箱里，他把这些施舍的钱都积累起来，用在生活最为困难的人身上，给穷人解决了不少困难。肉孜阿吉的这种见义勇为的做法，受到了乌鲁木齐广大穷苦百姓的拥护。后来，还得到了宗教界人士和地方开明人士的支持，办起了一所孤寡残废人员救济所。这是新疆第一个民办的社会救济团体，为乌鲁木齐的孤寡残人办了不少好事。"㉑

从1905年开始，压迫与被压迫的矛盾逐渐激化，新疆巡抚联魁，为抗击民主革命的风暴，加紧对新疆各地人民的剥削。他们除了加倍地征收赋税外，还增加了多种新的徭役与苛捐，向各民族穷苦劳动人民敲骨吸髓。1907年，哈密维吾尔人民在吐尔巴克兄弟的率领下举行了反抗哈密王的暴动，联魁不惜一切手段，镇压了这次暴动。于1909年5月25日在乌鲁木齐出动军队，屠杀了无辜平民数十人，又在1910年8月，出动大量的军队，武装镇压了起来反抗的骑兵团警卫连全体官兵。

所有这些，使肉孜阿吉更加觉悟了。在他的思想里产生了只有各民族团结起来才能战胜反动统治者的念头。于是，肉孜阿吉想方设法与"哥老会"革命党人联系，劝他们跟自己一道去推翻独裁专制政府。他们对肉孜阿吉说："我们虽然是一个秘密组织，但是我们要联合一切与我们有共同目标的人，欢迎你们支持我们的革命斗争。"他们还给肉孜阿吉透露，全国范围将要爆发一场规模空前的暴动。从那以后，肉孜阿吉在社会上公开了自己的政治面貌。他在各种聚众场所，甚至在有几个人一起闲谈的时候，都流露出攻击清朝腐败政府和迎接全国范围革命斗争的思想和言论。

"不久，肉孜阿吉盼望的日子到来了。他跟革命党人刘先俊等人在乌鲁木齐南山、水磨沟和东门外自己的庄院里接触谈话，同他们一起讨论了革命暴动

▲ 晚清中亚市场一景 （作者翻拍）

的战略与部署。他自告奋勇负责做昌吉、玛纳斯、乌鲁木齐南山和市郊区暴动的准备工作。当他得知革命党人急需活动经费时，就毫不吝惜，慷慨解囊，资助了数百元银币。除此而外，他还发动在乌鲁木齐经商的爱国开明人士穆海买地卡日阿訇、哈吉纳买抛阿訇、托格·阿不拉阿訇、伊善帕孜里阿訇（和田人）、买合苏地阿訇、满苏尔巴依、吐尔逊巴巴、玉山巴依、赛排尔阿訇，和田行商沙克阿訇还有他的两个哥哥帕里塔阿訇与吐尔地阿訇（后来任商总）等人，积极支援革命，援助粮草牛羊和准备起义所需的物品和经费。"[22]

"肉孜阿吉还通过刘先俊的介绍跟伊犁革命党领袖杨缵绪取得了联系，争取伊犁本地有威望的人士阿克木拜克、玉山巴依、哈吉与亚库普巴依等人对这场新的革命给予同情和支持。阿克木拜克同意领导伊犁沙克散圩孜地区的农民，必要时响应起义。玉山巴依与亚库普巴依给革命军资助了冬装、马鞍和其他军用物品。"[23]

"以刘先俊为首的'哥老会'革命党人居住在乌鲁木齐'观音阁'古庙里的时候，由于反动派的严密监视，食物供应十分困难，肉孜阿吉就将南关一带烤馕商的馕饼全部买下，并让他们一个一个地把馕饼送到古庙门口，故意高声叫卖，等里面的人开门出来，就将馕饼全部送给他们。在1911年12月28日革命党人起义之前，为便于军事行动，由刘先俊和肉孜阿吉商议后，将起义指挥部设在南关福寿巷回族刘进才的水磨大院里。"[24]这场轰轰烈烈的武装起义虽然遭到袁大化一伙的血腥镇压，未能取得预期胜利，但是肉孜阿吉动员兄弟民族人民支持起义的动人事迹却永远在乌鲁木齐的历史上闪烁发光。

乌鲁木齐的武装起义失败后，伊犁的义军于1912年1月在杨缵绪的领导下发动了起义。在伊犁各族人民的大力支持和并肩作战下，义军占领了伊犁将军府后，宣布共和政府成立。"伊犁革命党人宣布成立共和政府以后，肉孜阿吉非常振奋，当天写信给共和政府，要求他们组织一个有各民族人民参加的统一战线，希望把革命烈火很快燃烧到全疆，还倡议在新疆执行民主共和国的制度。同时，他把乌鲁木齐进步人士（以上提到名字的人士）那儿收集的捐助物品，委托阿不拉阿訇与纳斯尔艾山（即纳斯尔拜克）等人，秘密运往伊犁，去支持伊犁革命政府。不幸这批物资运到乌苏县以后，遭到袁大化部队的截拦。"㉕

民国建立后，肉孜阿吉当了新疆省议会副议长，为了沟通民族感情，他与汉族商总杨绍周联名倡议，在南门外修盖了一座很大的"天棚"市场，让各族商民在此联合营业。"天棚"市场出现后，打破了长期以来"城内"、"城外"的民族隔阂。

正因为肉孜阿吉受到各族人民的爱戴，当时的民国中央政府在肉孜阿吉的院门口上挂了一块刻有"人民代表"的四字牌匾，还任命他为省政府顾问。

作为一个政治家，肉孜阿吉深知民族关系在新疆的重要。"他无论在什么样的场合去演讲，总是要说：'我国各民族人民是一家人，每个民族都要在搞好本民族事情的同时，决不应该有损害其他民族利益的言行。'他每逢过年、过节都要到汉族和其他民族家去拜年祝贺，还给贫穷人家送去羊肉、羊油。最为感人的是有一年，南关一家维族商店失火，城里的汉族民间消防队（即'清平水会'——编者注）立即赶来，将火扑灭。第二天，肉孜阿吉拿出自家的阿克苏上等大米和四只大尾肥羊，并带着屠夫、厨师和失火店主到了消防队慰劳救火的汉族兄弟。肉孜阿吉和消防队的韩会长陪同大家一边吃抓饭，一边促膝交谈，气氛热烈、活跃，真像一家人同席会餐。"

"肉孜阿吉在1927年，也就是杨增新被枪杀的前一年，去伊斯兰教圣地麦加朝觐，成了更为人民所尊敬的阿吉。1928年杨增新被枪杀后。他继续担任省参议会副议长职务。因与金树仁政见不合，辞了职务，专心致志地从事社会公益事业。"㉖

"1932年肉孜阿吉在乌鲁木齐因病去世。他的家产被'四一二'政变上台的盛世才全部没收，一直到1946年时，按三区革命政府和国民党政府所签订的十一条协议，退还了一部分。退还的财产，解放后，大部分由他的后代捐献给政府修筑乌鲁木齐市区马路和支援抗美援朝了，一小部分作为股份，投入利群工业公司。现在肉孜阿吉年迈的老伴和具有高等学历的儿女和子孙还生活在乌鲁木齐。"㉗

维吾尔族学者谢力甫·胡西塔尔在讲完肉孜阿吉的故事后，还专门介绍了

肉孜阿吉助手纳斯尔艾山的生平。此人曾作为刘先俊与肉孜阿吉的翻译，多次
参与了迪化起义的密谈。而且，他的经历就是一部民国新疆简史。如果他留有
回忆录，自有珍贵价值。

　　"那斯尔艾山（纳斯尔拜克）1891年生于库尔勒。他从1891年至1902年受
家庭教育，1902年至1908年在汉语小学堂里读书。后来他自己学会了蒙古族语言，
1910年到焉耆县，给蒙古王当翻译。他在王府从事翻译时期，经常和乌鲁木齐维
族商总肉孜阿吉接触，受到进步的思想影响。在1911年革命党人刘先俊与肉孜阿
吉谈话时，他给他们当过翻译。从此，肉孜阿吉把他拉在自己的身边当助手。

　　1912年1月，伊犁革命起义军东伐到达精河时，纳斯尔拜克跟阿不拉阿訇
一起，代表乌鲁木齐辛亥革命支持者，以肉孜阿吉为首的公众，运送支援物资
到乌苏县（因被袁大化军队阻拦，未能到达伊犁）。杨增新上台后，经肉孜阿
吉介绍给杨增新当翻译，后任副官。1912年至1917年在省参议会工作，还给肉
孜阿吉私人当翻译。1928年7月7日杨增新被枪杀，金树仁上台后，于1928年至
1933年担任金树仁的副官和省政府顾问等职。"四一二"政变后，即1933年至
1938年，在边防督办公署先任少校副官，后被提为中校、上校。1939年至1940
年任逆产委员会调查委员。1940年至1941年任新疆省银行副行长，1941年被盛
世才逮捕入狱。1945年出狱后，任新疆土产公司副经理职务，直到1946年。
1946年至1949年任迪化市副市长，1949年至1953年任乌鲁木齐市副市长，1953
年任乌鲁木齐市法院副院长、首席审判长。此后任乌鲁木齐市政协副主席，自
治区政协常委等职。1979年因病逝世。[28]

　　纳斯尔艾山，就个人而言，得益于教育；就时代而言，则得益于辛亥革
命，他是时代造就的新疆本土政治家。

哥老会首领边永福

　　如果伊犁革命不成功，革命风潮不波及喀什，边永福就没有机会成为国家
英雄，他的名字便不会为后人所知。真可谓时势造就了边永福。

　　"边永福（? ～1917年），字昆山，甘肃临洮县人。系新疆哥老会首领，
在喀什以屠宰为业。当辛亥革命的风云席卷全国，宣统帝退位，喀什道袁鸿祐
对外交涉仍用宣统年号，奉命拥护共和又秘而不宣。当新伊战争之际，他解银
20万两接济袁大化。1912年4月25日，袁鸿祐继任新疆都督，又强令官民剪发易

服，他的倒行逆施与失误，激起哥老会的不满。5月7日凌晨3时，边永福与魏得喜等率会众将袁鸿祐夫妇刺杀于喀什道署，同时杀死了平日趋附于官长的恶吏。边永福等自称新军，控制了喀什局势。提督焦大聚与新军妥协留任，知府王炳堃任道台，宣布减轻税收，保护中外人民生命财产，安定社会秩序。"㉙

▲ 策勒村事件纪念馆 　（作者摄）

边永福因戕新疆都督袁鸿祐而"获罪"，因在策勒村事件中，自组新军，与官府携手维护社会秩序，共同抗击沙俄挑衅而扬名，因不计较个人安危勇赴中蒙边境御敌而令人钦佩，因被杨增新玩于股掌之中而让人叹息。

1912年6月，"于田策勒村发生戕毙俄人案件，俄国借口保侨，进兵喀什，于中元节（旧历七月十五）用炸药轰毁城门，几乎酿成巨变。盖俄人意图挑衅，乘机占我土地也。幸而喀什官民极力隐忍，不敢计较；边魏亦能约束，部众亦极服从。故俄兵居喀，无隙可乘，相安无事者数月，既而俄弁积不能忍，纵令部下佩刀带枪，横行街市，习以为常，巡警目之，而不敢问也。俄兵故意屡与军民发生龃龉，对于边魏部下尤有意启衅。其处心积虑，无非欲惹起中俄战争也。其后杨增新与焦大聚电商，采'调虎离山'之计，将边魏二人调归省城。边魏听命，于十月间带队离喀。陈得功仍在喀什。俄国军队待策勒村案解决后撤去"。㉚

策勒村事件发生时，新伊谈判未果，喀什中俄冲突又起，令新任新疆都督杨增新头疼不已。为收服边永福，杨增新煞费苦心。杨增新降服边永福分三个步骤：第一步，呈北京政府准予取消追究边永福等人戕害袁鸿祐案，先让边永福等人感恩戴德；第二步，借科布多战事，调动边永福所率军队离喀赴边立功；第三步，离间与瓦解边永福与哥老会、伊犁革命党人的关系，使其相信杨增新，而失掉戒心。

是时，科布多边关事急，边永福报国心切，急欲离喀什赶赴边关，莎车知府郭守闻得消息，函阻其行，正告杨增新诱边魏等晋省正法。民国元年11月7日，杨增新电边魏称，"该管带此次来省，闻莎车郭守擅造谣言，谓本都督即于该管带有所不利，此等谣言，未免意存破坏，今不能不为该管带剀切言之。

查该管带自告奋勇愿赴科布多前敌，是出于该管带之意，在该管带既实心报效，本都督亦实心栽培，彼此均无它意，此可相信者一也。本都督莅任以来半年于兹，事事以和平解决为宗旨，并未做一不利于人之事，即如焉耆张守系在吴参将署被戕，后经吴参将会商安管带益元将此案结办，吴参将来省照常候补，巴里坤之案于周福成不无干涉，结案之后，周福成来省安居无事，比例以观，此可相信者二也。"

"新省陆革新军约计不下三十万，虽有汉回之分，陕甘人居十之八九，如果该管带来省有所不利，陕甘中重要人物，必有与该管带报告者，何以独出于郭守一人之口，其为造谣无疑，此可相信者三也。"

"喀什之案已奉大总统批销，如果本都督将不利于该管带，不啻违背大总统命令，亦何以取信于人？虽至愚不肯为此，此可相信者四也。"

"本年四月蔡乐善马队在省城溃变，意欲破坏大局，后蔡乐善将收回溃勇带赴镇西及东路肃清，本都督仍保蔡乐善补缺升官，何尝稍存芥蒂。况该管带自本都督莅任以来，并无丝毫反对，今复情殷报效，本都督又极欢悦，此可相信者五也。"

"新疆人类庞杂，即蒙哈回缠，本都督向不分畛域，一律收用，况同为汉族，又愿与国家效力，岂有不加优待之理，此可相信者六也。"

"近来新省闲人太多，无事可干，专造浮言，谅该管带等断不至为其所惑，仰将本都督德意传至哨官、哨长明白宣布，以免误听人言，自乱主意。"

"该管带等库车略为休息，即可来省，不必逗留。以上各节因远道传闻异词特恐以讹传讹，不免误会，故不惮谆谆言之。"[31]

杨增新曾自喻一支秃笔治西域，观此信函，言真意切，信誓旦旦，果然名笔非虚传矣。边永福一介屠夫，涉世不深，脑筋简单，哪里弄得清官场尔虞我诈钩心斗角之术。

杨增新哄骗之术起了作用，边魏二人只信杨增新，不再听哥老会兄弟好心劝告。边魏等行抵吐鲁番时，又有哥老会党邓兴邦等专人函邀其带兵赴吐与哈密维族结合举事，边魏不但未允，到省后反将邓等原函呈交杨增新。"杨即将邓兴邦、喻少良、李观春先后拿获正法。"[32]

杨增新虽然奏言袁世凯免除了边魏戕害袁鸿祐之罪，但袁鸿祐之子袁崇范却不依不饶，民国2年11月间，呈请大总统重审喀什戕官案。差不多已两年时光，边魏等在前线与后方带兵并未有新案发生，且无劣迹，杨增新遂将边永福调阿克苏副将，于民国3年10月初由省到任。忽于同年10月9日，杨电令库车知事马绍武将边永福不动声色请至署内严行监禁，并将随从十余人快枪一并收缴。所带哨官、差官暂行看管，兵丁发一月恩饷遣散由东路回原籍。[33]

杨增新密令马绍武将边永福逮捕后，用木笼装载并带脚镣，于11月22日押送甘肃原籍。边永福押送回籍后，并无生命之虞。

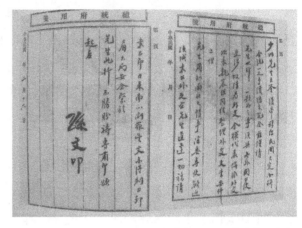

▲ 孙文手书信函　（作者翻拍）

1917年，边永福奉孙中山之令，充任甘肃革命军第二师师长，联络各界在甘肃举起护法义旗。11月11日，在临洮浮桥头击毙敌团长刘忠荩等，终因众寡不敌，边永福等战死。"[34]

边永福这一民间雄才，虽生得卑贱，但死得高贵，其气节和胆略让后人感佩。边永福首先是辛亥革命的英雄，如果没有边永福等人率领哥老会策应伊犁革命和伊新谈判，袁大化就不会仓皇东归，杨增新也未必在谈判桌上让步。边永福是民族英雄，在处理策勒村事件中，边永福有勇有谋，与官方紧密配合，维护社会治安，不给沙俄可乘之机，帮助杨缵绪招募训练新军，发动群众策应策勒村事件审判案，壮大中方声势，以影响审判结果。

更难能可贵的是，为换取沙俄撤出喀什，边永福主动要求带兵到科布多抗击沙俄侵略。在明知杨增新计谋暗害的情况下，边永福表现出对国家的忠诚，襟怀坦白，坦坦荡荡做人，此种气节对杨增新也是一种震慑。杨增新后来几乎杀光了哥老会首领，唯独对边永福网开一面，可能也是不想背上不仁不义的污名。

边永福对革命的忠诚，还表现在他坚持继续革命的精神上。在袁世凯倒行逆施称帝复辟时，许多满腹经纶、冠冕堂皇之流攀龙附会，丧失立场，而识字不多的边永福，则能通晓大义，坚定地站在孙中山一边，举起护法大旗，最后饮弹成仁。

参将熊高升

熊高升与边永福一样，亦成名于震惊中外的"策勒村事件"。

"熊高升（1875~1959年），男，汉族，湖北黄陂人，出生于黄陂县熊家大湾，少好拳棒，曾中武举（榜眼）。1893年参军进疆，加入哥老会。1912年5月喀什哥老会暴动成功后，在领导的新军中担任驻叶尔羌（莎车）参将。"⑤

辛亥革命后，南疆各县到处发生戕官案件，政局动乱，人心浮动。喀什道尹王炳堃与哥老会首领边永福委派熊高升到莎车、和田一带安定局势，调解外交纠纷，暂驻和田营内。

沙俄历来把新疆视作其潜在的殖民地。为此，1905年它放回豢养的间谍色依提·阿吉，窜到了策勒村，以经商为掩护，侦探各种情报，霸占良田与水利，抗纳粮税，非法发展侨民。在辛亥革命时又建立俄侨武装，强逼华民叛国投俄，遭到了苏普尔格为首的村民反对。村民屡向于田县、和田州控告色依提·阿吉的罪行。色依提·阿吉在沙俄驻喀什领事馆的庇护下，逍遥法外，并对爱国村民报复。1912年6月15日，色依提·阿吉借机毒打乡约牙合买提、托乎大、买买提等人，十户长复苏被打死。

面对色依提·阿吉的暴行，苏普尔格西去180里到和田军营向参将熊高升呈控俄侨罪状。熊高升先派5名士兵随群众到策勒村，支持群众抗暴斗争。6月21日凌晨，熊高升也率队抵达策勒村，三次传呼俄侨色依提·阿吉到堂问讯，色依提·阿吉仗沙俄之势抗拒不来，数千名愤怒的村民包围了他的住宅，一些被裹挟的假俄侨，见势不妙，纷纷逃出侵略据点，自动交出或撕毁俄侨证。色依提·阿吉有恃无恐，指使爪牙追砍维吾尔村民艾沙，并亲自开枪打死维吾尔村民肉孜。传号兵周树堂带队前往弹压，也被色依提打死。群众的情绪犹如火山爆发，放火烧了住宅，共击毙、烧死29人，其中俄民仅克里木江1名。当天黑夜，色依提·阿吉乔装打扮成妇女，在尼牙孜等人掩护下逃匿至沙俄驻喀领事馆。

沙俄驻喀什领事索柯夫与副领事贝伦斯，便乘机扩大事态。6月22日，俄军750多名侵入喀什，进行军事挑衅，并要惩办100多

▲ 策勒村讼词首页　（作者翻拍）

名华民，要中国政府赔款道歉等。策勒村事件发生后，熊高升在和田发表演说，痛斥色依提·阿吉的罪行，郑重声明，他承担事件的全部责任。熊高升到皮山、叶城、莎车等地，受到人民施放礼炮的热情迎送，并派兵护送。[36]

经20多次审讯，熊高升被判"永远罚作苦工，念其年老力衰，从宽拟改

▲ 英俄私分中国帕米尔　（作者翻拍）

为圈禁12年"。千总赵大胜，稽查熊得昭被判刑6年。汉民王道俭与苏普尔格等7人，被判无期徒刑。另外，被判1～15年徒刑的还有36人，中国赔款70406两。汉族犯人送乌鲁木齐服刑，维吾尔族犯人在伽师县大阿图什格达梁博子牙铜矿服刑。色依提·阿吉被驱逐回俄，永远不许来华。

在策勒村事件中，熊高升代表中国政府，在外交纷争中，维护主权的尊严，以及维护尊严的正义，因此被维吾尔族群众视为顶天立地的英雄，而沙俄则视其为眼中钉，欲置其于死地而后快。沙俄欲处死熊高升，目的很直接，就是通过炫耀强国霸权，疏离我民心，继而占我边民和国土。

2011年11月，笔者在策勒县作田野调查时，还听到一些未经证实的说法。"熊高升被判刑后，他在爱国将领和人民群众的拥护爱戴下，被营救出来，没有服刑，将其姓名改为熊万军，在南疆一带秘密活动，继续领导哥老会的斗争。于1916年返回家乡务农。后不久再一次来新疆带家眷回家时，因途经阿拉沟山，被强盗拦路抢劫，故未能返回家乡，在乌什塔拉、和硕一带逗留一段时间，后定居焉耆。直至1959年在焉耆病故，享年84岁。"[37]在策勒县委宣传部与《策勒县志》之间，应以《策勒县志》为正史，资料为参考。

策勒村苏普尔格

在1912（壬子）年中，汉族参将熊高升与维吾尔农民苏普尔格的命运紧密

联系在一起。苏普尔格代表普通农民的利益，熊高升代表中国革命者的立场，二者一致反抗沙俄的侵华挑衅，由此又与国家命运结合在一起。

在官方文献里，农民苏普尔格名不见经传，但在家乡民间传说中，他却是如日中天的大英雄。辛亥革命100年前夕，在苏普尔格的家乡建起了一座纪念馆——"爱国农民苏普尔格·阿洪纪念馆"。笔者到访时发现，该纪念馆与全国人大常委会副委员长司马义·艾买提的旧居组合在一个林园中。

苏普尔格与司马义·艾买提有什么关系呢？据《策勒的好男儿——司马义·艾买提》的作者阿里木江·热杰甫说："苏普尔格家族与司马义·艾买提家族有远房亲戚关系，苏普尔格的爷爷是长工，司马义·艾买提的爷爷做生意，两家相距不到200米。苏普尔格的儿子有个绰号，叫'买提格木大头'，比喻他知道的事情多，知识渊博。他曾经做过司马义·艾买提的老师。民国后期主政新疆的张治中将军在喀什还接见过他。买提格木·苏普尔格于1947年去世，他的女儿2008年去世。"笔者通过电话向司马义·艾买提副委员长证实了

▲ 策勒村纪念馆 　（作者摄）

上述内容的真实性。他不仅赞同修建纪念馆，还筹款30万元给予支持。

苏普尔格·阿洪1874年生于策勒县策勒乡托帕艾日克村热合买提·乎加家里。到了学龄之年，掌握了一定程度的文化知识。但是，由于后来失去双亲，便辍学务农，在家乡开垦荒地，兼事狩猎维持生活。他在乡亲们中间，因为有一定文化知识，说话有理有据，做事有方，从善积德，享有较高的威望。

1912年中发生的"策勒村事件"，苏普尔格·阿洪是农民领袖。在这场斗争中，苏普尔格·阿洪组织爱国民众，揭露沙俄侨民色依提·阿吉的罪恶行

▲爱国农民苏普尔格·阿洪画像 （作者翻拍）

径，同时与接受辛亥革命影响的哥老会组织取得联系，争取到以熊高升为参将的武装力量的增援，并在法庭揭露色依提·阿吉所进行的颠覆国家、欺骗村民的罪恶勾当，为伸张正义作出了努力。但是，法庭却屈从于袁世凯的投降主义政策，歪曲事实，遵循沙俄帝国主义意图作出偏袒判决，判苏普尔格·阿洪10年有期徒刑，并强迫他在阿图什服刑。时过数年，苏普尔格·阿洪获释之后，又以某种原因，再一次被关进于阗县监狱，到1924年因患严重的阴囊炎不治，65岁病故于此。[38]

苏普尔格作为新疆辛亥革命的名人，被列入《策勒县志》人物传中："苏普尔格（1859～1924年），出生于策勒县城郊托帕艾日克村一个农民家庭。俄国十月革命后，苏普尔格等人被苏联政府释放，策勒村民众百余人迎接英雄们返回故乡。1924年苏普尔格因病去世，享年65岁。"[39]

哈密铁木耳·海力帕

如果说于阗策勒农民苏普尔格因"策勒村事件"一判成名，哈密农民起义领袖铁木耳·海力帕则因击败袁大化的正规军而声名远播。

铁木耳·海力帕"是世居吐鲁番的贫苦农民，他父亲是当时有名的坎儿

匠，一年四季给地主巴依掏挖坎儿井。铁木耳的母亲是个善良的穷家妇女，她带着两个孩子，长年跟着丈夫生活在坎儿井边，夏天，把两只破抬笆子撑起来遮阳光；冬天就偎在地头的草棚里度严冬。一年到头，全家四口人只能靠苞谷干馕过生活，就连带糠的苞谷面还是从巴依手中预借的。辛苦一年，往往连预借的面价都不够支付。这种不如牛马的生活实在不堪忍受，铁木耳的父亲就带着全家四口人迁居到哈密库勒依村谋生，那里都是哈密王的封地，采邑十分沉重，终年不得温饱，只得让老婆带着小儿子夏克尔给富户人家当佣人，自己带着十三岁的铁木耳到乌鲁木齐做苦工。夏天，他父子俩在南关一带拖土块；冬天，到八道湾煤窑下井背煤……"[40]铁木耳父子的生活窘境，是当时没有土地或失去土地的农民们生活的真实写照。几年后，铁木耳返回哈密看望母亲。

哈密农民"在1907年5月聚众暴动，用砖石砌封了王府的大门。不久，他

▲ 艺术家笔下的农民起义者　（作者翻拍）

亲眼看见一个抗拒王府徭役的农民，被王府管家吊在大树上，打得皮开肉绽，然后扔在野外让野狗吃，血气方刚的铁木耳义愤填膺，偷偷地把那人背到师傅家里，请来医生为他治疗创伤，他还慰勉那人说：'等你把伤养好，咱们像吐尔巴克兄弟那样，把王府的大门给他封掉，让那伙吃人的魔鬼活活闷死在乌龟壳里！'铁木耳仗义救人的佳话很快在农民中传开了，然而消息也传进了王府，王府的管家带着一群狗腿子，到处查找铁木耳。……师徒俩合计一夜，最后决定还是逃往乌鲁木齐。铁木耳背着沉重的工具和师傅送的干粮，昼行夜宿，整整步行了一个月才到了阔别多年的乌鲁木齐。"[41]

迪化是新疆首府，消息毕竟

灵通。1910年8月，革命党人在迪化大十字一带放火，各种传闻不胫而走。"一天，铁木耳给一个教师家干木匠活，他问教师：'如果清朝皇帝垮台了，哈密王会不会垮台？'教师回答道：'哈密王是清朝皇帝封的，清朝皇帝垮了台，哈密王自然要倒。'这番话使铁木耳的心灵上燃起了烈火，啊！哈密王快倒台了！铁木耳带着激动的心情又回到了哈密。"[42]

铁木耳·海力帕从迪化哥老会那里建立起政治诉求，哥老会要推翻清王朝，我们要推翻哈密回王制度，共同的政治纲领已打破了民族之间的界限。

伊犁革命胜利后，末代巡抚袁大化欲发兵围剿伊犁，便向各地摊派壮丁以充兵源。哈密王开始给袁大化送去200名壮丁，因在前线吃了败仗，袁大化向哈密回王要求再增派500名壮丁。[43]

"沙木胡索特亲王对袁大化言听计从，满口应承。他以支付'军费开支'为由，向各户摊派白银10至40两。所得钱财缴袁大化一部分，其余用于抓丁支付。抓丁时，有人的出人，出人需自备衣物、坐骑；没人的需备100两白银、50两纸币、一匹配备马鞍缰绳的骏马和一套衣裤，找一位顶替者。就这样，沙木胡索特亲王从哈密市周抓丁200名，从山区抓丁300名，凑齐了袁大化所要的500名壮丁。"

战争也成了沙亲王发财致富的机会，他既要人民送命，又要人民出钱。"重压之下的哈密群众愤怒之极，对抓丁极为不满。铁木耳·海力帕看出这是发动群众的最好时机，便与卡拉伯苏克、托乎提等十余人密谋潜入兵丁队伍，准备夺取武器装备，为正式发动暴动做好准备。"[44]

"1912年3月，艾介尔巴克伯克奉命率500名壮丁前往乌鲁木齐交差。这支队伍行至三道岭，被早已等候在此的铁木耳·海力帕、卡拉伯苏克、托乎提裁缝等人截住。铁木耳·海力帕等人进行公开宣传，号召兵丁们不要为哈密王和将军送死，号召他们为争取自由幸福向后转，号召兵丁们与袁大化、沙木胡索特亲王进行斗争。这番号召深得军心，500壮丁中有300人积极响应，当即返回库拉依，公开宣布反对抓丁，反对沙木胡索特亲王的残暴统治。哈密各界人士纷纷表态支持铁木耳·海力帕的行动，包括和尼牙孜在内的不少人参加铁木耳·海力帕的队伍。铁木耳·海力帕的队伍迅速壮大，很快超过1000人。"[45]

铁木耳·海力帕策反壮丁之时，正值伊犁革命军与省军交战之际，后院起火，在客观上策应了伊犁革命军。

"沙木胡索特亲王对此深感震惊。他派赛丹夏大阿訇，在北京出生长大的肉孜和加及回族阿訇马昌龄、艾山巴拉阿吉等人做他的说客，前往铁木耳·海力帕处企图通过宗教途径予以调停，遭铁本耳·海力帕拒绝。沙木胡索特亲王见调解不成又妄图以金钱财宝为诱饵，骗铁木耳等上当，然而起义者们尚未忘怀'吐尔巴克起义'的惨痛教训，他们毅然表示，将不接受任何形式的调停。"⑯

维吾尔族一句谚语：敌人永远是敌人，狼永远是狼，蝎子总是要蜇人的。沙亲王开始自食其说谎的苦果。

"诱骗没有成功，沙木胡索特亲王十分恼火。他发誓定把他们斩尽杀绝，焚尸扬灰、没收土地、没收财产，并从外地移新民，重建新村。沙木胡索特亲王为达此目的，多次派兵进攻铁木耳·海力帕起义队伍驻地，但屡战屡败。沙木胡索特亲王为此惊慌不安，只好向血腥镇压吐尔巴克的老牌刽子手易盛富求助，他派人送易盛富白银200两请易出兵，易慨然应允，亲率135名士兵从巴里坤出发。不料消息被他的翻译、参加过暗杀艾西来甫乡约和伊吾县知州的成员张存仁泄漏给铁木耳·海力帕。铁木耳·海力帕在哈密南山口埋伏一支队伍，静候易盛富一行。易盛富的人马进入埋伏圈，被起义军全歼。易盛富见状不妙，乔装打扮，躲藏在一户人家，却未逃过义军中一名叫吾孜霍加·艾合买提的战士的眼睛。这名战士捉住易盛富，愤怒地将这个恶贯满盈的刽子手活活劈死。原来这个战士的父亲惨死于'吐尔巴克起义'，易盛富的手上沾满了'吐尔巴克'们的鲜血。吾孜霍加·艾合买提向他讨还了血债，替自己的父亲和'吐尔巴克起义'中的一切受害者报了仇，罪大恶极的刽子手易盛富受到了应有的惩罚。"⑰

历史的细节、恩怨的因果，只有深入民间才能获得，才能使历史生动和丰富起来。

"沙木胡索特亲王得知易盛富的惨败与死讯更为焦虑不安。他怕哈密人追随铁木耳·海力帕，特地组织起一支没有哈密人在内的，由维族和回族组成的约400人的队伍。他挑唆这支队伍与铁木耳·海力帕的起义队伍为敌，命令这支队伍在沁城一带与铁木耳·海力帕的队伍交战。哈密王沙木胡索特万没料到，他精心训练的这支队伍与起义军仅对峙3个多月，便被士气旺盛的起义军打得溃不成军，仓皇逃回哈密。"⑱

"就在这时，袁大化卸任东行入关途经哈密。沙木胡索特亲王见到袁大化如遇救星，迫不及待地向袁大化告铁木耳·海力帕一状。袁大化的护兵中有150

名是当初没有追随铁木耳·海力帕的哈密籍士兵，500名是率部向袁大化省军投诚的原伊犁新军团长钱广汉的部下。袁大化派钱广汉率领护兵镇压铁木耳·海力帕的起义军。"⑭袁大化、钱广汉的登场，更说明了哈密农民起义与新疆辛亥革命的紧密关系。

沙木胡索特亲王向钱广汉许诺："镇压哈密造反军，赏他本人50枚元宝，部下每人元宝10枚，士兵发放3月军饷并赏赐大量财宝。"⑮

钱广汉率兵驻扎托鲁克村南的阿克秋克河谷，特意运来铡俘虏用的铡刀。沙木胡索特亲王为让钱广汉更好地为他卖命，向农民摊派大米白面、鸡鸭蛋品、烟酒马匹等酬劳钱广汉部队。

"铁木耳·海力帕的义军驻扎在托鲁克村南的一个高地。手无寸铁的男女老少纷纷加入起义队伍，雄赳赳开赴战场。为制造声势，恫吓敌人，人们把花帽、圆帽、皮帽等摆放在高地上。钱广汉一见，误以为起义军人多势众，不敢贸然进攻，只是试探性地进行炮轰枪击。铁木耳·海力帕不急于率领这支以棍棒为主要武器的队伍发动攻势，命令托乎提裁缝、卡拉伯苏克等率人迂回到敌人后方，乘敌军不备发起攻击。"⑯

▲ 艺术家笔下的辛亥革命者　（作者翻拍）

曾问吾在《中国经营西域史》中这般评价这场战斗："巡抚袁大忙卸任入关抵行哈密，饬钱广汉等入山剿匪。军需颇为充实，枪炮亦甚精良，至托鲁克地方即与回军开始接触，战事极为激烈。省军曾以大炮袭击山中百二十余次，但回军毫无损伤。而回军枪无虚发，所命中者多为省军之领袖。和加尼牙孜曾以一枪击瞎钱某之眼。省军以伤亡过重，乃弃辎重，退往哈密。此次回军据守山险以一百八十余人大败省军，夺获军械颇多，于是回民之胆气益壮。"⑫

《赛福鼎回忆录》中，为读者提供了反动派狗咬狗的历史细节："腹背受敌的钱广汉部队不战自败。钱广汉扔下留在河谷中的300余名士兵尸体与伤员仓皇逃回哈密。钱广汉吃了败仗，沙木胡索特亲王仍不敢得罪他，怕他迁怒于自己，对自己更不利，于是派手下一名叫朱月禄（音译）的人将许诺的钱财送至钱广汉下榻的城隍庙，不想朱月禄见钱眼开，将钱财私吞。钱广汉十分恼火，欲杀沙木胡索特亲王以泄愤，便以祭奠阵亡将士为由，邀沙木胡索特亲王来驻地。沙木胡索特亲王一到祭奠场所，钱广汉即令手下开枪。沙木胡索特亲王动作敏捷地逃上皮包车侥幸逃生。沙木胡索特亲王不明缘由，经解释方真相大白。钱广汉盛怒之下，下令攻打朱月禄营房，朱月禄无力抵抗，被迫交还全部金银财宝，纠纷才得以了结。"⑬

铁木耳·海力帕大获全胜，缴获三四车武器弹药，又从敌军死尸及伤员手中收缴了大批武器弹药，还有不少人参加了起义军。经过这次战斗，起义军数量增多，武器装备改观，士气大增。起义军迅速控制了哈密十二个山区，同年冬天，一举攻占头堡、二堡、三堡和四堡等村落。钱广汉的残兵败将和哈密军副统帅姜国胜率几个新兵营抵挡不住起义军的攻势，沙木胡索特亲王和哈密知州白文超只得向新上台的杨增新请求派兵支援。

杨增新虽刚上台，对哈密问题的根由却也略知一二。1907年他由北京到新疆途经哈密时，刚好赶上"吐尔巴克起义"。他甚至充当过沙木胡索特亲王和起义农民的调停者。这次哈密王向他求救，他没向哈密王公开自己的真实想法，却暗示应当像解决"吐尔巴克起义"那样，先做些让步，通过调停解决。其实杨增新主要是考虑到自己的新政权尚不稳固，与伊犁革命者的矛盾尚未解决，新疆各地的地方政府对他还持怀疑态度，对他的政府尚未完全承认，他需要军队，在目前情况下，无力派兵去哈密。

沙木胡索特亲王不了解杨增新的难处，拒不同意让步，而继续请求军事援助。杨增新为使自己的利益不致受到威胁，一方面继续规劝沙木胡索特亲王做些让步，一方面派自己部下一个名叫李寿福的回族营长率兵赴哈密，设圈套诱骗铁木耳·海力帕上钩。⑭

李寿福到哈密后，高举伊斯兰教大旗，伙同当地宗教界名流上山与铁木耳·海力帕相会于草丛之中。李寿福向铁木耳·海力帕转交了杨增新的亲笔信，信的大意为：我杨增新不反对铁木耳·海力帕在哈密暴动建立政权。你们造反是因为你们反对哈密王这个腐朽没落的制度，对此我深为理解。我的政府一向爱护体谅无辜百姓，绝不以任何借口加罪于百姓。你铁木耳·海力帕是英雄好汉，是国家的栋梁之材。我诚恳地希望你能来省会为政府效力……李寿福竭力向铁木耳·海力帕兜售：杨增新对哈密百姓真心实意，对铁木耳·海力帕绝无二心；山区百姓若不愿依附于哈密王而想屈从于政府，杨增新可以批准，在北京袁世凯总统正式批准之前，山区百姓虽名义上仍从属于哈密王，但杨增新可保证说服哈密王减轻徭役赋税，减少苛捐杂税，对聚众闹事者绝不予追究等花言巧语。为使铁木耳·海力帕及其起义军相信他的鬼话，李寿富甚至手捧《古兰经》发誓。与李寿福同来的宗教人士阿訇、毛拉等也效法李寿福，手捧《古兰经》进行说服调解。⑤

铁木耳·海力帕被手持《古兰经》，再三赌咒发誓的李寿福和阿訇、毛拉们蒙蔽，同意和解，与李寿富达成如下协议：

（一）农民给王府干活，王爷需付酬金；

（二）废除一切徭役赋税；

（三）从王府划分一部分土地给农民租种；

（四）释放暴动期间王府逮捕的50名农民，对巴里坤镇台易盛富的被杀与其他有关事件，官府一律不得追究；

（五）山区维吾尔族农民自签订协议之日起不再归哈密王管辖；

（六）为办理上述事宜，铁木尔·海力帕立即赴乌鲁木齐晋谒都督杨增新并接受任命。

这份用汉、维两种文字签署的六项协议很快被证实不过是个圈套。第一，乌鲁木齐另行起草了一份官府文书，明文规定：农民为王府无偿服役的条令仍被视为合法有效，不同的只是由7天减少为2天。第二，铁木耳·海力帕和他带来的130人在乌鲁木齐待命，不得自行其是。将铁木耳·海力帕软禁，断绝了他与义军的一切联系。此外，杨增新还命令驻守哈密的李寿福诱骗参加暴动的农民放下武器，交出弹药回乡务农。铁木耳·海力帕占据的山区被沙木胡索特亲王重新收归已有，由铁水耳·海力帕任命的村长全部被废除，代之以哈密王的亲信。协议中关于哈密王应执行的条款，沙木胡索特亲王也拒不执行。

铁木耳·海力帕被杨增新任命为定边马队第三营营长，他亲眼看见起义没有任何结果，知道中计，但为时已晚。杨增新以对士兵进行训练为由，在铁木耳·海力帕营房中安插奸细。奸细无微不至地"关照"铁木耳·海力帕，使铁木耳·海力帕不能离开营房半步。铁木耳·海力帕没有行动自由，焦虑万分，他找到1912年在吐鲁番暴动中支持自己的战友穆依登商议对策，打算到吐鲁番想办法，穆依登与铁木耳·海力帕一样，都是被杨增新诱骗到乌鲁木齐后任命为营长的。铁木耳·海力帕的打算正中穆依登下怀，二人不谋而合，立即着手准备。

铁木耳·海力帕利用到乌拉泊打草，筹备饲料之机，把一部分武器弹药藏在运送草料的车中送出城，又从外面秘密购买了一批武器弹药，然后派遣一名叫艾山开克力克的商人将这些武器弹药全部运往吐鲁番。

铁木耳·海力帕的计划被叛徒木哈买提库力获悉，并密告沙木胡索特亲王。沙木胡索特亲王当即派人禀告杨增新，同时派翻译木合买提·尼牙孜携大批金银财宝呈送杨增新，请求杨增新"为了哈密的安定，务请尽快除掉铁木耳·海力帕"。

铁木耳·海力帕的一位汉族朋友，发现沙木胡索特亲王的翻译频繁进出省公署大门，知道有诈，提醒铁木耳·海力帕提高警惕。不知是铁木耳·海力帕没有在意，还是没来得及采取对策，1913年9月6日，他毫无戒备地被叫去开会，就在当天夜里，与穆依登一起被杨增新杀害。第二天杨增新将此消息迅速通知吐鲁番、鄯善知州和沙木胡索特亲王，命令他们迅速追回铁木耳·海力帕运去的武器弹药。

对铁木耳·海力帕的部下，杨增新一个也不放过。他以铁木耳·海力帕的士兵要求回家为由，打发他们离开乌鲁木齐。这批人行至奇台木垒之间的大石时，被杨增新伏兵全部杀害，穆依登的人马同样遭此厄运。

铁木耳·海力帕被杀，为沙木胡索特亲王除去了眼中钉，肉中刺，哈密王立即开始了疯狂的复仇行动。他把起义军的首领杀得一个不剩。把一般成员流放到边远煤矿区从事繁重体力劳动，以补充"军费开支"为名对百姓横征暴敛。参加暴动的山区百姓遭到残酷的剥削欺辱，被迫缴纳毫无来由的惩罚性的苛捐杂税，据说，那一年王府竟从山区横征暴敛两万多只羊。

以铁木耳·海力帕为首的轰轰烈烈的哈密农民暴动就这样以惨败而告终。㊿

笔者在研究新疆民国史时，一直弄不明白杨增新一句谶语的深意：我死之后新疆必大乱！读毕赛福鼎回忆录，方恍然大悟：单从哈密农民起义过程分析，杨增新靠欺骗、暗杀、收买、驱逐、杀戮等卑鄙手段，排除异己，羁縻封建王公，通过宗教、拉拢等方法维持各种新疆势力的平衡，唯有他知道新仇旧恨的来龙去脉，知道维持利益平衡的关节点，知道控制社会平衡的关键点。杨增新一死，他将这些密码全部带走了，侥幸继任者对平衡之术一头雾水，不知维持平衡的杠杆在哪里。结果，哈密农民起义逃走的和加尼牙孜重返哈密，从安西引来马仲英助力，带来了一场祸及全疆的灾难。

对于1932年烽烟再燃的哈密农民起义，大部分史家认为因金树仁的暴政引起，若追根寻源，亦可说是杨增新自辛亥革命以来，铁腕治疆，大开杀戮之门而埋下的桩桩祸根，一旦时机成熟，便冤冤相报了。

注　释

① 孙昉著《西北哥老会与辛亥革命》，中国致公出版社，2011，第166页。

② 孙昉著《西北哥老会与辛亥革命》，中国致公出版社，2011，第167页

③ 魏长洪：《迪化辛亥起义风云》，新疆区政协文史资料委员会编，新疆人民出版社，1991，第69页。

④ 民国30年（1941）编修的《宁乡县新志·人物传》。

⑤⑥⑦ 《宁乡县志·人物简介》，中国大百科全书出版社，1995，第593～603页。

⑧ 《新疆辛亥革命史料选编——纪念辛亥革命80周年专辑》，新疆人民出版社，1991，第132页。

⑨ 张大军著《新疆风暴七十年》，台湾兰溪出版有限公司，1980，第42页。

⑩ 《清代官员履历档案全编》光绪十八年（1892）陶森甲引见单。

⑪ 《清代官员履历档案全编》第6册，光绪二十六年（1900）陶森甲引见单。

⑫ 陈玉堂主编《中国近现代人物名号大词典》，浙江古籍出版社，2005。

⑬ 《宁乡文史精选》，方志出版社，2011。

⑭ 黄万鹏之孙黄祖同提供《西湖黄氏六修族谱》卷十三国史万鹏公传第1～13页。

⑮ 民国30年（1941）编修的《宁乡县新志》卷三。

⑯⑰⑱⑲⑳㉑㉒㉓㉔㉕㉖㉗㉘ 《乌鲁木齐文史资料》第十二辑，新疆青少年出版社，1986，第137～152页。

㉙ 《新疆辛亥革命史料选编——纪念辛亥革命80周年专辑》，新疆人民出版社，1991，第131页。

㉚㉛㉜㉝ 张大军：《新疆风暴七十年》，台湾兰溪出版有限公司，1980，第145～146页。

㉞ 《新疆辛亥革命史料选编——纪念辛亥革命80年专辑》，新疆人民出版社，1991，第131页。

㉟ 《策勒县志》，新疆人民出版社，2005，第733页。

㊱ 张大军：《新疆风暴七十年》，台湾兰溪出版有限公司，1980，第138～139页。

㊲ "爱国农民苏普尔格·阿洪纪念馆"解说词。

㊳ 策勒县宣传部提供的资料。

㊴ 《策勒县志》，新疆人民出版社，2005，第732～733页。

㊵㊶㊷ 《乌鲁木齐文史》第七辑，新疆青少年出版社，1984，第155～161页。

㊸㊹㊻㊼㊽㊾㊿51 《赛福鼎回忆录》，华夏出版社，1993，第156～157页。

52 曾问吾著《中国经营西域史》，新疆维吾尔自治区地方志总编室，1986，第559～562页。

53545556 《赛福鼎回忆录》，华夏出版社，1993。

第九章
知事三杰——血沃西陲

辛亥革命后，留学德国的包尔汉回国定居。所见不如所闻，令他大为失望。"1912年秋天我踏上祖国的土地时，武昌起义已经过去将近一年了，可是我在塔城街头并没有看到什么新的气象，副都统出门还坐轿子，鸣锣开道，衙门口还摆着棍棒和囚人的木笼；市集和一些广场上公开摆设赌摊，赌博骨碌子在那里骗人，有时竟大打出手。"①边疆的现实，令爱国青年包尔汉心焦，也令人民不满。新疆亟待新人来改变旧貌。

寻官启事

历史不会由一个人创造，即使他卓尔不凡，智慧超群。新疆的新执政者不是魔鬼，亦非神。民国新疆的金字塔，县治始终是基础，所谓无县不治。在新疆南北一个个相对独立的绿洲中，知事们才是真正的主角。

在行政与司法合一的社会体制下，县令是一县的行政长官，官虽拜七品，但权力之大，责任之重，与品级并不对等。县官无论称县令、知县，或是知事，其所负征税纳粮、听讼断案、劝民农桑、灾荒赈济、兴学科举和教化百姓忠君爱国诸责，无所不问，无所不管，雅者称百姓父母官，俗者谓民间"土皇帝"。

在中华帝国的官序中，县令数量最多，因此难登大史，最易被史家忽略。他们大部分为历史湮没，一部分保留于县志，一部分却永久地传颂于百姓的口碑中。

杨增新的宦途便是从县令起步，自然深谙其中奥妙。县令可分良劣，良者兴利除弊，治民安邦；劣者暴虐百姓，动摇社稷。治疆重在治民，治民必先治吏。吏治清廉，社会自安；吏治朽坏，社会自乱。他有感于清朝末年新疆官员的素质低下，卖官鬻爵，裙带风盛行，一帮贪官污吏，肆无忌惮地鱼肉百姓，叹曰：西出阳关无好人，千里做官只为钱。杨增新要铲除清朝的积弊，首要者就是选择好官。

在千头万绪的事物中，杨增新善于抓住主要矛盾的主要方面，他认为，治疆务在得人，安民必先察吏，吏不治民，不仅不能治国，反为民之害。然而，安民的官吏从哪里来呢？

在《补过斋文牍》中，收录了两份杨增新写给北洋政府的电文，其中谈到新疆官吏的分发、待遇及使用问题。

民国四年4月5日，杨增新向内务部呈报"呈新疆人才缺乏知事到省年满甄别提请变通办理文"：窃民国4年4月5日，案准内务部咨开本部，拟定知事甄别章程，呈奉：

> 大总统批令，准如所拟办理即由该部通行遵照等因，奉此由部咨行到新，查章程第三条，"内开到省甄别，凡分发任用之县知事应自到新之日起，扣满一年，由该长官认真考核，出具切实考语呈报大总统，分别照章程补用，又凡未经此项甄别人员，应不得呈请试署县缺等语"，系为慎选民牧，澄叙官方起见，亟应遵办，惟查新疆孤悬塞外，仕官视为畏途，与内地情形不同。前清时，正班不引见，佐杂不验看，即可留省补署。原系遵照变通章程办理。民国三年，增新送京考验知事八员，经部考验合格发回者七员，又由部特别考试及格分发新疆之知事十八员，刻下已陆续到省。又由增新于本省人员内保免试验者九人，其余旧日候补各员，奉部文准，由增新就近试验，现定于六月内举行，意在严为淘汰，不再广为收录。新疆知事计四十缺，需才孔亟，所有及格人员不论由部分发、由省考验，如果程度尚优、才识稳健者，均请择就量予变通，因材器使，不必拘定，到省一年甄别以后，始得试署。如或尚资历练，即照章程留省学习，庶于变通之中，仍寓慎重之意。惟查新疆官吏，罔利虐民习为固然，各该知事如于履任后沾染官场恶习，有贪劣不职情事，增新当破除情面，严行参劾，断不敢博宽大之名致使吏治废弛，贻误地方。是否有当理合，呈请鉴核训示施行。[②]

　　该电文有几层意思：一是新疆是国家的新疆，新疆人才缺乏，内务部应在全国选拔人才分发派遣新疆；二是新疆孤悬塞外，条件艰苦，仕官视为畏途，应给予特殊政策鼓励来疆；三是新疆社会状况复杂，民族、宗教问题与内地不同，因此即使内务部分发的官吏，到新疆都要经过本官的面试、学习、考察，试用一年合格后，再报大总统正式任命。理由堂而皇之，措施谨慎合理，目的是整顿久已废弛的新省吏治。

▲ 新疆文史资料选辑

　　杨增新在《补过斋文牍》中记载："民国3年7月24日内务部即指示新疆一省远处极边，形势重要分发人员，惮于艰阻帅多趋避，以致边疆要地任用无才。前经本部呈请由新疆举行特别试验，奉大总统批令照准在案。惟该省道途辽远，文物鄙旧，就地取材，囿于偏隅。人数既属无多，人才尤虞缺乏。自非遴选熟悉边情，负有远志之士分发该省，整理一切。不足以开通风气，交换知识，于是特考试专备分发新疆任用，他省不得调用等语。并定于3年11月9日午后一时分发凭照，并仰各考取该员届日亲持知事凭照赴部领取。"③内务部为新疆举行特别试验，考取者专备分发新疆任用，他省不得调用，充分说明了新疆省政府与中央政府间的互动。

　　民国初立，新疆求才若渴，急需优秀人才改造旧官僚队伍，开创廉洁行政的新风，取信于民。管控新疆是中央的职责，最有效的办法就是派遣干部，治理新疆。治疆先治吏，治吏要有权。杨增新一开始就控制了新疆行政官吏的任免生杀大权。

民国3年，北京政府内务部专门为新疆组织了一次特考，称第三次知事试验。

张大军著的《新疆风暴七十年》中记载了民国3年合格者分发新疆的名单。"当时政府公报内公布名单计有：李启（广东）、任履正（四川）、李声振（湖南）、袁启瑞（河南）、黄国柱（湖南）、邓聚奎（湖南）、杨继昌（云南）、邓鹏翮（湖北）、章绥荣（湖北）、何耀燊（广东）、邹兆麟（湖南）、涂贡球（江西）、张馨（湖北）、戴光华（四川）、叶珊（河南）、李凝（江西）、邓缵先（广东）、陶明樾（浙江）、萧湘鳌（湖南）。同年十二月二十五日政府公报公布。"④

阅读上述名单，可从几个方面解读：一是他们与辛亥革命的关系。虽然他们在1912年前后与新疆没有关系，但他们几乎全部来自响应辛亥武昌起义的18个行省：湖南5人，湖北、广东各3人，四川、江西各2人，浙江、云南各1人；北方省份仅河南2人。二是这19名知事几乎均来自经济发达、教育文化领先的省份，有利于边疆与内地彼此开通风气，交换知识。三是，无论怎么说，内务部通过文官考试制度，改变了前清任人唯亲选拔官吏的裙带关系弊端，打破了省籍官员过于集中容易拉帮结派的樊篱。四是，在分发来疆的官员中，年长者邓缵先46岁，居中者陶明樾35岁，年轻者张馨仅26岁。在清末民初日新月异的变化中，年龄之差，即知识、观念之差。

世上只有官府张贴的寻人启事，没有听说有寻官启示。然而，要研究新疆近代史，不研究县治，近代史便如空中楼阁，总有缺憾。话虽如此说，但新疆民国政治风暴迭起，治乱跌宕，官员遭戕，司空见惯。结果，衙门被毁，尸骨受侮，档案无考，生死不明。因此，要发出寻官启示——寻找民国3年由内务部分发新疆的19位知事。

粤人邓缵先

邓缵先，字芑洲，广东紫金蓝塘客家人，科拔贡，曾任高小校长，紫金县议会议长。民国3年（1914年）9月，应北京中央政府内务部第三届县知事试验，取列乙等，分发新疆，戍边安民。在新疆历任省公署文牍员、编辑员、政务厅总务科员、科长、新疆覆选区选举调查会会长等职，并先后出任乌苏、叶城、疏附、墨玉、巴楚五个边境县知事。他生前撰写的《续修乌苏县志》（1920年）、《叶迪纪程》（1921年）、《叶城县志》（1922年）、《毳庐诗草》（1924年）、《毳庐续吟》（1928年）等。自1933年起，这位屡有著述、植根基层的民国官员在政治舞台上消失了。在21世纪初叶出版的《叶城县志》、《乌苏县志》、《紫金县志》上均有简传，但共写"卒年不详"。

其实，邓缵先并没有被历史湮灭，只不过他的著作静静地躺在国立图书馆，等待时机为现实服务。1962年春季，中印边境之争愈演愈烈，来自北京外交部的一位专家带着邓缵先1922年所撰的《叶城县志》，以其巡查边情的报告，作为中印两国领土归属的重要依据。

1920年春天，邓缵先写下"调查八扎达拉卡边界屯务暨沿途情形日记"。⑤"卡在叶城县西南一千二百八十里，西距喀什道治一千九百二十里，北距省治五千四百六十里，与坎巨提交界，亦可通往印度国，防边戍边关系重要。近复有坎人越界偷种情事，奉命往查晓谕阻止，并招募缠布各民，前往开垦，以固边围而免侵越。"⑥

由叶城进入喀喇昆仑山的道路十分险要，有人以天寒路险为由，劝告知事邓缵先不要亲身前往边卡。邓缵先正义凛然地答曰："危险者境也，处境者心也，常存此处处有危机之心，则恐惧修省，自可转危为安；常存此时时有险象之心，则思患预防自能履险如夷。况该处并非人迹所不能到者，何虑焉。"有人说前官员从未到过边卡，邓再答曰："此卡既为中国土地，主权所在，安得任听坎人越界偷种。此次我为实

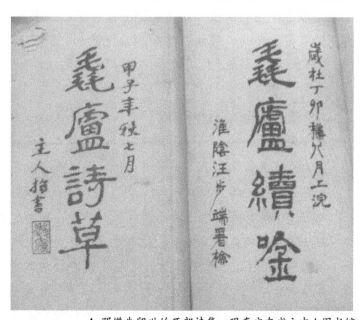

▲ 邓缵先留世的两部诗集，现存广东省立中山图书馆

地查勘而来，不能半途而止也。"⑦

作为一个地方官员，在事关尊严上，中国人宁洒热血，不做犬儒；在事关气节上，宁为玉碎，不为瓦全；在事关国家领土完整与安全的大是大非方面，中华文化历来强调针锋相对，寸土必争。这种胸怀与境界，在邓缵先留下的文字中时时可以品读到。"疆界如何？曰：玉山资保障，星峡固边陲。险阻如何？曰：保邦非特险，谋国不忘危。边防如何？曰：竟误鸿沟割，须防虎视眈。善后何策？曰：羊亡牢可补，牛壮牧应求。"⑧疆界巩固，边防安危，排除险阻，善后有策，这不都是政治情怀吗？中国近代史上，也有贪图安逸不到现场勘察，只在地图上划分边界的父母官，他们的行为损害了国家民族的利益，自然会被钉在历史的耻辱柱上。

叶城县域面积几乎与海南岛旗鼓相当。国土是一个民族的生存空间，一寸国土一寸金，国土花钱买不来，不能做交易，国土是血与火的结晶。以文载史、以史保土，邓缵先是中国的功臣。邓缵先从广东沿海远赴新疆戍边，因为在他身上有强烈的国土意识。为了国土庄严，即使血沃西陲，也心甘情愿。

邓缵先是边塞诗人。他在《毳庐诗草》《毳庐续吟》两部诗集中收录1400首诗，真实地抒发了自己的爱恨情愁，并形象写实地记录了边疆的历史。

从广东到新疆，迢迢万里，关山阻隔，风沙弥漫。车马劳顿，夜宿昼行，邓缵先手不释卷，沉浸在中华民族三千年兴亡更替的大历史中。书中字迹斑斑，轮下雪山长河，脑海中翻滚着金戈铁马，旌旗漫卷，风烟战鼓，马革裹尸，《镇西歌》喷薄而出：

汉皇遣使通西域，镇西旧称蒲类国。纪功裴勒永和碑，斩获姜铭贞观石。
西陲屏蔽隶版图，世为臣仆声教敷。准部四卫仍梗化，吞噬近邻如狼狙。
虏骑凭陵屡犯边，王师征讨军符传。天子临轩赐颜色，将军策马驰烽烟。
旌旗蔽空山岳动，帐幕屯云戈矛拥。三边金柝晓犹催，千骑铁衣夜不冻。
戍儿惊报汉兵来，单于潜遁胡氛开。战骨半埋翳瓮塞，弦歌犹醉鹦鹉杯，
骄矜轻敌意气盛，节钺专权豪华竞。争夸功冠卫仲卿，自诩勋隆霍去病。
胡冠西来六千兵，绕途入饶伊吾城。拥兵数万不肯发，饱掠远飚愁云生。
讵知饰报邀荣赏，爵在五侯七贵上。冒功希宠益骄奢，边将戍兵皆惆怅。
从来漠北本汉地，恢复还将用兵器。边陲事坏跋扈臣，日蹙百里沦胡臣。

坐糜军饷七千万，犹复劳敝中原人。客谈往事镇西多，旧垒荒台生薜罗。路旁石人今安在？为君试作镇西歌。⑨

　　《镇西歌》300多字，追溯汉唐盛世中华帝国对西域文攻武卫的辉煌历史，同时总结骄矜兵败、贪功误国的教训，胸填朔气，大气磅礴，似是仰天长歌，惊扰金戈铁马。所谓汉唐气象，就是包容开放，文德治心，方能收四夷归附之效。从我们后来找到的照片上看，邓缵先不过一介文弱书生，内心却有如此恢弘气魄。邓缵先在《镇西歌》中表现出如此开阔的视野，如此豪放的性格，难怪他义不容辞地割舍儿女情长，选择了戍边立功大业。文人出塞，往往投笔从戎，仗剑而行，在马背上建立功业。

　　在中华文化中，强调少小立志，然后做足修齐治平的工夫，一俟国家兴亡之机，天下匹夫当有责担当。邓缵先曾写道："壮志如何？男儿负壮志，立功西北陲。投鞭万里去，骏马如飙驰。愿携鸾为群，不与鸡争食。壮游如何？雪净汉关秋，三边许壮游。酪浆甘似醴，毳屋小于舟。王粲离家久，班超返不愁。聊将征戍事，笔录付庚邮。"⑩在邓缵先心中，家国一体，国重家轻。

　　镇边楼曾是乌鲁木齐最高的标志性建筑，为杨增新主政时兴建。按杨增新的解释，兴建镇边楼，目的是安抚镇定官民之心，众志成城，卫国戍边。邓缵先赋《镇边楼——楼在迪化督署东北隅丙辰年建》："远塞寒云接大荒，高楼秋色正苍苍。居环回准三边静，地扼戎蛮万里强。樽俎雍容销壁垒，河山表里敛材枪。西陲形势雄天下，宏济艰难史册光。"⑪邓缵先写出了杨将军的要义。

　　迪化比镇边楼更早的地标性建筑是左文襄祠，是边城魂魄所在。邓缵先亦作《左文襄祠》："文襄经略靖边尘，出入三朝重老臣。博望才猷工挫敌，卧龙旗鼓勇如神。妖星夜落千营静，房塞烟开万井春。今日祠堂遍西域，边城俎豆更莘莘。"⑫文襄即左宗棠，没有他力主边疆用兵，武力收回南北新疆，并拥兵重开收回伊犁谈判，新疆鹿死谁手，谁人可知？邓缵先怀念左宗棠与题记镇边楼，异曲而同工，均为国土安全而歌。

　　邓缵先究竟死于何时何地？因何而死？死时细节如何？据《巴楚县志》记载，在1933年的战乱之中，大片民房被焚烧拆毁，县城内的两座大建筑——县政府和监狱亦遭焚毁，县政府历年档案化为灰烬。未倒塌的房屋成了军队喂马养牛之所，县城实际上成了一座空城。《巴楚县志》只记载了战火使大片土地荒芜，大批牲畜被宰杀，生产力遭到极大破坏；战争使百姓生活无着，流离失所，大批汉、回、维吾尔、柯尔克孜族同胞死亡，并没有记载县长邓缵先何时而死？被谁所杀？甚至连他的名字都被抹掉了！

2011年3月26日，笔者随新疆建设厅党委书记徐国华、天山网副总编杜雪巍前往昌吉拜访王念慈老人。在家中客厅坐定，老人说出尘封已久的秘密："我父亲案头放着邓缵先两部诗集《毳庐诗草》《毳庐续吟》，是他最爱。我18岁时父亲告诉我，1933年春，和田来的大头棒队袭击巴楚，邓爷临危不惧，一方面安抚百姓，一方面自正衣冠，从容说道：丈夫死，必正其衣冠（子路语）。贫贱不能移，富贵不能淫，威武不能屈，邓爷死得惨烈，死得悲壮，死得庄严，死得令暴徒生畏，死得令君子感佩小人汗颜。我父亲对邓爷敬佩有加，怀念有加。生前常带我去新疆省公署大院，指着一间屋子说，邓爷生前就在此办公，我时常来请教。可以说，邓缵先的形象早早就在我心中扎根，年长后诵读其诗词，更觉其人气度非凡。1994年，我就到巴楚寻找邓爷的墓地，可惜没找到，当地人也不知有这么一个清官、好诗人、大丈夫！悲夫！"

我1994年曾到巴楚找过邓爷的墓，以还父亲心愿可惜找不到。"《沉默的胡杨——邓缵先戍边纪事（1915～1933）》问世，邓爷九泉之下可瞑目矣！"

邓缵先在宗教冲突中惨

▲ 1927年邓缵先与孙子在迪化住所合影　（作者翻拍）

遭暴徒杀害，以身殉国。乱世之中，不仅无钱将尸骨运回家乡安葬，甚至连尸骨埋葬地也无法找到。他死的大义凛然死的悲壮，死得令暴徒生畏，"死"得令君子感佩小人汗颜。

浙人陶明樾

民国3年9月，陶明樾参加内务部第三届知事试验，合格后分发新疆。他亦是寻官启示中的官吏之一。

"陶明樾（1879～1933年）字菊缘，汉族，浙江绍兴人，以候补县知事资格分派新疆，先后被任命为乌苏、哈密、温宿、疏附、莎车、迪化县知事、县长。1928年夏，杨增新被杀，金树仁上台，陶明樾即调任省公署政务厅科长，作为金树仁核心幕僚。1932～1933年，陶明樾出任迪化县县长。"⑬

从简历看，陶明樾与邓缵先在新疆为官的经历大异小同，相同之处是二人均分别担任过乌苏、疏附县知事，不同之处是陶明樾担任过哈密县知事，与哈密回王沙木胡索特直接打交道。在省公署政务厅科长任上，他与邓缵先职同时不同，邓缵先为杨增新服务，他给金树仁帮差。1932年，陶明樾担任迪化县县长，有条件在新疆政治中心干出一番惊天动地的大事业。

从1932年起，在内政失控、外部势力策动下，在新疆哈密、墨玉几乎同时发生农民暴动，公开竖帜反对金树仁政权，祸乱遂波及全疆。邓缵先因此在巴楚任上殉职，南疆官员几乎难逃此劫。

陶明樾本为金树仁身边的"红人"，此时反戈一击，在迪化发动"四一二"政变，将金树仁赶下台，由此改写了新疆民国历史。要了解真实可信的陶明樾，阅读时人之亲历记较为生动靠谱。《我所知道的陶明樾》一文，为时任南京国民政府国民党驻新疆党部特派员宫碧澄所写，转录于下：

宫碧澄1932年回新疆时，陶明樾刚好出任迪化县长，在县长地头上办事，由此相识和往来达半年左右。

·陶明樾到新疆

陶明樾（菊缘）浙江绍兴人，辛亥革命前曾在湖北官场工作，在民国3年经考试被分发来新疆的第一批县知事，他旧学有相当根底，兼具新识，为人圆通，颇为当时省长杨增新所器重。他任省府科员不久，即被委署乌苏县知事，交卸不久被委为哈密县知事，继而为温宿、迪化、疏附县知事。金树仁上台，由疏附调任莎车县长。1914至1931年间，在杨、金统治下任县长六次，可谓一帆风顺。他交卸乌苏县长后，屠文沛（新疆高等法院院长）因与他同乡，将大女儿嫁给他做填房。

· 在新疆"官场"中的陶明樾

在当时金树仁的新疆省政府中，那些所谓"厅道委员们"，大抵都是在新疆"做官"多年，积习也深，油滑也够。表面上如财政厅长朱瑞墀旷达诙谐；民政厅长李棻拘谨自持，建设厅长阎毓善雍容尔雅；教育厅长刘文龙奸猾善谋；迪化专员李溶胸无成竹；高等法院院长屠文沛老成淳朴；省府秘书长鲁效祖淳厚朴实；金树仁的弟弟金老五桀骜不驯；金树仁的马弁团长小崔则飞扬跋扈；督办公署秘书长桂芬貌恭内猾……陶明樾处在这一批不同性格、地位有别的人中，能够从容自若，水乳交融，不为时辈所非议，而刘文龙、李棻、阎毓善等不以常人待之，自必有处乎其中的道理和办法。不只对这般旧人，即如当时新来的参谋陈中、航空教练李笑天、总指挥盛世才和东北军的旅长郑润成、参谋长苏国等也是乐于接近，甚至推心置腹，共图大事。

在新疆肥膘骡子所拉的"双飞燕"全套崭新的轿车中，陶明樾也算数一数二的。陶明樾家里常常有客，尤其是哈密"事变"以后，"四一二"政变以前，盛世才、陈中、李笑天常是座上嘉宾。新疆在民国成立以后，还有相互请吃春酒的习惯。春酒的排场、过节和丰富也是很可观的。席上是否有海味有，来衡量对客人的敬重和主人的"阔绰"与否。以文采风流的陶明樾，自然不能例外，也不能落后。

在每周这些"厅道委员"和县长科长们因公聚会未谈正事以前，或者到国民党的省党部来，我总听着：朱瑞墀漫无边际地乱弹或说风趣的故事，桂

▲ 汽车与驴车同行，显示民国初年中俄之间巨大的差距
　（作者翻拍）

芬感慨时局莫测或人物的臧否，李溶竟扯开嗓子说东拉西，刘文龙随声漫应巧言避实，李棨、屠文沛默无一言或言不中肯。而陶明樾在座中初无一言，等众人谈论的问题集中，漫事议论的扰攘气氛稍过，他却安闲自若，有事若无的三言两语，颇多中肯。在各宴会场中，朱瑞墀上下古今笑语横生，阎毓善纵横捭阖嬉笑自若，李溶语不着边拦腰三斧，刘文龙慢声慢气笑语自若，而陶明樾则含蓄从容，妙语解人。所以大家常说：每席没有朱老头不欢，缺少陶县长不畅。

·一般人眼中的陶明樾

陶明樾过去为杨增新所赏，并不在于他那风流儒雅的风度，日常生活和举止的阔绰，态度和蔼、言谈稳健，而在于驭下不骄、事上不傲，"亲民有法""处事有方"。更能"行"杨增新所须"行"，并能洞察杨增新的隐微，逢迎备至。尽管在心胸抱负上不同于杨氏的无为而治，却没有动辄得咎。

金树仁遇而自用，风流自赏，当主席后待人施政，既不耻于人民，又不得于同僚。陶明樾自以不羁之才屈居人下，虽抑郁终日欲去不去，但他却能恭顺谨慎，时有进言，懂得金树仁一时的欢心，不以同等的县长或科长视之。

刘文龙以办殖边银行而调返新疆，自来八面玲珑，善于自谋。卅年来"官星"也旺，财运也通。平时与那些县长科长有所往还，陶明樾自然也是座中常客。哈密"事变"以后"四一二"政变以前，往来更近，商淡更深。有几次我见到商办某事，在座的朱瑞墀、李棨、邓聚奎、涂贡球、李溶等以外，陶明樾如没有来，刘总是说找找陶明樾吧，或是同陶明樾商量商量吧，或者说看看陶县长的意思怎样？在陶明樾被举为新疆临时省政府秘书长以后，在各种集会上刘文龙有事或做决定时，总是回过头去问问陶明樾。

盛世才当了新疆临时督办以后，不论在省政府和临时督办公署的联席会议上，或者各民族联合会上以及临时领办公署的某项问题上，时时来问陶明樾，或是以某项有重要关系的文件交陶明樾办。临时研究或临时决定某项问题而陶明樾不在时，总是一再派人去找，或者等他的回音。

在新疆哈密失守，马仲英会同维族和加尼牙孜进扰古城（今奇台县）并且逼近鄯善的时候，金树仁为他的逃跑做了后路打算。他把他的同学鲁效祖在"时局紧张"中由省府秘书长调任塔城专员，所遣秘书长一缺，在人人的心目中，就是迪化的一般商人们看，自非陶明樾莫属，就是陶明樾自己也认为不会落到别人头上，那知事竟不然，金树仁却发表了软弱无能的同乡宋某。以致陶本人不满，而舆论也为之哗然。

·陶明樾的想法和做法

陶明樾在金树仁登台以后，既没有得到优缺的县长，又没有得到省府秘书长较高的位置，他心中郁闷怨恨自不消说。因此，陶明樾终日筹思为他自己另谋出路了。陶明樾在新疆二三十年，他很清楚杨增新用什么方法取得了新疆督军兼省长的地位，金树仁又怎样从樊耀南手中抢到了新疆省主席，同时他也明白新疆"官场"中这些人们的才能和对他的看法。

陶明樾认为新疆全疆的骚动，哈密东路一带的吃紧，金树仁的无能以及军队的"剿匪"，不是人们所想的那么顺利，这是一个有为的好机会。他对于在迪化内外的人物做了分析：在文人方面他的老丈人屠文沛是无能为力。陈继善、李荣、阎毓善、桂芬等地位都比他高，不见得听他的话，在重大问题上优柔寡断，反而误事。朱瑞墀、鲁效祖是金树仁的亲信，必不能计算。刘文龙老练圆滑，新疆各民族对他也无恶感，只能利用，不能共谋。邓聚奎、涂贡球是刘文龙的尾巴，唯刘的马首是瞻，自无问题，但不能共商。在武的方面：吃斋念佛的前伊犁镇守使杨飞霞固然众望所归，可是手无实力。陆品修、黎海如各负"前敌"一方面责任，手下虽有兵力，不见得为自己利用。牛时远在焉耆专员任内，张培元伊犁屯垦使是金树仁的亲信，小崔是金树仁的死党更不用说。于是陶明樾就采取了对金树仁离心的这个方向。

陶明樾的智谋，在大事上自己是感到不足。在文的方面，没有被金树仁杀死的樊耀南的帮手张馨，首先中选。张馨的阴谋险诈，自能与陶明樾的"足智多谋"相配合。盛世才、李笑天、陈中的军事才能在金树仁手下一时不能发展，被金树仁申斥过，都气愤在胸，大可利用。李凤翔从伊犁的处长调到迪化散置不能见用，归化军（白俄）巴平古特愤恨金树仁无处申诉，与陶明樾都起了共鸣。陶明樾很明白，在新疆这个动荡时期，军队能左右一切，掌握军队力量起决定性作用。要想在政治上有发展，非走逐杀金树仁这一条路不可。在当时的情况下，陶明樾起了团结这些人的核心作用，遂展开了他们夺取金树仁政权的阴谋。

陶明樾想夺取金树仁政权的阴谋，据说是从与张馨共同商策的计划开始。他们确定了以后，由陶明樾先后分别去与盛世才、李笑天、陈中以及李凤翔、巴平古特等往还，经过了一个时期，达到可以深谈的时候，最后才提出的。在盛世才离开省城迪化去外边作战时，经常与陶明樾联系的陈中再通过李笑天把情况转给盛世才，因为李笑天可以每天驾飞机出去视察"叛匪"的虚实。等盛世才回来又由李笑天会同陈中去找陶明樾。张馨总是在幕后，不到必要时是不见面的。因为他们知道夺取政权的有利因素是军队，盛世才虽然带着军队，究竟不是一手训练出来的，能否出力很难有把握，而且又在省城以外。因此他们遂以巴平古特怨恨金树仁的归化军为依靠，通过格里米肯与巴平古特的接触及策动，金树仁在4月12日被赶走了。

"四一二"政变后，陶明樾去南京报告，在兰州遇见黄慕松，这是他思想上和行动上的一个转折，这也许是他想施展抱负的机遇。在兰州邓宝珊的绥靖公署中我（即宫碧澄）介绍陶明樾与邓宝珊和黄慕松会见。陶明樾从这时候起，即以了解新疆一切和新疆"官场"尊重他的意见的姿态出现，并提明"四一二"政变他是主力，博得黄慕松的欢心，在黄慕松到迪化时揭露了盛世才的内幕取得黄慕松的信任，使黄慕松在处理新疆问题上非他不可。

陶明樾陪同黄慕松到迪化以后，每天他往来于省府和宣慰使署之间，但是他的内心却向着宣慰使署。他不只时时向黄慕松陈述一切，在艾沙的介绍下，还与黄慕松周围的人，有更亲密的往还。在陶明樾知道了黄慕松来新疆不是纯为宣慰，骨子里主要是想掌握新疆军政大权后，他日夜奔走黄门，事事更向黄说，不只把刘文龙忘在脑后，等他在黄慕松手下参谋部任职的高长柱、杨秉离口中知道了盛世才在参谋本部的一切时，他把盛世才也不放在眼里，心中只有黄慕松，脚竟朝宣慰使署。

当黄慕松到新疆，陶明樾、李笑天、陈中以及刘文龙等奔走于宣慰使之门的时候，盛世才还是新疆公推的新疆临时督办。那时候迪化城内外的军队，都掌握在盛世才手里。他把退到新疆的抗日军三三两两地编配在新疆旧的各部队中，后来归化军也来了个插花，有的派到"前线"去作战。盛世才很清楚金树仁被赶坏在军队手里，因此，他对军队主要负责人都暗中监视很严，甚至有人后来说，就是谈个笑话盛世才也知道。黄慕松来到新疆，虽然有个庞大的宣慰使署，除过他自己带来的那些卫兵在新疆名为优待实则在暗中被监视包围外，再无一兵一卒。通过陶明樾介绍的回族青年蓝彦寿、马鸿祥给他拉拢回族军队马占仓被阻于南山外，黄慕松却无实力可言。陶明樾逐渐地靠拢黄慕松，觉得靠山很稳，不必另外联络别人，只要南京政府一道命令便可大事解决。陶明樾就在这种趾高气扬、得意忘形的情况下，在觉得今后'高官得做'的甜梦中，被一弹穿胸，残躯被抛置于督署的东花园墙外，以饮恨而终。

·陶明樾死后新疆人们的看法

陶明樾、李笑天、陈中等被盛世才杀后，在新疆的一些人中有不同的看法和说法，同时也警觉了不少人而急流勇退。

陶明樾等被杀，当时新疆临时政府的委员和各民族联合会的委员，都人人自危。而黄慕松表面上似乎权限所关，骨子里实是"爱莫能助"，竟噤若寒蝉，束手无策，只能拍个电报到南京报告情况，实则是来求救以脱虎口。

有人说，黄慕松来新疆，迪化二次被围，正是陶明樾等与盛世才和衷共济挽回危局的时刻，盛世才本没有心杀陶明樾等，而陶明樾也万万没有估计到亲密如盛世才竟能下此毒手。人们认为陶明樾等最后不免为盛世才所杀，是与陶明樾向人透露了黄慕松要主持新疆军政大权，盛世才为了自身利益，遂先发制人，杀陶明樾等以警黄。事实上，南京政府确有此意，不料陶明樾泄露过早，反而牺牲了自己。

记得好像是1934年在南京的一个夏天，金树仁谈到新疆的"四一二"政变，随着话头又转到陶明樾身上。他说绳伯（鲁效祖号）去塔城当专员，在迪化当时的情况下，有应变之才的陶明樾当省府秘书长较合适，不过我觉得陶明樾这个人机智过敏，不好驾驭，恐怕多所掣肘。如果那时满足了他的欲望说不定也许免遭杀身之祸。老将军赏识他，可是没有重用他。老将军说陶明樾这个人，外似深沉，内工心计，聪明机警，好施小惠，干练有余，忠厚不足；但是自谋心重，向上心切，能共患难却不能共安乐。[14]

成语曰：鹬蚌相争，渔翁得利；螳螂捕蝉，黄雀在后。放之民国诠释，就是知识分子争主义，争正义，军人争权力，争利益，所谓主义相争，军人得益。然后军人用权力奴役主义，主义成了花瓶和摆设。民国知识分子的悲剧大致如此，但不能因为他们的软弱和失败，而否定了他们争主义、争正义的价值和勇气。

用大历史眼光看，权力与正义相争，正义胜，权力败；君子与枭雄相争，当下枭雄占上风，长远枭雄趋下位。史上永垂不朽者，谦谦君子也！

鄂人张馨

张馨也是寻官启示中要找的人。从年龄看，张馨比陶明樾还要小9岁，比邓缵先小20岁，由此可见，19位进疆知事年龄、阅历多么参差不齐。张馨进疆时只有27岁，不到而立之年。从官场看，张馨要比邓缵先、陶明樾幸运，以省政府委员之尊出任教育厅长。从享年看，张馨虽比邓、陶晚死4年，死时不到50岁，而陶明樾54岁，邓缵先64岁。

"张馨（1888～1937年），湖北黄安人。民国四年（1915年）进入新疆。历任昌吉县长、英吉沙尔县长、新疆外交署科长。参与1928年'七七'政变，被关押一年多。后任省政府参议、省政府委员兼教育厅长。1937年被盛世才以'阴谋暴动案'逮捕杀害。"[⑮]

张馨在新疆民国史中的历史价值，并不在于他做了多大的官，而在于他是新疆民国时期改变新疆两大政变事件的谋划者。1928年"七七"政变，樊耀南刺杀了杨增新，导致了金树仁的上台。樊耀南及余党被诛，密谋者张馨侥幸逃脱。1933年，张馨再与陶明樾一起策划"四一二"政变，赶走了新疆省主席金树仁，为盛世才上台创造了契机。不久，主谋陶明樾被盛世才枪杀，张馨作为幕后摇鹅毛扇的人，却做了省政府委员兼教育厅长。

樊耀南、陶明樾、张馨等新疆官吏中的达人，均是杨增新重用但并不十分信任的官员。其原因之一是他们具有新思想，想改变现状，推动社会进步，而杨增新不思改变，只想维持现状，他们要越过杨增新，推动新疆政治变革，必为杨所不容。

民国以降，世界、中国乃至新疆均处于大分化、大变革时期，新与旧、进步与保守、专制与民主、科学与愚昧、人治与法制、战争与和平的矛盾冲突始终存在，不过有时波澜不惊，有时风云激荡。在新疆民国史1928年的"七七"政

▲ 清末戴瓜皮帽的各族小学生们　（周轩提供）

变，1933年的"四一二"政变、"六二二"政变，即是内外矛盾激化的表现。

与樊耀南、陶明樾相比，张馨是始终在幕后摇鹅毛扇者，他侥幸逃过数劫，但最终惨死于枭雄盛世才之手。他多活了几年，为新疆社会特别是教育做了一些有益的工作。

关于张馨的记述，最生动、细腻且文情并茂的文章出自张馨女儿张式琬笔下。张式琬生于1920年，是张馨进疆第5年后所得长女。因新疆民国时期的几次政变策划于她家密室，她又到了似懂非懂之龄，由此成为耳闻目睹者之一；她又随张馨入狱关押，花蕊未开便吃尽苦头。不过，女儿怀念父亲，难免感情用事，且缺乏史学家的严谨，但文中的历史细节又弥足珍贵。现将她的《我父亲张馨的一生》一文摘录如下：

·我的父亲张馨

父亲是湖北省黄安县（今改红安县）人，家有少量土地，仅够自耕自食，祖父、二叔、三叔均务农，全家供父亲读书。父亲读过私塾后又经刻苦自学，考入武昌法政学堂。于1915年前后毕业，分配来新工作。曾在昌吉、英吉沙尔等县当过县长，调回迪化后，一直在外交使署担任科长。

那时新疆交通闭塞，文化落后，根本没有学校，女孩子读书则更是凤毛麟角了。父亲在家教我和妹妹识字读书，有的亲友曾劝阻他，认为女孩子读书无用。父亲却认为男女都应当学文化、长知识，都应当为国家社会做事，并深信

▲民国三十年到南京读书的维、哈、柯等各族学生们　（周轩提供）

封建落后愚昧闭塞的社会现状一定会随时代前进的潮流而改变。在父亲的谆谆教诲下，我学了《孟子》《论语》《诗经》的选篇和不少唐、宋名家散文以及国文读本等，并每周命题作文，父亲批改。他经常不看书本，边背诵边讲解，但让我们看书，作简要笔记。当时我年龄还小，接受深奥的古典文学是有困难的，然而父亲却讲得深入浅出，很有吸引力。有时用浅近的例证，有时用形象的比喻，有时用生动的故事，既是古文课，也是历史课，不得不使人兴趣盎然，津津有味。由于自幼父亲授予古文知识，奠定了我文科学习的基础，因此当我十三岁投考迪化女校高小第一班时，竟以优异作文成绩录取入学了。

父亲的学识是很渊博的，不论文、史、政经、诸子百家，各方面的知识都很丰富。常与一些友人侃侃而谈，毫不疲倦。这和他孜孜不倦，废寝忘食的治学精神是分不开的。从我记事开始，父亲成日手不释卷，伏案书写的形影，就在我脑海里留下了深刻印象。他书架上案头上一本一本的线装书、精装书上，全用朱砂笔圈点批注满了，写的诗文原稿，塞满了抽屉。父亲高度近视，眼病较重，但还利用业余时间读书写作，辄至深夜，以致视力越来越差。我上中学后，他任教育厅长时，经常在大会讲演以作报告，事前只思考一下要讲的内容，从未写过讲稿，但是把他的讲话记录下来，就是一篇语言通畅，逻辑性强，富有说服力的文章。报社记者索稿核实，他只好表示歉意，"对不起！我没有写讲稿，因为近来视力太坏，不能提笔。"记者就把记录稿读给他听一遍，增删几个字就拿去登报了。视力日衰，不能读书，对父亲来说是最大的痛苦。

父亲在英吉沙尔当县长时，我还很小，后来听一位远房伯伯（他是父亲堂兄，在父亲来新两年后，送我母亲来新疆的）说："少丹（父亲字）是个好官，他调离英吉沙尔的时候，乡民们一再挽留，由汉族工商业人士发起送了表彰匾、万民伞，一大群人跟在马车后面，送了一程又一程，真是恋恋不舍啊！"我问："为什么会这样呢？"伯伯说："老百姓说他是个清官，不残害百姓，并给老百姓办了很多好事。就怕再换个贪赃枉法的县太爷，老百姓受苦呀！"于是伯伯就给我讲了一些父亲在英吉沙尔的事。有一次，一个有钱有势的巴依，吊打逼死了三个长工，受害家属告到县府，巴依闻讯立刻送来了金条、元宝，满以为贿赂一下县长就可以逍遥法外了。父亲却铁面无私，拒不受贿，逮捕法办了凶手。像这样的事何止一桩。还有兴修水利，捕捉盗贼，澄清吏治……都是深受人民群众拥护的。伯伯还说："生你的母亲是在英吉沙尔难产而死的，办丧事时，你父亲不让收礼，只草草买棺成殓。后来在迪化娶你这个母亲时，也是一切从简。"

·幕后密谋刺杀杨增新

1928年7月，父亲在迪化外交署任科长。外交署的专员樊耀南，也是湖北人，和父亲友情深厚，经常来往。他们不仅探讨学问，凡古今中外、文、史、政经，一谈就是几个小时，同时常常议论新疆时政，如杨增新如何嫉害贤能呀，如何实行愚民政策呀，政治如何腐败呀……后来还有一些不认识的伯伯来，他们在父亲书房里，时而高谈阔论，时而低声密语，至于密议的内容我却无从知道。

那时父亲还兼任新疆唯一的一座高等学府——俄文法政学堂的教授，每周要去讲课数次。七月的一天，早饭后，我听到父亲对母亲说："今天学校举行首届毕业生毕业典礼，会后有宴会，军政官员都去参加。我本不想参加这种应酬，樊也劝我不要去；但是典礼上要我代表教师讲话，不得不去。"父亲走后约两小时就回来了，神色却与往日大不相同，既不看书，也不伏案，一直在书房踱来踱去。我去请他吃午饭，他挥挥手说："我不饿，你们吃吧。"心事重重的样子。母亲放下碗筷进了书房，问他："今天你怎么了？身体不舒服吗？"只听到父亲喃喃自语着："杨将军带的卫兵挺多，万一……唉！我不该回来，但是眼力又不好，留在那儿也没有用。"母亲非常诧异，一再追问。父亲说："没有什么，去吃饭吧。"一面沉思，一面走来走去踱步，有时也到院中看看天色，听听动静。由于父亲心情不安，神色异常，我们全家都笼罩着沉闷抑郁的气氛。

下午，隐约听到外面传来的枪声和喧闹声，父亲让安凤山（一直跟随父亲多年照料父亲生活的老家人）出去看看，打听一下情况。一会儿安凤山同一个从法政学堂跑出来的人到家了。那人惊慌不安地说："法政学堂宴会快完时，有人向杨将军开枪，连打了好几枪，杨将军倒下死了。他的卫队也在吃酒，听到枪声才开始射击。双方都有伤亡。现在街上很乱。"父亲问："樊专员呢？"那人说："听说到将军府去了。金厅长（金树仁）也到将军府追樊专员去了。"父亲打发那人走后，懊恼地说："没有想到……金树仁这狗东西，唉！失策，失策！樊兄如果机动灵活些，或可逃出……"谁知道事态会怎么发展呢？我们全家都悬着心，惴惴不安地过了一夜。

　　次日，金树仁宣布就任了省主席，为了给杨增新报仇，杀了樊耀南，听说樊伯伯据理申辩，坚强不屈，被割舌、挖眼、断肢、剖腹，死得很惨。樊的同党都遭到捕杀。这些消息传来后，这天他一直沉默不语，紧锁眉头。晚上我们就寝后，听到父亲对母亲说："也许今晚，也许明天，我可能被捕，家中要缩减开支，好好抚养两个孩子，每天督促她们读书写字，不要荒废了学业。"

　　第三天，果如父亲所料，金树仁的鹰犬们逮捕了父亲，关在县府大狱里。母亲变卖了车马，让安凤山贿赂了狱卒，才将父亲从大号子迁入一个单间小土屋里，并准许安凤山天天来往送饭，夜间也住在小土屋内照料父亲。母亲带我们去看望父亲时，见父亲住在阴暗潮湿的小土屋里，脚上戴着脚镣，一动就叮当作响。后来又给狱卒送了不少钱，他们见父亲视力很差，是跑不了的，才把脚镣除了。在狱中父亲仍是手不释卷，看书时，书本几乎贴在鼻尖上，相当吃力。一叠一叠的书，都经安凤山来回转运。听父亲说，刚入狱不久，审讯过两次，追问是否是樊的同党，是否参与了刺杨的阴谋。看来他们仅是怀疑，并无证据，父亲也就矢口否认，只承认和樊是同乡朋友，以后再未审讯。

　　经过家里变卖首饰衣物，贿赂了金树仁手下有关人员，父亲只住了一年多监狱，便被释放回家了。不久，金政府给了个挂名差事，大概是参事之类的职务，每月只拿钱不上班。在赋闲的日子里，父亲成天讲学，上午教自己的女儿，下午给一些青年讲课。其中有过去法政学堂的学生，有同乡老友的儿子，也有不认识的好学青年。这些学生对父亲都非常尊敬钦佩。

　　·再密谋新疆"四一二"政变

　　1932年，我12岁时，新疆维族、回族人民，不甘受金树仁政权的剥削压榨，纷纷起义。马仲英也趁机率部来新，战火遍及新疆各地。金树仁为了巩固自己的统治政权，加强军事力量，通过鲁效祖请来了毕业于日本陆军大学的东北军人盛世才。盛初来时担任参谋，后来任总指挥，率兵作战。盛的妻子邱毓芳，任迪化女校校长，招收了第一班高小学生。我便考入该校读书。

　　这一时期，父亲书房里，经常高朋满座。常来的客人有陶明樾、赵得寿等，通过陶介绍，陈中、李笑天有时也来。还有一些我不知姓名的人。赵伯伯是新疆伊犁人，精通俄文、俄语，在商行、外交署都做过事。陶伯伯是浙江人，金树仁时期做过迪化县长。他们都是父亲的老朋友。陈中、李笑天，从内地来新疆不久，是父亲的新朋友。他们都和父亲一样，对当时的黑暗现实不满。经常谈论金树仁如何贪赃枉法，如何只抽大烟不顾人民死活，弄得新疆战乱频繁，民族仇杀，民不聊生。为了改变现状，由谈论时政，进而酝酿计划，一步一步变成了行动。

赵得寿伯伯用俄语搭成了与巴平古特（白俄归化军团长）联系的桥梁，反复争取，几度磋商，巴平古特终于站在革命者一边，1933年4月12日，率领一营归化军，首先冲向省政府，赶走了金树仁。那天父亲在家里听到枪声，既感到兴奋激动，又有些紧张不安。没过多久，就有人来报告情况：金树仁狼狈逃走，起义军已占领省府，请父亲去省府议事，父亲就匆匆去了。在协商推选新政府领导人的会议上，开始推举父亲担任省府主席，他自感资历、声望、才智都不足，一再谦辞，便推举原教育厅长刘文龙为省府主席，盛世才窃据了边防督办职务，父亲担任了省府委员兼教育厅长，陶明樾担任了省府委员兼秘书长，赵得寿担任了外交署署长。

新政府成立后，刘文龙任主席，盛世才任督办，盛世才很不满意，他认为只有军权，而无政权，满足不了独揽军政大权，为所欲为的欲望。而许多政事，刘文龙又未能俯首帖耳按盛的指挥棒去做，于是竟向刘下了毒手，把刘拘禁起来。父亲知道后，认为刘文龙没有任何过错，这样做既不合理也不合法，曾劝告盛世才，要他改正错误。过了两天，有天晚上，盛世才带了两名卫兵，将省政府大印送到我家，请父亲担任省主席。他认为：刘文龙没有什么才干，也不能和他合作，刘已经下台，不能再让他上台。他推崇父亲是"四一二"政变功臣，又有才干，担任主席是当之无愧的。父亲坚决推辞，一再表明："自己参与'四一二'政变，是为了改革新疆政治，使人民有好日子过，并不是为了当主席。我要想当主席，在推选刘文龙之前，大家推选我，我就干了。现在刘文龙被无罪关押，我更不能干……"他们就这样争执了好久，我在隔壁房内做功课，所以听得很清楚。最后我听到父亲说："督办如果坚持如此，我明天就辞职，省府委员、教育厅长全辞掉，我愿到学校去教书。"盛世才只好让卫兵抱着印走了。

次日，盛世才又去请李溶担任省主席。李溶当时是迪化专区行政长，被推上台当了几年傀儡主席，得以善终，未遭毒手。

是年6月22日，盛世才突然把陶明樾、陈中、李笑天三人枪毙了。既未拘捕审讯，也未与其他人研究决定。那天下午，父亲气冲冲地回到家中，铁青着脸，愤怒异常，拍着桌子吼道："什么新政府？民主在哪？人权在哪？法制在哪？一个军事长官可以拘捕行政长官，可以随便枪杀政府官员！……"母亲忙问是怎么回事，父亲说："陶明樾、陈中、李笑天，今天被盛世才枪毙了！我闻讯后去问他，他们三人究竟犯了什么罪？有什么证据？为什么不依法处理？老盛反而洋洋得意地说：'反对我就是罪，我不打死他们，他们就会刺杀我。你何必多管闲事！'你看，多么令人气愤！这三个好人就这么无辜被害了！"停了一会儿，父亲让母亲带着安凤山到陶家去，劝慰陶伯母，并帮助料理丧事。㉗

那时父亲视力很差，几乎失明，又患了黄疸病，眼珠全黄了。在张义吾的鼓励下，父亲要求到苏联治病并考察苏联教育，得到盛世才批准后，便在张义吾陪同下（张作为翻译）到苏联去了。在苏联半年多，父亲治好了病，并参观了莫斯科、塔什干的许多学校和工厂，真是耳目一新。

·被盛世才密谋杀害

父亲担任省府委员后，公务非常繁忙，省府委员会天天开会，要讨论决定全省应兴应革的许多重大事件，我们深夜才能见到父亲。政府的各项施政纲领，都是父亲和一些思想进步的委员们帮助制定的。盛世才初期的著作和重要演讲稿，不少是父亲起草或修改的。

当时，抗日救国浪潮席卷全国，新疆成立了民众反帝联合全，父亲被推荐担任反帝会第一任宣传部副部长。在各种大会上作过多次宣传抗日的演讲，对反帝抗日活动，大力倡导主持。各校男女青年学生经常演出抗日话剧，演唱救亡歌曲，进行街头宣传。为前方将士募捐寒衣，为抗日前线捐献飞机……这些活动都搞得如火如荼，积极支持了抗日战争。

▲ 一排左起张馨、李溶、盛世才、徐廉　（作者翻拍）

在改革政治方面，父亲主张澄清吏治，杜绝贪污，必须从县长一级做起，县长是否能够胜任，要进行考核。省政府采纳了父亲的建议，成立了县长考试委员会，并任命父亲担任该会主任委员，负责考试县长并考核县长的工作。曾惩治了一些贪官污吏，表彰了一些公正廉明、一心为公的县长级干部。于是在那几年，廉洁奉公，蔚然成风了。

盛世才与张馨之间，既有合作，亦有分歧，但张馨终究是枭雄盛世才放心不下的人。"父亲与他的政见矛盾，由隐蔽而公开，由劝说而争执，逐渐与日俱增，遂种下了被害的祸根。在会议上或商谈工作时，父亲与盛世才经常发生争执，有时在电话中也争吵起来，因而引起盛世才的不满。在盛世才心目中：（一）我父亲去过苏联，十分向往社会主义制度；（二）父亲与张义吾等共产党人有接触；（三）父亲反对盛世才的专制独裁，主张重大事情都必须经省府委员会讨论决定；（四）父亲反对盛世才表面上实行民族平等，实质上对少数民族采取高压手段的做法，父亲认为新疆是多民族地区，应当尊重少数民族的风俗习惯、宗教信仰，并帮助他们提高文化发展经济。这些，都是盛世才要谋害父亲的主要原因。"

1937年9月，张馨与家人一同被捕入狱。后来家人被放出来，不久即与家人失去联系。他从此再无信息，也不知关在那个监狱。年节时给父亲送去食品却全收了，到底人在不在呢？不得而知。直到1944年秋天，盛世才离疆，吴忠信执政，家人才得知张馨1940年被害的消息。张馨的遗骨被葬在六道湾万人坑附近，家人掘土起尸，唯见白骨而已。[16]

除邓缵先、陶明樾、张馨外，民国3年参加内务部知事考试分发新疆的19人中，还有几个人在有关史书上可以找到名字和任职。李榮做过迪化县知事、民政厅长；邓聚奎做过疏附县、于阗县知事、民政厅科长；涂贡球做过疏附县、于阗县知事、省政府科长。[17]

吴蔼宸1932年底出任新疆省政府顾问，不久适逢新疆动乱，迪化城被马仲英部围困。他记载了民政厅长李榮在危难之中的点滴生活片段。"余即处在四面楚歌的迪化城，感觉社会救济事业，无人提倡……目前救急之事，莫过于掩埋尸体，收容难民，救护伤病，均有组织红十字会或慈善总会之必要……9日，李仙悟厅长先捐一千两，并粮食愿捐足五千两之数。"[18] "19日，慈善会假省党部开会……继由主席代表李仙悟厅长演说……23日，慈善会开委员会，决议敦聘刘铭三、朱凤楼、李仙悟3厅长，陈善源署长为本会理事，并筹设城市粥厂及医院事宜。"⑲

"四一二"政变发生后，"嗣省政府开会，改五组为善后、财政、外交3委员会，并通过澄清吏治案，及成立清查逆产委员会。善后委员会开会通过章程，并票举李仙悟厅长、李镜泉厅长，及余三人为常务委员，并通过派员赴各县宣慰"⑳。

就是这位在危难之际出钱捐粮，组建新疆慈善会，被票选为"四一二"政变后省政府委员的新疆民政厅长，"善后委员会常务委员李仙悟厅长因病出缺后，由得票次多数张鸿远君递补。杨祈候谈李之灵柩，尚需由迪化运回广东潮州，否则贻笑邻里族戚。李服官新省垂二十年，曾任绥定七载之久，唯官囊并非充裕，自升任民政厅长以来，月月亏累，遗款无多，异日运柩回粤，恐须去其家产过半"。㉑李棨官囊不肥，除了说明他为政清廉之外，还能说什么？这也许是那个时代部分官员的做官准则和信仰。

从吴蔼宸的记录中，还透露出民主的信息，"四一二"政变后，谁出任省政府委员，已不再是哪个独裁者一人说了算，而要通过票决，多数者当选。这种浓厚的民主气氛，很快因盛世才的独裁而结束。

派遣留学生

清末，清政府推行新政，自1903年起，伊犁将军府即向沙俄属地中亚派遣留学生，每年10名，至辛亥革命爆发止。所不同的是，内地留学生的留学目的地主要是欧美、日本，而新疆则面向沙俄管辖的中亚国家。因种族歧视政策，新疆派出的留学生大多数来自满族、锡伯族、蒙古族、汉族等民族。

民国建立之后，杨增新不热衷发展现代教育，未再向外派遣留学生，其愚民政策，最为史家诟病。金树仁主政时期，新疆现代教育开始起步，一个重要标志就是恢复向外派遣留学生。当时轰动一时的是"五公子"出国。

金树仁上台后，为了长久打算，一方面整顿军官学校，一方面于1930年把他的儿子金作鼎，侄儿金作镜，儿女亲家财政厅长朱瑞墀之子朱玉宁，省政府秘书长鲁效祖的儿子鲁克敏，陆军第三师师长刘希曾之侄刘宏烈等五人给予陆军少尉军衔，送往德国学习军事，准备将来作为骨干力量，整军经武。

"这五人有的只具有初中文化程度，有的只是小学毕业，但因都是官宦子弟，由当时教育厅发给旧制（六年制）中学毕业证书，并专门派了省会警察厅长吴光荣陪同到德国，负责'五大公子'在德国的学习和生活事宜。"㉒

利用权势送子女到西方留学，尽管有假公济私或大公小私之嫌，但从长远趋势看是一种改革开放、革新政治之举，是一种社会进步，因为人才并不属于私人，而属于社会和国家。对金树仁评价应有公平心。

1930年6月某日，当"五大公子"离开迪化的那天，不仅金氏家族倾巢而出，车水马龙、军乐前导，步骑军警护送，而且全城大小官吏弹冠相庆，设宴西公园，为之饯行。真所谓"贵人出门，惊天动地"。与此同时，前线战场，败绩频传，行军沿路，人畜倒毙，尸骸枕藉。城镇凄凉萧条，怨声载道。几个"贵族"学生出国学习，竟如此铺张煊赫，两相对比，不能不引起群众的极大愤慨。当时对"五大公子"出洋，街谈巷议，满城风雨，特别是法政学院，省立中学和省立师范在校生学积愤尤深。㉓

不平则鸣，青年学生总是发出时代的最强音。"这年9月，法政学院和省立中学（当时两校合校）的操场、宿舍墙壁上和教室黑板上用粉笔大书：'打倒金树仁，欢迎马仲英'的标语……这正如《四书》所说：'是日曷丧，予及汝偕亡'"，说明人民对反动统治者深恶痛绝。"㉔

▲ 红山宝塔是新疆民国史的见证者　　（作者翻拍）

"金树仁为了缓和舆论，收拾人心，宣布招考第二批留德学生。于是从俄文法政学院第二班、第三班在校学生中亲自主试，录取了郭永隆、孙国政、景逢杰、柴恒森等四人，于1932年夏派赴德国柏林，指定学习军事。"㉕柴恒森即是上文的作者。

盛世才执政时期，采取向苏联一边倒的政策，新疆向苏联派遣留学生的规模急剧扩大。盛世才毕竟是留日的高才生，他对留学的意义自有切身体会。在"取得苏联同意，从1934年起到1936年三年中，每年向苏联乌兹别克共和国首都塔什干中亚大学派100名留学生"。㉖

向外派遣留学生，对统治阶级而言，是一把双刃剑，人才为我所用可巩固统治，人才弃我而去可摧毁政权。对此，慈禧太后看得清楚，盛世才是个中之人，体会更深。不幸的是，盛世才送出去的留学生最终大都站在了他的对立面，成为反对盛氏独裁的中坚力量。

"塔什干中亚大学设有政法专科，这三批学生都是指定在政法专科学习的。原规定每期100人，实际人数第一期是98人，第二期是90名（原文数字如此），第三期是80名。关于派送留学生事务，盛世才责成教育厅长张馨、财政厅长陈德立，外文办事处长王膺禄主持，每期学生大部分是从省立中学、省立师范在校学生经过考试、体检录取的。此外，命令伊犁、塔城、喀什、阿尔泰等地区从维、哈、蒙等少数民族的优秀学生中进行选拔。"此时，张馨已任新疆教育厅厅长，具体负责留学事务。经过考试、公平录取，已取代了达官贵人任人唯亲选拔留学生的做法。此外，在留学生的民族构成中，亦体现出由一族独裁到五族共和的时代进步。

"第一期学生中，汉族占31名，维族38名，哈族6名，满族5名，回族9名，锡伯族4名，蒙古族5名。第二期学生中汉族18名，维族21名，回族9名，锡伯族5名，哈族12名，蒙古族10名，满族6名（原文数字如此）。第三期学生中，汉族20名，维族29名，回族6名，满族2名，哈族12名，蒙古族9名，锡伯族2名。每期录取的学生，由教育厅呈请盛世才批准，派员护送出国。"㉗

第二期留学生中，也有一些特殊学生，"到苏联的还有张平（教育厅长张馨已婚的妹子）、文芝寿（傀儡主席李溶的儿媳）、钱振鹍（督办公署的承启官）等三人。他们都是未通过考试而被安排进去的。"㉘由此看来，新疆的出国留学已成风尚。

除政法留学生外，新疆还向苏联派遣自然科学的留学生。"1935年10月，盛世才责成教育厅考试录取了12名学生，送往苏联乌兹别克共和国首都塔什干医学院学习。"㉙"1935年，盛世才责成农矿厅、教育厅主持，考试录取了于大新、谢启萌、钟明钊、司马义、阿巴斯等15名学生，送往苏联乌兹别克斯坦共和国撒马尔罕农业大学学习。其中通晓维语的汉族学生3名，维吾尔族、哈萨克族学生各6名。这些学生到达后，分别学习畜牧、水利、农技、林业及兽医等专科，与此同时，还选拔了12名专业青年，到塔什干进修农牧专业，其中汉族10名，维族2名。

这两批留学生于1940年毕业回国，分配到建设厅机关及所属专业单位工作。"[30]

新疆要稳定，就要跟上周边国家的发展节奏。发展需要专业人才，除国家支持外，更要立足本地培养。十年树木，百年树人。公允地说，派遣留学生，这是金树仁、盛世才、张馨等人给新疆留下的一笔丰厚资产。

留学生政治宣言

"秀才造反三年不成"，此乃中国的一句古话。但是，辛亥革命改写了历史，秀才们造反成功地推翻了延续了两千多年的皇权统治，建立了共和国体。在这场大革命中，革命的中坚力量就是留学生们。

1935年末，阿图什青年赛福鼎·艾则孜被新疆省政府派往苏联中亚国家留学。近两年的留学生涯，彻底改变了赛福鼎·艾则孜的世界观，文质彬彬的他毅然站在了政府的对立面，立志要做一名推翻旧制度的勇敢战士。

为什么那个时代的留学生要造送他们出去的政府的反呢？《赛福鼎回忆录·苏联留学》一节中，作出了回答。

接触文明才能感知愚昧

第二天下午，我们前往火车站，准备乘火车去塔什干。车站上，一列发着震耳欲聋的吼声，冒着一团团浓烟，轰隆隆行驶震得大地颤抖的庞然大物，没等我们反应过来便停在了我们眼前。若周围没有旁人，我们肯定都会被吓跑。装有轮子的玻璃屋子在这个庞然大物面前简直是小巫见大巫了。我们做梦也没想到这个世界上还有这等特大稀罕物，我们又兴奋又感到新奇，甚至涌起了一种骄傲的情绪：我们见到家乡男女老少均未见过的火车了！[31]

这里的人们个个西装革履、整洁干净、举止文雅。我们和人家的反差太大，我们身穿的粗布衣衫、脚上的黄皮靴、头上的白皮帽、身背的褡裢、发臭的皮大衣都脏得看不出原来

▲ 火车打破了中亚的平衡并由此改变了人们的观念和生活
　（作者翻拍）

的颜色，散发出阵阵令人作呕的臭味，脸上胡子拉碴，头发又长又乱。大家互相看着各自的狼狈相，决定立即改变这种连自己都看不过去的形象，于是从刮胡子开始，进行自我整顿。这下，我当兵时学会的一点剃头手艺可就派上了用场。

进浴池后，先被领进一个大更衣室脱掉衣服，然后进浴池洗澡。我记得那个浴池很大，我们洗得舒服极了。洗完澡，好像整个变了一个人，大家互相开着玩笑，非常开心。

洗完澡来到更衣室，发现衣服不翼而飞。我们以为衣服被小偷偷走了，万分沮丧。正着急如何出门，米西可夫带着几个人来了。那几个人手里拿着新衣服，原来是给我们送校服的。米西可夫逐个点名，发给我们每人一套黑色毛料西服，相当漂亮。此外还有衬衣、背心、内裤、领带、黑皮鞋、袜子等等，从里到外，由上到下，真是一应俱全，应有尽有。我们喜不自禁，争先恐后地穿上了新装。穿衣本不是什么难事，但这次我们却遇到了麻烦。一个麻烦是袜子较长，靴子里面有一个带钩的橡皮筋，脚穿不进去。这是什么呢？我们谁也不明白。一个学员忽然发现了橡皮筋上垂着的钩子，试着用橡皮筋系住袜子上部，然后用钩子钩住固定在靴子里面的胶皮上，脚便很顺利地穿到了靴子里。那个学员把这个方法教给了我们。这第一个麻烦算是解决了。

再一个麻烦就是系领带了。这样系，那样系，怎么也系不上。我们这些在吐鲁番、阿图什乡村、山区出生长大的孩子见都没见过领带，怎么可能会系领带呢？我建议先把领带叠好放在口袋里，到学校再说。米西可夫见状，知我们不会系，便鼓励我们说："没关系，到学校后我教你们。"这个米西可夫真是位善解人意的好人，他知道我们不好意思，便如此关切地轻描淡写了一番，使我们不致太难堪。

在汽车上，我们生气勃勃，个个是那么英俊，那么帅气，大家禁不住相视而笑。如果系上领带的话，我们与塔什干人似乎已毫无区别了。[32]

回学校的路上，我们向米西可夫打听我们旧衣服的下落。他告诉我们，消毒后将送进库房。我们穿着漂亮干净的西装，却惦念着自己那些粗布短衫、光板皮袄的下落，似乎令人不可思议。然而我觉得，与其说这是对旧衣服的感情，不如说是对缝制旧衣服的母亲，对穿着旧衣服离开的祖国的一种深切思念的流露吧！[33]

▲ 乌兹别克斯坦塔什干中亚大学仅存的旧教学楼
（作者摄）

其实，文明就是愚昧的一面镜子。"还有一件事也颇为有趣。那是一天晚上，我们准备去看电影。看电影之前，我们三个人去公园游玩，在一家咖啡馆喝了些酒，落在了其他人后面。晕晕乎乎赶到电影院时，电影尚未开演。我上到二楼，看到大厅里人们来回走动。我想去找同学，当时可能是酒劲发作，我感到相反的方向有许多人就座，便朝他们走去。走到跟前，'哐当'一声，我的头重重地撞在了一面光亮冰冷的'墙上'，帽子飞了，人也摔倒在地，周围的人们哄堂大笑。一个好心的俄罗斯人拾起帽子还给我，我被撞清醒了，十分难为情。同学们发现我出了洋相，赶忙领我走进影院。后来我才知道，我是撞在大厅中央的那面大墙镜上，同学们边看电影边笑我的失态。以后每到剧场、电影院看节日、看电影或是看到大大小小的镜子，同学们总忘不了取笑我说：'喂，赛福鼎，快去那里边找同学呀！'"

"镜子对现代人来说是平常得不能再平常的物件，而在当时，我们从未见过像一面墙那样大的巨型墙镜，这也就难怪我喝酒之后在众人面前出此洋相了。"[34]愚昧在文明面前洋相百出，最终将愚者改变为一生追求文明的人。

心中升起一座灯塔

"暑假到了，我们乘坐火车前往莫斯科、列宁格勒等地参观游览。我们的旅途生活非常愉快，古老、文明，美丽的莫斯科给我们留下了深刻难忘的印象。我们尽兴游览参观，观看文艺演出。莫斯科的马戏演出深深吸引了我们，使我们眼界大开。"

"列宁格勒在我们眼里是个更加优雅迷人的城市。冬宫、夏宫的宏伟、壮观，令我们为之赞叹不已。老师给我们讲述十月革命前彼得大帝时代的故事，使我们对沙皇俄国贵族上层统治集团骄奢淫逸的堕落及其残酷剥削压迫劳动人民的罪恶加深了了解；通过参观古老的宫殿，历史博物馆，俄国历代绘画展览，增加了有关俄国古代史、绘画史及建筑艺术史等方面的知识。参观游览的最大收获是进一步了解到伟大革命导师列宁如何领导俄国无产阶级举行了俄国历史上具有划时代意义的十月革命。这次难得的学习机会使我们的认识与觉悟大大提高了一步。"㉟

▲ 挥臂指向东方的列宁雕像
（作者摄）

列宁向东方挥手

"次日安排我们休息，领事馆一位工作人员带领我们游览市容。这个城市很大，很美。那平坦整洁的水泥马路，琳琅满目、镶嵌玻璃的大百货商店，颇赋民族特色的高楼大厦和除大客车外如甲虫般穿梭往来的小轿车都令我们目不暇接，眼花缭乱。来到市中心广场，见广场中心耸立着一尊巨大的人物雕塑。领事馆那位工作人员告诉我们这是革命导师列宁的雕像。只见塑像左手微微掀起衣襟，插在腰间。右手平举伸向南方。给我们当向导的是一位维吾尔人，他是在领事馆工作的中国百姓，人们称他为'老人家'。他热情地给我们讲述有关这尊塑像的故事。他说一个喀什人来到安集延，与当地一位乌兹别克人成为朋友。一天他们二人一起来到广场，喀什人问那座列宁塑像是谁，那位乌兹别克人回答说：'这是一位解放整个俄国和我们这个家乡的伟人。'喀什人又问列宁的右手为何指向他们家乡的方向，乌兹别克人风趣地回答：'噢，他是在说，我还没来得及解放喀什呢！'接着，他问喀什人：'您的家乡有这样高大的塑像吗？'喀什人回答：'有的。''那么，您家乡那尊塑像是什么姿势呢？''那尊塑像双手贴胸，尊敬地朝着你们家乡这个方向鞠躬！'

'为什么要鞠躬呢？''那表示盼望您们赶快解放我们啊！'

这个普通的小笑话，表现了人民群众热爱革命导师，盼望获得自由解放的深刻内涵。听完笑话，我们议论纷纷。大家都很遗憾：这个人为什么不去解放我们的家乡呢？其实此时列宁逝世已经十一年了。过去我们听说过'列宁'这个名字，却没见过他的形象，而如今亲眼目睹这位伟大人物的塑像，那栩栩如生的神采令我们油然产生崇敬之情。"㊱

列宁的魅力和力量，不在于雕塑叉腰挥手的潇洒，而在于他实实在在、真真切切改变了现实。"谈到此，我想介绍一下有关乌兹别克人民和乌兹别克斯坦的情况。乌兹别克历史悠久，和我们维吾尔族一样，同操突厥语。可以说和维吾尔族是同胞兄弟。除历史上个别统治者之间发生过冲突，维吾尔族人民同乌兹别克族人民历来相互帮助，友好相处。许多风俗习惯，食宿穿着等都十分接近。乌兹别克人勤劳，勇敢，有着传统的优秀文化。"

"十月革命胜利后，乌兹别克人民走上了社会主义道路，科学文化有了新的发展，取得了新的重大成绩。从1930年乌兹别克斯坦首府塔什干拥有数所高等院校、科学机构、俱乐部，影剧院、马戏团、图书馆的事实，可以明显看出在科学文化的发展方面，乌兹别克在中亚与近东亚方面均处于领先地位，是中亚文化教育的中心，当然这是苏联共产党正确执行马克思主义民族政策的必然结果。"

"回国后，我常常怀念作为中亚文化中心的那座美丽的塔什干城，怀念我在那里度过的学习生涯及给了我知识，教育我成长的学校领导和老师。"⑤

显然，在留学生们的心中已根植下一个信念：乌兹别克人民能改变命运，我们维吾尔族人民为什么不能改变命运？

回国后的失望与惊恐

我们从塔城入境。当地官员对我们相当冷淡（原来先回国的第一批苏联留学生到达塔城后，狂妄自大，自命不凡。他们对塔城道台没亲自迎接他们大为不满，表现粗暴无礼。一个名叫阿木提·霍加尤夫的大喊大叫："我们从苏联留学回来，今后要掌权，一个小小道台竟敢如此小看我们，真不是东西。"引起当地官员的极大反感，故迁怒于我们。对我们也十分冷淡）他们派人送我们到一所学校住下。塔城道台以后来看望我们，对我们解释说，现在南疆当局正在镇压暴乱，塔城全部车辆均调往南疆，故只能用马车将我们送往乌鲁木齐了。我们见到当局如此对待我们，刚回来的满腔热

▲ 新疆民国时期兴建的苏式俱乐部
（作者翻拍）

情一落千丈。我们原也像上期学员一样，认为自己是当局送出的留学生，是栋梁之材，自命不凡，目空一切，受到冷遇原有些不满，尚能对付，如今竟让我们乘马车去乌鲁木齐，岂不是欺人太甚？然而胳膊拧不过大腿，我们一群无权无势的青年学生尽管忿忿然，又有什么办法？只好屈尊乘马车上路了。

当时塔城的马车夫大多是俄罗斯人，给我们赶车的自然也是俄罗斯车夫。我们每四人乘一辆马车。马车的一半装饲料，另一半装我们的行李，我们坐在行李上面。每天走不多远，马车夫便以马累为由要我们扛上行李步行一程，遇到高坡或山路，还要我们推车。夜间车夫不在城里住宿，而一定要露宿在有水、有草的荒郊野外。我们一路吃不好，睡不好，风餐露宿，历尽艰辛，整整走了十二天才到达玛纳斯。

从塔城到玛纳斯这十二天的艰难旅程，使我们常常情不自禁地怀念起在苏联出门坐汽车、坐火车的舒适，心中常涌起一股股说不出的酸楚。短短十二天，同学们变得又黑又瘦，手、脚起泡，乍一看与马车夫简直没什么两样，那种英俊潇洒的留学生风度已荡然无存。

到达乌鲁木齐，卡车直接送我们到西大桥的西公园的一座旧寺庙的古建筑物前，几位汉、维官员迎候我们，有人介绍其中较老的一位汉族官员是当时的教育厅长张馨。我们被带到二层一个大殿堂，殿堂内放置了几张桌子，桌子上摆放着一些茶点干果，看来对我们还挺重视。那位教育厅长致了欢迎辞，我作为学生代表致了答辞。

简短的欢迎会一结束，我们便被送进大西门的一座旧寺庙。寺庙破旧不堪，又脏又臭，众多鸽子在寺顶筑巢。我们睡在大通铺上，一个挨着一个，连翻身都感困难。这么多人只发一个吃饭用的碗，吃饭时，大家轮流用这只碗打饭。鸽子每早"咕咕"叫个不停，吵得人没法睡觉，还常常把屎拉在我们头上，过的简直是囚犯般的生活。我们留学归来欲大干一场的满腔热忱一扫而光，真不理解当局既然选我们去苏联留学，培养我们，何故又不用我们，同学们为此陷入了深深的苦闷之中。

大家对塔什干学习生活的怀念，对现实的不满与种种困惑、酸楚似乎都托这些无可奈何的玩笑而得到了释放。

"以后，乌鲁木齐的局势随着南疆暴乱越来越阴森可怖。提起'盛督办'，人人提心吊胆。亲朋好友相聚，不敢纵情谈笑，只能左顾右盼，窃窃私语。'南疆镇压暴乱，大批暴动者被抓，被杀'，'麻木提师长外逃印度，暴动被彻底镇压，目前还在继续清查'之类的传闻不胫而走，搞得人们担惊受怕，惶惶不可终日。"⑧失望的反义是希望，惊恐的反义是安全。失望与惊恐，最终都会转化成改变的动力。

在苏联共产党领导下，利用社会主义制度的优越性，苏联人民不仅改变了自己的命运，也改变了中亚国家的命运。苏联一度成为世界的灯塔。邓小平是中国留法勤工俭学的秀才，他在扭转中国乾坤时说过一句名言：发展才是硬道理。发展需要秀才，秀才支持发展，天下太平无事。如果不发展，不变革，秀才们就会起来造反。秀才造反一个特点，就是发动民众，不屈不挠，不达目的，誓不罢休！在中国近代史上，政治家慈禧担忧留学生会毁掉清廷的基业，杨增新不愿发展西式教育的原因，恐怕就在于此。

从金树仁执政起，新疆就开始向苏联派遣留学生。盛世才执政时期，继续这一派遣政策。此树一栽，必接异果。民国以降，急欲改变新疆政治者，大多是留学生。1912年有刘先俊，1928年有樊耀南，1933年有盛世才。如今，一个新的留学生群体即将登上新疆历史舞台。

▲ 1955年赛福鼎·艾则孜被授予中国人民解放军中将军衔
（赛少华提供）

"1935年11月，我有幸得到赴苏留学的机会，这是我平生经历的一件大事。我当教师之前，世界观是幼稚的，行动是盲目的。扛枪当兵，勇敢战斗，推翻当时的专制政权是我的全部愿望。至于推翻专制政权之后干什么，我根本说不清楚。通过参加师资班学习，当教员教书，我多少开了一点眼界。与过去相比，似乎明白了一些道理，然而当时只有'不建立学校，不读书学习，不懂科学，是不行的；人民只有摆脱愚昧，才能不再蒙受剥削压迫'的有限认识。至于'要想获得彻底解放，人民必须起来革命，推翻独裁政权，消灭一切剥削者。只有这样，人民才能获得真正的受教育的机会，才能真正当家做主'这样的马克思主义思想认识，我还没有具备。我只单纯地认为，只要创办学校，人民掌握文化知识，就一切问题都解决了。到苏联学习，使我这种简单幼稚的认识得到了升华，开始懂得运用马克思主义观点去看待问题，分析问题，解决问题了。"㊉

上世纪三十、四十年代，凡到苏联受过教育的新疆留学生，都会为中苏政治、经济、文化、教育、社会及精神面貌的巨大差距而震惊！立志改变家乡的落后面貌，让人民过上像苏联人民一样的幸福生活，就成为一种必然选择。反差之间，即是压力。反差越大，压力越大。新疆的政治选择又回到辛亥革命时点上，不变革就是战争，要么旧制度死亡，要么丢掉新疆。就国家来讲，落后就要挨打；就边疆而言，落后必生动乱。这是世界近代史带给中国及新疆的血的教训。

中国革命先行者孙中山先生预言："我们想造成一个完完全全的新世界，一定要用三民主义来做建设这个新世界的工具。三民主义，就是救种种痛苦的药方。这三个问题同时解决了，我们才可以永享幸福。如果达到了民有、民治的目的，不管民享问题，二三十年后必定再有一种痛苦发生，现在俄国就是我们的榜样。"㊵这是孙中山先生1921年12月7日在桂林的讲话，距俄国1917年十月革命刚刚4年。

1937年留学归国的赛福鼎·艾则孜发出政治宣言后，毅然投笔从戎，秘密参加革命，一场更大的政治风暴正在新疆暗暗涌动。

注　释

① 包尔汉：《新疆五十年》，民族出版社，1984，第15页。

②③ 杨增新：《补过斋文牍》。

④ 张大军：《新疆风暴七十年》，台湾兰溪出版有限公司，1980，第760页。

⑤⑥⑦⑧ 《叶城县志·附录》，新疆人民出版社，2004，第672～678页邓缵先著《毳庐诗草》、《毳庐续吟》。

⑬　《乌鲁木齐县志》，新疆人民出版社，2000，第871页。

⑭　《新疆文史资料选辑》第五辑，新疆人民出版社，1980，第页71～78。

⑮　《新疆百科知识词典》，陕西人民出版社，2006，第445页。

⑯　《乌鲁木齐文史资料》第一辑，新疆青少年出版社，1982，第63～82页。

⑰　胡正华主编《新疆至官职志》，1992。

⑱⑲⑳㉑　吴蔼宸：《边城蒙难记》，新疆人民出版社，2010，第51～52页，55～56页。

㉒㉓㉔㉕　《乌鲁木齐文史资料》第七辑，新疆青少年出版社，1984，第85页。

㉖㉗㉘㉙㉚　《乌鲁木齐文史资料》第一辑，新疆青少年出版社，1982，第63～82页。

㉚㉜㉝㉞㉟㊱㊲㊳㊴　《赛福鼎回忆录》，华夏出版社，1993，第221～246页。

㊵　《孙中山全集》第六卷，中华书局，1985，第8页。

附录——新疆辛亥人物卒年录

辛亥革命100周年了，曾经只有5万人口的迪化，如今已发展成为320余万人口的大城市了。然而，在鳞次栉比的高楼大厦之中，却没有竖立一块新疆辛亥志士们的丰碑。这是历史的错位，还是后人的失责？

中国近代以来，只有朝代贤达，党派烈士，没有民族英雄。其实，诸如真善美、正清和，这种凝聚在时代英雄人物身上的中华民族的核心价值，是可以穿越朝代、超越党派、具有普世价值的。辛亥革命推翻了帝制，建立了民国，造就了党派，无数烈士用鲜血和头颅为共和奠基，我们不能背叛他们，更不能忘记他们。无论他们生在哪个朝代，是国民党人、共产党人或无党派人士，无论他们族别如何，无论他们壮烈而死，或无疾而终，无论他们死于新疆，或葬于宝岛台湾，只要他们坚持三民主义普世价值，体现中华民族的核心价值，引领中国人民的前进方向，笔者倡议建立的"新疆辛亥革命烈士国家陵园"的纪念碑上，应该镌刻上这些大中华英雄的名字——

迪化起义军烈士名单有案可查的83人，其中：

湖南宁乡籍28人

刘先俊　陈守堂　唐晓云　张兴怡　陈敬吾　李寿楠　王福兴　章云台　萧少林　王克生　袁梅田　喻起元　刘庆齐　刘济苍　周汉元　唐春泉　汤述南　周汉卿　廖致泉　廖云坤　喻胜先　陈敬斋　李明发　喻有才　张树斋　叶先芝　李少良　黄光阁

湖南湘乡籍26人

王有舟　周福安　何曙村　赖玉成　刘福襄　刘春元　刘介帆　武福周　王桂生　罗泽堂　黄春桂　王少林　刘里仁　刘桂林　李林春　罗梓高　刘长发　何世琪　黄树云　王佑南　刘远仁　刘利云　刘彩云　李熙云　周绍武　杨炳堂

湖南湘潭籍10人

张瑞斋　彭桂吾　周梓云　李少元　王汉臣　陈日新　彭福襄　陈省吾　成渭卿　蒋晓葵

湖南其他籍4人

任廷杰（巴陵）　黄特衡（巴陵）　陈菊芳（平江）

其他省籍15人

王喜子（甘肃兰州）　石金福（甘肃高台）　李德仁（甘肃甘州）　王天才（甘肃甘州）　李万材（甘肃宁远）　马金有（狄道回教）　铁忠义（陕西凤翔）　石有才（陕西同州）　白月德（陕西鄠(户)县）　但国勋（湖北黄陂）　简得福（湖北黄陂）　王立中（湖北）余海堂（四川顺庆）　王麻子（四川）赵福保（河南陕州）

此外，因迪化起义被流放193人，其中湖南宁乡籍的占48人。

贾鸿钧（1878～1912年），字汉三，湖北长阳人。民国元年（1912年）正月初三，伊新托多驿遭遇战前夕，被叛将钱广汉诱捕，为清军协统王佩兰杀害，时年34岁。

吴炳干（1876～1912年），字寿昌，湖北枣阳人。民国元年（1912年）3月，杨缵绪组织了第二次精河反击战，英勇督阵血战，被流弹打中殉难，时年36岁。

方孝慧（1885～1912年），字忠黄，湖北随县人。民国元年（1912年）三月，伊犁起义军发动东征战役，与省军激战于沙泉子，英勇战死，时年27岁。

在东征战役中，英勇战死的湖北籍军官还有安陆人吴剑豪、前卫营长李同仁、步兵营长李得胜、邱玉成，参谋黄宗黄、高怀忠等多人。

冯特民（1883～1913年），字远村，湖北江夏（今武昌）人。伊犁起义领导人，1913年10月26日，杨增新收买匪时赴伊犁，勾结陕甘军人与回族军官，发动兵变，遇害身亡，时年30岁。

李辅黄（？～1913年），字亚权，湖北蕲春（今浠水县）人。伊犁起义军官，于1913年10月26日凌晨在兵变被残杀，其头颅被挂在惠远城大街上示众。一同被害的还有20多名革命志士。

郝可权（1881～1945年），字大衡，湖北蕲春人。1916年，返回故里，以教书糊口，1945年病卒，享年64岁。

冯大树（1878～1927年），字镇抚，湖北崇阳人。1927年11月，因肺病死于沔阳县任所，享年49岁。

贺家栋（～1943年），字伯隆，湖南宁乡人。1943年病逝于长沙旧宅。

熊飞宇（？～1925年），字子襄，湖北黄冈人。于民国14年（1925年）病故于安徽大通。

迪化起义失败之际，革命志士万象春偕同邓祥麟、刘海疆、刘福田、喻小良、马林等借夜幕潜行出城，奔赴伊犁参加伊犁起义。生平待考。

徐建国，字叔渊，生卒年月不详，湖北鄂城人。杨增新出任新疆督军后，徐建国被迫请假返回湖北。

长庚（1843～1914年），字少白，伊尔根觉罗氏，满洲正黄旗人。出生在甘肃省山丹县。两任伊犁将军，引进新军，推行新政。民国3年（1914年）十一月卒于北京，享年71岁。

广福（？～1913年），蒙古正蓝旗人，1909年授伊犁将军，伊犁起义被推举为新伊大都督府临时都督，1913年病逝于惠远。死后葬于北京。

通宝（1890～1974年），锡伯族，新疆察布尔人。伊犁辛亥革命亲历者，建国后，任新疆政协委员。1974年在乌鲁木齐去世，享年84岁。

邓宝珊（1894～1968年），甘肃天水人。1968年11月27日，因不堪忍受羞辱受在北京吞鸦片烟自杀，终年74岁。

李梦彪（1879～1952年）字啸风，幼名进军，外号李胡子。光绪三十四年（1908年）从军新疆伊犁，兼任伊犁两等学堂教员。加入云南护国军参加过讨袁战役，曾任陕西省代理省长。1952年在台北市病逝，享年73岁。

边永福（？～1917），字昆山，甘肃临洮人。边永福与魏得喜等曾率会众将袁鸿祐夫妇刺杀于喀什道署。1917年11月11日，边永福应孙中山之令举起护法义旗，在甘肃临洮战死。

苏普尔格（1859～1924年），新疆策勒人，策勒村事件的英雄，被判入狱。俄国十月革命后，苏普尔格等人被苏联政府释放返回故乡。1924年因病去世，享年65岁。

熊高升（1875～1959年），湖北黄陂人。策勒村事件中被判刑，在哥老会保护下化名潜回故里，后又返疆在和静、焉耆隐居，1959年在焉耆病故，享年84岁。

邓祥麟，生卒年不详，湖北黄陂人，1907年随南洋军（鄂军）暗萌异志投笔从戎来伊犁。伊犁革命成功翌年，大都督府正式任命邓为两等学校校长。邓任校长20余年，为边疆教育事业作出了杰出贡献。

铁木耳·海力帕（1870～1913年），维吾尔族，新疆哈密人。20世纪初哈密农民暴动领袖。后被杨增新杀害，时年43岁。

艾买提（？～1914年），维吾尔族，新疆吐鲁番人。民国初年吐鲁番农民暴动领袖。1914年12月被叛徒杀害。

杨缵绪（1873～1956年），字述周，绰号杨麻子，湖北鄂城人。伊犁混成协协统，伊犁起义军领袖。1956年9月19日，杨缵绪病死于汉口海寿里故宅，享年83岁。

李溶（1870～1940年），汉族，号镜泉，新疆巴里坤人。曾任伊犁、惠远两等学堂堂长。民国初，与伊犁杨缵绪、冯特民等响应辛亥革命，他专程赴迪化鼓动杨增新拥护辛亥革命。民国23年（1934年）10月，南京政府正式任命李溶为新疆省主席。卒于民国29年（1940年）3月21日，享年70岁。

陶明樾（1879～1933年），字菊缘，浙江绍兴人，民国4年参加内务部第三届知事试验分发新疆。曾任乌苏、哈密、温宿、疏附县知事。1932年任迪化县长。1933年"四一二"政变主要策划人，后任省公署临时委员会委员兼秘书长。后被盛世才以谋反罪杀害，卒年54岁。

陈中（1908～1933年），安徽人，黄埔军校三期毕业，参加过北伐战争。1927年留学苏联莫斯科东方大学。分配至新疆督办公署参谋。1933年"四一二"政变的策划者之一，政变后任临时委员会委员。后被盛世才以谋反罪杀害，卒年25岁。

李笑天（1904～1933年）辽宁人，日本陆军飞行学校毕业，后参加东北军。被金树仁聘请到新疆，创办新疆航空学校，任校长。1933年"四一二"政变的策划者之一，政变后任临时委员会委员。后被盛世才以谋反罪杀害，卒年29岁。

刘文龙（1869～1950年），字名珊，自号素形老人，湖南岳阳人。1886年考取秀才。1900年调任迪化知府，后升迁道尹。民国6年（1917年）任新疆教育厅长，8年（1919年）任水利委员会主任。民国22年（1933年）南京政府电令刘文龙任省主席。不久被盛世才监禁。34年（1945年），与包尔汉、陶峙岳赴重庆参与国共和谈。抗战胜利后退出政界，先住武汉，后隐居兰州。1949年应包、陶之请入疆，参与新疆和平解放。1950年被选为乌鲁木齐第一届人民代表。卒于乌鲁木齐，享年81岁。

张馨（1888～1940年）湖北黄安人。武昌法政学堂毕业。1915年分配新疆，曾任昌吉、英吉沙等县知事，新疆外交署科长参与1928年"七七"政变，后坐监被释。"四一二"政变后任新疆省政府委员兼教育厅厅长。1937年被盛世才以"阴谋暴动案"逮捕杀害，卒年52岁。

赵得寿（1891～1941年），新疆人。参与1933年"四一二"政变，被选为临时委员会委员。受盛世才指派到塔城武装归化军伊凡诺夫团，逮捕东北军总指挥姚华亭，软禁塔城行政长陈继善。旋即任塔城行政长，迎接苏联阿尔泰军入境，任总指挥，率军南下。为巩固盛世才政权立下汗马功劳。1937年，盛世才以"阴谋暴动案"罪名逮捕，1941年被杀害。

杜重远（1898～1943年），吉林人，爱国民主人士。1937年9月访问新疆，在《抗战》刊物上连载《到新疆去》长篇通讯，汇编成《盛世才与新疆》一书。应盛世才之请，1939年初携眷飞赴迪化出任新疆学院院长兼都署高等顾问。为新疆教育事业作出杰出贡献。1940年5月被盛世才逮捕，1943年遇害。享年45岁。

杨飞霞（1881～1961年），云南蒙自人。早年追随孙中山，为同盟会会员。1913年杨飞霞出任伊犁宣慰使，后改为伊犁镇守使，民国陆军中将，为稳定伊犁、抗击沙俄白匪作出贡献。杨飞霞深谙急流勇退之道，披起道袍上天山一心修道，操起悬壶济世之业，号称杨太虚。杨飞霞1933年离新疆返内地。1961年病逝于乌鲁木齐，享年80岁。

谢彬，（1887～1948年），湖南衡阳人。中国同盟会会员。1916～1917年赴新疆考察，著有《新疆游记》。1948年病故于衡阳老家，享年61岁。

林竞（1894～1962），原名林维瑞，字烈敷，浙江平阳（浙江省苍南县）人。民国2年赴日本留学，就读于孙中山所办东京政法学校。参加讨袁运动、护国之役。两赴新疆，著有《西北亲历记》。1949年3月赴台湾，卒于1962年，享年70岁。

吴霭宸（1891.5～1965.8），原名吴世翔，福建闽侯人。1932年受聘新疆省政府顾问，著有《新疆纪游》。1965年在北京逝世，享年74岁。

肉孜阿吉（1870～1932），维吾尔族，新疆乌鲁木齐人。1911年与"哥老会"取得联系，与刘先俊多次密商暴动方略，联络并资助辛亥迪化起义、伊犁起义。民国建立后，出任新疆省议会副议长，北京政府赠"人民代表"四字牌匾，任命他为省政府顾问。1932年肉孜阿吉在乌鲁木齐因病去世，享年62岁。

　　那斯尔艾山（纳斯尔拜克）（1891～1979），维吾尔族，新疆库尔勒人。1911年为革命党人刘先俊与肉孜阿吉当过翻译，并给伊犁革命军送过给养。1949年后任乌鲁木齐市副市长、市法院副院长、首席审判长、乌鲁木齐市政协副主席，自治区政协常委等职。1979年因病逝世，享年90岁。

　　新疆辛亥革命烈士永垂不朽！

注　释

① 孙昉著《西北哥老会与辛亥革命》，中国致公出版社，2011，第173～177页。

絮　语

在我担任新疆人民出版社总编辑时，认识了作者崔保新。我知道，他是一个广泛阅读新疆文史资料的人，是一个对新疆民国人物充满兴趣的人，同时，他又是一个研读并重，善于思索，一旦发现新线索便穷追不舍的人。在写作方法上，他善于以小见大，以情动人。凡读过他的作品，就知道他很会用一根坚固的红线，将散落满地的史料珍珠有机地串联起来，制成一件炫目的艺术品。

2010年，我调任新疆政协文史资料和学习委员会主任后，就立即选他为特聘文史专员，并期望他能在辛亥革命100周年时，发掘一些有关"辛亥革命在新疆"方面的文史资料。历时一年多，《新疆1912》即出现在我的案头。作者没有按传统的学术套路写作，而是将文史资料、人物纪实、个人评论三种手法混搭在一起，使作品介于三者之间，似是而非，令人耳目一新。

我曾对一些编辑说过，崔保新这一生会"读万卷书，思万件事，行万里路，写万页文"，这个目标，对崔保新来说不算高，我们期待他的"四万"新作。

李维青[1]

2012年7月28日

---

[1]　李维青，北京师范大学心理学博士，新疆维吾尔自治区第十届政协委员、曾任新疆大学副校长、新疆人民出版社党组书记、总编辑，现任自治区政协文史资料和学习委员会主任。曾主编《中国新疆通史》（彩图版）、《吐鲁番史》、《新疆史纲》（两主编之一）等多部著作。

后　记

　　写书犹如建房，尤其像建造辛亥革命这样的大房子，非一己之力可以完成。房子建好了，余之大事就是感谢了。

　　首先深切缅怀那些100年来记录和研究新疆辛亥革命的先辈们，没有他们生前留下珍贵的三亲史料，《新疆1912》就失去了基础，历史大转折时期的公共记忆就无法找回。

　　为本书题签的霍松林教授，时年92岁，他是辛亥革命元老于右任最为赏识的弟子之一，是我国著名的教育家、文艺理论家、书法家和诗人。序者汤永才，80岁，毕业北大历史系，师从著名史学家翦伯赞教授，耕耘新疆史60年，为新疆知名的文史专家。序者马大正，74岁，国家清史编纂委员会副主任，著名边疆史学家。与他们年龄相近的知名学者还有纪大椿、蔡锦松、赖洪波、张仁幹、贺继宏、刘学杰等，亦在感谢之列。我的父母、岳母，作为50年代初新疆的建设者，深谙此书的意义，年逾80的他们最期盼分享。

　　在《新疆1912》的创作中，得到了杨镰、霍有光、周轩、孟楠、田卫疆、许建英诸教授的指点，著名出版家、现任新疆政协文史委员会主任李维青点题并作跋，东西部经济研究院院长唐立久对话，东西部经济研究院文化所所长黄肖肖检校，在此深表谢意。

　　为本书撰写及出版发行提供切实帮助的师友还很多，他们是：广东援疆前方指挥部总指挥李水华、中共叶城县委书记李国平、新疆档案局档案保管处处长李雁、赛福鼎·艾则孜女儿赛少华、广东客属海外联谊会文化中心常务副主任谷昕、新疆天山网副总监杜雪巍，以及吕焕斌、黄祖同、夏时、罗时汉、崔光明、赵北明、王昕、丁巴图等，一并致谢！

　　最后还要感谢夫人李安华的理解和支持，女儿崔理智子的好奇与期盼，这本书是她负笈英伦最适当的礼物。

作　者

图书在版编目（CIP）数据

新疆 1912/崔保新著. —北京：社会科学文献出版社，2012.10
（2019.10 重印）

ISBN 978 - 7 - 5097 - 3520 - 6

Ⅰ.①新…　Ⅱ.①崔…　Ⅲ.①辛亥革命 - 影响 - 研究 - 新疆
②新疆 - 地方史 - 研究 - 1912　Ⅳ.①K257.07 ②K294.5

中国版本图书馆 CIP 数据核字（2012）第 141172 号

· 新疆政协文史资料选辑（第 60 辑）·

新疆 1912

著　　者／崔保新

出 版 人／谢寿光
项目统筹／恽　薇　许秀江
责任编辑／许秀江

出　　版／社会科学文献出版社·经济与管理分社（010）59367226
　　　　　地址：北京市北三环中路甲 29 号院华龙大厦　邮编：100029
　　　　　网址：www. ssap. com. cn
发　　行／市场营销中心（010）59367081　59367083
印　　装／北京虎彩文化传播有限公司

规　　格／开　本：787mm × 1092mm　1/16
　　　　　印　张：26.5　字　数：461 千字
版　　次／2012 年 10 月第 1 版　2019 年 10 月第 4 次印刷
书　　号／ISBN 978 - 7 - 5097 - 3520 - 6
定　　价／68.00 元

本书如有印装质量问题，请与读者服务中心（010 - 59367028）联系